夏志清 夏济安书信集

夏志清

卷一

1947
~
1950

浙江人民出版社

图书在版编目（CIP）数据

夏志清夏济安书信集.卷一 / 王洞主编；季进编.
-- 杭州：浙江人民出版社，2017.3
ISBN 978-7-213-07728-9

I. ①夏… II. ①王… ②季… III. ①夏志清
（1921-2013）－书信集 ②夏济安（1916-1965）－书信集
IV. ①K825.6

中国版本图书馆CIP数据核字〔2016〕第301246号

夏志清夏济安书信集·卷一

王　洞　　主编
季　进　　编

出版发行：浙江人民出版社（杭州市体育场路347号　邮编　310006）
责任编辑：潘海林
责任校对：戴文英　姚建国
选题策划：木　子
特约编辑：木　子　马健全
封面设计：宁成春
电脑制版：石　文
印　　刷：北京盛通印刷股份有限公司
开　　本：880mm×1230mm　1/32
字　　数：320千字
版　　次：2017年3月第1版
书　　号：ISBN 978-7-213-07728-9
定　　价：128.00元
印　　张：17.25
插　　页：12
印　　次：2017年3月第1次印刷

如发现印装质量问题，影响阅读，请与市场部联系调换。

图书策划：■ 活字文化
版权所有·侵权必究

志清弟：

我离开北平后，北平即成围城，真是险极。现在北平城外却是共产党，两个飞机场、颐和园、清华、燕京等却已失陷，傅作义欲备死守孤城。直东单广场已改作飞机场，籍供军用，在天坛北边另辟一飞机场在兴建中。十载第左京广场阜城内，均伯食粮大成问题，水电已断，城里人生活之苦可想，均伯三餐持大成问题。天津亦在华备卷城中。江北方面共党内，每日三餐持大成问题。天津亦在华备卷城中。江北方面共党

季子向长江移动，孩子们都是中央军抢出来，一时将有毛岳一项，用海空军堵住长江，再看大举。蒋国人在华子毛之役后二切之举蒋氏抗战到底，城里看国人在华子毛之役后难，听见和平谣言，孙眉飞色舞，事尚未上，他还是会逃的，信在华备攻厦门私厦寸均在行，上海所受的威胁加重了，生意很有得做的时，他也会一走。不过如风两年，未大我迫近飞机上带寿以二斤行李，为蒋支都路局寺的有100多斤，还只有收到，却却捆在天津，不免损失，我忽吹飞机上带寿以二斤行李，为蒋支都路局寺的有100多斤，还只有收到，却却捆在天津，不免损失，抱悲观，不走亦会要办，可是取损了，妈妈可走不得，改有十五。张了两架飞机均要接私授，挂出细过，怕走不掉，改有十五。张了两架飞机均要接私授，挂出细过，陈寅恪、张伯苓（平市长）、张伯苓、事情、王云五如同，冯友兰等，另外这只有联络好，只走了一飞机人，选若一复飞机在昆明飞回。现在不在维后努力拉拢中，朱光潜早庭为寿大校长发去寿大校长就是要，傅斯年发去寿大校长就是要，北方私授如华备湯公来公，问有一人逃出，我们北方私授如华备湯公来公，问有一人逃出，我本国民党行说纷纷…即在香港方面辦法甚多，我决定先到上海再进台大。我本国民党行说纷纷…即在香港方面辦法甚多，我决定先到上海再进台大。我

刚到台湾寿垫上再谈了，

再谈，济安

美国
夏志清先生收

平中北（PEIPING）6.1.49

Mr. Hsia Chih Tsing
c/o Prof John Crowe Ranson VIA AIR MAIL
Kenyon College
Gambier, Ohio
U.S.A.

夏氏兄弟书信手稿

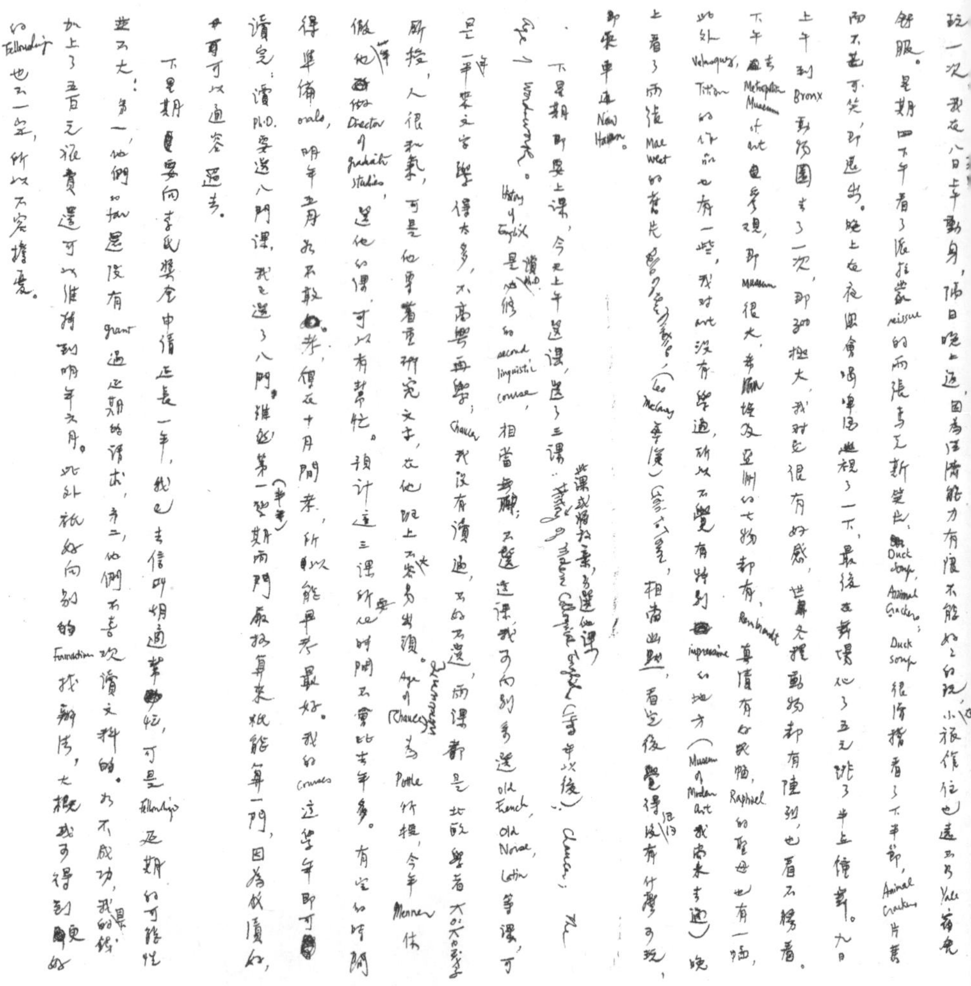

玩一次。我在八日上午動身，隔日晚上返，因為經濟能力有限不能好好的玩，小旅館住也遠不及Yale宿舍舒服。星期四下午看了派拉蒙reissue的兩張馬克斯兄弟片：Duck Soup, Animal Crackers；Duck Soup很滑稽，看了下半節，Animal Crackers片舊而不甚可笑，即退出。晚上在夜總會喝啤酒巡視了一下，最後在舞場化了五元跳了半點鐘。九日上午到Bronx動物園去了一次，那zoo極大，我對它很有好感，世界各種動物都有陳列，也看不勝看。下午去Metropolitan Museum of Art參觀，那Museum很大，希臘埃及亞洲的古物都有，Rembrandt真蹟有好幾幅，Raphael的聖母也有一幅，此外Velasquez, Titian的作品也有一些，我對art沒有學過，所以不覺有特別impressive的地方（Museum of Modern Art我尚未去過）。晚上看了兩張Mae West的舊片[illegible]（Leo McCarey導演）（[illegible]），相當幽默，看完後覺得紐約沒有什麼可玩，即乘車返New Haven。

下星期即要上課，今天上午選課，選了三課：History of Modern Colloquial English（十五世紀以後）（此課或將放棄，另選他課）；Chaucer；The Age of Wordsworth。History of English是讀Ph.D.必修的second linguistic course，相當無聊；不選這課，我可以另選Old French, Old Norse, Latin等課，可是一年半來文字學讀得太多，不高興再學；Chaucer我沒有讀過，不好不選，兩課都是北歐學者[illegible]所授，人很和氣，可是他專著重研究文字，在他班上不容易出頭。Age of Wordsworth為Pottle所授，今年Menner休假，他代做Director of graduate studies，選他的課可以有幫忙。預計這三課所要的時間不會比去年多。有空的時間得準備orals，明年五月我不敢考，傳在十月間考，所以能早考最好。我的courses這學年即可讀完：讀Ph.D.要選八門課，我已選了八門，雖然第一學期兩門（半年）祇算來祇能算一門，因為成績好，再可以通容過去。

下星期還要向李氏獎金申請延長一年，我已去信叫胡適幫忙，可是fellowship延期的可能性並不大：第一，他們以往是沒有grant過延期的請求，第二，他們不喜歡讀文科的。如不成功，我的錢是加上了五百元旅費還可以維持到明年六月。此外祇好向別的Foundation找辦法，大概或可得到更好的fellowship也不一定，所以不需擔憂。

AIR MAIL
25
UNITED STATES POSTAGE
NEW HAVEN CONN.
FEB 25
6 PM
YALE STA.
VIA AIR MAIL
中國。上海長寧路兆豐別墅707号
夏濟安先生收
美 夏志清
Mr. Hsia Tsi-an
107 Lane 712 Changning Ro
Shanghai, CHINA

夏氏兄弟书信手稿

美國

夏志清先生收

Mr. Hsia Chih Tsing
c/o Prof John Crowe Ransom
Kenyon College
Gambier, Ohio
U.S.A.

VIA AIR MAIL

濟安哥：

九月一日的信已收到，我在九月六日已把俄文考撰，漢譯一段 Maurois "Byron" 很是容易，半小時即譯完。遠報傳文放在八月初即可譯出，我在暑假中也曾讀過些 Mauvois 的 Raphael & Prophet "Ariel" 都覺得很容易。

你的分析自己個性很對，和屬乎天大丈型的 elite，不過你果然覺得文商界也可主是，我兩年來一直讀書，對勝功夫沒有植，將來更不知如何，秋瑾還是一起的即後，服飾很似沒有來得挺。我最近看電影看得不少，J. Jones 的 Madame Bovary 得不錯，服事後表情很可怕，Nao Haven 的 Poli 戲院最近一有 Kathryn Grayson 和她丈夫 Johnie Johnson，你把 MGM 的都星 Mavio Lanza 來表演 Lanza 唱難很大，Gregon 在 "Anchors Aweigh" 都很好，我很得又想的紅貨，今年也很媽也不錯，我看了 Paris 在的送信 movie cing，雅沒有能編的製演話金片是又左雄姿……

片，你太太和到劇漢 Tokyo, Mid West 都新妻片都是陽精菜打。

（書信這很為 Rank 漢藏工的……）

今年 crochat school 住校外邊，收到一對動漢文學吳志清的信，共史營理下新水路現先影，姊在讀俄文，讓教英文是中國同學往信多，除我以去本志知事，情報……

有九位讀理工的住在外邊，去常想破煙家庭制度，盡最易遇國人之感，肚上照片一張，宣內朗先新事望讀做……但在讀俄文，靜斷上漢……父現眼行想相難，身上……只有達樣肝，在城想好再進，即祝

正安

即頌
近佳

弟 志清 上 九月南日

（左側）

正安

祖母

夏济安（1955年）

夏志清获学士学位（1942 年）

夏志清与五位同学合影（1942 年）
前排左起：吴新民、丁念庄、陆文渊
后排左起：王楚良、夏志清、张心沧

夏济安与陈世骧(1960 年)

夏氏兄弟与父母和妹妹合影（1947 年）

童芷苓（1948 年）

夏志清与李田意（1955 年）

宋奇伉俪

袁可嘉、赵隆勔、施松卿、汪曾祺（1948 年）

柳存仁（雨生）

张琨伉俪（1961 年）

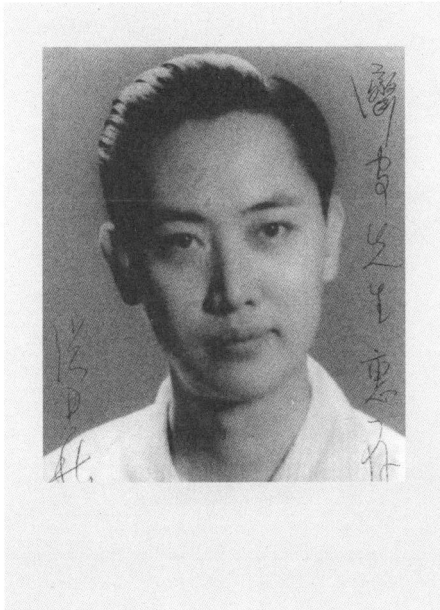

张君秋

赵燕侠（17 岁）

夏志清与王德威（2004年）

夏志清夫妇与袁可嘉伉俪（1983年）
左起：袁可嘉、夏志清、王洞、袁太太

夏志清九十大寿留影（2010 年）

夏志清夫妇（2013 年，《世界日报》记者许振辉摄影）

夏氏兄弟书信手稿

目 录

1949 年

*1950*年

前　言

王　洞

　　志清晚年的愿望是发表张爱玲给他的信件及他与长兄济安的通信。2009 年 2 月 5 日深夜，志清喝了一碗奶油鸡汤，鸡汤从鼻子里流出，我就陪他去附近的协和医院（St. Luke's Hospital）急诊室。从我家到医院，只需过一条马路，所以我们是走去的，以为很快即可回家。等到清晨 7 点，志清口干肚饿，叫我回家给他拿热水和香蕉。不料等我回到医院，他床前围了一群医生，正在手忙脚乱地把一根很大的管子往他嘴里塞，让他用机器呼吸。原来护士给他吃了优格（yogurt），掉进了肺里，即刻不能呼吸。这管子上头有一个大球，放在嘴里很痛苦，放久了可使病人失声，后来就在他脖子上开了一个小口，插上通气管，志清即不能说话。有一阵病危，他向我交代后事，用笔写下保存张爱玲及哥哥信件的地方，希望庄信正来替他完成心愿。信正是济安的高足，也是张爱玲最信赖的朋友，自是最合适的人选。志清经过六个月的奋斗，居然取下了通气管，能吃能喝地回到家里，可是不良于行，精力大不如前，《张爱玲给我的信件》只得在他的监督下由

1

我完成，于 2012 年由《联合文学》出版。2013 年志清进出医院频繁，他每日念叨着要整理哥哥的信，我去医院、疗养院看他，陪他吃饭，替他刷牙，不等我离开，他已经睡着了，没有机会让他读信。不幸在 2013 年 12 月 29 日傍晚，志清在睡梦中安详地走了，出版志清与济安的通信之重任就落在我的肩上。

济安早在 1965 年 2 月 23 日因脑溢血病逝于伯克利（Berkeley），志清带回济安所有的遗物，包括他们的通信、邮简及明信片。济安自 1947 年 10 月 4 日起给他的信有 352 封，珍藏在一个绿色的铁盒子里，放在他书桌底下，预备随时翻阅。他给济安的信则分散在四个长方形纸制的文件盒子里，放在我们的储藏室，也有 260 封，共有 612 封。如要全部发表，需输入电脑，外加注释，是一件耗费时日的大工程；如选一部分发表，将失去连贯性。我选择了前者，若要信正把宝贵的时间花在打字上，实在难以启齿。我没有找信正，预备自己做，7 月间买了一台苹果电脑，想利用它的听写功能把信读进去。没想到这"苹果"智慧不足，听不懂我的普通话，也不能理解信文的遣词用语。我只好改用键盘操作，先把信文输入，再加上"按语"，如此费时两周，才做完 10 封信，按这样的进度，估计得花上 5 年的工夫，才能做完这些信件，太慢了。我就请王德威教授给我介绍一位可靠的学生打字，把信文输入电脑。德威盛赞苏州大学文学院的水准，推荐由季进教授领导，参与信件的编注。

2004年季教授曾访问过志清，事后写了一篇名《对优美作品的发现与批评——夏志清访谈录》的文章登在《当代作家评论》杂志上。志清看了很喜欢，对这位来自家乡的年轻学者倍加赞许。德威将这篇专访收录于《中国现代小说的史与学》（联经出版公司，2010）。志清大去后，季教授也应《明报》邀约，写了一篇《高山仰止　景行行止——怀念夏志清先生》的悼文，对志清的著述有独到的见解。2008年，季教授曾请德威和我到苏州、镇江、无锡游玩，共处三日，我和季进也变得很熟了。我写信给季进，请他帮忙，他一口答应，承担起编注的重任。

德威计划在2015年4月为志清在"中研院"举办一个学术研讨会，希望在会前先出版一部分书信，我就选了前121封信，由志清乘船离沪来美至济安离港赴台。在这段时间，国共内战，蒋介石统治的国民政府退守台湾，毛泽东成立了人民政府。多数知识分子及人民向往共产党政权，济安却决定离开北京飞上海，乘船至广州，落脚香港。济安在信里，时常报道政局战况，对留在上海的父母的生活倍加关注，时常想念滞留在北京大学（以下简称"北大"）的同事。济安非常喜欢香港，但人地生疏，言语不通，阮囊羞涩，也常常向志清诉苦，对在港的亲朋好友之困境及所谓来自上海的"白华"，时有详尽的描述。

济安从小有理想，有抱负，广交游，有外交长才。志清却是一个随遇而安、只知读书的好学生，他除了同班同学外，没有朋友。譬如宋奇先生（1919—1996），即济安在光华大学的同学，他来访，总是看见志清安静地读书，偶遇济安外出，即同志清聊天。抗战末期，济安去了内地后，宋奇仍常来看志清，谈论文学，借书给志清。志清在上海初会钱锺书也是在宋奇家里。他写《中国现代小说史》时，宋奇寄给他许多书，特别推荐张爱玲与钱锺书，对《小说史》的形成，有很大的贡献。宋奇是中国戏剧先驱宋春舫（1892—1938）的哲嗣，家道殷实，相形之下，夏家太穷了，所以在济安与志清的笔下，常说他们家穷。其实他们家境小康，不能算穷。

他们的父亲夏大栋先生，因早年丧父，辍学经商，娶何韵芝为妻，育有子女六人：济安居长，大志清5岁，三个弟弟夭折，六妹玉瑛，比志清小14岁，与济安相差19岁。父亲长年在外经商，济安就负起管教妹妹的责任。玉瑛对大哥有几分敬畏，对二哥却是友爱与依赖。特别是父亲与济安到了内地以后，家中只剩下母亲、志清与玉瑛。志清对幼妹非常爱护。他母亲不识字，生活全靠父亲接济，父亲的汇款，不能按时收到，他们不得不省吃俭用，与沪江的同学相比之下，也是穷。

济安中小学读的都是名校，有些同学，后来都成为名人。志清读的都是普通学校。他初进沪江时，觉得自己的英文口语比不上来自教会学校的同学，但他的造句却得到老师的赞赏，大二时他就是公认的好学生了。他们班上最有成就的就是他和张心沧（1923—2004）。张心沧也是系出名门，父亲是吴佩孚的幕僚张其锽（1877—1927），母亲聂其德是曾国藩的外孙女，有显赫的家世。志清同班要好的同学，除了心沧，还有陆文渊、吴新民及心沧当时的女友、后来的妻子丁念庄。他们都来自富有的家庭，难怪志清篇篇文章说自己穷了。

志清大学毕业后，考取了海关，在外滩江海关工作了一年，抗战胜利后，随父执去"台湾航务局"任职。济安从昆明回到上海，觉得志清做公务员没有前途，安排志清去北大做助教。1946 年 9 月兄弟二人携手北上，到了北大不足半年，志清报考李氏奖金（Li Foundation），写了一篇讨论英国诗人布莱克（William Blake, 1757—1827）的文章，很得著名文评家燕卜荪（William Empson, 1906—1984）欣赏，获得文科奖金，引起了"公愤"。西语系落选的讲员助教，联袂向校长胡适抗议，谓此奖金只应颁给北大和西南联合大学（以下简称"联大"）的毕业生，怎么可以给一个教会学校出身的夏志清？胡适秉公处理，仍然把李氏奖金颁给夏志清，志清得以负笈美国。胡适似乎对教会学校有偏见，召见志清时，一听志清是沪江毕业，脸色即刻沉下来，不鼓励志清申请名校。当时奥柏林学院（Oberlin College）的真立夫（Kobert A. Jelliffe）教授正在北大当客座教授，志清就申请了奥柏林，也申请了垦吟学院（Kenyon College）。这两所学校，以大学部（undergraduate）著称，都不适合志清。蒙"新批评"（New Criticism）派的领袖蓝荪（John Crowe Ransom, 1888—1974）赏识，写信给布鲁克斯（Cleanth Brooks, 1906—1994），推荐志清去耶鲁就读。志清何其有幸，得到"新批评"派三位健将的青睐。

志清一生跟"穷"脱不了关系，因为他从1950年起就接济上海的家，一直到1987年，从没有机会储蓄。在沪江，在耶鲁，没有余钱约会女孩子，只好用功读书，唯一的娱乐是看美国电影，其实他看电影，也是当一门学问来研究的。没有女友，既省钱又省心，能够专心读书，在耶鲁三年半，即获得英文系的博士，之后获得洛克菲勒基金（Rockefeller Foundation），写了《中国现代小说史》，为自己奠定了学术地位，也为现代文学在美国大学里开辟了一席之地。

济安为弟弟的成就很感骄傲，常对人说："你们到纽约找我弟弟，他会请你们吃饭。"1961—1963年我在伯克利读书，和朋友在一个小饭馆，巧遇济安，他就对我们说过这话。我当时不信夏志清真会请哥哥的学生吃饭。直到我和志清结婚，才知此话不假，济安的朋友学生，志清都尽心招待。济安维护弟弟，也是不遗余力。1963年春天，我去斯坦福大学东亚系参加一个小型的讨论会，听济安滔滔不绝地发言，原来他在驳斥普实克（Průšek，1906—1980）对《小说史》的批评，为志清辩护。他给我的印象是说话很快，有些口吃，不修边幅，是个平易近人的好老师。他的学生刘绍铭曾对我说跟济安师有说不完的话，与志清却无话可谈。志清说话更快，而且前言不接后语，与其说些让人听不懂的话，不如说些即兴妙语，使大家开怀大笑，私下也很少谈学问，指导学生，就是改他们的文章，叫他们去看书。话说1967年9月我来哥伦比亚大学(以下简称"哥大")工作，暂时被安排在我老板丁爱博(Albert Dien)教授的办公室，翌日进来的不是丁教授而是久闻大名的夏志清教授。夏志清，长脸属国字形，身高中等，衣着整洁，举动快捷，有些紧张(nervous)的样子，乍看长相举止一点也不像夏济安。细看他们的照片，二人都是浓眉、大眼、直鼻、薄唇，来自他们的父母。志清脸长，像父亲，济安脸圆，像母亲。

济安与志清，虽个性不同，但志趣相投，他们都喜好文学，爱看电影、听京戏。济安交游广，童芷苓、张君秋，都是他的朋友。兄弟二人在信里，除了谈论时政家事外，就讲文学，评电影，品京剧，也月旦人物，更多的时候是谈女人与婚姻。1947年，济安已年过三十，尚未娶亲，是他们父母的一桩心事。济安感情丰富，每交女友，即迫不及待地写信给弟弟，志清必为之打气，济安每次失恋，志清必诉说自己失恋的往事安慰哥哥。二人对婚姻的看法也各有不同，济安奉行一夫一妻制，一生只结一次婚，如不能跟心爱的女子结婚，宁肯独身。志清却把结婚看作人生不可或缺的经验。如找不到理想的女子，也要结婚，结了婚，私下还可以有想另一女人的权利。正因为济安把婚姻看得太神圣，所以终生未娶。我读济安的日记，知道他内心很痛苦，他的日记是不愿意给别人看的。志清不顾济安的隐私，在1975年发表了《夏济安日记》(时报文化出版)。志清觉得济安记下了抗战末期的政局、物价，是真实的史料，暗恋李彦，对爱情的专一，更难能可贵。现在基于同样的理由，志清要发表他与济安的通信。记得 2010 年，在志清 90 岁的宴会上，主桌上有些贵宾，当年是中学生，都看过《夏济安日记》，对济安的情操，赞不绝口。

志清 1982 年以前不写日记，往往以写信代替日记。他写过几篇散文，讲他童年与求学的经过，在《耶鲁三年半》（见《联合文学》第 212 期，2002 年 6 月）里，即提到计划发表兄弟二人的通信，从而有助于研究文学的学者对夏氏兄弟学术的了解。若在世，今年济安 99 岁，志清 94 岁，他们平辈的朋友大半作古，学生也是古稀耄耋，其中不乏大学者、名作家，为求真起见，不改信中的人名。他们对朋友是褒多于贬，希望他们朋友的子女能大量包涵，这些后辈也可从信中了解他们父母离乡背井，在人地两生之地谋生的艰辛。

济安的信，有的是从右至左，由上而下直书；有的是从左至右横书，格式不一，字大，容易辨认，夹杂的英文也不多。志清的信都是从右至左，由上而下直书。志清为了省纸，常常不分段，他最早的两封信，已在 1988 年分别发表于《联合文学》（2 月 7—8 日）和《香港文学》（5 月），篇名《四十年前的两封信》，采用的是"散文"体。分段后，加上"按语"，介绍人名时往往加上自己的意见。现在收入《夏志清夏济安书信集（卷一）》，由季进教授重新作注。

这些信，大部分有信封，可是年久，邮戳模糊，信封破损，按这些信封找出信的年代，着实花了我不少时间。因为他们的信，照中国人的习惯，只写日期没有年代。志清初抵美国，非常节省，用的是劣纸，信纸多有裂痕，字写得虽清秀，但太小。夹杂的英文又多，一字不误地解读他的旧信，实属不易。为避免错误，有时我得去图书馆，我30年不进图书馆，现在重做研究，别有一番滋味。济安的信虽然字大，也有看不清的地方，他曾潜心研究桥牌，为了辨认第92封信里的英文字，我特地上网，只花了一块钱，就买到了桥牌高手克勃森（Ely Culbertson，1891—1955）的 *Contract Bridge Complete——The Golden Book of Bidding and Play*（《桥牌一本通：叫牌与赛事一览》，Philadelphia. Chicago，The John C. Winston Company，1936），找出"Self Teacher"这个准则。这本书封面金底红边，黑字仍然亮丽。书身宽4¾寸，长7寸，厚1½寸，握在手里，感触良多。一本绝版的老书，竟不值一张地铁的车票，在纽约乘一趟地铁，还得花上两元五角钱呢！

我1967年到哥大工作，与志清相识，1969年结婚，对他的家庭、求学的经过，都是从文章里看来的。他的朋友学生倒是见过不少，留在上海的亲戚一个也不认识。信中所提到的亲戚，全赖六妹玉瑛指认。感谢季进率领苏州大学的同学，用最短的时间，排除万难，把这些字迹模糊的旧信正确地输入电脑，并且做了700多条简要的注解，保证了《书信集·卷一》的如期出版，真是功德无量。我忝为主编，其实是王德威策划，季进编注。万事俱备，只欠东风，没有联经出版公司发行人林载爵先生的支持，这《书信集》无从问世。志清在天乐观其愿望之实现，对德威、季进、金伦也是非常感激的。我在此代表志清向王德威教授、季进教授、苏州大学的同学、胡金伦总编辑、联经出版公司的同人及六妹玉瑛致以衷心的谢意。

编注说明

季 进

从 1947 年底至 1965 年初，夏志清先生与长兄夏济安先生之间鱼雁往返，说家常、谈感情、论文学、品电影、议时政，推心置腹，无话不谈，内容相当丰富。精心保存下来的 600 多封书信，成为透视那一代知识分子学思历程极为珍贵的文献。夏先生晚年的一大愿望就是整理发表他与长兄的通信，可惜生前只整理发表过两封书信。夏先生逝世后，夏师母王洞女士承担起了夏氏兄弟书信整理出版的重任。600 多封书信的整理，绝对是一项巨大的工程。虽然夏师母精神矍铄，但毕竟年事已高，不宜从事如此繁重的工作，因此王德威教授命我协助夏师母共襄盛举。我当然深感荣幸，义不容辞。

经过与夏师母、王德威反复讨论，不断调整，我们确定了书信编辑整理的基本体例：

一是书信的排序基本按照时间先后排列，但考虑到书信内容的连贯性，为方便阅读，有时会把回信提前。少量未署日期的书信，则根据邮戳和书信内容加以判断。

二是这些书信原本只是家书，并未想到发表，难免有别字或欠通的地方，凡是这些地方都用括号注出正确的字。但个别字出现得特别频繁，就直接改正了，比如"化费"、"化时间"等，就直接改为"花费"、"花时间"等，不再另行说明。凡是遗漏的字或加注英文单词的解释，则用方括号补齐，比如：图[书]馆。凡是错别字或与现在通行用法/译法不一致的字词，则用六角括号改正，例如：比较优〔悠〕闲。信中提及的书名和电影名，中文的统一加上书名号，英文的统一改为斜体。

三是书信中有一些书写习惯，如果完全照录，可能不符合现在的文字规范，如"的"、"地"、"得"等语助词常常混用，类似的情况就直接改正。书信中喜欢用大量的分号或括弧，如果影响文句的表达或不符合现有规范，则根据文意，略作调整，删去括弧或修改标点符号。但是也有一些书写习惯尽量保留了，比如夏志清常用"只"代替"个"、"门"或"出"，这些都保留了原貌。

四是在书信的空白处补充的内容，如果不能准确插入正文相应位置，就加上"又及"置于书信的末尾，但是信末原有的附加内容，则保留原样，不加"又及"的字样。

五是书信中数量众多的人名、电影名、篇名、书名等都尽可能利用各种资料、百科全书、人名辞典、网络工具等加以简要的注释。有些众所周知的名人，如莎士比亚、胡适等未再出注。其中前十封信的注释，是在夏师母注释的基础上加以修改补充的。

六是书信中夹杂了大量的英文单词，考虑到书信集的读者主要还是研究者和有一定文化水准的读者，所以基本保持原貌，除少数英文单词以圆括号注出中文意思外，绝大多数都未作翻译。

书信整理的流程是，由夏师母扫描原件，考订书信日期，排出目录顺序，由学生进行初步的录入，然后我对照原稿一字一句地进行复核修改，解决各种疑难问题，整理出初稿。夏师母再对初稿进行全面的审阅，并解决我也无法解决的问题。在此基础上，再进行相关的注释工作，完成后再提交夏师母审阅补充，从而最终完成整理工作。书信整理的工作量十分巨大，超乎想象。夏济安先生的字比较好认，但夏志清先生的中英文字体都比较特别，又写得很小，有的字迹已经模糊或者字迹夹在折叠处，往往很难辨识。有时为了辨识某个字、某个人名、某个英文单词，或者为了注出某个人名、某个篇名，往往需要耗时耗力，查阅大量的资料，披沙拣金，才能有豁然开朗的发现。遗憾的是，注释内容面广量大，十分庞杂，还是有少数地方未能准确出注，只能留待他日。由于时间仓促，水平有限，现有的整理与注释，错误一定在所难免，诚恳期待能得到方家的指正，以便更好地完成其余各卷的整理。卷一初稿完成后，我趁到香港开会的机会，请李欧梵老师审阅书信中涉及老电影的部分（他跟夏先生一样，对当年的老电影了然于心，如数家珍）。欧梵老师竟然花了三天时间，手不释卷地通读了全稿，不仅高度评价书信集的价值，还留下了几十处批注，帮我解决了一些老电影方面的问题，指出了少数英文辨识的错误，谨此特别致谢。参与卷一初稿录入的研究生有姚婧、王宇林、王爱萍、朱媛君、张立冰、周立栋、居婷婷等人，特别是姚婧和王宇林付出了很大的心血，在此一并致谢。

2015 年春节

1947 年

1. 夏志清致夏济安

11 月 21 日

济安哥：

　　上船已有十天，在上海拘束了数月，在船上同各色人种交际，又恢复了我的 gaiety 和 abandon。十二日上午上船，父亲、母亲、玉瑛送行，离别时玉瑛所表现感情的 intensity 远胜我去台湾，北平之行，使我非常难过。可是我的 mind 是 soon distracted。她一时心灵的空虚还难填满[1]。

　　船十六日上午抵横滨，都市中点缀着山林，加着深港的绿水，在〔有〕mist 的早晨是很美丽的。居然有不少美国籍的日本人上船。码头上立着黑色瘦缩〔削〕的男人，和服和洋服的女人。离日本后天气渐热，四五天来只穿衬衫就够了，晚上盖一件浴衣。今天二十一日，明天上午就可到火奴鲁鲁

1　玉瑛是夏志清的妹妹，小他十四岁。济安最长，常与父母冲突；志清，老二，最乖；中间三个弟弟都夭折；玉瑛最小，排行第六，故称六妹，最受宠。抗战时，父亲与济安去了内地，兄妹二人感情很深。夏志清 1945 年 10 月首次离家去台湾，次年 9 月与济安北上赴平，玉瑛都哭，这次哭得特别伤心。夏志清也是别情依依，但很快就被出国的兴奋及船上的见闻吸引去了（soon distracted）。

（Honolulu，Hawaii），十数个留学生要结伴游览。

Meigs[2] 一路平稳没有一些晕船的感觉，舒服远胜去年北平之行，从没有极度的摇动。三等舱虽都是两层床，可是平日都在 decõ 上，或者 lounge 内，lounge 内常演 B 级电影，如 *Tangier*（Maria Montez）和较好的 *Dorian Gray*[3]。睡在我上层的物理系学生，去加州大学。每次看了，都觉得情节不能明了，英文程度不如他的还有，在床上看些英语周刊，高中读本似的读物。王玉书[4]的那个朋友到 Pittsburgh 一家 Seminary[神学院] 读神学，也不会和外国人讲话。都是自费考取的，他们所费的一年不过二三千万元，确实便宜。

头等舱内有钱端升[5]教授，赴哈佛教半年"中国政府"，他很不赞成读小学校，我去美后也要更变计划，最多在 Oberlin 和 Kenyon 读半年，小学校生活虽或舒服一些，可是

---

2 梅格号（Meigs）远洋客轮，全名 General Meigs，为纪念南北战争的英雄梅格将军（General Montgomery Cunningham Meigs）而命名。

3 *Tangier*（《坦吉尔》，1946），打斗歌舞片，根据王尔德（Oscar Wilder）同名小说改编，乔治·瓦格纳（George Waggner）导演，玛丽亚·梦丹（Maria Montez）、罗伯特·裴及（Robert Paige）主演，环球影业（Universal Pictures）发行。*Dorian Gray*（《道林·格雷的画像》，1945），全名 *A Picture of Dorian Gray*，惊悚片，据王尔德同名小说改编，阿尔伯特·列文（Albert Levin）导演，乔治·桑德斯（George Sanders）、唐娜·里德（Donna Reed）主演，米高梅公司（Metro-Goldwyn-Mayer）发行。

4 王玉书，夏志清沪江同班同学。

5 钱端升（1900—1990），字寿朋，上海曹行乡人，著名法学家，哈佛大学博士，历任清华大学、中央大学、西南联大、哈佛大学教授，北京大学法学院院长，第一部《中国宪法》的起草人之一，著有《中国的政府与政治》（英文著作，原名：*The Government and Politics of China*，1950）等。

我未出国已感到洗不净的羞耻。Empson[6] 曾往芝加哥大学去过一阵，不知可否请他写封介绍信，说明我的兴趣和李氏奖金考选的事实。[此信]由你寄 Oberlin College c/o R.A. Jelliffe（真立夫转），我收到后同沪江成绩单[一并寄]芝加哥大学申请，可赶得上二月开学。Carver（卡乃夫）那里可托他接洽 Yale，或者直接由 Empson 介绍适宜的大学。

同船有一位 St. John's 1944 年毕业生，名叫何飞，是朱章苏[7] 的同学，据说朱对他颇有情感，毕业时他第一名，朱第二名。他的谈吐程度完全 undergraduate，把大学里的 compositions 都放在箱子内，给我看了几份，到美国去研究 fiction，只读过一个 Joseph Conrad[8]；说话时莎士比〔亚〕常同麦卡莱并列，问他读过 Eliot[9] 否，则谓好像读过一篇

---

6 Empson（William Empson，燕卜苏，1906—1984），夏济安信中称燕卜生，英国诗人、文学批评家，代表作有《朦胧的七种类型》（*Seven Types of Ambiguity*）等，是"新批评"派的代表人物。第二次世界大战时曾任教西南联大，战后又回北京大学任教，也是李氏奖金主考人之一。夏志清脱颖而出，获得文科奖金，因为奥柏林的教授真立夫（Robert A. Jelliffe）正在北京大学客座，又因为心仪著名诗人兼文评家蓝苏（John Crowe Ransom），所以夏志清申请了奥柏林学院与垦吟学院。两所学院都以大学部著称，而非研究院，所以夏志清颇感不满，想转学其他学校。

7 朱章苏，当年北京大学西语系助教。

8 Joseph Conrad（康拉德，1857—1924），原籍波兰，英国作家，被誉为现代主义的先驱，代表作有《黑暗的心》（*Heart of Darkness*，1899）、《吉姆爷》（*Lord Jim*，1900）等。

9 T. S. Eliot（艾略特，1888—1965），诗人、评论家和剧作家。1922 年的长诗《荒原》（*The Waste Land*）被誉为西方现代主义诗歌的开山之作。代表作有诗歌《四个四重奏》（*Four Quartets*，1943）、散文《圣林》（*The Sacred Wood*，1920）、剧本《大教堂中的谋杀》（*Murder in the Cathedra*，1935）等，1948 年获得诺贝尔文学奖。

Essay on Love 和其他 on general topics 的 essays，弄着了一所小学校，后听说其中黑人极多，颇为沮丧。我上船后三天内看完了两部小说 *Passage to India*，*Great Gatsby*，都是上乘小说，style 可代表近代英美的最上乘。Fitzgerald 的兴趣很像 Balzac[10]，可是技巧用字又大有进步。又再读 *Wings of the Dove*[11] 不适合船上读，可是并没有其他 worth-while 的小说。

　　船上有犹太人、菲律宾人、广东台山美籍华侨、日本人，那些台山人 effeminate[柔弱] 已极，不懂英语，同他们的 wives 缠在一起，不介意地 love-making。大部分都在美国，抽去当兵，胜利后准许家眷出国的。犹太人有理发师、裁缝不一，我最爱还是菲律宾的男孩，白的牙齿，棕的肤色，早熟的风姿，的确美丽，一成年，皮肤显得粗而 boorish 了。比较最讨厌的是黑种西班牙人，可是久看也惯。我英语会讲，懂得多，到处可敷衍，颇有 superiority 的感觉。昨天 International Night，船上有国际性表演；中国学生唱了两支中国歌，一位出国考察的中学校长表演魔术，不懂广东语，是桩憾事，船上广东女子都不能 approach；日本女子也比所想象的 dignified 得多；

10 *A Passage to India*（《印度之旅》，1924）是英国作家佛斯特（E. M. Forster，1879—1970）的代表作；*Great Gatsby*（《了不起的盖茨比》，1925），全名 *The Great Gatsby*，是美国作家菲茨杰拉德（F. Scott Fitzgerald，1896—1940）的代表作。巴尔扎克（Honoré de Balzac，1799—1850）是 19 世纪法国著名现实主义作家，代表作有《人间喜剧》（*La Comédie humaine*）等。

11 *The Wings of the Dove*（《鸽之翼》，1902）是美国作家亨利·詹姆斯（Henry James，1843—1916）的代表作。

船上伙食还好，除阴天外，有太阳的日子精神都很好。

程一康¹²那里已打电话通知了他。十一日未上船，同父母、玉瑛看 *Anchors Aweigh*¹³。近况如何？念念，拉丁进步如何？钱学熙¹⁴前问好；李珩¹⁵前本想按你的嘱咐，买张 post card 送她，也算谢临走送行的盛意，一想还是免了吧。今冬拟返家否？念念，即祝

康〔健〕

弟 志清 上

十一月二十一日，一九四七

---

12 程一康，圣约翰大学毕业，夏志清在海关时的同事。

13 *Anchors Aweigh*(《翠凤艳曲》，1945)，彩色歌舞片，乔治·西德尼(George Sidney)导演，弗兰克·辛那屈(Frank Sinatra)、吉恩·凯利(Gene Kelly)及凯萨琳·葛黎森(Kathryn Grayson)主演，米高梅公司出品。

14 钱学熙(1906—1978)，江苏无锡人，没有上过大学，醉心英国文学，曾任教西南联大。1944年升任北京大学外文系教授，是夏济安在光华大学的同事。"文化大革命"时，下放到江西的"干校"劳动，患精神分裂症，逝世于无锡。

15 李珩是夏济安的学生，也是李彦的好友，对夏济安苦恋李彦(见《夏济安日记》)深表同情，常去找他。

2. 夏济安致夏志清

12 月 4 日

志清弟：

　　火奴鲁鲁所发一信，收到已多日，连日稍忙，无暇作复，燕卜生〔苏〕教授介绍信兹附上，希望发生作用。据他说，芝加哥大学（University of Chicago，以下简称"芝大"）他只认识一位英人 David Daiches[1]，其人颇 "dull"，他不喜之，唯芝大则确为一好学校云。这半年我劝你暂留 Kenyon，该校于明夏将举办一暑期讲习会，可称"群英大会"，发请帖 18 封，请艾略特等名批评家讲学。燕卜生也曾收到，渠希望如能供给来回飞机票，则他颇愿一来。有机会能和这辈第一流脑筋切磋一堂，实是难得好事，你真可称为"不虚此行"。

　　昨晚六点半，钟莉芳[2] 坐自行车与一军用卡车相撞，她从车上摔下来，头未破，然受震荡。学校里训导处当时已找

1　David Daiches（戴启思，1912—2005），苏格兰文学史家，文学批评家，著作等身，曾任教于爱丁堡、芝加哥、剑桥、印第安纳等大学。

2　钟莉芳是夏济安的学生，后嫁印度人许鲁嘉（Shibrurka）。

不到人，大半之事由我出头代办交涉，弄到半夜两时才睡，伤势可说毫无危险。今晨我已把事情交给训导长贺麟[3]了，因此现在觉得很疲乏，不能多写。

送上照片两张，系楼邦彦[4]所摄，背景即为钱学熙及楼所居之宿舍。我的骑车技术比钟莉芳高明，想不致出漏〔娄〕子也。昨天同赵全章[5]在什刹海溜冰，他是第三次，我是第一次，我的肌肉控制尚佳，只跌了一两回小跤。初学有此成绩，可称不易，今冬想把溜冰学会。

王肖瑄（李珩的朋友）上星期日结婚。我现在还没有任何 commitment，江南大学之事也并未完全决定。下星期当寄上长信一封。专此　敬祝

旅安

兄　济安

十二月四日

3　贺麟（1902—1992），四川金堂人，哲学家，翻译有黑格尔《精神现象学》《小逻辑》等，著有《文化与人生》（1947）等，是现代新儒家的代表人物之一。

4　楼邦彦（1912—1974），浙江鄞县（今宁波市鄞州区）人，宪法学家、政治学家，曾留学英国，曾任西南联大、武汉大学、北京大学教授。

5　赵全章，当年北京大学西语系助教，住在夏济安隔壁。

3. 夏志清致夏济安

12月1日

济安哥：

　　船二十七号夜到旧金山，约十一时过金门大桥，月光皎洁在晨曦和月光下的大城总是美丽的：船过桥时的景象和二十三日傍晚高处看火奴鲁鲁城和银灰色的海是旅途两个最remarkable sights。二十八日上岸（immigration 手续在船上办妥），待两件大行李提出验关完毕，已下午一时，乘 taxi 至Sacramento St. 中华青年会住下，两人房，九角一天，比较便宜。两星期船上的辛苦，下船后理应阔一下，可是同船一行人都是打经济算盘的，并且在美国，一角有一角的用处，一元有一元的用处，自然不肯浪费。晚上到 Market St.（旧金山最大[的]街，商店、影院都集中于此）St. Francis 戏院看*Unconquered*[1]，算是 Road Show，$1.20，戏院派头并不及大光明，Program[说明书]都没有，不能留个纪念，片前还加演卡通、

1　*Unconquered*（《血战保山河》，1947），古装西部片，塞西尔·B. 戴米尔（Cecil B. Demille）导演，加里·库珀（Gary Cooper）、宝莲·高黛（Paulette Goddard）主演，派拉蒙影业（Paramount Pictures）发行。

短片及英[国]公主结婚新闻。

二十九日星期六到 Santa Fe 火车公司接洽买票，我在上海已有 Pullman 的 order $108，可是 Pullman 每日三餐非常贵族化，非我所能应付，改买三等 coach。coach 也舒服，假如乘客不多的话，晚上也可和衣而卧，refund 六十七元美金，是意外的收获。买了一架 Royal Deluxe 手提打字机，九十二元，同样的安德伍德（Underwood）要一百二十元；美国 second hand 东西不多，而打字机 demand[极大]，买了也合算。我买打字机，是受了 St. John's 英文系何飞的影响，他花了十八元买了杆金笔尖 Sheaffer（比 51 号好），有两三位同船都添了新西装，cut 还不错，五十元一套，在纽约买可便宜二十元。

旧金山的 color，并不怎样 bold，男女的衣服都很整洁，看不到奇装艳服。西装单排双排都是阔边，上海 dandified[花花公子式的] 长而狭的单排西装看不到；女人的衣服也不像上海旗袍的花色夺人，上海的 style 比较小派，但却自成一格。当天下午把行李送到行李房。青年会近 Grand Avenue，Grand Avenue 同 Market St. 相接，是 China Town 的中心。唐人街并没有塌中国人的台，而是旧金山的一个 essential unit，华人所开的店面、菜馆、古玩、night club 和附近西式店铺并无不调和之感，只便利西人吃中国菜的机会。

旧金山的 night life 看不到，表面上所能看到的，都很sober，汽车、讲话、打电话声音都很轻，电车、公共汽车永远清着，不像上海的 boisterous[喧哗] 所表现〔的〕，和电影

中的水手 [恰] 相反。大国的造成还靠 earnest work 和 family 制度。美国人已在开始购 X'mas 礼物了。

同日下午在 White House 买了送玉瑛一件 jacket（红色 wool）$15，两件淡黄 sweaters $75，给父亲四根羊毛领带 $4，母亲一条 14K 金表练〔链〕$4，邮寄家中。东西买得并不是最合算的，应该买些 nylon 东西，可是还实用。父亲的领带 design 较老式，新式的 design $1.50，还有一种丝和 nylon 交织的领带非常鲜艳而挺，可以洗而不绉〔皱〕，也只 $1.50，到东部后一定买些 ties 和其他 gadgets[小玩意] 送你。

同船有贵州清华中学校长唐宝鑫 [2]，生得和王金钟差不多，和王是同学，在上海时他去看潘家洵 [3]，潘告诉了他许多我所不晓得 Li Foundation 考试的内幕。他去加大，到 Berkeley 后，他说汤先生 [4] 极想看我。星期天就乘火车 20 ¢ 到 Berkeley，约三十分钟，他很关怀北大的情形：问我，石俊、Murderer、Shibrurka（许鲁嘉）[5] 怎么样，问你的 TB 怎么样了，他不知道

---

2 唐宝鑫（1915—？），曾任贵阳私立清华中学校长，1947 年赴美留学，1950 年回国，加入中国民主建国会。1964 年调往天津师范大学任教，1988 年退休。

3 王金钟，生平不详。潘家洵（1896—1989），江苏苏州人，翻译家，译有《易卜生戏剧集》等，曾任北京大学西语系教授，1947 年主管大一英文，是夏济安、夏志清的顶头上司。

4 汤用彤（1893—1964），字锡予，祖籍湖北黄梅，哲学家，哈佛大学硕士，曾任北京大学副校长，著有《汉魏两晋南北朝佛教史》（1938）、《魏晋玄学论稿》（1957）等。

5 石俊、"谋杀者"和许鲁嘉都是汤的学生。"谋杀者"是夏氏兄弟私下给同事起的外号。许鲁嘉是印度人，由印度政府派来跟随汤用彤学习儒家思想，任北京大学西语系研究助理，后与钟莉芳结婚。

谢文通[6]已脱离北大。他听见Empson已被清华抢去,非常懊丧。告诉他王岷源和张祥保[7]的好事,他很高兴。我离北大太早,所讲的都是你信上记忆所得;我问及钱学熙,他似乎已听到钱有走动的消息,钱学熙不妨多和他信札来往,以示联络。

汤住University Hotel,2057 University Ave.,Berkeley,同中国学生一样住月租三十元的小旅馆,满头银发,很慈祥的样子。加大东方系还有一位陈世骧[8]。提起Frankel[9],是他的朋友,也和我一同谈话,长长的头发,不知他实力如何。他说加大(英文系)年轻人中Josephine Miles和Mark Shorer[10]是最有希望的两个,其他老人无甚特殊。他赞成读Kenyon。

6 谢文通,生平不详。

7 王岷源(1912—2000),英语教育专家,1930年考入清华大学外国语文学系,1942年获耶鲁大学M.A.学位,1947年返国。他与张祥保(张元济先生的侄孙女)1948年结婚,胡适为证婚人。夫妇俩一直任教于北京大学。

8 陈世骧(1912—1971),字子龙,号石湘,河北滦县人,生于北京。1935年毕业于北京大学,1941年赴美深造,1945年起任教于加州大学伯克利分校东亚系,曾任东亚系主任,创办了东亚研究中心。以英文撰写的论文代表作有《论中国抒情传统》《原兴:兼论中国文学特质》《论时:屈赋发微》等,翻译结集于《陈世骧文存》(1972)、《中国文学的抒情传统——陈世骧古典文学论集》(2015)。英译过《中国现代诗选》(与艾克敦[Harold Acton]合作)、《文赋》等。

9 Frankel(傅汉思,Hans Frankel,1916—2003),德裔犹太人,1942年获加州大学罗曼斯文学博士,1947—1949年在北京大学任教,课余济安教他中文,他教济安拉丁文。1949年与才女张充和结婚返美,在加州大学做研究,后去斯坦福大学做助理教授,1961年任教耶鲁东方系,直到退休。

10 Josephine Miles(约瑟芬·迈尔斯,1911—1985),美国诗人及文学评论家,加州大学第一位得终身职的女教授。Mark Shorer(马克·肖勒,1908—1977),美国文学批评家,哈佛大学毕业,威斯康辛大学博士,夏志清在北京大学时看过他的《威廉·布莱克:视觉政治》(William Blake: The Politics of Vision, 1946),曾与之通信。

1947

加州大学 Berkeley 有两万学生，全校共四万学生，人数大得惊人，中国学生因功课严，分数紧，很吃苦头。Empson 芝加哥大学的 application 若没有写，可不必写，写好了，仍旧寄来，作明年之用，这一年半载我预备读 Kenyon。

　　上岸后走路很多，nerves 较 steady，血压可较正常，船上缺乏运动，常服三溴片和血压平。旧金山气候极好，现在夹大衣可穿可不穿的 season，旧金山筑在山上，下坡上坡，相当费力。建筑物都相仿，增加市街美丽不少。每餐约一元，中餐西餐没甚上下，在旧金山没有 homesick 之感，初到台湾，确身临异乡也。晚上看了两张 Howard Hughes[的] 巨片：*Scarface*，*Hell's Angels*，《伤面人》中放枪多，后无来者[11]。Paul Muni，Raft[12] 都很 impressive。《地狱天使》中的 Jean Harlow[13] 很 sexy，可惜出场太少，以前的影片技巧较笨重，可是 more sadistic，近来影片太 mild 了。

　　二十二日上岸火奴鲁鲁，海水懒洋洋地绿。我乘 taxi 绕

---

11 Howard Hughes（霍华德·休斯，1905—1976），美国大富翁，喜欢开飞机，投资电影，*Scarface* 和 *Hell's Angels* 均为其监制。两片由天王导演霍华德·霍克斯（Howard Hawks）导演，《伤面人》（*Scarface*，1932）由保罗·茂尼、乔治·拉夫特主演，联美公司（United Artists）发行。《地狱天使》（*Hell's Angels*，1930）由詹姆士·霍尔（James Hall）、珍·哈罗主演，联美公司发行。

12 Paul Muni（保罗·茂尼，1895—1967），美国舞台剧及电影演员，1936年因《万古流芳》（*The Story of Louis Pasteur*，1935）获奥斯卡最佳男演员奖。Raft（George Raft，乔治·拉夫特，1901—1980），美国演员、舞蹈演员。

13 Jean Harlow（珍·哈罗，1911—1937），美国电影女演员，20世纪30年代之性感尤物。

城走了一圈，风景没有台北好，地方太小，too westernized，
too hygienic[太西方化，太洁净]，我不太喜欢，没有东方神秘、
passionate 的感觉；city life 的色情成分看来也不 strong。夏威
夷大学冯友兰在教书，在码头上看见"妖道"和钱端升握手
道欢，事后知道他是"妖道"[14]。船上最后三天留学生大开会
议，钱端升发言最多，为人 too aggressive，令人讨厌。

近况想好，念念，我预备明后天乘火车，再谈。

志清
十二月一日

1947

---

14 冯友兰（1895—1990），河南省唐河人，哲学家，哥伦比亚大学博士，著有《中
国哲学史》《中国哲学简史》《贞元六书》等。冯当时蓄有一大把黑胡子，而俄
国末代沙皇的皇后娘娘所信赖的祸国"妖道"拉斯波丁（Rasputin）也蓄有一大
把黑胡子，可能因此有此戏称。

4. 夏济安致夏志清

12 月 17 日

志清弟:

旧金山来信才到,读后殊为兴奋。燕卜生的介绍信已挂号寄 Jelliffe 转,没有注明给芝大,你如有意进别的大学,也可利用之敲门。先在 Kenyon 读一个时期,此意甚善,将来究竟进什么大学,慢慢地调查接洽可也。

江南大学之事,尚未决定。钱学熙自己对于北大颇有些恋恋——他的升正教授的必然性,北大教授招牌之可以傲视乡里,他的想少管闲事,完成其自信可以教育西方人的批评著作,凡此都使他除非创〔闯〕下大祸不能一下子决定脱离。袁可嘉[1] 是顶热心的一个,他说只要有副教授做(钱已答应这不成问题),他一个人都愿意去。我现在也不觉得江大有什么诱惑,除非冒铤而走险之心理,或者会去试一试。其实江大决不会造成什么事业,钱学熙的 monomaniac "Up-

---

1. 袁可嘉(1921—2008),浙江慈溪人,诗人、翻译家与学者,代表作有《九叶集》(合著,1981)、《西方现代派文学概论》《现代派论·英美诗论》(1985)《论新诗现代化》(1988)等。

creatism"[2]将难为西洋人接受，而他的胸襟因其自信过甚而难以开展。他的批评因他对文学无真心欣赏而不能真有见地，结果他如有著作，恐也难以站得住。袁可嘉学力不够，而欺世盗名之心甚切，好作诗论，而对于诗歌的兴趣甚狭，假如其兴趣是真，他的著作更难有价值。因钱学熙尚可自骗自地认为是受高尚理想所激动，而他则毫无理想，就是大言不惭地谈"新"诗、"新"批评而已。他们都是脸皮厚的人，我这个嫩脸皮的人恐怕和他们难以久处。我如进江南，也不过是去混一阵，另图大举而已。现在还想不到有什么大举的时候，我想在北大暂住一下也不〔无〕妨，反正你可以相信得过我不会拿北大或任何地方作终老之想的。

（上面这一段，隔了几天，才续写。）父亲最近来信说："闻北大某女生与尔交情尚笃。不知能进一步否？尔母颇以尔之婚事为念，倘有成功之望，则家中可为尔布置新房也。"我的回信是说，在我没有出国之前，婚姻问题暂不考虑。这会使二老（尤其母亲）失望，但这是我现在唯一可能的答复，无话可说，我很有些话好说，但是怕 make commitment，有些话还是不便说。

先说你所关心的李珩吧，physically 她对我有吸引力，这点是事实，因此我反而存了戒惧之心，不管这是为了做先生

---

2. Creatism 英文无此字，可能是笔误，应作 criticism，钱学熙坚持自己的"向上"哲学，当时在北京大学讲授文学批评。

的矜持，或是为了亚当夏娃给我们种下的 sin 的观念。你常说我太 intellectual，其实这是 self-defense：[若] 不使我的兴趣转移到学问方面去，我怕会没有话可说，事情弄得更尴尬。我避免同她在一起 tête-à-tête（面对面），同座如有别人，你知道我便可 at ease 得多。她的手我都没摸过，因为我知道得太清楚；这一摸所 involve 的 consequence，responsibilities[牵涉的后果与责任]。我们间若是停留在这 intellectual 阶段，当然谈不到什么爱情。我既然尚未决心要结婚，我想还是让事情停留在那里较妥。再往前走一步，事情可能就要超出我的控制。

事实上她也有她的缺点，年纪已有 24 岁（阴历）。Bloom 将过，很快就要进入中年。有时候不打扮，她看上去已很老，心直口快，性烈气盛，与人难以相处得好（她至今不肯 forgive 许鲁嘉与钟莉芳），可以做个好妻子，但决不会成为一个好媳妇。我除非能经济上完全自立（我的收入应该 ≥ 父亲目前的收入），否则我不敢介绍这样一个人进我们的家。还有她的 TB，她的苦头还没吃够，她还不知道如何休养。最近瞒着她舅母溜冰，结果温度大增，现在已不敢碰了。然而仍旧差不多每晚盗汗。陪她养病，这样一个 burden 我也怕担当不起。

我现在同她的关系，对于她的健康恐怕最有利。她是容易动情而且精神容易沮丧，我所表现的则是一个 stead，sober mind，我可以 cheer 她 up，可以使她乐观，或达观。我待她一点都不 romantic，只是表示关切、忠诚、同情而已，她病中恐怕也需要这样一个人。她对我也不会存多少幻想（你的估计有时是错误的），因为最近一年来，我从没同她讲过李彦，而我既有海盟山誓在先，像她那样一个爱读 sentimental novels 的女学生，总不免把我当作一个小说书中的大情人来尊敬我或怜悯我，只要我能保持这 non-committal 态度，我相信我不会激动她的心，当然更不会破碎之了。

同每一个女人一样，她也有虚荣[心]。不论夏先生对她有否爱情，至少他对她独具青睐，则是事实——就这一点，她已经可以傲视侪辈。不过你不肯听我话寄些东西给她，她难免有点失望。有一天她来，恰巧看见桌子上你的旧金山[来]信，她便一个人不声不响地撕你的邮票，我便用剪刀把它剪了下来。我装作以为她的兴趣只是集邮的，同时也剪了两枚郑之骧[3]信上的英国邮票给她，再问她英国邮票同美国邮票哪个好看？她把英美的邮票都拿走了。我想如果有什么风景明信片、贺年片、画报之类，你可以寄些给她，至少让她好在同学面前炫耀一下：外国有人常寄东西给她！如果你不听我话，我觉得你真比我还要残酷！这样决不会 trouble her heart，想也无损你的名誉地位，何乐而不为？

当周其勋[4]邀我去广州的时候，我说我有点舍不得李

---

3. 郑之骧，夏济安光华同学，当时在英国留学。1949年后主要从事西方哲学著作的翻译，译有《批判的实在论论文集》等。
4. 周其勋，夏济安光华的老师，曾任教于中山大学、复旦大学、广西大学等，译有《拜伦》《英国文学史纲》《英国小说发展史》等。当时要去广州中山大学，邀夏济安同去。

珩——这话顶多只有一半真理，我至少还舍不得一个人。此人你也有点猜想得到，但想不到我会这样 serious ——就是董华奇[5]。你在上海的时候，我寄给你的信中连这个名字都不大出现，因为我怕给父母知道了，从中撮弄，反而误事。

你说我对李珩太 intellectual，那么我相信我对董华奇，则足够是一个 animal。唯其因为她年纪太小，所以一开头我就没有什么戒备。她假如再大几岁，我们就没法子会有现在这点的 intimacy，我见她后，精神很舒服，毫不感 [到] inhibition[压抑] 之苦。我同她已经拥抱接吻了不知多少次，而且我也不以此为羞。以前我还教教她英文，现在连这点英文都不教，师道尊严完全取消，去了便在地毯上翻筋斗或者扎后〔好〕眼睛捉迷藏——这是两性间根本追逐的象征。我的幼年少年生活过得太枯燥，在她那里我多少可以得到一些补偿。应该是我幼年时候的伴侣，上帝偏偏现在才给我。看她 grow up，再同她结婚，我想我一生也不会有比这再大的快乐了。

同她结婚，唯一使你觉得不满的，恐怕是我得等好些年。但我能等，反正已经等了这些年，再等几年也无妨，索性等我社会地位十分稳固，而她正在妙龄的时候，我可 deserve the greatest happiness。在我现在这样，或最近几年内，无财无势，同任何人结婚都不会快活。洋房、汽车是幸福家庭生

---

5. 董华奇，夏济安暗恋的对象，年仅十三，就读汇文中学，夏济安父亲老板董汉槎的侄女。

活的必需条件。

同她结婚，父亲母亲将要都认为是外交上一大胜利，而华奇也必成为一个贤德主妇。董婶婶事实上也好几次流露想把半子之靠寄托在我身上之意，我只装不懂。她既不信任董先生，她的大儿子又是匹不羁之马，她自己体弱多病，她家里的确需要像我这样一个人。她同董先生都已经年逾半百，都想看见儿女早日成家，将来如果华奇嫁给我，他们一定觉得很放心的。还有她那小儿子也要有个靠得住的人照料，才不致受人欺侮。

所以我以为这头亲事是很有成功的可能的。我所怕的还是怕对不起董华奇，我的年纪到底太大一点，她应该有嫁一个 young husband 的权利，我不应该利用她年幼无知，使她父母代她订婚约（订了在法律上也无效）。我说过我要看她 grow up，不断的 woo，然后 win her，使她自动地愿意接受一个比她大二十岁的丈夫，假如她不愿意，那么我也没有办法了。

不过她如果嫁了别人，我要觉得痛苦的。即使现在她如果对别的男人（不论年龄）稍微亲热一点，我都会觉得 jealousy。——然而李珩如果别有男朋友，或者甚至和别人结婚，我一定觉得 relieved。两人成败之事定矣。

我的心事如果让父母知道了，很快地也许会演出订婚的一幕，但我忍耐着。第一，我说过我不应该不尊重华奇本人的选择权（即使现在她都可能坚决地反对）。第二，这消息

1947

传出去不免影响李珩的健康。反正现在订婚不订婚与事实无补，结婚总得在若干年之后，我想还是不订婚的好。你若原谅我的苦衷，请不要告诉父母为要。

我在北平，周旋于双美之间，也自有其乐趣。你说北大的生活不死不活，我想我如果回到上海，这生活才真正的"死"了。母亲如此急切地要为我完婚，我只要同任何一个未婚女子有点来往，她都想促成好事，结果恐又恢复我的和尚生活，落得我一个女朋友都没有。在北平她管不着，我尚可暂时享受一点 irresponsibility[无责任]之乐，回到上海，sense of responsibility[责任感]将束缚得我一点不能动作。你老是劝我到江南大学去，不知道到了江南，同父母常在一起，我的生活将变得大不自然。江南薪水即使比国立大学大〔多〕一倍，但以上海生活程度之高，我也决不敢拿这些钱来养一个老婆。进了江南大学，不过是虚伪地同钱学熙研究文学批评，然后再仆仆风尘地常常跑到上海去买书听戏而已，这种生活未必有意义。

总而言之我把结婚看得太重要，因此不敢马马虎虎去结个婚完事。你常说你知道 how to live，你所谓[的]life 就是指 promiscuous sexual relations[混乱的男女关系]吧？我是个 monogamist[坚持一夫一妻制的人]，只想求一个幸福的婚姻生活（*Odyssey* 是一切 ethical man 的经典，*Ulysses* 的故事实际就是一只 homing pigeon[的]故事，这是人性的根本处，比之 Jason 之金羊毛及文艺复兴时代大航海家更近人性，虽然没有那样"浪漫"），成立一个家，这是人的责任[6]。我并不是不在考虑结婚，事实上我把一切男女关系都归结到婚姻关系。找一个可以睡觉的女人容易，找一个妻子则不易。而且要婚姻生活幸福，非但要妻子好、丈夫好，还得满足种种别的条件，这是做人的苦闷处，如果像猫狗一样，春来觅伴，萍水相逢，转眼陌头，事情变简单得多了，但是人有更多的责任。

前晚去看了谭富英的《打棍出箱》加梁小鸾的《春秋配》都很满意。《打棍出箱》一戏，多谭派特殊动作，唱工也不少，是很重头的戏，要看动作多者，像《奇冤报》除毒发身亡那一段外，此外毫无动作，便难满意[7]。上海的京戏界情形：（1）中国[8]：马连良[9]、张君秋[10]、叶盛兰[11]、袁世海[12]、

---

6. 《奥德赛》（*Odyssey*）是古希腊荷马的史诗，叙述英雄奥德修斯经历了特洛伊十年之战而凯旋，历经风险，十年后抵伊萨卡（Ithaca），打败情敌，与妻复婚。正如通信鸽（homing pigeon），长途飞行，飞回老巢。伊阿宋（Jason）也是希腊神话里的英雄，他率领五十位豪杰，乘船阿戈（Argo）号，在美狄亚（Medea）的帮助下，取得金羊毛，并用计毒死篡位的叔叔珀利阿斯（Pelias）。后来他遗弃了美狄亚，欲另娶，失去了女神赫拉（Hera）的保护，被阿尔戈号腐朽的桅杆压死，这是其对妻子不忠的下场。

7. 谭富英（1906—1977），老生演员，祖籍湖北武昌，生于北京，谭鑫培之孙，谭小培之子。"四大须生"之一。梁小鸾（1918—2001），青衣演员，河北新安人，久居北京。

8. 中国：指建于1929年的中国大戏院；天蟾：指天蟾舞台，有新老之分。

9. 马连良（1901—1966），老生演员，字温如。北京人，"四大须生"之一。

10. 张君秋（1920—1997），青衣演员，原名家鸣，字玉隐。江苏丹徒人，"四小名旦"之一。他也是夏济安的朋友，曾访问哥伦比亚大学。

11. 叶盛兰（1914—1978），小生演员，原名瑞章，字芝茹。安徽人，生于北京。出身于梨园世家，叶派艺术创始人。

12. 袁世海（1916—2002），架子花脸演员，原名瑞麟。北京人，"袁派"艺术创始人。

马富禄[13]、黄之庆[14]、江世玉[15]问世早，阵容浩大无比，价十二万。（2）天蟾：盖叫天[16]、叶盛章[17]with 一无名坤伶，价七万。（3）黄金：麒麟童[18]、李玉茹[19]（已向 CNAC 登记，黑市美钞达二十万一元）。

寒假回家否未定，主要的是经济原因，飞机票一张五百多万，最近发行了十万大钞后，飞机票到我放假时恐怕还要涨。我薪水才两百多万，试问能如何走得？我很想回家走一趟，在家里过年。北平的电影僵局没有解决，好久没有看电影了，也有点上瘾。

今天我开始学溜冰，当然不容易溜好，但也并不难。普通对于溜冰的印象，都从宋雅·海妮（Sonja Henie）[20]电影中得来，宋雅自己溜得特别好，这是别人难得企及的。还有铁

---

13. 马富禄(1900—1969)，丑行演员，名汉臣，字寿如。祖籍河南扶风，生于北京。

14. 黄之庆，生平不详。

15. 江世玉(1918—1994)，小生演员。北京人，名旦江顺仙次子。

16. 盖叫天(1888—1971)，武生演员，原名张英杰，河北高阳人。

17. 叶盛章(1912—1966)，丑行演员，字耀如。安徽太湖人，生于北京。出身于梨园世家，被誉为当时武丑第一人。

18. 周信芳(1895—1975)，老生演员，原名周士楚，字信芳，艺名麒麟。生于江苏清江浦(今淮安市主城区)。

19. 李玉茹(1923—2008)，青衣演员，原名雪莹。北京人，著名剧作家曹禺夫人。

20. 宋雅·海妮(Sonja Henie, 1912—1969)，出生在挪威，1928年、1932年和1936年连获冬季奥运会三届金牌，后到好莱坞拍电影。与泰隆·鲍华(夏济安译作铁龙·鲍华)合演《薄冰》(*Thin Ice*, 1937)。泰隆学溜冰，常跌得四脚朝天，令人捧腹。

龙·鲍华（Tyrone Power）[21]、唐阿曼契[22]之流，特别不中用，一进冰场，便跌得狗吃屎，爬都爬不起。我初进冰场之时，自以为也将大跌一跤了，结果发现脚步还容易控制。赵全章也在学，他溜的次数比我多，技术已经很不差。

拉丁我读得不算用功，拉丁文字干净，字简意赅，我很欢喜读（我们的课本是 Hettizh & Maitland 的 *Latin Fundamentals*）。

你要送 gadgets 给我，谢谢，我的领带已经有不少，要送还是请送 sweater（色以灰色、青色等文静之色为上）吧。其实我什么都不缺，你经济不一定很宽裕，能省之处还是节省的好。专此即颂

Merry Christmas[！] Happy New Year！

济安

十二月十七日

---

21. 泰隆·鲍华（Tyrone Power，1914—1958），美国电影及舞台演员，擅长扮演风流潇洒情深意重的角色，代表作有《碧血黄沙》（*Blood and Sand*，1941）、《黑天鹅》（*The Black Swan*，1942）和《常胜将军》（*Captain from Castile*，1947）。

22. 可能是内地惯译为唐·阿米契（Don Ameche，1908—1993）的美国演员。

5. 夏志清致夏济安

12 月 12 日

济安哥:

　　十二月二日离旧金山后还没有写信给你，因为行综〔踪〕不定。前天（十日）晨乘公共汽车这由 Oberlin 至 Gambier 访 Ransom[1]。Ransom 是一个 genuinely kind old man（born 1888），真心待我，请我吃了午饭，他一直盼望我来，并告诉我消息，Empson 今夏已决定来 Kenyon，不知此消息在北平已传出否？今夏 Kenyon 预备设立 Summer School of English 广罗批评人才，Empson，Brooks[2]，Winters[3]，

---

1. 蓝荪（John Crowe Ransom，1888—1974），美国批评家、诗人，"新批评"派的领军人物，代表作有《新批评》（ *The New Criticism*，1941 ）、《诗歌：本体论笔记》（ *Poetry : a Note in Ontology*，1934 ）等。
2. Brooks（Cleanth Brooks，克林斯·布鲁克斯，1906—1994），美国批评家，耶鲁大学英文系教授，"新批评"派的领军人物，代表作有《精致的瓮》（ *The Well Wrought Urn*，1947 ）、《现代诗与传统》（ *Modern Poetry and the Tradition*，1939 ）等，曾创办《南方评论》（ *The Southern Review* ）。
3. Winters（Yvor Winters，伊沃尔·温特斯，1900—1968），美国诗人、文学批评家，代表作有《诗集》（ *Collected Poems*，1952 ）、《批评的功用》（ *The Function of Criticism:Problems and Exercises*，1957 ）、《论现代诗人》（ *On Modern Poets : Stevens, Eliot, Ransom, Crane, Hopkins, Frost*，1959 ）等。

Tate[4]，Harry Levin[5]，Trilling[6] 都答应来，届时确是一桩盛举。我已决定去 Kenyon，圣诞假期一月五日后正式搬入，现在还住在 Oberlin 一个物理教授 Carl Howe 的家里。

二日晨乘 Santa Fe 火车出发，同车有两位 St. John's 外科医生，一位姓夏的苏州小姐和另一位较苍老的，一位 C.T. 姓傅。那位姓夏的长得很高，到纽约主读经济，护照上已二十六岁，同 St.John's 医生和姓傅的很热络，在船上多合淘打 bridge。我不感兴趣，看书时候多，反同他们生疏。车厢还舒适，只是大玻璃窗不能开，没有新鲜空气进来，不彻底的 air condition 加上不需要的暖气，使人不舒服。一天以后，气候〔温〕渐渐降低，始渐渐习惯。一路风雪把玻璃窗盖得模糊，没有景物可看，事实上西部黄色的平原丘山，落叶树和黄草，没有什么可看。两天两夜走过了 Arizona，New Mexico，Kansas，Missouri，晚

4. Tate(Allen Tate，艾伦·泰特，1899—1979)，美国诗人、散文家、批评家，是蓝荪的学生，曾主持 *The Sewanee Review*。代表作有《诗集》(*Collected Poems*，1970)、《论诗的局限》(*On the Limits of Poetry : Selected Essays*，1928 — 1948，1948)、《四十年文选》(*Essays of Four Decades*，1969)等。

5. Harry Levin(哈利·列文，1912—1994)，美国文学批评家、比较文学家，1933年毕业于哈佛大学，终身任教于哈佛。代表作有《象征主义与小说》(*Symbolism and Fiction*，1956)、《黑暗的力量》(*The Power of Blackness : Hawthorne, Poe, Melville*，1958)、《折射：比较文学论文集》(*Refractions : Essays in Comparative Literature*，1966)等。

6. Lionel Trilling(莱昂内尔·特里林，1905—1975)，美国批评家，"纽约知识分子"群体的核心人物，任教于哥伦比亚大学。代表作有《自由的想象》(*The Liberal Imagination*，1950)、《超越文化》(*Beyond Culture:Essays on Literature and Learning*，1965)、《诚与真》(*Sincerity and Authenticity*，1972)等。

1947

上六时到了芝加哥，中间停过的大站，只有 Kansas City 可看，还有一条宽大的密西西比河。车上吃牛奶、山〔三〕名〔明〕治、橘子，到 Pullman dinning car 吃一顿，很不舒服。Santa Fe 火车及其车站旅馆都是 Fred Harvey Service，一向雇用女招待，颇有盛名。米高梅摄一张 *Harvey Girls*[7]（Judy Garland[8] 主演）即取材于此，可是此 tradition 已渐衰落，车上的 waiters 都是黑人和白男人。

在芝加哥车站，排队买票人中见 Fred MacMurray[9] 买〔戴〕着呢帽，下巴很青。我说 Are you Fred MacMurray? 他尴尬地点头，引起我旁边的女客的注意，她同我攀谈，He is a wonderful actor though。改乘 New York Central 至 Cleveland，十一时开车，就利用闲着的三小时在大街[上]逛，可惜天下雨，鞋底都湿[了]，最主要的街是 State Street。福斯大本营 Rialto 在映

---

7. *The Harvey Girls*(《哈维姑娘》，1946），音乐剧，据塞缪尔·霍普金斯·亚当斯（Samuel Hopkins Adams）同名小说改编，乔治·西德尼导演，朱迪·嘉兰主演，米高梅公司发行。

8. Judy Garland(朱迪·嘉兰，一译朱迪·加兰，1922—1969），美国女演员和歌手，代表影片有《乱云飞渡》(*Till the Clouds Roll By*，1946)、《花开蝶满枝》(*Easter Parade*，1948)等。

9. Fred MacMurray(弗莱德·麦克莫瑞，夏志清、夏济安译作麦茂莱，1908—1991），美国演员，参演过近百部电影，以参演比利·怀尔德（Billy Wilder）导演电影《双重赔偿》(*Double Indemnity*，1944)而知名。

Amber[10]，派拉蒙 Chicago 在映 *Golden Earrings*[11]。另外有 Mary Martin 上演 *Annie Get Your Gun*[12]，Lunt 夫妇上演话剧，较旧金山 highbrow。翌晨七时半底〔抵〕Cleveland，夜间被四位老女客讲话[吵醒]，尖而难听，不断夹着 I said, he said，不易入睡。Cleveland 到 Oberlin 的火车下午五点半才开（事实上可以乘 bus），下车后想找旅馆休息一下，大旅馆太贵，小旅馆客满，结果在最 dingy 的 boarding house[借宿公寓] 花了二元美金买了些休息。Cleveland 给我的印象不好，太 bleak（萧瑟），高[楼大]厦太多而不繁华，没有太阳，花了我一小时的光阴找旅馆。下午理发（service 不像中国那样地道，没有吹风，shampoo 要加钱）上车。

碰到一位 Oberlin 的学生，替我找了 Oberlin Inn，服侍极周到，原来饭堂中的 waiter 都是学生。Oberlin 的 motto 是 learning & labor，学生都担承些工作，Jelliffe 带去的两位杨小姐每天在糖果店服务两小时。Oberlin 是以美国的一家男女

10. *Amber*(*Forever Amber*，《永远的琥珀》，惯译《除却巫山不是云》，1947），古装剧情片，奥托·普雷明格（Otto Preminger）、约翰·斯塔尔（John M. Stahl）导演，琳达·达内尔（Linda Darnell）、柯纳·王尔德（Cornel Wilde）主演，20世纪福克斯（20th Century Fox，夏志清、夏济安译作福斯）发行。

11. *Golden Earrings*（《金耳环》，1947），间谍片，米切尔·莱森（Mitchell Leisen）导演，雷·米兰德（Ray Milland）、玛琳·黛德丽（Marlene Dietrich）主演，派拉蒙影业发行。

12. Mary Martin（玛丽·马丁，1913—1990），美国歌舞红星，以主演音乐剧《南太平洋》（*South Pacific*，1949）走红。《飞燕金枪》（*Annie Get Your Gun*，1947）是百老汇颇为卖座的音乐剧。

同学的大学著名（同沪江一样），此外它的 conservatory[音乐学校] 也著名：Girls & music 空气相当 feminine， 到美后从没有看见过这许多红白分明秀丽的女人，相当有enchantment。Oberlin 共两千学生，男女各半。Oberlin 在中国设一家陕西中学和铭贤学院。在 Graduate House 一同吃饭的，除了两位杨外，一位陕西中学的校长，一位铭贤派出的留学生。星期六晨见真立夫，他 take for granted 我要在Oberlin 研究，替我找了房子，在物理教授 Howe 夫妇家租一间，有床褥、沙发、台、椅、橱，周租五元。同 Jelliffe 讲话，两方都有些 embarrassing，星期一晚上到他家去，多了一位太太，谈话比较自然。他告诉我他的两箱东西（书籍、茶具）才运到 New York，要运费八十余元，太贵，他不预备去 claim，只可惜了不少 lectures。Oberlin 性质完全和沪江相仿。

星期二去听他的课，第一课 Shakespeare，上来一个 quiz 问 *Henry V* 为什么 reject Falstaff。一刻钟后，来一下 *Henry IV* part II 角色分析，笼笼统统，学生忙着记笔记。第二课 Chaucer[13]，上课问问讲讲，criticism 一字不提，实行 delineate obscurantism。 第三课批评十七世纪的教授 Bongiorno 讲 Henick，读了一小时 Rose Macauley 的小说（about Henick）算

---

13. Chaucer（Geoffrey Chaucer，乔叟，1343—1400），英国文学之父，中世纪最伟大的英国诗人，第一个被埋葬于威斯敏斯特大教堂诗人角的诗人。最著名的作品是《坎特伯雷故事集》（*The Canterbury Tales*）。

是 background。上 Empson 的 seminar 尚且无聊，上了三堂，只好实行许鲁嘉的 pitying amusement 来维持我的尊严。Oberlin courses graduate 和 undergraduate 不分，所谓 graduate students，除了二杨，还有二三位，其中一位来自阿根廷。两位杨小姐，一位是 Miriam Yang，来自清华，教书有年，可是书读得意外的少，中央大学毕业，莎剧只读过四只〔出〕。现在 Jelliffe 每星期三出，相当的忙，她感到 Jelliffe 的空虚，但近代批评一字不知（只知道 S. Review of Lit.）。她问我这样一个问题："你弄 poetry 的，怎么也弄 criticism"，山东人。另外一位是 Grace Yang，大约伪北大 1946[年] 毕业，常来沙滩听课，贵州人，带些贵州人的 girlishness，人很小，没有胸部，很年轻的样子，下眼皮凸出，表示很努力读 Shakespeare，不太讲英文，因为还不谙讲英文，她没有什么 discontent，功课已够忙。Jelliffe 都只许她们念 Shake 和 Milton[14] 两个 courses，而 M.A. 除论文外还需要 24 学分，拿到 degree 还相当费时日。另外一位 undergraduate 任毓书，北大的 junior，矮小，程度更劣。Mrs. 袁已去 Stanford 教中文，M.A. 论文尚未做好。清华的杨，问我是不是汤的 nephew，李氏奖金给了我不少 notoriety。

星期三乘 bus 去 Gambier，Kenyon 并没有如 Jelliffe 说的那样近，换了两次公共汽车，再乘 cab 到 Gambier 已十二时半，

---

14. Milton(John Milton，弥尔顿，1608—1674)，17世纪英国伟大的诗人、思想家。以三部宏伟诗篇《失乐园》(Paradise Lost, 1667)、《复乐园》(Paradise Regained, 1671)、《力士参孙》(Samson Agonistes, 1671)著名，对后世影响深远。

车夫认识 Ransom，开到门口。Ransom 讲话很松，很客气，他带我去吃饭，饭后就到他的办公室，碰到英文教授 Coffin 和新从法国回来的副编辑 Blain Rice（哲学教授）。Ransom 这次 Summer School of English 大干一番，一切有名的 critics（including Eliot & Richards）[15] 都有〔会〕来 Kenyon 住一星期。Summer School 预备收八九十 [个] 学生，男女兼收，所读 courses 算是 graduate credits。Ransom 介绍给一位 Kenyon 最 brilliant 学生 Tom Sonthard，念 classic 系，Greek & Latin，可是英文文学极通，讲话时运用 vocabulary 极大，以前没有碰见过。大约是 Auden[16] 一类 "才子" 人物。他的哥哥在中国，也是 Kenyon 的高材生，有 China Letter〔Robert Foxx〕发表于 *Kenyon Review Winter Issue*（1947），写一手极好的 impressionistic prose。Kenyon 空气和 Oberlin 不同，建筑都是中世纪式，大石阶，彩玻璃，模仿牛津剑桥的 Colleges，没有女生，六百个男生，intelligent 的有，muscular 的也有，相貌各奇各色，不像 Oberlin 那样 uniformly neat。More dirt, more dust, more dissipation，一部分学生晚上

---

15. Richards（I. A. Richards，理查兹，1893—1979），英国评论家、修辞学家，曾到中国在清华大学（1929—1930）任教。"新批评" 理论创始人之一，代表作有《批评原理》（*Principles of Literary Criticism*，1924）、《科学与诗》（*Science and Poetry*，1926），以及与奥格登（C. K. Ogden）合著的《意义的意义》（*The Meaning of Meaning*，1923）等。

16. Auden（W. H. Auden，奥登，1907—1973），出生于英国，后来成为美国公民。诗人、散文家、文学批评家，代表作有《诗集》（*Poems*，1930）、《战地纪行》（*Journey to a War*，1939）、《焦虑的年代》（*The Age of Anxiety : A Baroque Eclogue*，1947）等。

就去吃酒，七时上 Ransom 的 Poetic Analysis 一课，学生都不断地抽烟，那天晚上我喝了两杯啤酒，[抽]不少烟，不易入睡。学生程度好的也有，可是免不了 affectation 和 arrogance。学生的 paper 把一首短诗要写五六页至十页的分析，都是瞎写，不负责任的瞎批评。一学生批评 Donne[17] 的"Go & Catch a Falling Star"，说 Donne 不懂 metre，说这诗 bewitching & lovely[迷人和可爱]，很是可笑。

昨天从 Gambier 回来，预备一月五日正式搬入。目下有许多批评书要看，Ransom 对于 theory 很有兴趣，目下在 Review 写"Poetry: The Formal Analysis, the Final Analysis"，还未写完。他的批评最主要两个 terms 就是 structure 和 texture，describe himself as an ontological critic（自称为本体论的批评家）。访 Empson 时，可问他什么时候来美，说我很高兴见他。（写信寄 184 Forest St.c/o Mrs Howe 或 c/o Ransom，Kenyon College 即可。）

十几天来的辛苦，和最近甜多于咸的 diet，相信会 undo 上海三月的营养；希望血压可跟着正常。下星期预备去纽约并至 New Jersey 访 Carver。今天收到十二月六日父亲的信，家中都好。希望能在最近看到你的信，不知道你的行动已有一月了。Gambier 连电影院都没有，一个 average sensual man 又要有半年的苦修。

---

17. Donne（John Donne，约翰·邓恩，1572—1631），英国诗人，玄学派诗的代表人物，代表作有诗集《歌与短歌》(*Songs and Sonnets*，1601）等。

1947

再谈，祝

康健

钱学熙、李珩等想好。

弟 志清 上

十二月十二日

1948年

6. 夏济安致夏志清

1 月 5 日

志清弟：

你去美后，我曾发出两信，都由 Jelliffe 转，想都收到。寒假我决定回去，大约一月十五日以后走，三月一日前返平。在留沪期内，北平信件有人转寄，当不致遗失。

江南大学之事，钱学熙本人或将不就。因渠在北大的确尚稳固。功课也轻松，自可以耐心等两三年，完成他的著作，等送出洋，升正教授。我对于江南大学，无甚好感，但对北大则恶感甚深。半年后很想脱离，但不一定会去江南大学。江南大学如钱当主任，他有一套办英文系的计划，会把我累得很忙。如别人当主任，则诸事联络，更感困难；再则许思园[1]其人听说成见深，脾气大，拘泥小节，自负不凡，很为难弄，我怕同他相处不下。我现在对于办教育的兴趣甚小，顶好有

---

1. 许思园（1907—1974），江苏无锡人，1937年得庚子赔款奖金到伦敦、巴黎留学，次年得巴黎大学博士。1947年任江南大学哲学研究所所长。有《人性与人之使命》（英文著作，原名：*On the Nature and Destiny of Man*, 1927）、《相对论驳议》（法文著作）等。据说《围城》里的褚慎明即以其为原型。

一个空闲的差使（北大够忙的了！）生活安定，好让我从事创作。寒假时在上海当去好好地筹划一下。

上信讲的一些我最近对女人的心理，我现在还认为不结婚则已，要结婚还是同董华奇顶好。但我不结婚的念头仍然很强，我如果回到南边去做事，无非想求更高度的austerity[苦行] 而已。我不相信离开了北平，我会有兴趣去再交女朋友。如不存心结婚，交女朋友突然造成骑虎难下之形势而已。李珩那里我已经有点怕难以收拾，她的健康或者因为认识我而变得更坏。但是事情勉强不得，但愿她不存什么幻想。北平的生活过得有些腻，所以寒假想回去，暑假后想换个差使。北平现在没有什么舍不得的东西。

你所认为萎靡不振生活的代表者徐世诏和王达津²都已经结婚了。徐世诏在暑假结的婚，以前我想也说起过。王达津忽然于上星期也结婚，事前我从没有看见过他同任何女子有什么来往；新娘是个小学教员，认识了没有几个月。赵隆勷³的喜期想也不远，可是王岷源和张祥保却好事多磨，前一两个月潘家洵⁴总是说"快哉，快哉"，现在他也认为他们的可能性不过百分之六七十。大致是张祥保在拖延，她为 人恐比

---

2. 徐世诏当时在北京大学西语系教英文。王达津先在北京大学文科研究所，后任讲师，1952年到南开大学任教授，兼古籍整理所副所长。
3. 赵隆勷(1917—？)，翻译家，译有《毛姆传》《旧地重游》《阳光普照大地》等。
4. 潘家洵(1896—1989)，江苏苏州人，翻译家，曾任教于北京大学、西南联大，1954年起任中国社会科学院研究员，译有《易卜生戏剧集》等。

较 calculating，而且我怀疑她 incapable of passion，或者她还是在待价而沽吧。苦的是王岷源（他们还是常常同出同进，日子一久如不更进一层，可能反而玩疲了）。

童芷苓[5]的哥哥童遐龄结婚，我送了二十万块钱礼，吃了一顿喜酒。芷苓留沪未来，来宾不多，值得一提的仅电影明星董淑敏、金玉龄、白光[6]、李绮莲[7]四人。李绮莲是个老丑的广东女人，戴黑眼镜（才开单眼皮！）；白光眼睛弯得如照片所示，唯脸黄得可怕；金玉龄还嫩，才高中毕业，唯她所表演的一段红娘唱得大〔太〕不佳，否则我倒要去听听她的戏了；董淑敏公认是当天顶美丽的一位女客，自称二十岁，态度据某小报所描写为"娇羞腼腆"，程某[8]（他的书屋已改称丽芷庼了）颇有追求之意，也作文捧之。

Empson 只要 Kenyon 肯出飞机票钱，他就肯来。他的两

5. 童芷苓（1922—1995），花旦女演员。原名芷龄。原籍江西南昌，生于天津。长兄童遐苓（即童遐龄）工老生，嫂李多芬工老旦，二兄童寿苓工小生，妹童葆苓工旦角，小弟童祥苓工老生。

6. 白光（1921—1999），原名史永芬，河北涿县人，"孤岛"时期的影星、歌星，抗战后在上海拍摄《大地回春》（上海实验电影工场，1947）、《柳浪闻莺》（1948）、《人尽可夫》（1948）、《一代妖姬》（1950）等影片。1949年去香港，后定居马来西亚吉隆坡。

7. 李绮莲（1914—1950），也用艺名李绮年，原名李楚卿，广东人，活跃于20世纪30年代至50年代的粤剧花旦及电影演员，曾参演《昨日之歌》（1935）、《生命线》（1935）、《风流寡妇》（1941）、《花香衬马蹄》（1948）等影片。

8. 程某，即程绥楚（1916—1997），字靖宇，湖南衡阳人，生于北京。毕业于西南联大历史学系，曾任教于南开大学。1950年移居香港，1951年合作创办香港崇基书院。著有《新文学家回忆录——儒林清话》（1977）、编有《胡适博士纪念集刊》（1962）等。

个孩子在中国小学校念书，中文说得很好。他教"大四作文"和"莎士比亚"大受欢迎，唯"近代诗"一般人尚嫌太深，他的 *Seven Types* 有新版出书，承他借我一阅，看后我对他的学问与智力均大为佩服。Brooks 确不如他。

北方局势同以前差不多，只要苏联不加入战争，北平暂时可无失守之险。不过物价日涨，生活日苦而已。还有一点，民众对战事的乐观心（为打通津浦路）亦日渐消失了，别的再谈，专祝

新年快乐

兄 夏济安

一月五日

7. 夏济安致夏志清

1月24日

志清弟：

　　我于一月二十日飞[南]京转沪，行前接到你一月十日的信，在家里又看到你十二月二十日并一月十四日的信，一并作复。你在美国读书地方未定，心当然一时定不下来，但是多走几个地方也好，Kenyon如空气太沉闷，应该换掉。我的生活，绝没有你想象的那样的"快乐"和"兴奋"。同董华奇恋爱，实在也是种asceticism[禁欲主义]；我得等候多少年才可享受得到恋爱的consummation。我对于北平的生活，也感到厌倦，否则我不会嚷着寒假要回家，明知家里也没有什么快乐，但更换一下环境也是一种刺激。我现在是被"求自由"和"求束缚"的两种相反的力量拉扯着，我相信我情愿受束缚。我所以不敢现在就declare，主要的还是怕舆论。你比较知道我深切，而且在北平也好好地观察我几个月，尚且会有surprise，假如别人知道了我的intention，不知将起任何反应？很可能的猜想是我贪董家的有钱，或者是父亲的一种strategy，作为他业务上的方便，不知道我倒纯粹地为了"男女之爱"。我所以要等我自己有了地位之后，等华奇长到可以追求的年龄的时候，才敢 declare，这样才能把这种事情的政治色彩冲淡。我已经说过我相当地 jealous，当然希望能早日订婚，但为了不使我所认为神圣纯洁的事情，显得 ridiculous 或 mean，暂时只好忍耐。

我承认我相当 indulgent，但她的父亲、母亲、哥哥待她都相当凶。她倒不是一个 spoilt child，至少比起玉瑛来，她一向的是少受放纵，性格上是比较能屈能伸。她能给我幸福，但我们的幸福总得要结婚之后才会开始。我能够等，只要董、夏两家关系不断，我们分别了几年，仍旧可以随时碰着，不像别的女朋友，同家里没有关系的，一断从此就会断绝的。

家里的情形，大致同以前差不多。母亲还是一贯的精力充沛和迷信的乐观。派头愈来愈大，我晚上一个人在客堂里开了电灯听无线电，她从来不说一句话，电费的支出她已经不大在乎了。过年各处送来不少礼物，每受〔收〕一次都使她高兴一次。父亲比以前"好说话"，因此她似乎更"任性"（我想到在她手下做媳妇的困难）。父亲的眼光真和善，人比以前略显憔悴（皮肤很松），每天晚上回家总很吃力了。银行业务很发达，但累得他很忙。思想还是儒家，孔孟大道理，还常常在嘴上流出来，我想根据这些道理，做生意还会做得好吗？他的身体既然日衰，时代的变化与他的思想既然日益脱节，我想他再要 make fortune，亦不大可能了。可恨我们还站不起来接替他，让他在家里休养。玉瑛很长，但除脸色黄以外，身体并不显得特别瘦。眼皮略胖，但不仔细看，看不出。已经是双眼皮，所以眼睛想不再去动它。脸上除了聪明外，显不出有 character，这是我替她担忧的地方。英文书读得深得很，她似乎跟不上，我不去逼。她读书，在学校上一天课（尚未考完），已经很累，家里是应该玩玩了。祖母躲在三层楼上一天到晚做生活，饭亦不在一处吃，所以不大见面，但显得还清健。

我在上海经济很困难，不好意思问父亲要钱，所以躲在家里的时候多。明天要去看日戏，马连良、张君秋、叶盛兰的《御碑亭》。附上股票一张，是陈文贵[1]所有，该公司已关门，但可发还股票若干，你且设法讨来，讨来后款暂存你处。还有父亲的朋友杨君托你买梵哑铃 [Violin] 弦线三套，一定要 bed-o-Ray 牌子，买来后放在信封里寄来，款请暂垫（不会很贵）。母亲吩咐你（1）少吃药；（2）被头里是洋毛毯，洗濯时当心不要遗失。阴历初一为阳历二月十日，别的再谈，专颂

冬安

济安

于一月二十四日

〔又及〕郑之骧、胡世桢[2]日内可抵沪。我约于二月底返平。上次寄来给父母、玉瑛的礼物已收到，父亲去纳税了两百三十七万余元，所费不赀。所以叫你以后少寄些东西来，大家省省。我的东西已托赵全章代办，尚未收到。

---

1. 陈文贵，夏济安父亲的朋友。
2. 胡世桢（1914—1999），美籍华人数学家，生于浙江湖州。"中央"研究院院士，夏济安的高中同学。

8. 夏济安致夏志清

2月9日

志清弟：

二月三日来信收到，悉已准入耶鲁大学。闻之甚为欣慰。将来在一般留学生之前，亦可抬得起头，望好好攻读，得一Ph.D.后回国。你得 Ransom 氏赏识，将来在英美学术界不难出头。关于 Donne 的论文，R 氏可允在 KR 上发表否？如能发表，则一下子就可以吓吓北大的人了，也算出一口气。

来沪已逾两周，再住两周又将首途北上。上海生活，虽有什么缺点，但北大生活愈想愈厌恶。我自己已决定下学年必进江南大学，剩下的工作就是要去说服钱学熙。江南大学未必有前途，我根本没有想在那边久做。要我 settle down 捧一只饭碗，当在中国恢复和平和我结婚之后。最近几年总是浪荡。家里房屋扩大后，住住很舒服，可以使心思稍微集中些。一笔优厚的薪水现在认为也很需要，就是独身，也得要钱多才舒服。江南大学的薪水可以容许我到上海来阔一阔，不致像北平那样老在闹经济恐慌。

在上海看掉〔完〕本 *Crime & Punishment*〔《罪与罚》〕，

现在读《卡氏兄弟》。陶氏[1]的小说组织很紧凑，值得效法。似乎太serious一点，令人觉得胸襟不够开展。对于人生的认识，不及莎翁。无论如何，看了他又提起我写小说的兴趣。我回北平后，当好好地从事写作。我自己的东西亦将很serious：悲天悯人之心切，亦是我没有办法的事。

在上海看过三次京戏，马连良、张君秋之《御碑亭》，言慧珠[2]、纪玉良[3]、高盛麟[4]之《戏迷家庭》，言、纪之《盘丝洞》《盗魂铃》，结果都不大满意。马的票价差不多每两星期自动调整一次，现在已卖得很高，但嗓子不佳（听说最近特别不佳），唱得不过瘾，虽有做工，总难讨好。张君秋则你也知道，有唱而无做，亦是一半好。言慧珠于年关前几个星期没有贴过一次正经梅派青衣戏，只贴这三出：《戏迷》《盘丝》《大劈棺》（前面加《打渔杀家》），《纺棉花》亦预告过，后来听说乃师梅博士反对，才没有漏演。言妹嗓子细，唱得不佳，做真正梅派戏，未必能做好。做那种滑头戏，一脸苦笑地讨好观众，亦可怜之至。中国下期还是马连良，天蟾改聘盖叫

<hr />

1. 夏济安、夏志清兄弟在往来书信中谈到的陶氏/陶斯道/陶斯托夫斯基，即陀思妥耶夫斯基（Fyodor Dostoyevsky，1821—1881），俄国作家，代表作有《罪与罚》（1866）、《白痴》（*The Idiot*，1869）、《卡拉马佐夫兄弟》（*The Brothers Karamazov*，1880）等。
2. 言慧珠（1919—1966），青衣女演员。原名言茞莱，北京人。文武昆乱兼长。第三任丈夫俞振飞工小生。
3. 纪玉良（1917—2002），老生演员。原名纪云峰，祖籍北京。
4. 高盛麟（1915—1989），武生演员。原名仲麟，祖籍山西榆次，生于北京。幼从父高庆奎学戏，后入富连成科班。

天、叶盛章（with 纪玉良、高盛麟、云燕铭[5]），戏想可有精神些，我预备北返之前多看几次盖叶之戏。以后京戏将少看，因为京戏剧存人亡，可看之戏实在太少，我的兴趣自然渐趋减低（老生还是谭富英好）。

年关前父亲很忙，但精神尚佳，请勿念。偶然尚有余力打牌，足见并非一直打哈欠也。徐逸民医师最近送他美国新出 Rutin "Squibb"，一种为治血压高[的]特效药（小颗药片）。你将来逢节逢时，要送家里东西，不要买别的，只要买 Rutin "Squibb"，寄来最合实用。母亲与祖母中间仍维持着多龃龉的和好关系，祖母每月只有伯母送来的十万元零用，实在可怜之至（请数数我信封上的邮票！）。玉瑛已放假，英文考五十八分，年初四还要补考。她们读的那一本"循序读本第四册"给她读实在太深一点。她自己很知道用功，请你放心，将来英文程度必可跟上。郑之骧已返国，胡[6]进中央研究院，郑颇受张芝联[7]虐待，光华只给了他一个副教授做，他半年后亦进江南。他说香港、上海的女人都不漂亮，关于上海我亦有同感，至少女人的服装都太不漂亮了（以前还要漂亮点）。

---

5. 云燕铭(1926—2010)，旦角演员。原名罗钜埙，广东南海人。

6. 即胡世桢。

7. 张芝联(1918—2008)，浙江鄞县(今宁波市鄞州区)人，历史学家，主编《法国通史》(1989)，著有《从〈通鉴〉到人权研究》(1995)、《中国面向世界》(2007)、《法国史论集》(2007)等。

再谈，即祝

年安

济安

于二月九日，即大除夕

〔又及〕Yale 有中国教授罗常培[8]，乃音韵专家，钱学熙之好友，北大之红[人]，可往联络。另有英文系留学生李赋宁氏[9]，清华毕业，班公朋友，与我也熟，有事可找他帮忙。

---

8. 罗常培(1899—1958)，字莘田，号恬庵，北京人。语言学家、语言教育家，代表作有《汉语音韵学导论》(1949)等，对当代中国语言学及音韵学研究影响深远。
9. 李赋宁(1917—2004)，陕西蒲城人，1946年在耶鲁大学研究院英语系学习，1948年获硕士学位。1950年回国后，先后任清华大学、北京大学教授，代表作有《英语史》(1991)、《李赋宁论英语学习和西方文学》(1985)、《蜜与蜡：西方文学阅读心得》(1995)等。

9. 夏志清致夏济安

2 月 12 日

济安哥：

来 New Haven 已三天了，今天下午找到了房子，搬进，可以写几封信。星期日二月八日四时乘了 Ransom 的车到 Mt.Vernon，Kenyon 上星期已大考完毕，Gambier 学生大半回家，Bexley Hall 只留四五人，临走不留痕迹，减了不少麻烦。五时上车，六时到 Columbus（Ohio S.Univ. 的所在地），乘 Pennsylvania Railroad，晨八时许抵纽约，十时乘 N.Y.[到]N.H.[的]车，十二时抵 New Haven。在 Columbus 至纽约的车上，碰到一位父亲在南京传教（missionary）的儿子，Mr.McCullan，样子寒酸得可以，同 Ransom 教授的儿子是朋友，攀谈了一阵。

New Haven 是个相当像样的 city，公共汽车、电车，来往很密，火车站上人很颐融，一半是 Yale 学生赶回来上课，因为十日 Yale 第二 term 开始了。饭后乘电车至 Hall of Graduate Studies 见 Associate Dean Simpson 注了册。校内已无空 room，只好在火车站附近小旅馆暂住。

在美国已有几次带了疲乏的身体，一只手拿了打字机，一只手提了皮箱走路（上火车，下火车 etc.），腹中空虚无力地走路。New Haven 冷得可以，Gambier 的雪在这里都是坚硬的冰，我身上穿的衣服不多，马夹、西装、大衣、雨衣，旅馆内省油，非常的冷，勉强加了一件 sweater 和羊毛衫，仍旧感到冷，只有到菜馆、电影院坐坐减掉寒气。晚上看了 Ty Power 的 *Captain from Castile*[1]，加演哥伦比亚小型歌舞片 *Mary Lou*[2]。主演的是 Joan Barton[3]，样子很像《白昼夫妻》（*Day Time Wife*）[4]时代的 Linda Darnell[5]，眼睛亮晶晶，水汪汪，很是可爱。晚上穿了羊毛衫，盖了大衣而睡，第二晚穿了 sweater 而睡。当天下午见了李 Fu Ning，你和钱学熙曾提起过的人，果然恶劣……〔此处有一行字原稿不清〕，不肯帮忙，不高兴的样子。

---

1. *Captain from Castile*(《常胜将军》)是大亨霍华德·休斯，为了捧其爱妻珍·皮特斯(Jean Peters)投资推出的彩色历史冒险片。亨利·金(Henry King)导演，泰隆·鲍华、皮特斯主演，20世纪福克斯出品。

2. *Mary Lou*(《玛丽·露》，1948)，音乐剧，阿瑟·德雷弗斯(Arthur Dreifuss)导演，罗伯特·洛厄里(Robert Lowery)、琼·巴顿主演，哥伦比亚影业发行(Columbia Pictures)。

3. 琼·巴顿(Joan Barton，1925—1976)，美国女演员，以出演《天使与魔鬼》(*Angel and the Badman*，1947)知名。

4. 《白昼夫妻》(*Day-Time Wife*，1939)，喜剧，葛列格里·莱托夫(Gregory Ratoff)导演，泰隆·鲍华、琳达·达内尔、沃伦·威廉(Warren William)主演，20世纪福克斯发行。

5. Linda Darnell(琳达·达内尔，一译玲达·丹奈尔，1923—1965)，美国女演员。1939年出演第一部电影《女士酒店》(*Hotel for Women*)，1947年出演《除却巫山不是云》后崭露头角，而《红杏出墙》(*Unfaithfully Yours*，1948)等片让其备受好评。

还有一位，矮小异常，吴志谦，比较有热诚，大约你也知道他的来历，Li 钻在 language，old English 里面。Yale 比较守旧，出来的人，没有什么人才。

翌晨（十日，元旦）见了 Brooks，见了 Director of Graduate Studies，Dr.Robert Menner，他代我计划这学期弄拉丁、法文，选两门课。我大约预备选 Poetic Tradition of Renaissance 和 17th Century Literature 或 English Drama；Brooks 在 Yale 没有势力，开了一门二十世纪文学，下午听了他一堂（Yale 都是 Seminar，先生学生围坐长桌，每星期两小时聚一次），Brooks 脸较黄，风度、说话很像周班侯[6]。开始讲 T.S.Eliot，assigned 参考书有 Matthi[7]，*Axel's Castle*[8]，Eliot's *Selected Essays*[9] 等。我不预备再花功夫在现代文学上，每星期预备旁听，不预备选课（Yale 每个 course 都是一年制，上半年讲了海明威，

6. 周班侯，夏济安中学同学。

7. Matthi（Francis Otto Matthiessen，F.O.马西森，1902—1950），美国文学批评家、政治评论家，哈佛大学教授，后因思想"左"倾及性向，跳楼自杀。著有《美国文艺复兴》（*American Renaissance : Art and Expression in the Age of Emerson and Whitman*，1941）等。

8. *Axel's Castle*（《阿克瑟尔的城堡》，1931），艾德蒙·威尔逊（Edmund Wilson，1895—1972）的论文集，该书分析了法国象征主义的发展及其影响。

9. 艾略特的《文选》（*Selected Essays: 1917—1932*），出版于1932年，收集了作者1917年后写的批评文章，有《传统与个人才能》（"Tradition and the Individual Talent"）和《批评的功能》（"The Function of Criticism"）等名篇。

Faulkner[10]，Yeats[11]，这学期预备讲 Eliot, Joyce[12]， Auden）。Ransom 认 为 Yale 的 好 人 是 René Wellek[13]，Brooks, Pottle[14]；Wellek 是比较文学的主任，选他的课非通法德文不可；Pottle 教十八、十九世纪，下学期预备选他。Yale 对 M.A. 不感兴趣，所以我也是 Ph.D. 的 candidate，非通过三门，德、法、拉丁的考试（读过四门 graduate course 即是 M.A. 了），这学期和这暑期只有拼命读 language，以期三年得到 degree。Kenyon School of English 恐怕不能回去；Kenyon School 讲 poetry 的有

---

10. Faulkner（William Faulkner，威廉·福克纳，1897—1962），美国文学史上最具影响力的作家之一，意识流文学的代表人物，1949年诺贝尔文学奖得主，代表作有《喧哗与骚动》（*The Sound and the Fury*，1929）、《我弥留之际》（*As I Lay Dying*，1930）、《去吧，摩西》（*Go Down, Moses*，1942）等。

11. Yeats（William Butler Yeats，叶慈，1865—1939），爱尔兰诗人，1923年诺贝尔文学奖得主。

12. Joyce（James Joyce，詹姆斯·乔伊斯，1882—1941），爱尔兰作家、诗人，意识流文学的代表人物，著有《都柏林人》（*Dubliners*，1914）、《一个青年艺术家的肖像》（*A Portrait of the Artist as a Young Man*，1916）、《尤利西斯》（*Ulysses*，1922）、《芬尼根的守灵夜》（*Finnegans Wake*，1939）等。

13. René Wellek（雷内·韦勒克，1903—1995），美国比较文学家、文学评论家，生于维也纳，1939年移居美国。长期任教于耶鲁大学，是美国比较文学的奠基者。与奥斯汀·沃伦合著有《文学理论》（*Theory of Literature*，1949），1955年至1992年出版的个人力作为八卷本巨著《近代批评史》（*A History of Modern Criticism 1750—1950*），其中夏志清的三位恩人，燕卜荪、蓝荪、布鲁克斯都有专章论述。

14. Pottle（Frederick A. Pottle，弗雷德里克·A. 波特尔，1897—1987），美国学者，英国18世纪传记作家詹姆斯·鲍斯威尔（James Boswell）研究专家，编辑并出版鲍氏信札，著有 *James Boswell, The Earlier Years, 1740—1769*（1984）。

Ransom, Empson, Brooks, Austin Warren[15], Matthiessen, [讲] novel 的有 Tate, Richards, Chase[16], drama, Eric Bentley[17], 大可一听, 现在说不定。Brooks, Tate, R.P.Warren 都是 Ransom 的学生, Ransom 可称是南方的领袖了。

今天我找了半天房子, 到了一家 Mrs.Tilson, 认识张芝联, 她曾来过中国, 也有两个中国房客。我的房太小, 一张床以外, 没有东西可置。房租极廉, 一月 \$16, 可是地点太远, 出脚〔行〕不便。下午找到一家 Catherine O'Brien, 一位 77 岁的 old maid, 房间还宽敞, 每周 \$5。除了老太婆喜欢讲话外, 其他没有什么麻烦, 已经搬进; 房间很暖和, 写字台, 两口橱, 住在二楼, 底层和三楼都被租出（夫妻俩）, 将来再找更好的房屋。地址是 c/o Mrs.Catherine O'Brien, 168 Mansfield Street, New Haven, Connecticut, 离学校尚近; 美国不断地下雪, 在 Kenyon 四周天天雪白, New Haven 路上相当难走。

明后天预备听课, 星期六正式选定课, 学费 \$250（Kenyon \$250, Oberlin \$150, Kenyon 小大学中算是最贵族了）。今

---

15. Austin Warren（奥斯汀·沃伦, 1899—1986）, 美国文学批评家、英文教授, 与雷内·韦勒克合著《文学理论》。

16. Chase（Richard Chase, 理查德·蔡斯, 1914—1962）, 美国学者, 著有《美国小说及其传统》（*The American Novel and its Tradition*, 1957）、《艾米丽·狄金森》（*Emily Dickinson*）等。

17. Eric Bentley（艾瑞克·本特利, 1916— ）, 美国剧作家、批评家、翻译家和编辑。著有《作为思想者的剧作家》（*The Playwright as Thinker: A Study of Drama in Modern Times*, 1946）、《一个世纪的英雄崇拜》（*A Century of Hero Worship*, 1944）等。

天年初二，元旦，大年夜家中想热闹，玉瑛妹想好，一定很快乐。陈文贵的股票在 Gambier 时已由银行代为打听，结果是该公司早已改组，老股票不值钱（见附函），一千元值三元六角，五百元仅值一元八角，不知陈文贵要不要这两元美金，不然我也懒得去追回了。violin 弦线各事定当后再办不误。这几天有许多手续表格要填。Yale 建筑很美观很 massive，气派同小大学不同，而且很一致，图书馆极大，尚未 explore。这次来 Yale，虽然作风守旧，我并不 regret，在大地方可保持我的 anonymity & independence[无名与独立]，对我个性较适宜。Miss O'Brien 九时许已入睡，晚上可静静地读书。

　　近况如何，好久未接信，甚念。有何计划，希望最近接到你的信。上海新近演些什么影片？父母亲大人想好。除了最近冷了两天外，其他一切如常，望家中勿念；即请

年安

弟 志清 上 匆匆

二月十二日晚

郑之骧、胡世桢已返沪否，念念。

Ransom 每天忙着读投稿来的 short story，*K. R.* 每期有一篇 short story 并不特出。如有写好的短篇小说，不妨寄来，寄给 Ransom 看，你取的希望很大也。

10. 夏济安致夏志清

2 月 21 日

志清弟：

　　近日想已搬入耶鲁，生活可渐趋正常。我今晚搭秋瑾轮北上，再南来至少在半年之后。此次南来，可说是做一个试验，对北方有无留恋？南方生活能否适应？试验结果是我认为我可以离开北方了。新年里到无锡去过一次，江南大学看过后给我的印象不甚佳。新造的房子四幢：一所大约及红楼一半大的大楼，两座学生宿舍，一座学生饭厅，地方似乎不大。单身先生可以住在梅园，但我想起乡居生活总觉得有点可怕，把先生学生放在乡下，用意似乎[是]让他们少接触物质引诱，可以专心研究。事实上不过增加他们的无聊，读书更提不起精神，一天到晚多半想的是如何 kill time。尤其是学生年青〔轻〕力壮，精神无处用容易起风潮，更容易想出些游艺活动来瞎消遣，先生住得近，常常躲不开，给他们拉进去一块闹。此外有一部分更是整天找人聊天，多数人都是等着领薪水后进城：身在乡村，心在都市。我以前在呈贡住过，如果到江南大学来，这种经验会重复。人生本是无聊，在乡村则体会益切，乡村风景之美是给久住都市的人在旅行时欣赏的，久住乡村的人往往并不觉得。所以我看过江南大学之后，很不想去，但北大生活既然亦乏味，不妨换换试试。在无锡有几个 moments，我太怀念北京地方气象之宏大，无锡是个俗气的 upstart 小城，街道还不如苏州整齐，人可比苏州来得挤。我还没有说煞，这半年内如有别的更好的机会，我可能不去江大，大致北大是脱离定的了。郑之骧在光华教两班〔此处有一英文字，原稿不清〕，还在中学兼课，因光华钱少，非兼不可。他暑后进江大可说已成定局。江大待遇其实并不好，我本月份在北大可拿的六百万，在江大则可有一千二百万，但同是荣家所办的纱厂待遇可以好得多。纱厂是用薪水乘生活指数的，上海生活指数近十万倍，如果薪水三百元，便有三千万了。上海有好些机关都是乘生活指数发薪的，有些私立中学教员专任月薪亦可在二千万元以上。

《卡氏兄弟》读完大为佩服，是我生平所读之最好小说也。《罪与罚》为一神经质 brooding 青年之故事，并不十分了不起，《卡氏兄弟》则于"贪嗔痴"描写发挥 [得] 淋漓尽致，终不离人生之真，确是杰作。陶氏角色都非常 articulate[能说会道]，故事差不多都在对白中进行，很不容易。陶氏 intellect 之高与感情之深刻丰富确超出一般小说家，而可与莎翁媲美。三兄弟中，我顶喜欢 Dmitri，他是真 noble，Alexey 纯是好人，不大有趣，Ivan 我不大了解。陶氏对于 Ivan 似乎尚未能把握得住，Ivan 与 Dmitri 之间的对白太少，我认为是美中不足，他们两个如果一对一地多说几句话，小说可以更紧张。我以十六万元钱买了一部翻版的 War & Peace，预备带到船上看。

在上海看了七次京戏，八次电影，认为京戏已无看头，到北京后要少看了。电影亦没有看到什么好的（阴历新年五家头轮都映五彩歌舞片），但碰到好片子的机会比碰到好京戏的多，还是多看电影的好。别的抵平后再谈。即颂

春安

兄 济安 上

二，二十一

〔又及〕父亲精神很好，我见后很欣慰。玉瑛已开学，我附上你近影数帧。

11. 夏志清致夏济安

3月6日

济安哥:

二月九日、二十一日来信,都没有作复,实在太忙,抽不出空。想已安抵北平。来 Yale 已有四星期,选了两门课 Charles Prouty: English Drama-1642, Louis Martz: Poetic Tradition of the Renaissance[1],都非常忙,加以中途插入,有许多应看的参考书未看,法文也是少半年,两星期内总算把发音弄清楚,不久或可赶上补习班的 reading。旁听的 Brooks 的二十世纪文学,讨论 Eliot 的 poetry,这 course 轻松异常,Eliot 的作品和批评他的书加起来没有多少。Brooks 为人和善,assignments 不多,所以学生特别多。Renaissance 这门课较麻烦,因为所读的 poetry 都要到图 [书] 馆去看,闭了口

---

1. Charles Prouty(查理斯·普罗迪, 1909—1974), 专治莎士比亚时代及其前后的戏剧。Louis Martz(路易斯·马尔茨, 1913—2001), 耶鲁大学英文教授,主编耶鲁版《托马斯·莫尔全集》(Yale Edition of *the Complete Works of St. Thomas More*)。

读诗，已经 cover *Venus & Adonis*[2]，Marlowe & Chapman: *Hero & Leander*[3]；Drayton[4]: *Endymion & Phoebe*，*The Man in the Moon*；George Sandys: Translation of Ovid's *Metamorphosis*（读几本 books）[5]，England's *Helicon*（第 150 首），接着要读 Sidney: *Arcadia*[6] 等等 pastoral poetry。每两星期写一篇 paper，前天写了一篇十页 paper，夜三时入睡，这只 course 算是难的。Prouty 剑桥出身，在 Bono，F.L.Lucas[7] 那里读 Elizabeth Drama，本人 man of the world 的样子，着重 scholarship，四

---

2. *Venus & Adonis*（《维纳斯和阿多罗斯》），莎士比亚诗歌，写于 1592—1593 年间，情节系根据奥维德（Ovid，公元前 43 年至公元 17—18 年）的《变形记》（*Metamorphoses*）部分段落写就。

3. Marlowe（Christopher Marlowe，克里斯托弗·马洛，1564—1593），文艺复兴时期英国剧作家和诗人，翻译过古罗马诗人奥维德的爱情诗，著有戏剧《帖木儿大帝》（*Tamburlaine*，1587—1588）。Chapman（George Chapman，乔治·查普曼，1559—1634），英国剧作家、翻译家、诗人，马洛好友，因翻译荷马史诗而知名。*Hero & Leander*（《希罗与里安德》，1598），马洛未完成作品，后由查普曼完成，来源于希腊神话中希罗与里安德的故事。

4. Drayton（Michael Drayton，迈克尔·德雷顿，1563—1631），文艺复兴时期英国诗人。

5. George Sandys（乔治·桑兹，1577—1644），英国旅行家、诗人。桑兹于 1621 年出版了奥维德《变形记》的部分英译，至 1626 年完成。奥维德的《变形记》原系拉丁文叙事长诗，由 15 卷组成，其故事取材于创世纪至恺撒（Julius Caesar）之间的历史。

6. Sidney（Philip Sidney，菲利普·西德尼，1554—1586），英国诗人，代表作有《为诗辩护》（*The Defence of Poesy*，1595）、《阿卡迪亚》（*The Countess of Pembroke's Arcadia*）等。《阿卡迪亚》完成于 16 世纪末期，有新旧两个版本。

7. Bono，不详。F. L. Lucas（Frank Laurence Lucas，弗兰克·劳伦斯·卢卡斯，1894—1967），英国文学评论家、诗人、小说家，曾于剑桥大学国王学院任教。

星期内从亨利六世起至亨利五世止的 history 读完，莎翁的 romantic comedies 也研究完毕；text 用不到细读，多看研究性的参考书，如 Tillgard: *Shakespeare History Plays* 等等 [8]；接着要研究 Revenge Tragedy: *Hamlet*，Chapman 的 *Bussy D'Ambios* 等 [9]。Jacobean drama 重要的我都已读过，以后反而轻松些，要写一 term paper；Prouty 以为我 Jacobean drama 既然很熟，反而要我研究早年 Elizabeth drama，tentative subject，George Peele [10]。

前几星期还有一事很忙：预备德文。我在 Oberlin, Kenyon 忙着看 modern criticism，德文又搁了好久，直等到 Yale 接洽有面目时，开始温习。我答应 Menner（研究院英文主任）三星期后考德文，所以每逢星期六、日读德文，图书馆内借了一本德文莎翁时代戏剧史读。这星期二已考过，翻译两页德文，一篇关于一位 theologian[神学家] 的

---

8. Tillgard(Eustace Mandeville Wetenhall Tillyard，蒂利亚德，1889—1962)，英国古典学者，曾在剑桥大学任教，代表作为《伊丽莎白时代的世界图景》(*The Elizabethan World Picture*，1942)。*Shakespeare's History Plays*（《莎士比亚的历史剧》，1949)一书考察了莎士比亚将传统资源与大众戏剧史结合起来的方式。

9. *The Tragedy of Bussy D'Ambois*，是乔治·查普曼在1603年至1607年写就的雅各布宾时代舞台剧，其风格介于悲剧与当代历史剧之间，被认为是查普曼最好的戏剧。

10. George Peele(乔治·皮尔，1556—1596)，英国文艺复兴时期"大学才子派"诗人和剧作家，据称与莎士比亚合作创作戏剧《泰特斯·安特洛尼克斯》(*Titus Andronicus*)，代表剧作有《巴黎的传讯》(*The Arraignment of Paris*)、《城堡之战》(*The Battle of Alacazar*)等。

1948

传，一篇莎翁的 criticism，关定两小时，一小时半就给我译完，及格 pass，算了了一桩心事，从此德文算是丢开。Menner 教 old English、Middle English，很注重德文，初来的人总是擅法文而德文不佳，美国学生也是如此，我的 case 较 unusual。Menner 代我[订]的计划：这学期读两门（算一只 year course），补习法文；下半年读三只 course，在 Yale College 选一只拉丁，四只 year course 得到 M.A.。M.A. 只要德法二者取一，加初级拉丁，我德文及格，M.A. 的 degree 是很平稳可得了。Ph.D. 要德、法、拉[丁]三门都通，另有 requirements，至少关于 old English 要读两门，相当顽固而 strict。假如有余力读 Ph.D.，我不预备在 Yale 念，Philology 所花工夫太多。四星期来，读了很多书，逢到未听见的 name，未听见的好书，这种经验已好几年没有了。虽然要看的书太多，又多略读，把本人的 critical judgment 抹杀，可是我认为很有益处，虽然把整个 material digest，是在回国后的几年（正像初毕业后的两三年，把沪江所读的全部消化一样）。我怀疑为什么一般留学生程度如此恶劣，在大学校出来的应该很 competent，应该书名知道得极多，至少足够同钱锺书攀谈。

　　同系的中国人有李赋宁、吴志谦。李赋宁对 language 相当有天才，在国内时法文很好，到 Yale 后德文、拉丁也弄了一下，两年中尽读 old English、Modern English，加了一只 Pottle 的 *Age of Wordsworth*，读的 course 都是准备 Ph.D. 的，可是得到 degree 还须两年，所以今夏要回国了。预备在清华 offer Old English 和 History of English Language，对于文学则无根底。中国的教授中，他最佩服吴宓[11]。回国后准备结婚。另一位吴，身材矮小，发音奇劣，是武汉送出的，那年他出洋时别的教授把〔都〕保举他，独朱光潜[12]反对，保举徐世诏，所以对朱很有 grudge。他的乐趣似乎是回国后开 courses，他读的倒是 literature course，今夏也要回国。Harvard 英文系晚近没有中国人，芝加哥有周钰〔珏〕良[13]，哥伦比亚人较多。Yale 上课都是 seminar，围坐长桌，一星期 meet 一次，二小时，所以上课消耗的时间不多。常常到 rare book room 去读原本的 poetry，十六、十七世纪的书，原来 book owner 的签名的 ink 却已淡了。Yale 有 Elizabeth Club，珍藏本极多，室外挂了一张五彩夺目真正伊丽莎白女皇的画像。

Kenyon 送来了 Kenyon School 的 bulletin，我很想暑期休息

11. 吴宓(1894—1978)，字雨僧，陕西泾阳县人，学者，曾任教于东南大学、清华大学、西南联大、西南师大等校，参与创办清华大学国学研究院，主编《学衡》杂志。代表作有《吴宓诗集》(1935)、《文学与人生》(1993)、《吴宓日记》(1998)等。

12. 朱光潜(1897—1986)，安徽桐城人，美学家、翻译家，中国现代美学的奠基人和开拓者之一。代表作有《诗论》(1943)、《西方美学史》(1963)等，翻译了克罗齐《美学原理》、柏拉图《文艺对话集》、黑格尔《美学》等重要哲学、美学著作。

13. 周珏良(1916—1992)，学者、翻译家，1947年留学美国芝加哥大学，1949年回国任北京外国语学院英文系教授，著有《周珏良文集》(1994)，与王佐良联合主编《英国文学史》(1993)，与王佐良、李赋宁、刘承沛联合主编《英国文学名篇选注》(1983)等。

一下，多读一些法文，可是不好意思，大概为〔会〕是要去，预备读 Brooks's Milton; Ransom 和 Empson 的 courses 在一个时间，两者取一。回国后多 anecdote 的资料，大 critics 却〔都〕已会过了。一百元的学费或者也过〔可〕免去。Ransom 为人很好，肯把自己的工夫花在学生身上，他的记忆力平平，scholarship 也够不上 Yale 的水平，对于 verse 和 metric 的研究却特有心得。Brooks 讲 Eliot 也有不明了的地方，Ransom 讲 Hopkins[14] 也有不明了的地方，弄 modern poetry 中国人不比外国人有任何 disadvantage 也（to encourage 袁可嘉）。还有钱学熙的专门看批评书实在不好算研究学问，假如真的写东西，非得要有实学不可。

决定脱离北大，甚好；没有更好的机会，还是劝钱学熙同进江南大学。北大的教授，学问如此恶劣，受他们委屈，犯勿着，我相信江大英文系可以办得很好。离上海近，小学时旅行无锡，给我印象很好。读《卡氏兄弟》与我同感，甚喜，陶斯托夫斯基却为世界第一小说家，我想写短篇小说后寄给 Ransom 是个好办法。〔此处涂去一行〕翻翻去年名著 *Sexual Behavior of the*

---

14. Hopkins（Gerard Manley Hopkins，杰拉尔德·曼利·霍普金斯，1844—1889），英国诗人，著有《诗集》（*Poems*，1918），死后获得盛名。霍普金斯对晦涩句和复合隐喻的运用启发了乔治·赫伯特（George Herbert，1593—1633）和其他玄学派诗人。

15. 原书名应为 *Sexual Behavior in the Human Male*（《人类男性的性行为》，1948），美国学者阿尔弗雷德·金赛（Alfred Charles Kinsey）著，连同另一书 *Sexual Behavior in the Human Female*（《人类女性的性行为》，1953），在20世纪产生了巨大的影响。

Human Male[15]，十八岁至二十岁结婚的，每星期 intercourse 有数十次之多，以后递次减少，迟一年结婚，就放弃一年 nature 给予的 privilege；早婚的快乐我们是不会有了，可是不应当拖延得太迟。我的立场你一定会责备，在国外一无同女人接触，对 sex 观点愈来愈 naturalization。在 Kenyon 时思路空闲时也会去〔跑〕到 sex 一方面去，来 Yale 后，功课太忙，passion 全被 annihilate[消磨]了。

　　每天吃饭在 Graduate Hall，九元一星期，同 ignorant 老太婆住在一起，有时相当讨厌，可是还算便利。自从我送她一些东西后，每晨总预备些咖啡，可以减少我 breakfast 的困难。住所到校约一刻钟，Yale 建筑都很高大，一律 style 很是美观，同小大学不同。中国学生（每天吃饭时见面）都非常地瘦，我还没有瘦，可是慢慢地也会瘦下去。Yale 的什么书只要 order，我买书花钱不少，二年的训练将 incapacitate[不适合]我到〔从事〕政商，prospect 只有教书，回国后有什么 change 难说。

　　电影看了一张 adult entertainment *Road to Rio*[16]，昨晚看了

---

16. *Road to Rio*(《里奥之路》, 1947)，喜剧电影，诺曼·Z.麦克劳德(Norman Z. McLeod)导演，平·克劳斯贝(Bing Crosby)、鲍伯·霍普(Bob Hope)、多萝西·拉莫尔(Dorothy Lamour)主演，派拉蒙影业出品。

17. *Adam had 4 Sons*(*Adam Had Four Sons*,《亚当有四子》, 1941)，浪漫剧情电影，葛列格里·莱托夫导演，英格丽·褒曼(Ingrid Bergman)、沃纳·巴克斯特(Warner Baxter)、苏珊·霍华德主演，哥伦比亚影业发行。

18. Susan Hayward(苏珊·海沃德, 1917—1975)，美国女演员，1958年因出演《我要活下去！》(*I Want to Live!*)而获得奥斯卡最佳女演员奖。

张 *Adam had 4 Sons*[17]，褒曼的旧片，其中 Susan Hayward[18] 很淫荡。罗常培见过一次，实在没有工夫交际。饮橘汁，抽香烟，喝咖啡，有时吃糖，各种方法，所以不感疲劳。晚上十二时至一时入睡，早晨八点半即起身了，对 Yale Scholarship 的训练，没有任何 regret。一路想风平浪静，上次信中的照片很给我一些 surge of emotion，祝好，即请

　　春安

弟 志清 顿首

三月六日

12. 夏济安致夏志清

2 月 29 日

志清弟：

　　离沪前发出一信，想已收到。我于廿二日离沪，二十四晚抵津，在津宿国民饭店，当夜即去看童芷苓之《红娘》。第二天在天津逛了一天，晚与丽芷（楼）楼主同看童之《戏迷传》，第三 天返平。童本人亦见过两回，童在台下很和气可以使人舒服，时装登台似乎没有言慧珠美（戏装谁美就很难说）。楼主过分巴结（童在天津唱一个月，恰巧逢到他寒假），常在她房中（旅馆）坐数小时不走，没有什么话谈，恭维的话已经重复了不知多少遍。他想出来的话题，别人未必接嘴。我那天在童芷苓房中看见楼主干搁一旁之呆态，不禁替他可怜。

　　在北平我现住董家，董婶婶的媳妇在天津快要生产，她带了儿女上天津去帮忙，我在替她看门。这里地方很宽大清静，有两个佣人侍候，茶饭不要〔用〕操心，住得很舒服，只是明天上课后，早晨要骑车走一趟，稍感不便。我住了几天，等婶婶从天津回来，就要搬回北大。在上海母亲叫我认董婶婶为干妈，此意正中下怀，我现在已与董家结为干亲（此事似与汉老无关），将来关系自可更密切一步。一月分别，我仍旧觉得华奇最为可爱，不过此事非得耐心等候不可，成功不成问题，就是时间问题而已。北大新聘的女助教施松卿[1]（袁可嘉在昆明时曾经疯狂地追求过），昨晚（恰巧停电）来463号访我，谈了一两个钟头，到十点钟后我才骑车来董家睡。这位施女士福建人，是个很大方的女子，比李丽棠[2]文雅，很懂得如何慷慨地赞美同他说话的男子，阅世恐怕已很深，听赵全章说她没有什么同性朋友，固惯与男子往来者也。昨天我们所谈的大体是婚姻问题，她亦很感叹于北大生活之枯燥，并且用了"违反生物学要求"等坦白的字眼。她自己事实上已经和一个联大同学(此人现在沪)订婚，她昨天劝我："夏济安，赶快找，找到了我们来帮你成功。"她的热心可感，事实上，她当然不知道，我的处境并不如她所想象的那样坏。不过昨天在停电之夜，四周无人（赵全章不在家，赵隆勷与其女友下乡去秘密结婚），同一个女子大谈婚姻大事，这在我是生平第一遭，无怪我相当 excited。她可以成为一个很好的朋友。像李珩、钟莉芳她们，都不知道如何应付男子，她们想不出什么话谈，要讨好男子亦不知如何讨好法，同她们维持友谊，如果不靠打牌，就很困难了（父亲有许多朋友，都是凭打牌来维持关系的）。这学期我同李珩的往来还要减

---

1. 施松卿(1918—1998)，毕业于西南联大外文系，作家汪曾祺的夫人。
2. 李丽棠，北京大学文学院西方语文学系1946年度助教。

少——我已经在做下台之打算，同许鲁嘉则差不多已经绝交。

北平确实已无可留恋。北方时局日非，今天报载营口失守（陈晋三不知道怎么样了？），东北将不能守，平津将要受到可怕的压力。我暑假后决计南回（董婶婶那时恐怕亦会走的）。江南大学可能会进，假如没有更好的机会。我同钱学熙面谈结果，他已决计不去江南。据我所见所闻来判断，江南大学没有什么前途。许思园同杨荫渭[3]现在大不和，杨君别的德性我们不大清楚，但他的"与人无忤"这点我们都可相信得过，许君偏把他恨如切骨，许君为人之难弄可想而知。钱学熙以为如果没有许思园他亦〔也〕许还肯去，有了许思园，他同他恐怕亦难相处得好。关于时局，他以为临要逃难时再说，如果不逃难，他还是安心留在北大（朱光潜听说他要走，态度就变坏，他虽诚惶诚恐地想法要向朱解说，一时恐怕难以辩明）。我反正预备漂泊，到江南大学去混一年再说，亦无不可。

你送我的圣诞礼物已收到，谢谢（付捐八十万元）。四条领带都很漂亮（美货领带阴历年前在上海就要卖五十几万元，现在至少当值六十万元以上一条），领针亦很好，皮带是好牌子，但海关上人不相信它值三元五角，因为看起来并无特别之处。你进 Yale 以后，钱想必花得更多，钱可省则省，

---

3. 杨荫渭，曾与其兄杨荫鸿共同翻译了威尔·杜兰（Will Durant）的《西方哲学史话》（The Story of Philosophy）。

礼物一年送一回已够，不必多送。别的再谈，专祝

　　春安

兄 济安 上

二月二十九日

13. 夏济安致夏志清

3月5日

志清弟：

Yale 发出的第一封信，已经由家里转来。我曾写过两三封信托 Ransom 转交，想可络〔陆〕续收到。

在上海糊里糊涂地过日子，北平来了，多了一些空闲，突然觉得心中苦闷不小。尤其前两三天，我替董家看门，只有楼下两个佣人，没有人谈天，空时我就看 *War and Peace*。在这样沉静的环境中，加以"触景生情"，我一度很苦闷。即使今天回到学校里来住了，心里总觉得有些空虚，左右都不是，吃力而午睡睡不着，情形同我在昆明害相思病时有些相仿。我对于董华奇的 passion 有增无已，或者可以说，以前并无 passion，而寒假后则有。以前想 seek her company，一起游戏等等固尚是埃〔伊〕甸园中人也，现在似乎想 avoid her company，而不看见她又得上瘾，很是难过，看见了她，我的 self-consciousness 已增加，只想逃避。事实上，北平只有她能够给我快乐，别人我更不想见，见了个个我都觉讨厌。她待我倒始终如一，从来没有怎样好，也没有怎样坏（我们间并没有《卡氏兄弟》中 Liza 对 Alyosha 那一段，将来也不像会有）。她不会像我以前那样的 bold，也从没有像我现在那样的 self-consciousness，但总是很 tantalizing。我对于将来觉得很 uncertain，对于现在觉得有些 ashamed（ashamed of my person 也），别的女人对于我现在可说毫无兴趣，只引起厌恶。为董华奇则要等好些年，而我又有些 impatient。我的 passion 只可对你说，别人全不能了解，而我的 passion 的对象恐怕最不能了解：她不是以为我在开玩笑，就将以为我在占她便宜（嘴上争胜）。我现在很想立刻离开北平，既然别人只引起我厌恶，唯一能给我快乐的人，又给我如许痛苦；只有换个新的环境，或者可使我神经恢复正常。北平一下子还走不开，我现在又更进一步地寄名于董姊姊，这半年不知还有些什么发展也。亏得我已经有了李彦的一段经验，否则照我现在这点 irritable mood[急躁的情绪]，我对她不知要发多少回脾气了，现在当然是百般忍耐、万种温柔了。

我现在是懒得穿西装，懒得看戏，拉丁这学期亦不预备去听了，这种心境或者有利于创作，你叫我试写短篇小说，日内即将动笔，大约要两个月才写得成一篇。

上面两段写于 dejection[沮丧] 中，现在平静了一想，情形并不很严重。我这个人有时也喜欢自作多情，找些问题来 torment 自己，陶斯道用 laceration[苦恼] 一字〔词〕，殆即指此。一个人假如 seriously 生活，苦闷总免不掉。现在我的苦闷大部还是关于 sex，而不涉 ambition，你听见了想高兴。

你或者又要说我是怕 reality。事实上我是想求 reality 而不可得。我的心愿顶好是同董华奇立刻结婚，这当然是办不到的事，而且我不愿意谈起这件事，省得投一个重量在她稚弱的心灵上。让她糊里糊涂轻轻松松地过日子吧，我能负担我自己的不快乐。

讲些别的：时局很坏，不可能好转，钱学熙还可能于暑假后去[无]锡。上海的电影院形势又成国[泰][大]光[明]与南[京]美[琪]对峙之局，国光靠福斯、派拉蒙为主（有时映国片或英片），南美靠华纳、环球、哥伦比亚为主，它们的说明书样式不同，双方在新闻报上所登的广告地位和样式也不同，此事在你在沪时已是如此，你恐没有留意。大光明要重映《彩虹岛》[1]与《野风》[2]，《战地钟声》[3]已预告，但是这两天正在天津隆重献映。雷电华属于大上海与金门（或者还有卡尔登）。新年诸片中以 Roxy 的 *Fiesta*[4]（Esther

---

1. 《彩虹岛》(*Rainbow Island*, 1917)，喜剧默片，比利·吉尔伯特（Billy Gilbert）导演，哈罗德·劳埃德（Harold Lloyd）主演。
2. 《野风》(*Reap the Wild Wind*, 1942)，据塞尔玛·斯特拉贝尔（Thelma Strabel）1940 年发表于《周六晚邮报》(*The Saturday Evening Post*)同名小说改编。塞西尔·B.戴米尔导演，雷·米兰德、约翰·韦恩（John Wayne）主演，派拉蒙影业发行。
3. 《战地钟声》(*For Whom the Bell Tolls*, 1943)，根据海明威（Ernest Hemingway）的同名小说改编，山姆·伍德（Sam Wood）导演，加里·库珀、英格丽·褒曼主演，派拉蒙影业出品。
4. *Fiesta*（《红袖倾城》，1947），彩色音乐剧电影，理查德·托普（Richard Thorpe）导演，埃丝特·威廉斯、阿基姆·坦米罗夫（Akim Tamiroff）主演，米高梅公司发行。

Williams[5]）为最盛（先是三院联合映，现在 Roxy 还在一家映），国泰映派的 *Happy-Go-Lucky*[6]（Mary Martin），大光明映福斯的 *Where do we go from here?*[7]（麦茂莱，琼兰斯莉[8]），南京映哥伦比亚的 *Down to Earth*[9]（Rita Hayworth[10]），美琪映华纳的一张五彩歌舞片（Dennis Morgan[11]），这五家都是五彩歌舞片，成绩都不大美满，看戏没有选择，亦是苦事（四家都已换片）。上海的京戏快将没落，黄金已改演电影（国片首轮），京派戏院只剩中国、天蟾两家，这两家亦因开支大，约角没有把握（能有号召力的京剧名伶全国没有几人），如果灰心一下，京剧在上海就要像话剧一样没有地盘了。

---

5. Esther Williams（埃丝特·威廉斯，1921—2013），美国女演员，少年时曾是游泳冠军。代表作有《出水芙蓉》（*Bathing Beauty*，1944）、《洛水神仙》（*Neptune's Daughter*，1949）、《百万美人鱼》（*Million Dollar Mermaid*，1952）。

6. *Happy-Go-Lucky*（《无忧无虑》，1943），音乐喜剧电影，柯蒂斯·伯恩哈特（Curtis Bernhardt）导演，玛丽·马丁、迪克·鲍威尔（Dick Powell）等主演，派拉蒙影业出品。

7. *Where do we go from here?*（《由此往何处？》，1945），彩色音乐喜剧电影，葛列格里·莱托夫导演，麦茂莱（弗莱德·麦克莫瑞）、琼·兰斯莉等主演，20世纪福克斯出品。

8. 琼·兰斯莉（Joan Leslie，1925—2015），美国电影、电视演员、舞蹈演员，出演《夜困摩天岭》（*High Sierra*，1941）、《约克军曹》（*Sergeant York*，1941）等电影。

9. *Down to Earth*（《仙女下凡》，又译《坠入凡间》，1947），音乐喜剧电影，亚历山大·霍尔（Alexander Hall）导演，丽塔·海华丝、拉里·帕克斯（Larry Parks）主演，哥伦比亚影业发行。

10. Rita Hayworth（丽塔·海华丝，1918—1987），美国女演员、舞蹈演员，20世纪40年代颇有名声。

11. Dennis Morgan（丹尼斯·摩根，1908—1994），美国演员、歌手。

家里情形都很好，年初一拜年的人来了不少，阿二于一天中即收入小费在三百万元以上（她的工资每月顶多五十万元而已）。年底送节盘的络绎不绝，开发脚力恐怕达数百万元。这都是一年胜似一年的盛况，你在国外听了想必亦高兴。上海比我上次暑假时繁荣，没有人在愁购买力降低、市面萧条等，大家好像都很有办法的样子。在普遍的景气中，亿中自然亦不差。父亲很忙，白天在银行里很少有空，晚上差不多每晚有应酬，亏得他精神还好，不觉得疲倦。父亲愈是在家里休养，精神愈坏，他适宜于一个忙碌的生活。母亲还是替自己的"大气"得意。祖母理智清楚如旧，精神亦好，她碰着郑之骧，问起他的"小囡囡"，哥哥嫂嫂等事头头是道，使得他大为佩服。他觉得同样一个老人像蒋竹庄[12]即显得老巧〔朽〕昏庸了。玉瑛身体不坏，气色略显红润，寒假中买了一副羽毛球（廿万）在弄堂里拍。读书成绩中等。在家里没有人陪她玩，常觉寂寞，有我在家便好多了。她认为无线电节目没有一样好听的，以前的李阿毛、沙不器故事现在都没有了，现在她（晚饭时）固定地听刘天韵[13]、谢毓菁[14]弹词《落金扇》。别的再谈。专祝

---

12. 蒋竹庄，即蒋维乔（1873—1958），字竹庄，著名教育家、哲学家、佛学家，著有《中国佛教史》（1931）等。

13. 刘天韵（1907—1965），著名苏州弹词演员，原籍山东，艺名十龄童。

14. 谢毓菁（1924—2011），原名伟良，上海人，弹词演员，师从刘天韵。

康健

兄 济安 顿首

三月五日

〔又及〕胡世桢定三月十四日结婚，请父亲证婚。

14. 夏济安致夏志清

3月18日

志清弟：

　　以前有一封信，曾经给你 surprise；上次一信恐怕给你一些 alarm。现在我可以告诉你，我恢复了我的自由和空虚。没有一个女人现在占据着我的心。我说起过我的前几天的 irritability，有一天我对董华奇生很大的气，因为我的涵养功夫好，面子上简直一些没有表现出来。回家路上，我还感谢上帝救我于迷妄之中，我当时还决定以后见了她除 hem and haw 外，不再加别的理会。情形好像很严重。但下次见面之时，她当然还是叫我"大哥"，我不能不理她（我的心理过程，她恐怕丝毫不知）。此后又见过好几次。现在我敢说我的 passion 已经 die off，我们见面时还是同以前差不多热络，心里我已经对她 indifferent。我已恢复自己控制，我不怕她了。在她长成到及笄年华之前，我假如没有找到更好的女人，我可能仍旧向她求婚。我对她虽然已无 passion，这点 intimacy 还是可宝贵的。你知道我不容易同别人 intimate，同女人更难，天下人中，我见了顶无拘无束的第一是你，第二就得推董华奇了（玉瑛前我不知不觉地还有些大哥架子，她无形中也有点怕我），我想单凭intimacy一项，亦可以造成幸福的婚姻。（华奇别的virtues：她的vitality不大，vitality大的女人我有些怕的；她的意志坚定，capable of"节烈"可以使我放心。）

我寄名给董婶婶的因果，亦可一谈。在上海母亲谈起寄名之事，我想目前不能订婚，先做干兄妹亦好，但如何决定，我要回到北平看看后再说。到北平一下火车我就到董家，当夜住在他们那里，留我住夜（我事实上也怕回红楼去，没有气力做打扫、招呼邻居之事），似乎华奇比婶婶还要起劲。第二天早晨我已醒来，忽然华奇轻轻地推开门探头一望，见我已醒，对我一笑。这一笑使我决定了寄名。

寄名没有什么仪式，不过对婶婶磕过一个头。磕头对于我，没有如对于你那样的困难，因为我以前学静坐时，磕过很多头。再则这个头，婶婶也回磕的。后来婶婶送我见面礼西装料子一块，冬季用青色条子（同你以前一身双排扣的相仿），时值在一千二百万元以上，我已持去定做了一身双排扣西装。写到这里，我想起了你以前曾答应华奇在美国买洋娃娃，如果手头有余款，请买一个寄给我。洋娃娃不必大，可是得要会活动，她所希望的是躺下去眼睛会闭上并且"哇"地叫一声的，如果美国洋娃娃还有别的更新的tricks，更好。你若想起这洋娃娃的受主，可能是你未来的嫂嫂，你一定会把它当作一件正经[事]来干。寄且请早，因为美国到北平航运周折很多，下半年我大致又将不在北平（此事可不必告诉家里，洋娃娃在我想不会很贵）。

东北大致已不能守，华北祸患，迫在眉睫。钱学熙亦已动逃难之念，北大且流传南迁杭州之谣（我看迁校不可能，将来顶多逃出几个巨头在南方和清华等成立联大而已）。江南大学杨荫渭与许思园之间，大有误会，钱学熙认为即使到南边去亦不能进江大，因为是非太多，怕左右为人难，再则主持非人，学校恐难维持久远。他又同我说起进广州中山大学之事了，我暂时决定，坐观其变，大致北大是脱离定的了，除非北大南迁。董婶婶则因怕去上海受气——她同董先生的关系始终不好，再则丢不了北平的房产和比较优〔悠〕闲的生活，再加对于菩萨的信仰，她坚主不逃。我虽然劝她，但真的劝动她把房子卖了，到上海去受罪，这个责任我担当不起。她如果不逃，亦是劫数使然，我做不得主。她说过或者让华奇逃，她同小弟留在北平，我想天下顶能保护女儿的还是母亲，华奇如和大太太住在一起，恐怕不能称心，我主张如不能母女一块逃，母女顶好仍在一起。

三月六日信已收到，你如此用功，大是可喜。人生美事，不能全备，能得其一，已足自慰。你虽不能照你理想那样地早日结婚，能够好好把学问弄好，亦是桩好事。只有我在北大的生活，实在毫无光彩，什么事情都没有做像，真是芳华虚度也。你屡次劝我结婚，我十分感激，问题是跟谁？再叫我拼命追求，我是绝不干的了，我对于 scandal 的惧怕，大于怕死，更不必说大于我对于结婚的需求。我在北大始终不能

1948

at ease，地位低固然是一个原因，李彦那一段"亏心事"也永远使我内心惶恐。爱情至上主义者或者以为我失恋后必有很大的悲哀，其实悲哀并没有（一度或许有过），磨不掉的是丢却自己的尊严竟换到这样一个结果的 mortification[屈辱]。李彦之事使我坍台，因此我亦恨一切知道我这一段故事的人。假如再叫我腼颜追求，成功固好，失败了我恐怕活不下去（而我那种太不肯牺牲自尊人〔心〕的追求，其失败也无疑），你要知道羞愧使人不能活之可能胜于伤心。我对于董华奇虽然也曾算在追求，但她年纪太小，别人不会疑心我在追求，使我胆子大得多。接受别人的介绍女朋友，我也认为好像是自己想轧女朋友而轧不着，所以等人来介绍，是丢脸之事；再则介绍的人实际是来做媒的，我既不存心于现在结婚，一定会使介绍人与被介绍人都失望；我对于婚姻看得过分重视，将使我同那个被介绍人之间的关系很尴尬。除非于介绍时一见倾情，否则我不会像顾启源[1]那样"轧轧看"。如果看一看不满意（这个可能很大），就把人家回掉，这将 hurt 多少人！我将来结婚将采这两种方式中之一种：（一）我已经有了钱，可以自己搭人家，准备结婚，那时我将请别人介绍，看中一个满意的，立刻结婚，不管轧到怎样程度；（二）和一个不是人家做媒而已经 intimate 的女朋友，possible choice：董华奇。

李珩对我已经完了。她非但不够漂亮，而且像一般女子

---

1. 顾启源，生平不详。

一样，不知道如何把握男子。至少有一段时期，她很可能把握住我，她可是糊里糊涂地把那机会错过了。我在寒假返沪前，虽然已经决定不要她了，但认为这个人还值得来往，可是她无意中做错一件事（就她个性来说是并不错），使得我决定这个人实在要不得，她的 fate 就此 sealed。那天她同她的表妹约好在北大见面，约的时候没有说好在哪里，她在自己房里等她表妹，而表妹以为是约在我房里，于是便来看我。我们两人就玩起纸牌来了，约有半个钟头之后，李珩大约等得实在不耐烦了，赶来找我（那时我们也等她[等得]很焦急，我同她表妹无限制地玩牌，也觉得窘而无趣）。我把门一开，她看见她表妹坐在那里，便大喝一声："你这个家伙！"这一声嗓子之响，大约四面邻居一齐震动，不但赵全章、赵隆勷而已。你想她这句话是在我门口嚷出来的，别人将都以为什么泼婆娘匆匆赶来骂我："什么家伙？"我那时觉得窘得不得了。她进房以后，还高声地骂了她表妹几声："你这个家伙怎么躲在这里，等得我好苦呀！"她的表妹的声音很低，她的一切话好像都变成在骂我。后来她的气慢慢平下去，可是已经使我够受的了。她这一次生气使我觉得她大不可爱，现在已决定同她疏远。为避免 hurt 她起见，每两星期仍去看她一次。（我自沪返平后，第一次见面，她就该知道事情不妙了。她舅母问我："是不是今天来的？"我说："前天来的。"可怜的是她会不知道什么事改变了我的态度。）

　　小说还没有动笔。题材已经有一个，日内大致可开始。

英国文化协会举办了一个 Blake[2] 的书画展览会，Empson 讲 Blake，一共讲了一个钟头，关于 Blake 的三刻钟，选谈 Blake[的]诗一刻钟。三刻钟里毫无新见，我只记得有一点：Empson 发现 Blake 画里[的]男人都没有生殖器的，米琪盎吉罗〔米开朗琪罗〕他以为也是如此，什么原因他似乎没说明。他讲 Blake 就 eccentric、mystic、evolutionary 三方面讲，并不专门，可是 Los、Urizen 这些名词对钱学熙也很陌生，一般听众大致更听得莫名其妙也。别的再谈。即颂

　　学安

济安 顿首

三月十八日

---

2. Blake（William Blake，威廉·布莱克，1757—1827），英国画家、诗人，代表作有诗集《天真之歌》（*Songs of Innocence*，1789）、《经验之歌》（*Songs of Experience*，1794）等。

15. 夏志清致夏济安

4月9日

济安哥：

　　三月十八日来信收到已两星期，没有作复，可是着实想念你。一个人在情感中生活，有时一定很苦闷。在 delicate human relations 中一步步小心地走，生活有它的 ecstasy，也有它难受的 tension。不知近来和董华奇的关系立在什么 understanding 上，intimacy 想一定保持得很好。不要让 self-consciousness 或"控制"来 obtrude。我的生活与你完全不同，一无情感的牵挂，生活上没有 crisis，没有发展，近十数天你的 reticence 使我很关怀。

　　上星期三开始的春假行将结束，每个人都很忙。未放春假前 will 渐渐松懈下来，明知功课不允许有一天的放松，可是仍旧去了纽约两天（上星期三、四）。回 New Haven 后，fatigue 和 disappointment 已把杂念全部杀掉，恢复紧张的读书。火车来回五元，第一个晚上到纽约附近 Newark 看 burlesque[滑稽戏]。票价最好座位一元四角，非常恶劣。Burlesque 有三种 ingredients：舞台所雇用的 show girls、滑稽和 strip tease。滑稽性质和江笑笑王无能相仿，非常低级。雇用的二十名女子多不美丽，且够不上健美，多半是棕色头发高鼻的女子，想来多是犹太种，美国生活有办法，操下等职业的女子不多。strip tease 女郎和滑稽明星每周更换，可是仍十分单调。那晚的 star 是 Scarlett Kelly，另外有两位脱衣女郎，每人表演两次：举凡脱衣六次。在 unnatural 紫色 spot light 下，并不引起多大刺激。且一举一动非常 violent，引不起 aesthetic pleasure。我所爱的还是齐格飞式[1]和夜总会内供人 contemplate[注视] 的美丽女郎。美国 taste 极 crude，黄色刊物仅有画报和 murder 杂志。没有上海小报那种 decadent refinement[颓废的文雅]。戏院内女看客也有不少。当晚借宿 Newark 旅馆，星期四上午返纽约，天气不好，在最大百货公司 Macy 买了一个洋娃娃。新奇的洋娃娃不多，有一种裸体的男孩 doll，可浮在水面上，可吹肥皂泡泡，要十三元，男孩表情相当 naughty，董华奇不会喜欢。我买了个身穿粉红裙，身体俯仰会叫的女娃娃，$9，较我理想为贵。此娃没有什么特别，可是四肢和一部分身体都是 "angle-skin"[粉珊瑚] 制的，皮色粉红，摸上去 "肉支支" 和肥胖的婴孩相仿，有弹性。想华奇一定喜欢，相较下来，doll 的脸部较硬。"angle-skin" 较一般木头、橡皮、celluloid 不同，是此娃唯一的 distinction。

---

1. 海蒂·拉玛（Hedy Lamarr，1914—2000）曾主演过《齐格飞女郎》（*Ziegfeld Girl*，1941），齐格飞式即为此类女子。

我欢喜绒的动物（熊、兔 etc.），二三元可以买一只，可是董华奇不一定会喜欢，所以照你的 assignment 买了，已挂号寄出，可在暑假前收到。value declaration 我填了五元，想中国海关一定相信，可减少你的支出（我购买东西，缺乏决断，当时我很想以同样代价买西洋式女子服装）。去纽约前寄给父亲两瓶 Rutin，共十二元（在纽约想到你代买的 *Time*，忘记了 number，New Haven 没有旧杂志铺，当函 *Time* 杂志公司。来美后已写了不知多少 business letters:Li Foundation[2]，Yale，陈文贵的股票，此次向 Kenyon School 报名）。下午街上走，很无聊，Radio City Music Hall 买票要排长队，晚上在 Center Theater 看宋雅海妮主办的 "Icetime of 1948"[3]，倒很悦目赏心；按照 Strauss 或 Tchaikovsky 音乐的溜冰表演确实很美丽，服饰鲜艳，宋雅海妮本人不表演，可是她的 showmanship 不错。当夜乘十一时半车返 New Haven，除了疲乏外，一无收获。

　　这星期来整天在图书馆准备 Peele paper。讲 Peele 的书，除了一本法文（by Cheffaud[4]，1903）外，英文的一本也没有。根据 Cambridge bibliography 全是零星 essays。四天来二十余篇大小文章已看掉，已入 "Research" 之门，Yale 的图书馆已

2. Li Foundation：李氏基金会，创办于1944年，主要致力于美华之间的学术交流。

3. Icetime of 1948（"1948年的冰上时刻"），20世纪40年代由宋雅·海妮主办的关于"冰上表演"的系列节目之一，同系列的其他节目还有 Stars on Ice，Hats off to Ice，Hoddy Mr. Ice 等。

4. P. H. Cheffaud 的书名为 *George Peele, 1558—1596*，巴黎 F. Alcan 1913年初版。信中所说出版时间有误。

摸得很熟。二十世纪来的研究 Peele 成绩能够几天来全看到，只有大图书馆有些方便。今天上午把 Holinshed[5] 关于 Edward 一世传看掉，看的是 1577 Folio edition。下星期要写一篇批评 Herrick: *Corinna's Going A-Maying* 要超过 & assimilating Brooks'essay in *Well Wrought Urn*[6]，并要由我在课堂 recite，一定要大 tax 我的 ingenuity。一直到学期结束，一天忙似一天。一般中国学生到国外读 philology，比较可以少写 paper，少看书，享受智力相等的利益。

　　李珩举止粗鲁，铸成大错。她已大三，再找男友恐已困难。美国的女人我 definitely prefer blonde。Brunette 头发没有光彩，比较 homely。报载蒋主席放弃竞选，而胡适有做总统希望，我阅了很有 surprised。北平近况想好，Empson 见面时，告诉他很高兴今夏在 Kenyon 能见他。钱学熙近况如何？批评书想必看得很多，他预备进江大否？袁可嘉预备进江大否？施女士常有来往否？她已达到中国女子少有的"文明"阶段。两星期来常在中国菜馆吃饭，Yale 伙食暂停。Yale 伙食常吃大块羊肉，初以为牛肉何其如此腥气，只有大量洒 pepper 减少其臭。近况想好，Kenyon 小说不妨慢慢地写。课卷想必很忙，

---

5. Holinshed（Raphael Holinshed，拉斐尔·霍林斯赫德，1529—1580），英格兰编年史家，代表作《英格兰、苏格兰和爱尔兰编年史》（*Chronicles of England, Scotland, and Ireland*，1577），通常称为"霍林斯赫德的编年史"（Holinshed's Chronicles），是莎士比亚许多剧本的主要参考书。

6. *Well Wrought Urn*（《精致的瓮》），是克林斯·布鲁克斯最为知名的文学理论著作，也是美国"新批评"理论的经典之作。

今春有没有郊外之游？我身体很好，再谈　即请

　　春安

弟 志清上

四月九日

1948

16. 夏济安致夏志清

4月26日

志清弟：

上信并照片多张想已收到。四月九日来信业已收到，知道你为洋娃娃花了不少钱，心中颇不安。复课以后，童芷苓那里已少来往。我有每天的 routine，不能花很多工夫在她那里。她的电影已开拍，每天工作常常十二小时，不容易找着她。那天我到中电三厂参观她拍片（片名《粉墨筝琶》[1]，她演的一个编 [着] 大辫的卖香烟女郎），觉得做电影演员是桩很辛苦很无聊的工作。每一个镜头（普通只说一句到五句话）先得练很多次，然后再拍（一句同样的话说好多次，我就受不了），拍好了（导演就 cut！）灯光摄影机等就大搬动，演员呆坐在一旁，或同旁边的人说说笑笑，再练 [习] 及拍下一个镜头。芷苓 animal spirits 足，连说很有趣，我觉得无趣得很。（阴历新年在上海。她曾演过高尔基原作师陀[2]

---

1. 《粉墨筝琶》(1948)，根据刘云若1948年社会言情小说《粉墨筝琶》改编。刘国权导演，魏鹤龄、童芷苓主演。

2. 师陀(1910—1988)，原名王长简，河南杞县人，作家，代表作有《谷》(1936)、《结婚》(1947)等。

改编的《夜店》³，故事很像《大马戏团》⁴，她演的便是那个残酷女性。）我想即使去参观好莱坞，除了可以看见一些大明星并伟大的建筑、新奇的布景外，拍片工作本身亦是很无聊的。

童芷苓对于好莱坞电影很陌生，陶拉摩的《美人鱼》⁵最近在北平才看。有一天报上登柯柏尔⁶主演的《火线英雌》，她以为就是《乱世佳人》⁷的男主角，想去一看，我说是 Claudette Colbert，她又不想看了。她最崇拜的明星似乎还是 Gable⁸，她说外国人像这样很好，中国人像这样就"流气"。我问她 Gary Cooper⁹（她最近看过《战地钟声》），她仅觉得"还好"；关

3. 《夜店》，又名《底层》，是俄罗斯小说家高尔基（Maxim Gorky，1868—1936）1902年创作的，描写处于社会底层的流浪汉们的凄惨、绝望和无可救药。

4. 《大马戏团》（The Circus），1928年由查理·卓别林（Charlie Chaplin，1889—1977）自导自演的一部喜剧。

5. 《美人鱼》（Aloma of the South Seas，惯译《南海美人鱼》，1941），美国剧情片，阿尔弗雷德·桑特尔（Alfred Santell）导演，多萝西·拉莫尔（夏济安译作陶拉摩）、乔恩·霍尔（Jon Hall）主演，派拉蒙影业发行。

6. 柯柏尔（Claudette Colbert，译克劳黛·考尔白，1903—1996），美国女演员，代表影片《一夜风流》（It Happened One Night，1934）、《棕榈滩的故事》（The Palm Beach Story，1942）等。

7. 《乱世佳人》（Gone with the Wind，1939），剧情片，根据小说家玛格丽特·米切尔（Margaret Mitchell）的同名小说《飘》改编，维克多·弗莱明（Victor Fleming）导演，费雯·丽（Vivien Leigh）、克拉克·盖博（Clark Gable）主演，米高梅公司出品。

8. Gable（Clark Gable，克拉克·盖博，1901—1960），美国演员，代表影片有《一夜风流》《乱世佳人》《怒海情波》（Adventure，1945）等。

9. Gary Cooper（加里·库珀，1901—1961。夏济安在信中译作加莱·古柏，夏志清则译作贾莱·古柏等），美国演员，以演英雄人物出名，代表影片有《约克军曹》《战地钟声》《正午》（High Noon，1952）等。

于 Boyer[10]，她说"上海很多人都喜欢他，可是……"，她觉得亦不过如此。女明星，关于黛德丽[11]，她问了我一些问题，似乎还关心。她房里挂了两张 Danielle Darrieux[12] 的相片（并无别的明星的相片）。她仅知道是《巴黎尤物》[13] 的主角，不知道她叫什么。《巴黎尤物》给她的印象必很深。

我觉得童芷苓配你是最适合，她身材高大，说话多风趣，性情和顺，聪明绝顶，都适合你的条件。她改变了我对女人的看法的一部 [分]，但我总不能爱她。她的精力充足，我怕跟不上。你假如在北平，可以多去追求，她会 enjoy 这种事，绝不会忸怩作态，我相信她亦会喜欢你。

她对人生已经有点厌倦，觉得去美国也没有什么意思。很怕老，现每天打荷尔蒙针；她问我："打针是否可以使人不老？"并说"听说法国有些女人宁可不吃饭，针不可不打"。

上海现在的京戏情形，是天蟾梅兰芳、杨宝森[14]，中国

---

10. Boyer(Charles Boyer，查尔斯·博耶，1899—1978)，法裔美国演员，代表影片有《爱情事件》(*Love Affair*，1939)、《煤气灯下》(*Gaslight*，1944)、《偷龙转凤》(*How to Steal a Million*，1966)等。

11. 黛德丽(Marlene Dietrich，马琳·黛德丽，1901—1992)，德裔美国女演员、歌手，代表影片有《摩洛哥》(*Morocco*，1930)、《蓝天使》(*Der Blaue Engle*，1930)、《上海快车》(*Shanghai Express*，1932)等。

12. Danielle Darrieux(达尼尔·达黎欧，1917—)，法国女演员、歌手，代表影片有《梅耶林》(*Mayerling*，1936)、《巴黎尤物》(*The Rage of Paris*，1938)等。

13.《巴黎尤物》，喜剧电影，亨利·科斯特(Henry Koster)导演，达尼尔·达黎欧、小道格拉斯·范朋克(Douglas Fairbanks Jr.)主演，美国环球影业(Universal Pictures)出品。

14. 杨宝森(1909—1958)，老生演员，原籍安徽合肥，生于北京。20世纪30年代末与马连良、谭富英、奚啸伯被称为"四大须生"。

李万春（去年年底出狱）[15]、童葆苓。芷苓于电影拍完后将往接梅兰芳的后。

我所关心的女人还只有董华奇一人。我所认识的女人如李珩、施松卿、童芷苓，脸色都黄，如果不化妆，我是不敢对她们注视的。童芷苓脸黄的时候很少，因为她总常化妆得容光焕发。不涂胭脂，但脸上总有一种光彩，口红（带一点紫），和她的肤色配得亦很适当。施松卿不知如〔为〕何难得化妆，常常显得很憔悴（她长得有点像 Devotion 里的 Ida Lupino）[16]，sex appeal 简直毫无。李珩未见我的时候亦常常黄了脸，她真是笨，如果她多打扮打扮来见我，我一度可能会给她引诱去的。一次给人的坏印象会破坏十次的好印象，许多女人非但长得不美，而且还不肯或不屑化妆，宜其嫁不掉了。但我对于董华奇并不在乎这些，她化了妆固好，不化妆黄了脸我亦喜欢她。我反对女人戴眼镜，但我相信她戴眼镜我可以不在乎（她戴过我的眼镜，我看亦很好看）。

我现在不想同华奇谈起婚嫁之事，因为一则反正订婚解决不了问题，再迟几年亦不妨；二则同一个小孩儿订婚会惹起朋友们的笑话，我恐不能忍受；三则我心底下还是喜欢一种自由的生活（"自由"看你如何解释），订了婚，束缚多，

---

15. 李万春（1911—1985），武生演员，原名伯，号鸣举。原籍河北雄县，生于哈尔滨。1938年创办鸣春社科班。

16. *Devotion*（《魂断巫山》, 1946），传记影片，柯帝斯·伯恩哈德（Curtis Bernhardt）导演，艾达·卢皮诺（Ida Lupno）、保罗·亨雷德（Paul Henreid）主演，华纳兄弟影业（Warner Bros. Pictures）出品。

我现在还不想受这些束缚。

从钟莉芳那里知道，李彦现卧病长沙湘雅医院（亦是 Yale 办的），患肺痨甚剧，常吐血，一次曾吐过 200cc，且晕厥过去，医生说非静养两年不能见愈。她的朋友们全怕她会死去，我不知道应该怎么办。今天想写封信给她。

学校罢了两个星期课。红楼曾为游行群众所包围（那天我一早就出去，很晚才回），掷石击窗，好几家房间的玻璃被击破（如工友室、潘家洵室）。当局似乎决心要戡乱，学潮恐怕还要发生。华北局势目前还稳定，但如果东北局势再恶化（沈阳失守），关外共产党军队入关，傅部于数量上将占劣势，恐怕亦不能长久支持。胡宗南最近屡战屡败（洛阳已失，延安已还给共产党），声誉扫地，闻将被更动。国民大会总统已选出，这几天竞选副总统非常热闹，忽然程潜、李宗仁（他顶有希望）都"被迫"退让，剩下一个孙科，无人和他竞争，亦自动退让，因此政治局势很不稳定。大家觉得国民党恐怕快要分裂了。副总统将要谁来干，我发信时还不知道。总而言之，中国民主宪政还谈不到，根本没有 fair play，一切还凭阴谋手段来决定。胡博士谁〔虽〕不十分精明强悍，倒亦相当乖觉，明知别人想揞他出来做民主招牌，这种官做得无意思，他恐怕未必会接受。现在也谣传他可能出任新政府的第一任行政院长（prime minister）。

下学期我的出路未定，反而比前两个月更不定，好在我亦不大去想它。周其勋在中山大学自己都不稳，下学期将脱离，我当然更荐不进。江南大学在裁员减薪，杨荫渭与许思园不睦，已被辞（杨于四月初在沪结婚），英文系闻将不办，我去仍可以去，但不过教普通英文，而且薪水将不复是国立学校的一倍，那亦没有什么意思。钱学熙的主任更成问题了。钱学熙很想逃难，但江南大学的事很使他灰心，他觉得很彷徨。他正在埋首研究 Eliot，现在用中文写一篇一万字的 Eliot 研究，他还想一遍复一遍读 Eliot，一定要弄通他的思想才歇。我读了 *Of Mice & Man*，近在读 *Grapes of Wrath*。Steinbeck[17]，我很喜欢。我对自己的小说还很有自信。只是没有写下来。你的法文读得怎么样？袁家骅[18] 已飞沪，首途赴英。Empson、朱光潜两人已好久没有去看他们（有一度我把光阴都分在童家和董家，一天在此，一天在彼，钱学熙那里都不大去，近日生活已恢复正常——像你所知道的那样）。*Time* 去年十月二十七日期请速寄下，因为我欠了美国新闻处那本书，我答应还他们，还不出我不好意思再去借书。别的再谈 专祝

　　春安

　　　　　　　　　　　　　　　　兄 济安 顿首

　　　　　　　　　　　　　　　　四月廿六日

---

17. Steinbeck（John Steinbeck，约翰·斯坦贝克，1902—1968），美国作家，代表作有《人鼠之间》（*Of Mice & Man*，1937）、《愤怒的葡萄》（*Grapes of Wrath*，1939）、《伊甸之东》（*East of Eden*，1952）等。1962年获得诺贝尔文学奖。

18. 袁家骅（1903—1980），语言学家，曾任西南联大、北京大学教授，著有《汉语方言概要》（1960）等。

17. 夏志清致夏济安

5 月 16 日

济安哥：

四月廿六日来信收到已近两星期，没有作复，甚歉。五月的第一个星期，忙着打字，居然四天之内把五十页的 Peele 打完，过后想想很不容易。上星期写了一篇 Chapman's Imagery，根据他翻译的 *Odyssey*。五六篇 papers 写下来，批评的技术大有进步，diction、imagery、structure 都能讲得头头是道。主要的原因还是细读 text。钱学熙从思想着手，总不免空泛。他研究 Eliot[的] 长文很希望能一读，不知有何心得。二十世纪的 creative writer 大多代表各种 attitudes，没有什么系统的思想，把一首诗，或一个人的全部作品，从 rhyme、meter 各方面机械化地分析，最后总有些新发现，并且由此渐渐可脱离各家批评家 opinions 的束缚，得到自己的 judgment。我觉得这是正当 criticism 着手的办法。听罗常培说，钱托他买批评书，最近看到一本新出的 *Hudson Review*[1]，第一期有 Blackmur[2] on

---

1. *Hudson Review*(《哈德逊评论》)，季刊，1974年创立于纽约的文字与艺术杂志。

2. Blackmur(Richard Palmer Blackmur，理查德·帕尔默·布莱克默，1904—1965)，美国诗人、文学批评家。

The Possessed [3]；Herbert Read[4] on *Art*，其他投稿人有 Josephine Miles、Mark Schorer 等，预告有 Yvor Winters on Hopkins、Allen Tate: The New Criticism、Herbert Read on Wordsworth[5] 等，确实精彩。没有 *Sewanee Review academic*，而较 *PR*、*KR* 着实，出版才第一期，北大应当订阅一份，三元一年。Address: *The Hudson Review*，39 west 11th St，New York 11，N.Y.。*Sewanee Review*[6] 下期是 Ransom 专号，Brooks、Matthiessen 都写文捧他。Oxford 出版的 *Review of English Studies*[7]，不看重 philology，载文都关于伊丽莎白时代及以后的文学，北大亦应订阅一份。

附上照片一帧，是五月一日去 Derby 看赛舟所摄，我脸部表情相当 intellectual，穿的就是在北平制的那身法兰绒。你没有见到我去夏在上海 gain weight，照片上大约没有比在北平时瘦了多少。在我旁的是吴志谦，武汉英文系多可以

---

3. *The Possessed*(《群魔》，1872)，俄国作家陀思妥耶夫斯基的代表作之一，塑造 19世纪40年代自由主义者和19世纪70年代初民主青年的群像。

4. Herbert Reed(赫伯特·里德，1893—1968)，英国诗人、艺术批评家和美学家，代表作品有《艺术的真谛》(*The Meaning of Art*，1931)、《现代艺术哲学》(*The Philosophy of Modern Art*，1952)等。

5. 威廉·华兹华斯(Willam Wordsworth，1770—1850)，英国浪漫主义诗人，"湖畔派"诗人代表人物。1798年与塞缪尔·泰勒·柯勒律治(Samuel Taylor Coleridge，1772—1834)合作发表《抒情歌谣集》(*Lyrical Ballads*，1798)，后获"桂冠诗人"称号。

6. *Sewanee Review*(《塞万尼评论》)，美国文学季刊，创刊于1892年。

7. *Review of English Studies*(《英语研究评论》)，由美国牛津大学出版社出版的研究英语文学和英语语言的学术季刊，创刊于1925年。

〔能〕认识他。今天吃晚饭时问我（始读 Eliot: "The Use of Poetry"），Eliot 认为那首 Keats[8] 的诗最好，我答 "Ode to Psyche"[9]，他大为佩服。学期将结束，还有两星期，得准备大考。来 Yale 后，眼界确大为开拓，国内时自与新派批评接触后，stagnant[停滞不前]已久。买了一本前哈佛大教授 Kittredge 的莎翁全集，Gina 出版，一九三六，公认为最好的 Single Volume Shakespeare；一本 Patterson 编 *The Student's Milton*，India paper 一千余页，包括大部 Prose，预备到 Kenyon 去读两大诗人，Kenyon 的图书馆太小，研究很不方便。我一向吃药显效，国内时维他命都没有什么 visible effect；一月来吃了一种长条维他命丸，成分 vitamin A 有 25 000units，很浓，成绩很好，读书至深夜不倦；在 Yale 的中国同学都去健身房运动，使身体 fit，我却倚靠吃补药保持健康。

California 大学新出一本书 *Criticism: The Foundations of Modern Literary Judgment*，为 Miles、Schorer 所编，一页有两 column，分 source、form, etc 各方面讲，从 Plato、Aristotle 到 Blackmur、Brooks，很厚，$7.50，很可作钱学熙文学批评的教科书也。

我的法文一月来无暇顾及，除了每星期上一次课外，没

---

8. Keats（John Keats，约翰·济慈，1795—1821），英国浪漫派诗人，代表诗作有抒情诗作《夜莺颂》(*Ode to a Nightingale*，1819)、《秋颂》(*To Autumn*，1820)。

9. *Ode to Psyche*（《赛姬颂》），济慈于 1819 年创作的颂歌之一，诗歌借希腊神话中灵魂女神赛姬为爱受苦的遭遇来唤醒自己懒散未经琢磨的灵魂。

有自修的功夫。暑假内或可有进境。暑假内还得弄 Latin，只好等 Kenyon School 结束后再着手。

下学期的出路未定，甚为 concerned。上星期父亲来信云："渠对童颇赞成，称其私生活甚严肃，……过从甚频，时在其家吃饭，颇不寂寞矣。"父亲意思还是劝你返南，改就江南大学。北方不安宁，可是江大的 prospect 也不怎样 bright；这学期结束后你一定较去年有更多的考虑：北京的 attachments 较去年更强，是否能离开，还是问题。我觉得你的 emotional life，暂时很丰富，但不 make commitment，渐渐也会 routine 化。Sensuality 可以有自由，emotion 的要求是 decision。假如决定和董华奇结婚，也无不可，但总觉她年龄〔纪〕太轻，几年来不能 materialize；同童芷苓友谊可否更进一层？李珩脸色虽黄，结婚后少女的黄气也会褪掉。一方面身心生活多苦闷，一方面受了北大女生大家不打扮的累，没有握住你的兴趣，但还可能是最实际的女友。施松卿我不认识。我觉得这半年你生活最 significant aspect，既是同女人的友谊，也应当有个决定。李彦的信写了没有？措辞一定很困难。她的身体如此，很可怜，她我只见过两三次，印象不深。台湾大学有无熟人？有办法不妨劝钱学熙一同去台北，既是乐土，图书又丰富，生活又可较 rich 而自由，不比北京的枯瘠、上海之有家庭拘束也。台湾我觉得是最 hospitable 的地方。美金一元已超过百万元，物价的高不堪想象，不知目下收入每月够用否？来美后还没有买过一身西装、一件衬衫，不敢瞎用。

父母亲去杭游玩，想必母亲感得〔到〕很寂寞，不然她不会出远门的。*Time* 想已收到，洋娃娃不日想亦可到。美国气候很湿，好太阳日子不多，四、五月仍不日下雨，没有暖气，屋内即感不舒服；美国人屋内不断生火，可以去掉湿气。来美后除掉感到屋内生火的舒适外，别的一无欧化：照样的不爱吃羊肉、cheese 和有气味的东西。Graduate Hall 吃羊肉的日子较猪肉为多，只有大加 pepper，以解其臭。昨日看王尔德的 *An Ideal Husband*，全片对话 epigrams 都已 out-of-date，非常难受，更不像电影。你的小说有空可以写下来，没有 assignment 的期限，容易受 perfection 要求的限制，不肯多写。在学校念书，"压生"的唯一优点是可以使你多 productive。袁可嘉仍预备去江大否？ Empson 何时动身？我应当给他封信，没空写，见他时谢谢他。卞之琳[10]今夏返国否？近况想好，即请

春安

弟 志清 顿首

五月十六日

---

10. 卞之琳（1910—2000），诗人、文学评论家、翻译家，"新月派"代表诗人，代表诗作《断章》（1935）、《无题》（1937）等。

18. 夏志清致夏济安

3月22日

济安哥：

两星期内前后收到两信，悉抵平后心境很紊乱，远水不救近火，除代你concerned外，没有办法。我想最好向董姊姊直陈，她是懂事的女人，但为人practical，不会拒绝你的offer，至少会得到她的understanding，可减少过分的self-consciousness。华奇既enjoy你的company，不要让目下的心境停顿了一向animal式的游戏。女孩子从舞台和生活上的观察，早知恋爱这回事，有适当的moment，不妨告诉她，你爱她，我想最多她当面jeer你一下，心中也会培养love的inception。我想此事不会有什么阻碍，她的弟弟恐怕会jealous：将来的他倒是"姐夫"的一个负担。读文学后增加分析的力量，读陶斯道后，生活的看法难免serious。我在沪时确实受了不少陶氏生活严肃态度的影响，可是对恋爱并不增加action的impetus。现在读的多是十六七世纪的诗和戏剧，同生活多少脱离关系，除训练scholarship和批评力量外，生活的course让work和vacancy占据了，两年来没有新的illumination。寄名的仪式已举行否？从此同华奇兄妹相称，可以减少猜忌。要不要女孩子的洋服和定〔订〕阅 *Life*[1] 画报之类，我可以代办。

来 Yale 后已进第七星期，日子过得很快，读的功课颇能应付。就是每两星期一篇 essay，比较局促些。Renaissance Poetry 这只 course 算是难的，李赋宁、吴志谦[2]都劝我不要选，Louis Martz 为人颇 fastidious[挑剔]，可是我的 papers 和 critical perception 确高人一筹，上星期写了十页 "Tension in Poetry"（about Drayton's Muses Elizium），今天取回，颇得他赞美。美国学生写 paper 多应用 cliché，很少有 original thought，没有什么了不起。不过上星期打这 paper，从晚上七时半直至深夜三时半，足足八小时工作，过后人很疲倦。我的缺点，起稿时造句 phrasing 很马虎，一上打字机，sense of style 立刻 alert，在打字时把句子重造，花时很多。Drama 不日将把 Ben Jonson[3]大部分读完。我读了 Peele 觉得不值得写 term paper，或想改作 Webster[4] 的 imagery，可有些新发现也。

---

1. *Life*(《生活》)，美国发行的老牌杂志，1936年由亨利·卢斯(Henry Luce)正式创立，以新闻摄影纪实为主，属于时代华纳公司。杂志曾经历数次停刊、改刊，原为周刊，1978年改为月刊，2007年正式停止发行印刷版，将内容全部转移至网络。
2. 吴志谦，夏志清留学时的同学，后任教于武汉大学，曾与周其勋等合译《英国文学史纲》。
3. Ben Jonson(本·琼森，1572—1637)，英国剧作家、诗人、演员和文学批评家，著有18部戏剧，以讽刺剧见长。
4. Webster，可能指约翰·韦伯斯特(John Webster，1580—1634)，英国雅各布时期剧作家，以写悲剧知名，如《白魔鬼》(The White Devil，1612)、《玛尔菲女公爵》(The Duchess of Malfi，1613)。

下星期起有两星期春假，可把功课整理一下，我的法文半途插入，要全部赶上，非花两星期功夫在文法、生字[方面]不可。实在抽不出空，又不忍把它 drop，在半生不熟中进行。听 Brooks 的 course 也是一个累，我已有两星期未听（预备下半年选他）。明天 Brooks 预备了一个关于 *Four Quartets* 的 lecture，要去听它一听。春假两星期间预备去纽约一次，住两天，耳目可以 refresh 一下。

蒙 Ransom 寄来了 Kenyon School 的 Bulletin，我去信后，非但 admission 答应了，必〔并〕且 grant 我 $50 的 scholarship，是 tuition 的一半，Kenyon 待我也算不薄。好在学期从六月二十四日至八月七日，耗时不多，还有休息的机会。Kenyon School 英文系的 Dean 是 Charles M. Coffin，为人很好，写过一本 *Donne & The new philosophy*。

Summer session 的 courses 是：

Eric Bentley: Studies in Drama, as Literature & as Thought

Brooks: Milton

Richard Chase: Hawthorn[5] & Melville[6]

Matthiessen: 20th Century American Poetry

---

5. Hawthorn(Nathaniel Hawthorne，纳撒尼尔·霍桑，1804—1864)，美国小说家，代表作有《红字》(*The Scarlet Letter*，1850)等。

6. Melville(Herman Melville，赫尔曼·梅尔维尔，1819—1891)，美国小说家、散文家和诗人，代表作有《白鲸记》(*Moby-Dick*，1851)。

Empson: The Key Word in the Long Poem:Shake，Pope[7]，
Wordsworth

Ransom: The Study of Poetry:Shakespeare's Dramatic Verse

Austin Warren: Donne & Other Metaphysical Poets

Allen Tate: The Novel Since 1895

我 预 备 选Brooks的Milton和Ransom的poetry，Empson同
Ransom时间相同，或选Empson也不一定。上星期I. A. Richards
来演讲Emotive language，事后才知道，颇遗憾。四月春假中
Johns Hopkins University将有一特殊的Symposium in Criticism：代
表英、法、意、美的是Herbert Reed、Croce、Gide、Ransom和
Tate。每人on一个critic，从Aristotle起，Longinus[8]、Boileau[9]、St.
Beuve[10]等，Ransom讲Aristotle。公开讨论三天，门票五元，所
讨论的与钱学熙的scheme相仿，想必引起他的兴趣也。我想
两年中我英美大critics都可看到，在中国人也算相当privilege

---

7. Pope(Alexander Pope，亚历山大·蒲柏，1688—1744)，18世纪英国重要诗人，
善于写作"英雄双韵体"(heroic couplet)诗，并使此一诗歌体式达到空前完美，
曾用它翻译荷马史诗。代表作有《论批评》(An Essay on Criticism，1711)、《鬈发遭
劫记》(The Rape of the Lock，1712)等，译有荷马史诗《伊利亚特》和《奥德赛》。

8. Longinus(朗基努斯)，古罗马修辞学家，有残稿《论崇高》(On the Sublime)面
世。

9. Boileau(Nicolas Boileau，尼古拉·布瓦洛，1636—1711)，法国诗人、文艺理
论家，代表作有《诗的艺术》(L'Art poétique，1674)。

10. St. Beuve (Charles-Augustin Sainte-Beuve，夏尔·奥古斯丁·圣伯夫，1804—
1869)，法国文艺批评家，代表作有《周一丛谈》(Causeries du lundi，全16卷，
1851—1862)等。

的了。英美的quarterlies，到Yale后已没有空阅读，唯近来KR、PR、SR，内容皆嫌单薄。当时1939、1940、1941、1942年Cleanth Brooks等编的 *The Southern Review*，内容非常充实，每期名文如林，并且很多还没有集入书内，较 *Criterion* 为充实，非常不容易。英美除新派critics外，老派教授的organ是 *PMLA*（*Publication of Modern Language Association*）、*Modern Language Notes*、*English Studies* 等等都是很好的学术性季刊，北大、江大都应当定〔订〕阅。

英文系的李、吴，及其他吃饭时见面的十多位同学都很谈得来，吃饭时indulge一下中国幽默和sex之类，很relieve工作的紧张，李不大commit himself，唯告诉我在Oberlin的杨秀贞[11]，他仍追求过。那位姓吴的，为人老实，好争辩，没有城府，他自承来美前他是个卖力的教员，可是Eliot之类一点没〔不〕知道，两年来学到了不少（Ransom，李赋宁还不知道），所以对我很佩服，称我为"内行"。第一年读Elizabeth drama不及格，他也告诉我（两年前或不如徐世诏）。李赋宁教过赵全章、袁可嘉、施松卿，他对金堤[12]的印象极不佳，以为他骄傲，而没有什么了不起。知道袁、施Romance，为人很prudent[谨慎]，有一次我把钱学熙disparage[贬低]一下，他毫不同意，而极端

---

11. 杨秀贞，中央大学毕业，夏济安联大的同事，师从真立夫读M.A.，夏志清1947年在奥柏林（Oberlin）见过。
12. 金堤（1921—2008），浙江吴兴（今湖州）人，著名翻译家，译有《尤利西斯》《绿光》《女主人》《神秘的微笑》等。

拥护。施松卿曾来过美国一次，不久即返国，你可问问她。

张心沧[13]在爱丁堡读得很好，他读一只 Bibliography（伊丽莎白时期 manuscripts）Old English 和意文（已读 Dante 原文）；上学期 Old English 一班七十人，他考第二名，却较朱光潜、周一良[14]等为 distinguished；主任教授 Renwick，但 J.Dover Wilson[15]现在爱丁堡，答应有闲时看他的写作，做他的 tutor。张心沧对 criticism 没有多大兴趣，对于正统 scholarship 颇有 respect，能在 Wilson 手下读书，颇为难能，他已能写字 Elizabethan hand，当时的怪体。丁念庄读 Chaucer、Old Eng.、Italian，我也很佩服。

我工作的 rhythm 是星期一——星期五，work 很忙，到星期六、日，虽仍读书，tension 较松。看看电影，美国电影出产少而不佳，好的影片都是讨论问题和 documentary type，前两年的心理 melodrama 不多见。去年的最佳片《君子协定》[16]，我认为没有

---

13. 张心沧（1923—2004），上海人，毕业于上海沪江大学、英国爱丁堡大学，获爱丁堡大学哲学博士、英国文学博士学位，主要有译著六卷《中国文学》（*The Chinese Literature*）。下文提到的丁念庄为其夫人。张、丁二人为夏志清42届同班同学。

14. 周一良（1913—2001），历史学家，对日本史和亚洲史造诣尤甚，代表作有《亚洲各国古代史》（1958）、《中日文化关系史论》（1990）等。

15. J. Dover Wilson（John Dover Wilson，约翰·多佛·威尔逊，1881—1969），文艺复兴戏剧研究专家，代表作有《新莎士比亚》（*The New Shakespeare*，1921—1966）、《莎士比亚的英格兰生活》（*Life in Shakespeare's England*，1911）等。

16. 《君子协定》（*Gentleman's Agreement*，1947），美国爱情片，伊利亚·卡赞（Elia Kazan）导演，格里高利·派克（Gregory Peck）、多萝西·麦姬尔（Dorothy McGuire）主演，20世纪福克斯发行。美国电影史上第一部直接以反犹太主义为题材的影片。

什么好。考尔门（Oscar，1947）[17] 的 *A Double Life* [18] 演技也并没〔不〕好，反而给了我苍白的印象。John Garfield[19] 的 *Body & Soul* [20] 倒是一可看的影片。我脸庞稍瘦，多读了书，脸上有了很和善的表情。

这星期来大地回春，路上的雪都融解不见了，天气很和暖，夹大衣不穿也可以。我的 landlady 是七十七岁的老 Old Maid，爱尔兰人，是 most ignorant of woman；她的兄、姐、妹，十年前都死光，一个人生活。程度的恶劣超过任何美国人。她不知道中国有吃饭吃茶的习惯、蒋介石，住了一个月还记不住我的姓。住了几星期，她听懂我的英文，制造了一个 fiction，在朋友前赞美我初来时一句英文也不会讲，现在讲得这样好。有一次给我看几张卡片，问我 "Do you ever read English at all?" 我桌上英文书这样多，并且每次看她的晚报，她脑子的缺乏联想，令人讨厌。不过每晨供给咖啡，替我整理床，每星期换被单，还算肯找事做。

---

17. 考尔门(Ronald Charles Colman，罗纳德·考尔门，1891—1958)，英国演员，代表影片有《鸳梦重温》(*Random Harvest*，1942)等。1947年凭借《死亡之吻》获得奥斯卡最佳男主角奖。

18.《死亡之吻》(*A Double Life*，又译《双重生活》，1947)，黑色电影，乔治·库克(George Cukor)导演，罗纳德·考尔门、塞恩·哈索(Signe Hasso)主演，环球影业发行。

19. John Garfield(约翰·加菲尔德，1913—1952)，美国男演员。代表影片有《四千金》(*Four Daughters*，1938)、《出卖灵肉的人》等。

20.《出卖灵肉的人》(*Body & Soul*，1947)，美国黑色电影，罗伯特·罗森(Robert Rossen)导演，约翰·加菲尔德、莉莉·帕尔默(Lilli Palmer)主演，联美公司发行。

北平情形听说很不好，燕京、清华教授的家眷都搬进了城。真还有危机，不妨不等学期完毕就返南。潘家洵的上早课，想一本"小暴君"的作风，平日改卷想仍旧很忙。我唯一的 luxury 就是早晨的起床，上午没有功课，用不到〔着〕紧张。可是起床的时间较在北平时为早：8:30—9:00。因为法币的贬值，我对中国的生活，已缺乏估计的能力，饮食想都好。为念。

在 Kenyon 时，一人寂寞，很想念但庆棣[21]，来 Yale 后很忙，应该写封信给她，可是自那次 Christmas Card 后没有写过只字。近日想写封信给她，她们想仍在国会街上课。钱学熙的儿女想同她熟识，可是我不抱任何希望也。

讲了许多我的话，对于你的苦闷没有多 mention。上封信我劝你另择 love，必是招你反感。你的 choice 既已定，只有好好进行。家中想好，即请

春安

弟 志清 上

三月二十二日，一九四八

钱学熙舍不得北大，也是个性的限制。我觉得他应把 English Poetry 从十六世纪到二十世纪从头读一遍才是。

---

21. 但庆棣（1930？—1987），祖籍贵州，后改名为吴玉凤，是著名导演但杜宇（1897—1972）之女。

19. 夏济安致夏志清

4月12日

志清弟：

三月廿二日来信收悉。春假过得想好。北大又罢课，复课恐尚遥遥无期。罢课期间有一种不方便，即是校门由学生把守，出入均须受他们的注视，假如不是盘问。这几天我在外面很忙，而且需要穿很挺的西装，有时回来还得很晚，在许多条目光下由门缝里走出走进，我常觉得很尴尬，因此希望还是早日复课恢复常态的好。

你以前常叹息北大生活的无聊与枯燥，我近日生活却产生了小小的变化，我交到了一个使得红楼同人们非常艳羡的女朋友：童芷苓。我和童芷苓的认识，当然全由程绥楚的介绍。现在我同她们家里已经相当熟，在她们家里吃过几次饭，同芷苓一同去看过电影，替她们照过两卷软片（上天保佑，我的起码照相术居然能派大用场，而且还混充得过去），还同她们玩过牌。昨天下午我在她家打罗宋牌九，这个玩意儿是她教我的，我问她怎样押法，她开玩笑地说："一亿两亿的押"，我装作大惊失色地说："那是吃不消的！"事实上，我是五千一万地押，她顶多亦只押两万（北平近日《华北日报》一份价九千元），结果我输约二三十万元。芷苓是怎么样一个人，我还没认识清楚，有一点我敢说：她总能使人很舒服。她连程绥楚这种人都能容忍，涵养功夫之好可想。她绝不骄傲，小手段稍微有一些，但为人并不厉害，说话时眼睛和酒窝的表情丰富极了。皮肤其实是黄而粗，但常常化妆得总很可爱。她是知道如何装饰、如何谈话、如何"媚"的少有的中国女人。看见了她，北大那些女人大多简直粪土耳。你常说我不喜欢身材高大的女人，她是绝对的高大（她自以为比我高，事实上还是我高一点），比起她来，葆苓便小而嫩得多，但芷苓具备了差不多全部女人所应有的 charms，葆苓不过是普通一个黄毛丫头而已。两个人之间，芷苓可爱得多，简直不能相提并论。葆苓像普通女人一样，并无 wit，可是欢喜在口齿上争胜；照相的时候，葆苓很 fluttered[无措]，脸红红的，站好了手脚都没处安放（这点也可算葆苓可爱处），芷苓则站上去无不合适，一下子可以换了个姿势，说道："再照一个！"我以前同她说北平话，现在则说上海话的时候多——使程绥楚吃醋的原因之一。听程说，她很喜欢跳舞，现在没有什么人陪她去跳（北京饭店有舞会），不过贺玉钦[1]之流偶然陪陪她而已。我想假如你在北平你将成为她的一个好舞伴，而你和她的 intimacy 更可胜过我同她的。

---

1. 贺玉钦（1924—？），武生演员，以《伐子都》享名，以北戏南技、长靠短打、台风勇猛、翻打扑跌杀而闻名京剧舞台，逝世于"文化大革命"期间。

像她那样过惯上海豪华生活的人，必定觉得北平生活的枯燥与无聊。她在北平无疑缺乏男友，因此像我同程绥楚这种人亦得备位侍从。有程绥楚，连带的我亦占不少便宜，他面皮厚，吃白食看白戏不算回事，我亦顺便叨光，他又想尽方〔办〕法去追求，连带的使我同她亦接近起来。

我对她毫无 passion，因此我在她面前可以 at ease。我绝不想摆阔（在她面前无从阔起），更从不卖弄学问（程绥楚则三句不离本行），只是装做一个老实人而已。老实，可是并不 dull，我同她的 mutual acquaintance，我想来想去只想出一个江政卿[2]。她说她同他的儿子做媒，介绍了许多女朋友，都不成功。她确有野心远征美国，已请我把《红娘》译成英文，可是我还没动工。这件事太麻烦，不知该怎么做（侠苓的意思是把对白译成英文，唱词仍旧）。她贴《红娘》那一晚，送了我一个包厢，由我约请潘公、Frankel、金守拙（George Kennedy，耶鲁中文系主任）、王岷源诸人参观，他们看得都很满意。潘公有些着迷（他自称"I'm too old to be fooled."），曾当众限我七天之内送他一张童芷苓的签名照片，否则要同我"划地绝交"。Frankel 承认她是个genius，Kennedy 对《红娘》之前的那出《战太平》（童祥苓）直皱眉，对于《红娘》则认为非常好，美国人可以〔能〕欢迎。

_1948_

---

2. 江政卿，江苏苏州人，南京中央饭店创办人，曾任上海、南京等地商会会长，20世纪60年代死于香港。

王岷源认为我的"taste 很高",大约指的是我交了这样一个朋友之故。

你的那篇文章已由程绥楚打好(打好后变成 by Ching-yü Ch'eng 了),我拿去请 Frankle 校阅一遍,改正几个小毛病。我预备再打一遍,寻寻 *Life* 驻平访员,看看能〔是〕否会用。

我和童芷苓往来,其实还是同我一贯作风一致。我怕结婚,因此凡有同我有结婚可能的女子我总逃避,我当然亦想有 female company,可是怕引上了结婚的担子,所以从不敢大胆地轧女朋友。董华奇我同她好,因为至少在目前我们绝不会结婚。童芷苓亦然,我不能想象我同她会结婚,反正不会结婚,同她来往可以不负责任,我的胆就大起来了。

有几天我很得意。照那几天的 mood,大有见人就讲童芷苓的倾向,可是在董家我极力避免不讲。董婶婶顶恨唱戏女子(这和她的宗法教育亦有关系),自从董先生娶了一个川剧女伶(即冯英)之后。她一向认为我老实,我不想破坏她这个印象。我还是认为华奇做我的妻子顶合理想,假如董婶婶以为我这个人不可靠,我们这段姻缘她是可以破坏得掉的。有一次我告诉她童芷苓要我翻译《红娘》,过了两天我又碰见她,她说:"这两天童芷苓把你的米汤灌足了吧?"我听见为之一凛,从此以后,说话就非常谨慎,不大说起童芷苓。(不然我还想请她们听一回她呢!)在华奇 [面] 前,我还不时提起,她对于唱戏人并无偏见,多少还有点英雄崇拜,我有时还故意惹她妒忌。她看见我要走的时候,常说:

"去，去，去，到你的童芷苓那里去吧！"有一次，我雇三轮回去，我说是沙滩红楼，她抢着说："不，不，是西长安街大栅栏……"（童宅地址）。华奇已经给我训练成为一个戏迷，她在无线电里已听过[几]遍《四郎探母》《红鬃烈马》等戏（我的《戏考》³大多放在她那里），戏的唱词，有几出比我还熟。可是唱戏天才不如我。有一天我在哼《平贵别窑》不知还是《武家坡》，她说你为什么不登台唱一唱，我说："还差一个王宝川〔钏〕呀！"她说："找童芷苓。"我说："她是代战公主，王宝川〔钏〕是你！"她听见嘴一噘不作声了。她知道我一定有什么事在瞒着她，可是董婶婶还没有什么猜疑。照董婶婶的看法，女戏子都是掘金者（gold-diggers），专门骗富商巨贾的钱的，我既然无钱可骗，童芷苓和我决计亦不会有什么超过翻译以上的交情。

　　附上相片几张，一张是赵燕侠⁴（不知谁着的色，很cheap looking）乃程绥楚的割爱（反面恐系亲笔签名）；一张是我在颐和园所摄，姿态尚称英俊；一张是我同童氏全家合影，背景即为童氏姊妹之香闺；一张是我同华奇合影，这张最为名贵，因为华奇很 self-conscious，通常不肯替〔同〕我

3.《戏考》，京剧剧本集，近人王大诺编。1915年开始初版，1925年出齐，共40册。收录京剧(包括部分昆剧、梆子)剧本单出近600出，以传统老戏为主。并附故事提要、考证和评论。

4. 赵燕侠(1928—？)，京剧旦角演员，常演剧目有《白蛇传》《玉堂春》《红梅阁》等，著有《我的舞台生涯》(1983)。

照在一起的。童氏姊妹的照片我照的还有，都很漂亮，你要我可以洗几张送上，这里选上两张。还有但庆棠的考试题纸一张，是我去年阅卷时没收，一并送上。别的再谈，专祝

学安

济安

四月十二日

〔又及〕董婶婶要一双大号玻璃丝袜，她说要还你钱的，买就后请作邮件（不必作包裹）寄下，洋娃娃与去年 10/27 *Time* 如何？

王金钟在 Michigan 大学。袁家骅下星期去英国旅行，定暑假后返国（英国文化协会邀请）。

20. 夏志清致夏济安

5月2日

济安哥：

上星期的来信及附件看了几遍，很感兴趣。和童芷苓有如此友谊，足见你的 role 在上流社会名媛贵人中走动，最为相宜，教书 inhibition 太多，self-conscious 太重，不能给予同样身心的舒服和发展。童芷苓的友谊，父母知道了也一定喜欢。假如回沪时，能够在家中请她吃饭，母亲一定很骄傲。和华奇摄在一起的，表情很像 Alan Ladd[1]，总觉得华奇年龄〔纪〕太轻，虽然懂得妒忌，真正 respond to 爱情，还需时日。童的关系，可以 initiate 你到男女的 mature relationship；我的 Machiavellian counsel[馊主意]：不妨另找结婚对象，华奇的 love，十年后 recapture 不迟。谢谢但庆棣的考卷和赵燕侠的照片（相片正面红色，"燕"字为程手笔，着色恐亦程君所为），给但的信，还是 still-born，没有时间和适当的 mood，关系的

---

1. Alan Ladd（艾伦·拉德，1913—1964），美国演员，代表影片有《刽子手》（*This Gun for Hire*，又译《合约杀手》，1942）、《蓝色大丽花》（*The Blue Dahlia*，1946）等。

tenuous[疏远]已难以收拾了。童芷苓的几张照片，都拍得很清晰明朗，姊妹都很 unsoiled 的样子，很值得 esteem 的女朋友。

上星期三，*Time* 十月二十七号已由 TIME Subs.Dep. 寄来（通常 business correspondence 很 prompt，这次 *Time* 却特别迟），当日寄出，不日可到。董婶婶的玻璃袜夹在 *Time* 内，不准，有 customs duty 的，只可包裹邮寄，我寄给你，慢慢地也可收到：所费一元五角，我不须〔需〕要，让婶婶付给你吧。洋娃娃在纽约寄出，时已一月，想不日可到。功课忙碌，托办的事，都没有赶忙地办，为歉。Peele 的 paper 写了五十页，下星期打字，预备克日赶完，上星期又写了一 Comus[2] 和 Jonson *Masques*[3] 的比较，人很疲乏。昨天五月一日 Derby Day，New Haven 郊外 Derby 镇有一年一度 Yale 和别的大学赛舟的比赛：undergraduate 都很起劲，带了女友，一个个到了郊外，我也和中国同学的 group 同去，换换乡村的空气。赛舟并不紧张，看看奇装，fun-loving 的美国青年还够兴趣：男的都戴罗克式的草帽，汽车上装了一筒一筒的啤酒，男女狂饮，结果木棚的女厕所外排长队地等小便，都是中国不见的奇事。同日李赋宁赴纽约，去会他的 future father in-law；他是 Minister of Conscription，蒋的亲信，这次出国养病，足见非常 rich。李

---

2. Comus（科摩斯），希腊神话中司酒宴之神和庆祝之神。此处指英国诗人约翰·弥尔顿的假面剧《科摩斯》(1634)。

3. Masque（《女王面具》，*The Masque of Queens*，1609），英国剧作家本·琼森的戏剧作品。

定于今夏返国结婚。清华人才都送国外，陈福田 [4]offer 他三只吃重 courses：莎士比亚，英国文学史，Elizabethan Prose，较王岷源荣耀得多了。另外一位吴志谦，身体奇劣，牛奶水果都不能吃，来美后换了一副假牙，一天只能读九小时书，有好学精神；预备今夏去纽约做 waiter，积蓄一两千元再来 Yale 读书。国外学生对于李宗仁的被选，都大感兴趣，认为[是]国家有希望的象征。李联络北方教育界人士，本人 intellectual power 看来并不太高，面目可憎。北方局势想好，今夏后计划已决定否？甚念，我已答应去 Kenyon，只好去忙他五六个星期。这一届诸教授中，以 Empson 号召力最大，佩服他的人极多，他的 class 罢课已结束否？正像从台湾到北平，回想台湾的生活，来美国后，觉得北平的生活很有 variety，并不如当时想象的枯燥，来 Yale 后 variety 又更深一层。New Haven 的春天很可爱，草木苞青开花，Yale 建筑一带，渐渐变成绿城。冬季路政恶劣，汽车都很 dirty，回春后，新汽车都很可爱。树木叶子很细，和北平相仿。《红娘》剧翻译[得]如何了？我以为童芷苓和童家班合演，一定减低她的身价：童祥苓的老生、童寿苓的小生，都可使观众 stay away from her。最好劝她同张君秋一样，组成一个像样的戏班：重请纪玉良、裘盛戎 [5]、贺玉钦加入，全部戏码可以有 entertainment。钱学熙

---

4. 陈福田（Fook-Tan Chen, 1897—1956），出生于夏威夷，西方小说史专家，曾任清华大学外文系和西南联大外文系主任。1948年离开中国回到夏威夷。
5. 裘盛戎（1915—1971），铜锤花脸演员，原名振芳，北京人。花脸（接下页）

的批评进行［得］如何？ Ransom 年龄较大，我离 Kenyon 时，他在着手 Poetry III，这次春季号 KR 并未刊出，大约和钱有同样的 predicament。这期 *Sewanee R.* 刊 Eliot 的 Milton。

每星期晚上看一次电影：雷米伦 [6] 的 *The Big Clock*[7]，Maureen O'Sullivan[8] 被 with，还不显苍老，全片很热闹、紧凑，John Farrow[9] 导演大有进步。看过 Huxley[10] 的 *A Woman's Vengeance*[11]，一部有趣的小说变成一张极严肃 moral 的影片；刻画 moral evil 近于陶翁，女主角 Jessica Tandy[12] 表情极好。该片在美卖座恶劣，在 New Haven 映时，算是 second feature（正片 T-man），水平太高也。数星期前 Robert Frost[13] 来演

（接上页）演员裴桂仙（1878—1933）次子。

6. 雷米伦（雷·米兰德，1907—1986），英国演员，代表影片有《失去的周末》（*Lost Weekend*，1945）、《大钟》等。

7. *The Big Clock*（《大钟》，1948），黑色电影，约翰·法罗（John Farrow）导演，雷·米兰德、查尔斯·劳顿（Charles Laughton）、莫琳·奥沙利文主演，派拉蒙影业发行。

8. 莫琳·奥沙利文（Maureen O'Sullivan，1911—1998），美国女演员。代表影片《戴维·科波菲尔》（*David Cooperfield*，1935）、《安娜·卡列尼娜》（*Anna Karenina*，1935）。

9. John Farrow（约翰·法罗，1904—1963），美国导演，1957年以《环游世界八十天》（*Around the World in Eighty Days*，1956）获奥斯卡最佳导演、最佳编剧奖。

10. Huxley（Aldous Huxley，阿道司·赫胥黎，1894—1963），英国小说家、散文家，代表作有《美丽新世界》（*Brave New World*，1932）等。

11. *A Woman's Vengeance*（《情天劫》，1948），阿道司·赫胥黎编剧，查尔登·柯达（Zoltan Korda）导演，杰西卡·坦迪、查尔斯·博耶主演，环球影业发行。

12. Jessica Tandy（杰西卡·坦迪，1909—1994），美国女演员，代表影片有《除却巫山不是云》《情天劫》等，1990年以《为黛西小姐开车》（*Driving Miss Daisy*，1989）获奥斯卡最佳女演员奖。

13. Robert Frost（罗伯特·佛罗斯特，1874—1963），美国诗人，代表作（接下页）

读自己的诗，我准时去听，已经客满，门外都是人，听客不是 graduate students，却都是高中女学生慕名而来，我见的只是个白发红颜的老人坐着读诗。

同童芷苓来往，对女人的 tact 想更近自然。事实上我对女人应酬功夫并不好，没有 patience 陪女人购物侍候，跳舞更无天才。目下每天的情形同你教书疲乏后差不多，没有什么杂念。明后数天要一天到晚地打字，就此作罢。下学期计划如何？预备去江大否？念念，即请

　　康健

弟 志清上
五月二日

1948

（接上页）有《少年的意志》（*A Boy's Will*, 1913）、《波士顿以北》（*North of Boston*, 1914）等。

21. 夏济安致夏志清

5 月 21 日

志清弟：

　　来信收到已多日。洋娃娃亦已收到。五月十四日北平市开春季运动会，华奇的学校表演一段舞蹈，我冒充记者，替她照了不少相片（我近来摄影艺〔技〕术大有进步，只是软片冲晒太贵，不能多拍）。回家看见包裹单，十五日领出（纳捐九十余万元）送去，在那个 Angel skin 商标圆牌的反面，我写了这几行字"华奇妹参加北平市运动会奖品　夏志清赠"，她会真的当是你所写，非常高兴。我们现在的感情，可说与日俱增，我很快乐。她的 mood 常有变化，我有时亦会自怨自艾；但我觉得没有她我的心肠会全部硬化，她是我心里唯一的 tender spot，现在更引起了我对人生的希望。她虽然从没有热烈的 response，但就是这点亦够回味、够鼓励、够陶醉的了。

　　暑假我可能不回去，职业大致仍在北大。江南大学内部纠纷多，杨荫渭免职后，近来听说校长亦已易人，待遇亦不若以前那样的优厚，钱学熙（他已好久未上红楼，我亦难得去看他）和我都认为绝对去不得。此外无别的机会——张芝联有信邀我去光华，我看光华目前还办不出什么名堂来，待遇就少得可怜。暑假回去反而生出种种问题。如决定留在北大，暑期还是在北平过的好。真有好机会我亦会去接受，但盲动与我无益。这一两个月内的战局发展亦可有助于我的决定，如果真的要逃难，那末南边无论什么事（即使是光华）我都可以做了。

童芷苓下星期飞沪，登台天蟾，将有纪玉良、裘盛戎等为辅，阵容很如你的理想。我同她的关系不会很密切，因为此人精力充沛（天赋已厚，再常打先灵洋行德国荷尔蒙"保女荣"Polygnon），在摄影场白天工作十二小时，夜里还可以唱双出京戏。在没有工作的时候，她玩起来你可以想象得到必定也是很起劲。我没有这许多精神（且不说没有这许多钱，她是很俭朴的，摄影场上"别〔蹩〕脚"小菜照样可以划[拉]三大碗饭），奉陪她。常同她在一起，而腰包里挖不出钱，别人和她虽不以"跟班"目之，自己总觉得好像是"跟班"——程靖宇就少这种 self-consciousness，但程靖宇近来兴趣大减，尝喟然叹曰："可怜连一次手都没有握过！"他近来一想做官，二想言慧珠。童家班的艺术我认为祥苓的老生大有希望，近来多看几次以后，觉得除嗓子尚嫩（因尚未发育完熟）外，举手投足（所谓"台风"）唱腔等都有道理。芷苓的好处是嗓子圆润丰满，表情细腻，唱腔似乎还不够第一流（我常觉得你那篇英文文章捧她太过分，换我来写，不会这么说），不能与梅程相比。葆苓、寿苓则都不能演重头戏也。

我现在顶熟的朋友是赵全章，往返甚密，每天至少我到他那里，他到我那里各来一次。我每看一次童芷苓，必把情形描写给他听，他很能同情地欣赏，但他不知道有董华奇。此外和施松卿谈起来，亦觉得没有什么隔膜，但她在灰楼，我们不常见面。和袁可嘉的关系如旧，偶然表演一些witticism，讲讲有什么新书等。别人简直毫无来往（潘家洵那里一两星期去一次），和金堤、许鲁嘉的关系都变成〔得〕很紧张，不知何故。校外人来往较密者为汪树滋[1]（光华荡客——汪公），与童侠苓（这位先生唱戏读书都不成，但颇好交友，他是我的朋友，芷苓只算是"朋友的妹妹"）（他是芷苓的press-agent）。

战局发展如何，现在还难测。北大决不会搬，沈阳（Mukden）的东北大学至今未搬。政治方面，陈立夫最近颇受些打击，这样不过表示国民党的分裂更明显，于大局无补。

最近听说有 Rockefeller Foundation[2] 留学机会，派选方式不详，西语系大致要派袁可嘉出去。我当然亦很想出去，但是今年恐怕没有希望。

---

1. 汪树滋（1918?—1960），夏济安在北京大学时的朋友，1949年后任北京编译社翻译，1957年被打成"右派"，1960年死于河北清河农场。
2. Rockefeller Foundation：洛克菲勒基金会。美国实业家、美孚石油公司创办人约翰·D.洛克菲勒（John Davision Rockefeller，1839—1937）设立的基金会组织。该组织的资助关注点主要在于教育、健康、民权、城市和农村扶贫等。

近来上课以外，瞎白相花时间很多，因此读书毫无成绩。人虽并不觉得疲倦，但也没有多余的精力可做有意义的工作。这种生活方式我很想改变一下。暑假留在北平，或许可以做些事情。但是我什么计划都没有，一切看事情自然发展。总之在上海、在北平，各有利弊，我也决不定应该在哪儿。再谈　专颂

近安

兄 济安 顿首

五月廿一日

1948

22. 夏济安致夏志清

5 月 31 日

志清弟：

　　来信并照片均已收到，照［片］上看不出比以前胖，只觉得很年轻，很 serious，很 intellectual。你这样专心读书的生活，我很羡慕。我这半年来，交际太忙，没有好好地做些事情，从最近开始，我相信我也许可以把自己关得住。暑假我也许不回去，至少不一放暑假就走，要在北平耽一个月看看再说。董华奇的事如何发展，现在还难说。大约十天之前（今天是星期一，是上上星期五，5 月 21 日），我在她们家吃饭，婶婶又提起给我做媒之事，我总是一百个摇头（婶婶好像总有意把我"留作己用"，说做媒时是开玩笑的成分多，华奇也是在旁打趣，说些："你看他脸红了""笑了""几时请吃糖"之类的话）。饭后我们要去看叶盛章的头二本藏珍楼（白眉毛徐良捉拿白菊花），她在衣架上拿衣裳的时候，我走上前去说："刚才你妈妈为什么有一件事没有提？"她说："怎么的，是你跟童芷苓订婚了吗？"我说："不，她就没有提起你，提起你我就答应了。"衣架上挂了一个书包，她就顺手拿下来打我的头一下，很生气地说："告诉你干妈去！"（这种恐吓的话她是常用的）我说："不愿意吗？"我当时有些怔住，我期望的是她的含羞低头的姿态，想不到她相当镇定，她也许还说一句什么别的话，我没听清楚或者是不记得了，但是这一句话在我脑筋〔子〕里很清楚："你自己去对你干妈说去！"我说："还早，等过几年你读几年书再说。"她就拿了衣服走了。从那时候起，她就没有好好地理过我。我问，她是一定有答的，但是很客气很疏远的样子。她并非不敢说起我的名字，上一回姊姊叫我"夏少爷"，她说："怎么你叫他夏少爷？"总之，她对我似乎还是有好感，可是她的 self-consciousness 已增加，以后进行更难。我已经是够 self-conscious 的了，她假如再一留神，一做作，我将变得更尴尬，她这样不理我，我很苦闷。一度我真想鼓［起］勇［气］去对姊姊说去，说穿了使我有个着落，成功她以后可以拿未婚夫待我，至少可以使我定心，失败我就再闭门读书，谢绝一阵世事再说。我考虑下来的结果，还是认为维持现状的好。我终是太骄傲，我现在所能做的是尽量 give 不太明显的 hints，说亲还得让她们主动，我提不出什么要求。我心理上还有一个很大的阻碍，就是怕别人议论；我同一个十三岁的女孩恋爱，你都不能同情，朋友之中更将当作奇事笑话流传。你知道我是不能容忍别人笑话的，别人的议论会引起我不良的反应（或则很 ashamed of myself，或则同一些朋友绝交），我怕这个，所以还是等华奇大几岁再公布我的 passion。其实华奇长得很

1948

快，现在比你上回看见时已长高不少，我想至少已有李珩那么高（也许已比她高），胸脯已渐渐双峰凸起，至少比张祥保的还明显一点，她做女朋友并不坍我的台也。我对华奇的兴趣，婶婶和嫂嫂（大媳妇）当然都早已经看出，不过我一向出以玩笑的态度，她们不知道我 serious 到什么程度。她们想不到一男一女有二十岁年龄差别的会发生恋爱，她们想不到我真有决心等她长大了再娶她，但日子过去，她们慢慢亦会知道。等到她们知道了，我的命运亦可以决定了。我现在的政策：尽量当我没有 propose（那次等于是 proposal）过，使她忘记那回事，减少她的 self-consciousness。假如她继续不理我，我就拼命地忍受痛苦，继续软性的追求。虽然如此，你得知道我已经到了订婚的边缘，我只要一忍不住，向婶婶一说，可能就会订婚的。有时候心里一发火，想把牌摊开来亦好，可以少受痛苦，但是我总还是设法忍耐的。

我知道华奇有种种缺点，她的 intellectual 似乎比我的低，读书是没有什么希望的；脾气很特别，容易闹"蹩〔别〕扭"，结婚以后两人吵嘴恐免不了（还是嫁一个年纪大一点的丈夫像我那样的对于她有利，我至少多懂得一点人情世故，可以多原谅，而且我的涵养功夫亦是与日俱增）。她的最大的好处是能引起我的 desire，同她结婚，可以担保有一个快乐的性生活（吵吵闹闹亦是快乐婚姻生活所必需的点缀）。我这样一个老 bachelor，suppression 的习惯太深，对于大多数女人已不动心，对于若干能动心的女人，总是心一动就给我压下去了。

我在 civilization 和 nature 之间不能取得平衡，我对于女人肉体的要求，总是当着犯罪倾向地严防着，这种态度将大有害于婚姻的幸福。对于华奇，我似乎没有什么怕惧——她恐怕是天下唯一我所不怕的女人。所以如此，因为从一开头我们就没有防备。你还记得她扑到我身上来抢我的帽子吗？她假如不是一个小孩（今年她就不会做这种事了），她就不敢同我这样亲近，因此我亦永远不敢同她发生什么肌肤之亲，因为我是永远防备着的。没有董华奇，我也许还会在女性间周旋，但顶多不过卖弄卖弄我的 wit，满足我的 vanity，恐怕不会易〔引〕起严重的结果（对于李彦的 passion 是不正常的，主要的原因是我不敢同她说话，现在我面皮很老，任何女人都敢 approach，那种 passion 不致再发生）。我现在是 in love，有几点征象：（一）我一看见董华奇，心里就喜欢，她的一颦一笑都引起我的莫大兴趣；（二）我总想法讨她的喜欢，让她高兴；（三）我很妒忌。现在天下还没有别人在我心里占这样一个地位。即使是你，我看见了你也许会很高兴，但我不至于想法来博你的欢心，我也不会因你而妒忌。但我的情形并不很严重，因为我还差一个征象，就是我在不看见她的时候并不怎么想看见她。我同她若有个较长时间的分离，我也许会忘了她，但是再要找一个别人来填补她的位子，很不容易。

　她的弟弟对于我并无损害。他的良心其实不坏，人亦还聪明，脾气确是暴躁，但我是天下少数能同情他的人之一，这点他早已明白。我有耐心陪他玩，我从不对他生气，这几天华奇不理我，我只能找他去了。他虽然不能帮助我，但不会妒忌我，因为他对于姊姊的 attachment 并不强。将来他假如不能靠父母生活了，能倚傍的人不是他的大哥（他怕他极了），而是他的姊姊 with 我 as 姊夫。这个 consideration 会促使婶婶来接受我。（又，她们的先生早已换人，你没有出国时，已不在了。）

　　童芷苓已飞沪，登台天蟾。她待我不差，但我自己知道，我的地位等等都不配做她的朋友（比〔除〕了做朋友，我没有更大的 claims）。在北平，我有我的海派作风（领带就可以每天换一条，她总很羡慕我的领带），加上父亲是银行经理的声誉，俨然气派不小，到了上海，她的朋友多，我成了 nobody，挤都挤不上。她从来没有表示在乎这一些，但一个 sensitive 的男人 [应] 当 [感] 觉得 [到] 在 rivals 前自己的地位。在北平，我可以说没有 rival，她所来往的男子中，西装都没有我的挺，派头都没有我的大，我只引起别人妒忌，我没有妒忌过什么人。同她来往的，我没有看见比我更密切的男人（因为她知道我毫无追求之意，所以双方关系不紧张）。到上海，我连 pocket money 都常成问题，如何配同她来往（在上海我永远感到经济压迫）？除非在北平我不想再同她有何来往，否则硬撑场面，自讨苦吃而已（她是各种男朋友都有，但无形中我是属于最上一级的，程靖宇就得比我低两级，到了上海我知道我非降级不可，这个我受不了）。

我现在没有野心，作风实事求是。职业钉牢北大，做一个好好的教书匠，再要做些研究工作，表示不忘上进之意；女人方面，钉牢一个平凡的董华奇，别的一概谢绝。这是我瞎荡半年下来的决定：安分守己。但是命运难测，或者别[的]地方来什么offer，或者虽[被]强迫逃难，我的决定又要付诸流水了。目前我想花一两月工夫把我的Wordsworth来refashion[重做]一下，把这件事做完了再回上海去。Rockefeller Foundation名额太少，北大恐怕无人能入选，我们这些同事还得在中国挨着，别的再谈，即祝

　　学安

兄 济安 顿首

五·卅一

23. 夏志清致夏济安

6 月 7 日

济安哥：

　　五月卅日来信昨日收到，廿一日信亦于前数日收到。我的功课已于上星期五结束，Martz 的 Renaissance Poetry 没有大考，一共写了七篇 paper，大约可得 honours（相当沪江的 one）；Prouty 的 drama 在前星期四考了三小时，二十个小题目（dates，facts，etc.）；二个大题目，Jonson[1] 的 theory & practice；讨论 Revenge Tragedy。事前整整预备了三天，所以二十个小题（除了一个 item，Zion college，全班都不知道）都答复得正确详细（遗憾的是漏掉了一题），五分薄纸写了近三十页，结果得 92 分，为全班二十人中得 honours 三名之一。我的 Peele paper 写得极好，较一般同学水平为高。拿回来一读，觉得 presentation 很清楚，我的 critical paper 常常太 ambitious，用字险，而每句涵义太多，在 Yale 不适合。三个月来，

----

1. Jonson（Samuel Johnson，塞缪尔·约翰逊，1709—1784），英国诗人、评论家，以《诗人传》(*Lives of the Most Eminent English Poets*)知名。

念了四十个戏，写了百余页的英文，应该好好地休息一下，可是既无真切的友谊，又无其他感情的牵挂，这几天生活反觉无聊，除了在图书馆翻书和看电影外，没有什么消遣。我的两门课，成绩优秀，在 Yale 已留下个很好的印象，以后读书就便当了。六月廿四日，Kenyon 就要开学，可休息的日子只两星期，Yale 同去的有三位，一位是 Iowa 的 M.A.，文艺青年 Louthan。New Haven 天气恶劣，常下大雨，非常潮湿。我屋内的那个老太婆卧床已有三星期，不能给我真正 relax 的机会。前天去访 Brooks，他听[说]我 Prouty 课得 92 分，很高兴，证明新派人弄老派东西，比老派人强。他这次教 Milton 预备 demonstrate Milton 的 imagery 是 functional 而不是 decorative。他对诗的 approach 很简单而 naive（他在 prepare 一本 book on Milton），是个好的 expositor，对于 theory 和 criticism 本身的贡献恐怕并不大。

最近来信说明你的 position：能够一方面读书，一方面从董华奇那里得到生活的鼓励、意义，未始不合理想。我觉得暂时不受名利的牵制，这生活是很 ideal。我以前对华奇的 objection 是她给我的印象，年龄〔纪〕太轻。现在既已渐长大成人，尽可耐心追求她，不要顾到旁人的议论。她既是你生平最大的 emotion，一切顾虑，应该除掉。你第一次 proposal 并没有失败，她回答你去问她妈，和以后的 reticence，都很合 decorum，并没有包含 dislike 的意思。我猜董婶婶恐早已看到〔出〕你的心事，虽然母女间还没有谈过这件事。她家平日客人很少，我在北平时，华奇时打电话来，你对她已是很需要，何况现在。Patience 和 persistence 一定使你得到应有的 happiness。

我在这里朋友很少，最可讲话的是吴志谦，他已去纽约饭馆作事，预备赚数百美金返国。李赋宁虽对我的学问和记忆日益佩服，可是他为人太 prudent，不会很 intimate，他也要返国了。他近代批评和近两三百年文学，都很生疏，不能算是好教员。此外哲学系爱好 Auden 的方春书²，数学系姓许的，尚可谈话。学期结束后，大家渐失去联络。前天看 *Duel in the Sun*³，三个年青〔轻〕演员都非常 impressive，Jennifer Jones⁴饰白种 Indian 女人，非常 passionate，同你所看的 Bernadette⁵大不相同，全片演出 violent 为近年所少有。上星期看 *Scudda Hoo! Scudda Hay!*⁶，女主角是 June Haver⁷，觉得

2. 方春书（？—1959），曾译古罗马哲学家卢克莱修之《物性论》。

3. *Duel in the Sun*（《太阳浴血记》，1946），西部片，金·维多（King Vidor）导演，珍妮弗·琼斯、约瑟夫·科顿（Joseph Cotten）、格里高利·派克主演，塞尔兹尼克国际影片公司（Selznick International Pictures）发行。

4. Jennifer Jones（珍妮弗·琼斯，又译詹妮弗·琼斯，1919—2009），美国女演员，曾五度提名奥斯卡金像奖，并于1944年凭《圣女之歌》获得影后。代表影片有《太阳浴血记》等。

5. *Bernadette*（*The Song of Bernadette*，《圣女之歌》，1943），剧情片，亨利·金导演，珍妮弗·琼斯、威廉·艾斯（William Eythe）主演，20世纪福克斯发行。

6. *Scudda Hoo! Scudda Hay!*（《斯库达，谑！斯库达，谑！》，1948），喜剧片，弗雷德里克·休·赫伯特（Frederick Hugh Herbert）导演，琼·哈弗、朗·麦克卡利斯特（Lon McCallister）主演，20世纪福克斯发行。

7. June Haver（琼·哈弗，1926—2005），美国女演员，代表影片有《家在印第安纳》（*Home in Indiana*，1944）、《桃丽姐妹》（*The Dolly Sisters*，1945）等。

她的身段、面庞、头发特别美丽，可惜她的影片我以前一张也没看过。好莱坞公司中，仍以福斯美女最丰富。我的性生活已恢复到高中时代，看看银幕上的美女已满足，不再有其他要求。DeMille[8] 的 *Samson & Delilah*[9] 女主角选定海蒂拉玛[10]，觉得有些不智。

你 recast 华兹华斯，甚好，只是北大图书太少，达到汤用彤 scholarship 目标，得大量买书和杂志；Cambridge Bibliography 上列的书目照理想应该都有。新出一本批评书，是 *Criticism of Criticism*，对钱学熙很有用。Stanley Hyman: *The Armed Vision*[11]，全书分章批判近代批评家 Eliot，Richard，Empson，Blackmur etc 的方法。Yale 大半学生批评的训练极差，

---

8. DeMille（塞西尔·B.戴米尔，1881—1959），美国电影导演与制片人，其执导的《戏王之王》（*The Greatest Show on Earth*，1952）获得奥斯卡最佳导演奖提名，并获得最佳影片奖。曾获奥斯卡终身成就奖等奖项。代表作品有默片《阔人》（*The Squaw Man*，1914）、《埃及艳后》（*Cleopatra*，1934）、《霸王妖姬》（*Samson & Delilah*，1949）、《十诚》（*The Ten Commandments*，1956）。

9. *Samson & Delilah*（《霸王妖姬》），浪漫宗教史诗电影，根据《圣经》中的故事改编而成。塞西尔·B.戴米尔导演，海蒂·拉玛、维克多·迈彻（又译维多·麦丘，Victor Mature）主演，派拉蒙影业出品。

10. 海蒂·拉玛（Hedy Lamarr，1914—2000），美国女演员，代表影片有《侠义双雄》（*Boom Town*，1940）、《齐格飞女郎》等。海蒂·拉玛还是一位发明家，20世纪40年代她与作曲家乔治·安太尔（George Antheil）合作发明的"跳频系统"是现代无线通信如CDMA、Wi-Fi和蓝牙等技术的基础，因而她被尊为"CDMA之母"。2014年，她和安太尔一起入选美国发明家名人堂（National Inventors Hall of Fame）。

11. Stanley Hyman（斯坦利·海曼，1919—1970），美国文学批评家，代表作有《武装起来的洞察力》（*The Armed Vision*，1947）。

平日功课太忙，paper 都是不加细〔思〕索地打下来，都够不上 professional 的水平。出来的学生都去小大学教英文，能出头的很少。Kenyon 去的学生写作水平一定较高，所以我相当有些 diffident[缺乏自信]。

此次暑假我仍劝你回上海去一次：家里你我都没在，一定很寂寞，母亲的 energy 也无处发泄，玉瑛也应当有个哥哥去伴她；离平一二月也不会影响到你同华奇的发展。Yale 的生活同在纽约中国学生的生活完全不同：他们那边白相和恋爱的空气极浓：international house 都是中国人的世界。我预备二十号动身，到 Kenyon 去过那 monastic[修道院式] 的生活，不知燕卜荪何时动身？我的性情不欢喜同 intellectuals 合在一起，预测六个星期的生活一定很不舒适。此地房子，假如老太婆答应我不在期间不付房租，不预备退租。

几天来感到张芝联所感到的无聊，张芝联不念 degree，读书就不会紧张，无怪其寂寞。看到 *Times Literary Supplement* 五月分〔份〕广告沈从文[12] 的短篇小说集：*The Chinese Earth*[13]，大约出于金堤的大笔，可以去问问他。近况想好，不要把

---

12. 沈从文(1902—1988)，作家和文化史家，出版有《沈从文全集》(32卷)，代表作有小说《边城》《长河》《三三》等，以及研究著作《中国古代服饰研究》等。

13. 沈从文的小说集 *The Chinese Earth*(《中国大地》)包括了 *Pai Tzu*(《柏子》)、*The Husband*(《丈夫》)、*San-San*(《三三》)、*Under Moonlight*(《月下小景》)、*Lung Chu*(《龙朱》)、*The Frontier City*(《边城》)等作品，由金堤和 Robert Payne 翻译，伦敦 G. Allen&Unwin 公司 1947 年初版，后由美国哥伦比亚大学出版社再版。

情感和对方的 reaction 分析得太清楚，慢慢地追求，一方面专心读书，一定有很好的成绩。数星期前，Matthiessen 来演讲美国近代文学，很笼统，没有什么特出〔殊〕；Matthie 黑发，精神很饱满的样子。下次来信请寄 c/o Ransom，Kenyon，Gambier，Ohio。再谈，即颂。

康健

弟 志清 顿首

六月七日

24. 夏济安致夏志清

6 月 9 日

志清弟：

前上信，报告我同董华奇弄僵的经过，想已收到。今日接到华奇一信，特抄录如下：

夏大哥：你上次说我妈妈不知道你的心思，除非像我一样的才要，还有一次说饼干筒里的纸条洒〔撒〕在我们两人的身上多好，这些话及你一切的行动和态度太不对了。你简直是岂有此理，我根本没有想到你会这样糊涂可恶，况且我又是小孩子，我本想告诉爸爸妈妈，又怕你的面子上下不去，我现在写信给你，我以后决不再理你了。董华奇六月七日

收到此信以后，心里很难过。学生正在为"反对美国扶助日本"罢课，我本可好好地念书，但心思飘忽，只有写信给你的事还能做。她写这封信，一定考虑了好几天才下的决心。我上次说过的那句话是在五月二十一日，此后我并没有做过什么冒犯她的事。只有普通的会话而已。她是六月七日

写的信，六月七日是星期一，六月六日我还去看她，说了没几句话，不知怎么她第二天就写了这封信。她那信写得很好，表示她头脑很清楚，我真想不到她的程度已能写这样清楚有力的信。"妈妈不知道你的心思，除非像我一样的才要"，我也许说过这句话，但我上一封信所报告的那句，并不是这样说的；两者一比，她的 version 可能 [更] 准确而合乎情理。事情发生在几个月以前（那时你也许还在上海），想不到她竟还记得这样清楚。饼干罐头里的纸条不是很像结婚礼时所丢的 confetti 吗？那天她开一个罐头，把里面的纸条往我身上丢，我说"应该我们两人站在一起，叫别人来丢的"。她当时的反应我不记得了。这一类的 hints 我给了不止一个。这个记得，别的她大概全记得。现在她的 resentment 一定很深，老账都翻出来了。她骂我所用的 epithets："岂有此理"、"糊涂可恶"用得都很得当，只有"我根本没 [有] 想到"一句稍有问题，是什么时候没想到呢？她上面举了两件例子，应该在第一次的事情发生以后，就想到有第二次事情的可能了，何况在她所举的第一次事情以前和以后，都有很多别的事情呢？"况且我又是小孩子"这句话稍给我一些希望，似乎她的 objection 还在年纪太小，但是她说"我以后决不再理你了"。

我的情形当然很糟。我自己太 self-conscious，连累的把我所爱的人也化成 self-conscious。假如我的 intentions 不是这样清楚，或者我虽有 intentions，而修养到家地能忍住不说，我们很可能再快快乐乐地玩几年，那时再提出 proposal，也

1948

133

许不致碰这样一个钉子了。现在她是 on guard 了，我们很难恢复以前那种 intimacy 了，这对我是很大的损失。现在我心里觉得很空虚，还摸不清是怎么样一种反应。她虽然说"决不再理我"，但是我们是干亲，她至少为 civility 上还得理我。我想 ignore 这封信，学我弗雷亚斯坦追求你琴述罗吉丝的办法同她牛皮糖式〔似〕的缠下去，以后当然得十分谨慎，不可再冒犯她了。这个办法我有两桩心里〔理〕根据：第一，人很少对于别人的献媚，会真正拒绝，嘴上尽管说得凶，心里总是活络的。尤其像她那种斩钉截铁的信，寄出后自己常容易后悔，所以我只算没有收到，以免以后使得她窘。第二，她有些怕敌不住我的追求。她说决不再理我，事实上明知我同她说话，她不好意思不答复的（否则她妈妈要诧异而且责备的！）。她希望我自动地不跟她说话，我如真照她的话做了，岂非中了她的计，所以我将只当呒介事，还是照样同她说话。我想这一两年来我下的工夫，不致完全白花罢？我总已经在她心灵上占了一个地位了吧？她总对我还有一些好感吧？

虽然如此，我再要同她无猜无忌地一起玩，这种日子是不会有的了。我看不出我再会有什么进步，连温温老文章都不可能了。在 desperate 的时候，我也许会向姊姊正式提出，这样不论成败如何，我的牛皮糖式的追求总得停止了，但是我想暂时我还是牛皮糖的好。咳！追求的结果总是失恋。她这一封信影响我下学期的计划很大，一时我还没想定，过两天再谈。她可以使我脱离或留在北大，现在还想不出究竟如何。

专祝

　学安

　　　　　　　　兄 济安

　　　　　　　　六，九

　　P.S. 写完信后，我去钱学熙处闲谈，聊以解闷。听见加利福尼亚来〔的〕傅汉斯〔思〕（Frankel）就将同卞之琳的爱人张充和[1]结婚。我早就听说傅在追求张，不料成功得如此之快（傅已对我承认如有房子即结婚）。同时在钱处看到卞的信，仍是一片痴情。他说已买七月三十日[的]船票，在英国尚佳，小说可以出版，再住几个月还可以，不过为了"生活重心"，宁可早日返国。卞为人极天真、诚挚，朋友中罕有，追求张充和，更是可歌可泣，下场如此，亦云惨矣。我很同情他，因此自己的苦闷反而减轻些。但我觉得痴心追求下场如此，实在可以此为戒。华奇我还是决心舍弃了的好。我此次还是吃了 serious 的亏，为人愈来愈不 serious，以后对女人决不抱什么追求之心，游戏人间，逢场作戏，一生不结婚亦罢。人当然愈变愈 shallow。你同女人愈不认真，女人对你愈好。钱学熙对 true love 亦已灰心。华奇当然不 deserve 我。其实世

---

1. 张充和(1914—2015)，书法家、昆曲家，祖籍安徽合肥，著名的苏州"张家四姐妹"(张元和、张允和、张兆和和张充和)之一。张充和1949年随傅汉思(Hans Hermannt Frankel，1916—2003)赴美，1961年傅汉思任教耶鲁大学，张充和也在该校传授中国书法和昆曲。

界上女人都不过如此。我相〔想〕像我下次看见华奇，仍旧可以笑嘻嘻，因为我的脸皮已相当厚。

P.S.II 写完 P.S. 后，我又想还是复华奇一封信的好。信已写好。今天拟面交与她。全文如下：

接到你的信，我心里又是难过，又是高兴。难过的是你竟为我生了这么大的气；高兴的是你的国文写得真不坏，文章清楚有力，句句话有道理，真不像你的年纪的人所能写得出的，我看了很佩服。妈妈国文好，舅舅国文也好，你将来的国文可能比他们还要好，希望你好好努力。

我的婚姻问题，承蒙妈妈和大哥大嫂都很关心，我十分感激。似乎你也很替我关心，上回饼干罐头的事，还不是你先说要给我洒〔撒〕纸片的吗？我想你们一定都希望我能娶一位又美丽，又聪明，又正直，又是头脑清楚，又是勤俭能持家的好妻子。其实天下只有一个人够格，我有时沉不住气，便老老实实把这个人是谁给你说了，惹得你很生气。我非常抱歉，以后决不随便乱说，你告诉妈妈打我好了。

我们认识不到两年，一向在一起玩得很好，从来没有吵过架，有时候我看你待我比你自己大哥都好，我一直十分感激，不知道怎样报答才好。去年我生日那天，你要请我看戏《伤财惹气》，妈妈因为那个戏名不吉利，没有答应，害得你又生老大半天的气。结果"财"没有"伤"，"气"可"惹"了。

有一回你替我画一张肖像，非但画得神气十足，上面还写了六个大字"英文教授真好"（这张图画比天下无论什么画都名贵，我将永远珍藏），可见得你以为我还算是一个好人（妈妈也没有说我是坏人吧？）。我就是有时候沉不住气，因此不免有得罪你的地方。但是人谁没有过失，只要肯改就好。我现在立志改过（此七字加密圈），以后对于说话种种地方，都要特别留神，决不会再得罪你。我说话是算数的，你瞧着好了，只要请你饶了我这一遭。我们还是可以在一起玩、一起用功。结婚什么捞〔劳〕什子，以后大家不许再提，我只当你是我妹妹，咱们讲和，好不好？好的，就此握手，这两天过节，大家要和和气气，高高兴兴。专此敬祝

　　快乐

愚兄×××

　　我能写出这样一封信，你大约看得出我的脸皮是够厚的了，而且大约我对于成败利钝也不大关心。我就是用这个态度混下去。

　　复信如早发仍寄平。

1948

25. 夏志清致夏济安

6 月 21 日

济安哥:

　　来信及钱学熙附信已于大前天收到,读信不胜感慨,一年的工夫,差不多又是白费,华奇本只小学生程度,不能了解 passion,假如专心一意地追求,反应不会太好。唯一恢复她对你的好感和信心,只有恢复你的 popularity with girls,多同别的女人来往,出名的,漂亮的,使她会羡慕你,尊敬你。一般女人都缺乏 judgment,有一个男人向她献殷勤,她往往 at a loss,不知自己 precise 的 reaction。她们觉得有同别的女子来往的男人靠得住,对一本正经专心追求的男人,不免有些戒心。一般女子如此,何况女小孩。最要紧的不是表示你对对方的 admiration,而是 excite 对方对你的 admiration。所以要使华奇爱你,单单 devotion 会不够,只有多同别的女孩子来往,看戏,溜冰,而去董家叙述你的 exploits,甚至带一两个女孩到董家去吃饭。假如你要 recapture 华奇的 trust,只有这个办法。另一个问题:idyllic spell once broken,我觉得是否值得再去恢复到过去的关系,并不是不可能,可是 involve

的 risks 太多，不值得五六年的 waiting，没有一个女子值得这样的 attention。这次的错误，还是你缺乏勇敢〔气〕，afraid of woman as a sex-object & marriage-object：李彦的一段是你对 beauty 的崇拜，这次是 infantile worship，都不是成熟的爱情。不成熟的爱情是从精神到肉体，成熟的爱情是从肉体到精神：发现对方的 spiritual qualities，应该 belong to later stage of development，D.H.Lawrence[1] 的 love 和中国的旧式婚姻都看重这一点。以前我给你 [的] 几封信 [都] 不大赞成你对华奇的爱情，也是这个意思，年龄悬殊，不会产生 convincing 的 love。你预备 adopt 的厚脸皮态度，我觉得很对，不再当她爱人看待，尽可因此引起她对你的羡慕和爱情。另一方面我反对你对别的女人"游戏人间"的态度，至少你认识的女人中，李珩、施松卿都 show sincere regard，假如你扩大你的 acquaintance，可以给你选择的女人一定还多。我劝你渐渐忘却对华奇的一段 passion（或者十年后再 pick up 不迟），同时仍 stick to 你 ethical man 的 ideal。

前两天没有立刻给你回信，是 [因为]Kenyon School 开学期近，不决定去不去，两天内写了信给 Ransom，决定不去。你和学熙一定要责备我，放弃这样的机会，可是一方面我想在下一年暑期得到 M.A.，下学期除 take 三个 courses

---

1. D. H. Lawrence(劳伦 斯，1885—1930)，英国小说家、诗人及文论家。代表作有《查泰莱夫人的情人》(*Lady Chatterley's Lover*，1928)、《恋爱中的女人》(*Woman in Love*，1920)等。

外，还得读拉丁，时间太匆忙，拉丁一定读不好，决定暑期内把拉丁读好。英文系的 director Robert J.Menner 以为我对 modern criticism 相当熟悉，还是读拉丁为对。另一方面我很怕 Kenyon 的环境：monotony 的生活和同文艺青年在一起，使我非常 self-conscious（上次在 Kenyon 没有一天过得舒服）；Kenyon 书又少，却要不断写 paper，我又认为[是]苦事，不如在 New Haven 自己读，称心过三个月没有压力的生活，把拉丁和下学期想修的 course（如莎士比亚）多加准备。Brooks:Milton 和 Ransom 的 Shakespeare 不久都要出书，所以没有多大损失。心里感到不舒服的是对不起 Ransom，他待人极好，我不应使他失望。可是旅行经济 inertia 种种困难，使我不动。上星期我想了一星期，还以不去为妥。已购 *Latin Fundamentals*，在自己读，或许上 summer course。Academically，比较安全。去 Kenyon 真能得到的并不多，有卞之琳的 mentality 到这种环境最为相宜。我到每一地方，总觉得我胜过旁人心里才舒服，去 Kenyon 很难得到这种 recognition，不如不去。上学期 Martz 的课给我 high pass（=2），没有给我 honor，使我很失望；我的 critical thinking 确胜过他人，大约每篇文章，都是当晚打起，不免有 expression 和连接不妥的地方，使我不能在两三人 honors 之列，下学期一定要 work for 三个 honors。

New Haven 相当大，学期间一直没有 explore 过。前星期六晚上同哲学系方去 Sevin Rock，是 New Haven 很出名的地方，相当 [于] 中国的玄妙观、夫子庙。各种 vaudeville[杂耍]、游艺都有，地点在海滩（最巨型的游艺场是纽约的 Coney Island），很热闹。最使人感觉到的是美国的 worship of speed 和 violence。我同方坐了一下小型 coach，Sky Blazer，以后不敢每〔再〕尝试，起初很慢，一下子冲下七八十度的垂直的规〔轨〕道，又上升，再下降，如此七八次，在 breakneck speed 中，人觉得很危险，透不过气来。很多种游艺都是这种性质，如乘 B29，人坐在小气〔汽〕机内，机器一开，飞机就按轴心飞快转动，把你转上天去，头身向地。男女一同玩，可以从女人的惨叫中，得到快乐。到了 Vaudeville 院子花了四毛钱看些吃火、魔术表演，再花了二角五到后台看了剥衣表演。昨天星期天同中国同学去海滨 Double Beach，我游泳裤未买，没有游泳，在海滨上 basking，看看 bathing beauties 也很舒服。天还不太热，以后预备多去几过〔个〕afternoon，把身体弄弄好。我中国带来的药都已吃完，最近只好买些三溴片，调整神经，效果没有带来的 physoval 好。

　　钱学熙的信已读过，预备下次给他个答复，我对 criticism as speculation 没有多大研究，不过他还是吃北大图书的亏，在 Yale 一下子可把关于 Eliot criticism 的批评两星期内都看完。解释 Eliot 批评的书远不如解释他的 poetry 的多。最近有剑桥印度人 Rajan 编的 *T. S. Eliot: A Study by Several Hands*[2]，

---

2. 该书全名为 *T. S. Eliot: A Study of His Writing by Several Hands*，拉赞（Balachandra Rajan）编，1947 年初版。

Brooks 有一 copy，已从 reserve shelf 取去。Yale 英国出版的书买得不全，Yale Library 还没有（其中有几篇如 by Miss Bradbrook 的关于他的批评）。Ransom 在 *New Criticism*[中]称 Eliot 为 historical Critic，全文把 Eliot 的 criticism translate 到 Ransom 的 terminology，因为 Eliot 文章中 technical terms 太少，不够严密，全文没有多大贡献。另外 Yvor Winters 在 *The Anatomy of Nonsense*[3] 中有一文 "T. S. Eliot, or The Illusion of Reaction"，亦批评 Eliot 的批评，态度有玩笑的性质，同 W. Lewis[4] 的 *Men without Art* 相仿。最新的当推 Stanley Hyman 的 *The Armed Vision*，可惜我没有看到，附近书店不见，我想 order 一册，看过了送给钱学熙。该书对重要的 critics 都有一个批判，对钱为 invaluable。我相信钱对 Eliot, Richards 不断 ponder，其结果一定可超过外国人了。近况如何？不要太 despondent，每年夏季总要有个 climax，下学期有无任何决定？不妨先回上海换一下环境再说。我 sex urge 不强，纽约也不想去，花费太大，就在 New Haven 过一夏季，过一个比较快乐的生活。上次的复信若已寄 Kenyon，Kenyon 会转来。希望这次没有李彦那样严重，好好 recover，即 祝

　　近好

弟 志清 顿首

六月廿一日

---

3. 该书名为 *The Anatomy of Literature Nonsense*，New Directions，1943年。

4. W. Lewis（Percy Wyndham Lewis，珀西·温德姆·里维斯，1882—1957），英国画家和作家。《无艺术的人》（*Men without Art*）是其1934年的批评理论著作。

〔又及〕这几天行毕业典礼，Yale 老同学都来 New Haven，有 1888、1898 级的，都已七八十岁，来参加热闹。

1948

26. 夏济安致夏志清

6月21日

志清弟：

接来信知考试成绩斐然，为中国人争光，甚为欣慰。你能够支持长时期连续的紧张工作，才放暑假，又要去开宁〔垦吟〕读暑期班，intellect方面可说尽量发挥，总算光阴没有虚度。燕卜荪这半年来我没有去看过他，他离〔北〕平那天早晨我去送行，他还要同我来讨论慈禧太后，我说你赶快到航空公司去吧，慈禧太后等你美国回来后再谈吧。

上信我表现得很苦闷，这两天心里倒还平静。董华奇到底还是个小孩，她说"不理你了"并不认真，我发现她又开始理起我来了。我写了回信以后的那天晚上，开窗睡了（心里不痛快亦〔也〕许亦有些关系），受了些凉，生了三四天病。肚子不舒服，不能吃饭，光喝粥，似乎稍有发烧，身体很软，我没有躺下，还是照常到董家去。我一向在董家所表现的总是很buoyant的样子，那几天忽然饭亦不能吃了，话亦说不动了，头亦抬不起了，董华奇很可能想到是她害了我了，因此多少引起了她的一点恻隐之心。我想学弗雷亚斯坦，结果无此精神，以 melancholy 的姿态出现，收效亦不差。有一天我真想抱定决心去向婶婶 declare 了，到那里看见婶婶自己身体亦不好，心绪不佳（做生意蚀本，经济困难，想卖房子逃难等问题），我没有提。暂时我想亦不必提了。对于董华奇，我是死马当活马医，算是已经失败了，以后再不追求，她要我就要我，她不要我就算了。我对于男女爱情，很灰心，抱独身主义的念头很强，认为追求总无好结果。话虽这么说，董华奇给我做老婆我还是要的，我认为可以有快乐。但我怀疑命中是否有此福气，不敢妄求，以后对于董华奇还是 melancholy 下去。我同她的关系，我连算命先生都不敢 confide in，怕算命先生笑我竟会爱上一个小孩子。

这两天董华奇又慢慢地在恢复她在我心里的地位，有一度我简直变成了一个女人都没有了。假如真把华奇丢了，我的 disillusionment[幻灭] 之大可想。我将一点 illusion 都没有，对于女人将有彻底的敌视和鄙视。日趋硬化的心肠，很难容纳别的女人，或将枯寂以终。假如真能枯寂以终，我认为亦不差，总算很彻底。现在我已经 prepared 过一个枯寂的生活，看上帝怎样打算吧！

最近物价大涨，大家皇皇然不可终日，心绪都很坏。面粉涨得特别快（影响我每天的饭钱很大），我们以前每月领薪水加上两袋面粉，薪水没有算过，大致可用以买五六袋面粉，现在配售面每月只发一袋（为此我们曾罢教三天），而薪水还不够买三袋面，好像原来已经很低的收入，再打了个对折。照这个涨风〔势〕来看，下星期下月将有什么样的高峰出现，现在都很难说，大家更为将来担忧。今年春天，我有一度经济很宽裕，那时拍了不少照，现在照已好久不拍，京戏已好久不看，什么东西都不买（奶粉已吃完亦不买了），香烟亦戒了，收入单单吃饭还成问题。我现在每月总收入，不到十五元美金。各校以燕京待遇最可羡，他们以美金计薪，讲师可拿五十［元］以上，教授可拿一百以上，比我们好多了。李赋宁回国来教苦书，情境殊可悯（除非他的岳父能继续帮助他）。

经济困难影响 mood，mood 不好，更不想交女朋友。

还有一桩事情，亦引起我的烦恼的，是我在北大的阶级。我这学期还是"讲员"，下学期不知道能不能改"讲师"呢？聘书快发了，我想假如他们不给我升级，下学期我一定脱离北大。即使给我升了，我对于北平这种穷困的生活，亦引起很大的反感，我亦很可能脱离。我暑假后不就走，就是预备把七月的薪水领足后，把行李全部搬走。我现在脱离北大的可能性大极了，虽然南边还没有适当的职业。光华、江南之间我是欢喜光华（无锡乡下的生活我受不了），只是光华待遇比公教人员（i.e. 比北大）还要低不少，我如何能够用？我欢喜上海，但是在上海没有钱，宁可在北平没有钱。我暑假先把东西都搬回去，职业到南边去看看再说，我不相信找不着好的。

恋爱、金钱、事业，没有一方面有什么成绩，光阴真是虚度。

到上海后和童芷苓不拟再有什么来往（她在北平时我经济尚足），她决没有想到我会如此穷法，我现在已经穷得自己好像抬不起头来了。反正她在上海有的是朋友，决不会少我一个人（她并没得罪过我，她是不大会得罪人的，她连程绥楚都不得罪）。再则我和童芷苓来往，徒然引起华奇的不快（已经引起种种误会）。我既然预备只讨华奇一个人的欢心，别的女人一概谢绝。

前天看一英国片 *Great Expectation*[1]，很满意。有个叫做 Jean Simmons[2] 的小姑娘，我认为有点像华奇（她在那片中得银像奖）。上星期潘家洵请我看了一次蹦蹦 [戏]：筱白玉霜[3] 的《状元图》（即《马寡妇开店》改名），结果是出乎意外地满意。故事是狄仁杰未中时，宿马寡妇店中，马夜往挑之（这段很合理），为其所拒，后狄中状元，马亦决心守寡抚养其子，其子后亦中状元。时狄为宰相，妻以其女，不料亲家太

1. *Great Expectation*（《远大前程》，又译《孤星血泪》，1946），根据英国小说家狄更斯（Charles Dickens）同名小说改编而成的电影，大卫·里恩（David Lean）导演，约翰·米尔斯（John Mills）、安东尼·韦杰斯（Anthony Wagers）主演，GFD电影公司发行。

2. Jean Simmons（珍·西蒙斯，1929—2010），英国女演员，代表影片有《暴雨梨花》（*Uncle Silas*，1947）、《哈姆雷特》（*Hamlet*，1948）等。《远大前程》中饰演年轻时候的埃斯特拉。

3. 筱白玉霜（1922—1967），原名李再雯，评剧女演员。5岁时被"评剧皇后"白玉霜收为养女，1943年白玉霜病故，她作为"白派"艺术传承人，组成"再雯社"演出于京、津一带。

1948

太即当年夜奔寡妇也。Happy ending。蹦蹦的音乐单纯远不如京戏，但亦不难听，而且有一好处，唱与说白的界限不甚明显，因此可以多唱，说白亦容易有力量。《马寡妇》这戏绝不俗气，至少比《大劈棺》《翠屏山》之流好得多，很 sober，很 human，全戏发展平稳得很，合情合理。筱白玉霜表情身段都极好，脸长得有点像赵燕侠，但是比赵稳当，表现丰富合理，脸上胭脂涂得没有赵燕侠那样红。总之一切都是有规矩而 sober，胜过一般京戏很多，真是怪事。复信请暂寄北大。再谈。专颂

旅安

兄 济安 顿首

六月廿一日

27. 夏志清致夏济安

7月2日

济安哥：

今晨接到 Kenyon 转来父亲的信和你六月廿一日的信，悉你近日身体不适，甚为关念，还望饮食寒暖自己小心，不要过分忧虑。董华奇的事，回南后不妨暂时搁一搁再说。你现在的经济情况，想已远不如去年我在的时候，上午我去银行打了一张二十元的 draft，可以补助你近日的零用和旅费，信十天可到，大约你还不会离开北平。北平想有美国银行，可以兑现，不然可带回上海用。我下半年的经济不如上半年，六月底李氏寄来七百元，存折上还余二百元，可以保持每月一百五十元的水平；来美后七月内约用去一千三百元，旅费、学费、购打字机都占了相当数额；暑期内除房饭前〔钱〕外，不预备有任何额外支出。寄钱学熙的 *The Armed Vision*，日内可看完，确对钱教批评极有用处，不知钱的详细地址，假如你已不在，预备寄袁可嘉转交。昨晚去看罗常培，他今晨动身，七月半开船，七月底汤亦起程；罗文字根底好，来美后英文已讲得极好。他给我代钱订阅 *Sewanee Review* 一年的收条，

1948

149

假如钱学熙还没有收到，我可以写信去问。

暑假决［定］把行李搬回上海，甚好。回南后不一定教书，不妨多学如何赚钱，好好地生活一下，得到些应有的享受。我在台湾最后数月，不大念书，把 will relax，至今还是我生活上最快乐的一段，你亦不妨暂时 relax 一下，从另一方面得到 self-assurance，在时局安定后再回教育界不迟。李赋宁近来和 Rockefeller Foundation 接洽，大约仍可留美，读他的 Ph.D.；另外一位吴志谦去纽约中国饭馆洗碗，供给膳宿外，月进一百八十元，预备去英旅行一下回国。Empson 在美国名气极好，这次来美或可 stimulate 他多写几本书。周珏良上星期从芝加哥来，他相貌很英俊，衣饰很漂亮，同周煦良[1]不同，周煦良现在武汉教书。我大约两星期内要搬出，住在 Hall of Grad.Studio 内，住在老太婆那里，木头房子很热，每天吃饭跑很多路，非常不方便，预备搬进吴志谦住的房间 2771 号（写信寄 Yale Station 2771）。住在校内，一方面多了和中国同学的闲谈的 distraction，可是另一方面比这里自由得多。那老太婆已请了三星期特别看护，随时可以〔能〕死掉，搬出后可减少磨〔麻〕烦。老太婆数十年前第一次看见［的］中国人是李鸿章，她是 Yale 校长太太的 hair dresser；那年 Yale 给李 honorary degree，穿了清朝衣饰，在校长家里，那女人见了立

---

1. 周煦良（1905—1984），安徽至德人，学者、翻译家，译有毛姆《刀锋》、高尔斯华绥《福尔赛世家》等，出版有《周煦良文集》（全7卷，2006—2007）。与周珏良是堂兄弟。

刻 scream，李拍拍她的肩，说："Little one，little one，don't worry." Jean Simmons 是 *Hamlet* 内的 Ophelia，最近 *Time* 封面上刊出，她在 *Great Expectation* 内演得确实很好。十天来读了七八十页 *Latin Fundamentals*，还得好好用功。近看窦萍[2]的 *Up in Central Park*[3]，还同以前一样的年青〔轻〕，说话清脆。隔几天预备寄你给钱学熙的回信，身体自己保重。祝

旅安

弟 志清 顿首
七月二日

---

2. 窦萍(Deanna Durbin，狄安娜·德宾，一译窦萍，1921—2013)，美国女演员，代表影片有《每个星期天》(*Every Sunday*，1936)、《春闺三凤》(*Three Smart Girls*，1936)等。

3. *Up in Central Park*(《在中央公园》，1948)，根据1945年上演的百老汇音乐剧改编而成的电影，威廉·A.塞特尔(William A. Seiter)导演，狄安娜·德宾、迪克·海默斯(Dick Haymes)主演。

28. 夏济安致夏志清

7月5日

志清弟：

刚刚接到你的电报，甚觉诧异。打开一看原来是 Stay in Peiping till Receive JO（？）Dollar Draft。你的盛情，我十分感谢。这几天还不忙着走，等到收到汇票后再说。不过有一点很麻烦，官价外汇一元美金，才合四十几万元法币，黑市美钞约合四百万元以上，我拿了你的汇票如果向银行兑取，岂不损失太大？如果黑市卖不掉，我只有退还给你。我认识一个美国朋友，名叫 Joseph Nerbonne，是贺玉钦、张椿〔春〕华 [1] 的徒弟，票友武生兼武丑，人很魁梧。你的汇票到了，我当请他想想办法。这位美国朋友，家在波士顿，下半年要回国，他很想到 New Haven 来看看你。他是美国政府奖学金研究中文 [的] 学生。

你的汇票如能照黑市卖掉，那么我的飞机票有了着落了（否则家里亦可设法，我的自行车卖掉亦可凑数）：平沪

---

1. 张春华（1924— ），京剧武丑演员。天津人。1948年与张云溪组"云华社"。

C47 型机票价（新价）为五千五百万，我自己再添一千多万即够。明天（五日）我要领七月份的薪水二千七百余万，约合美金七元，钮伯宏（即武生之华名）闻之曾大为骇怪。七月底大约还可领一个尾数约一千多万，那时恐怕不到两块美金，六月份还有一袋面粉，七月份还有一袋，每袋约值两块美金。我们的待遇虽少，生活约同你离平那时（去年初夏）差不多，不能算很苦。我的饭吃得还不坏，但是吃饭以外，别的开支只好尽量节省了。反正我现在交际很少，一个人看戏太乏味，请人看请不起，所以戏已好久不看。

我这两天盼望程绥楚很殷。他已两月未曾来平，他说南开考完后即来。我很挂念他。我承认这几天很感寂寞（Wordsworth 又成了最大的安慰），北大的朋友都不能很 intimate，程绥楚来了，胸襟可以舒畅些。我很想听听他的苦闷（他最近苦闷极了，他的 sex urge 不够，可是毫无办法），他的议论抱负，等等。至少可以一起去看看戏。北大的朋友都太正经，至少都比郑之骧正经得多。兴趣好像都很狭，把人生好像看得都很简单。我总觉得我是不属于这个圈子的。

学校已经正式通知要把我升级（同时听说叶维、朱章苏、卢坤缇被解聘），在这方面总算出了口气了。下学期如果没有好去处，很可能还在北大。在上海做事，生活圈子未必就能扩大。没有钱，还是只好同郑之骧、王棣[2]等来往。童芷苓

---

2. 王棣，生平不详。

现在上海天蟾，从她那里当然可以多认识些人，但是自己囊橐空空，只好同她少来往。侠苓——她的大哥——曾说要替我做媒，他们那里自然有漂亮女人，但是认得了［又］有什么用？侠苓也可说是我的一个好朋友，关系不在程绥楚之下，他们现在全家在上海。你劝我扩大交际范围，一时不易办到。

　　昨天侠苓（他是芷苓的 press-agent）的妻舅（brother in law）李鸣盛[3]结婚。李是天津中国戏院（天津唯一京派戏院）经理的儿子，年龄不过二十一二，唱老生，甚嫩，长得还漂亮，曾经追求过章逸云[4]；新娘是红生白家麟[5]的女儿，大约是个贤妻良母型。我送了两百万元礼，到了那边因为程绥楚不在，起初很觉无聊。贺客中我只认得一个裘盛戎（他因为同高盛麟争牌子，并且为了包银问题，没有跟芷苓去天蟾），裘盛戎身材小脸小（不会比朱光潜大多少），顶喜欢看好莱坞武打电影，崇拜詹姆士·贾克奈[6]。我曾同他一块看过加莱古柏的 *Cloak & Dagger*[7]，他看时不停地赞美古柏的英俊姿态："真 swei！"（北平土话）梨园行似乎有个规矩，不能为同行介绍，所以我起初只盯着他。后来发现了一个人，肯定是叶盛章，

3. 李鸣盛（1926—2002），京剧老生演员，祖籍湖北武昌，生于北京。

4. 章逸云，京剧青衣花旦，为青衣演员章遏云之妹。

5. 白家麟，原名白铁珊，京剧文武老生。

6. 詹姆士·贾克奈（James Cagney，1899—1986，又译詹姆斯·卡格尼），美国演员，代表影片有《国民公敌》（*The Public Enemy*，1931）、《胜利之歌》（*Yankee Doodle Dandy*，1942）等。

7. Cloak and Dagger（《斗篷与匕首》，1946），弗利兹·朗（Fritz Lang）导演，加里·库珀、莉莉·帕默尔（Lilli Palmer）主演，华纳兄弟影业发行。

我就请新郎来介绍。叶盛章脸白，多骨，说了没有几句话，我问他边上那一位是不是他四弟，他才叫："盛兰，这是夏先生！"盛兰（戴眼镜）有点像周班侯，比周还要白一点，西装笔挺，但是一打照〔招〕呼，他那种笑和拱手，一望而知是个北京土著，海派作风还差得远。后来又认识了谭小培（富英上星期三才续弦，没有来）、萧盛萱、林秋雯等 8。李宗义 9（眉浓身大，派头不差）、江世玉（像个苏州店里的学徒，并不英俊）等没有讲话。赵燕侠、梁小鸾等，礼簿上有名字，不知道有没有来，女客中似乎并无杰出之人。我觉得梨园行大多有种北平人的虚伪，礼貌之周到同戏院的茶房差不多，dignity 和 self-respect 不够（裘盛戎的礼节似乎稍差），态度大多有点乡曲气（provincial），同那些人交朋友，没有多大意思。芷苓则天赋聪明，加以见多识广，应付人总可恰到好处。

　　我觉得运道像潮水一样，一阵一阵来的。今年三四五月间，我手头既宽裕，女人方面可说左右逢源，有连着好几天，差不多没有一天不陪着女人玩（快乐吗？不见得！）。那时董汉槎 10 的大女儿忽然来平游历，我对她当然毫无兴趣，但

8. 谭小培（1883—1953），京剧老生演员。原名嘉宾，湖北武昌人，生于北京。谭鑫培第五子。萧盛萱（1917—2000），字仿莱，祖籍江西新建，生于北京，京剧文丑演员。京剧丑行名家萧长华长子。林秋雯（1909—1956），江苏南通人，京剧旦角演员。

9. 李宗义（1913—1994），京剧老生演员，天津人。

10. 董汉槎（1898—1995），浙江余姚人，企业家，中国保险业先驱之一，是夏济安父亲的老板。

为多接近华奇起见，也陪了她大逛山水，大拍照。最近一月以来，既穷，女人差不多一个也没有了。华奇我可以不想念她，苦处是她家里我非去不可（否则事情显得太严重了），去了平白添了些愁。我可以不要她，但假如要我说真心话，我所爱的还是华奇。她们要是搬走了（婶婶也在计划逃难），我的问题就简单得多。每次看见她，回来就要难过一两天。看不见她我倒并不想念。我倒希望有个长时期（五六年吧）不看见她，她现在正处在从 child 变到〔成〕woman 的 critical age，可能因此特别 shy，等她成熟了，再去追求，反应可能不同。我现在装作没有事，还是一星期去一次。李珩的质地较粗，对于人生看法等等，受北大的恶劣影响太深，绝对谈不上 culture，不如华奇之全都不知也，待我是不差，但是我有点怕她。我觉得她太认真，我不敢 trifle with 她的感情，也不敢 raise 她的 hopes，所以老是不敢同她多来往。她对于结婚太有兴趣，这或者是种健康的态度，但我的态度是不健康的，我希望她能找到一个比较对她合适的人。她在男同学中间的朋友不少，但她有一种盲目的骄傲，似乎有点看不起他们。上星期我在她家里吃饭，她说起有一个女医生，很出名，很有钱，但到五十几岁还没有结婚，现在很苦，生病的时候连个探望的人都没有。当时有她一个做军人（已结婚）的亲戚说道："做医生的顶好不结婚！"（此人是个粗人）我冷冷地接着说："做教授的顶好也不结婚。"她说："做教授的结婚有什么关系？还不是使他太太多受点罪？"她这一句答复顶住了我，但使我觉得：我们间的距离越发拉远了。她假如说："难道一定要做教授吗？不可以改行的？"（这是我们母亲的态度）我会对她括〔刮〕目相看。我认为她并不了解我。她的 charm 在别人心上可以发生更大的作用，她既很想结婚，我想她会降格以求，在毕业前后结婚。假如华奇离开北平，而我还在北大，我一定得谨防与李珩多来往。

华奇唤起了我少年时的梦想，使我向往，李珩总以现实提醒我，使我退缩。我想我的追求华奇所以失败，大致她也有她的梦想，而我是代表现实来吓她的吧？施松卿已是罗敷有夫，不可同日而语，但女人中顶欣赏我的 spiritual qualities 的恐怕还是她。端午节后我曾小病三天（没有卧床），别人都相信我的受凉吃坏的理论，唯有她说："我看你有点心事。"她倒也是个不平常的女子。复信请仍寄北大。专颂

暑安

济安

七月五日

〔又及〕不读暑期学校随你便。

1948

157

29. 夏济安致夏志清

7 月 10 日

志清弟：

挂号信并汇票廿元刚到，钮伯宏说美国汇票可以照大约黑市九折的价钱出售，我暂时没有用，先放一下再说。如果没有人要，当寄还不愧〔误〕。去过美国的人都说，这些年拿一百五十元一月读耶鲁一定很不够用，所以请你以后少寄东西或钱来，因为我在中国可以借钱的地方多，决不致太窘，可是你在外国可以接济的人少，一定要多预备些钱，以防意外之事如生病等。

这两天我一心在想做文章，精神很紧张。去年那篇 Wordsworth 现在看看差不多句句要改，见解并非没有精彩处，但要在文章里站得住，说得中肯，可并不容易。现在已决定不改老文章，另立新题目，是 "*Tintern Abbey*[1] 的分析"，自以为发现不少，可以同 Brooks 的论 Ode 相比，关于 symbolism、

---

1. *Tintern Abbey*(《廷腾寺》，又译《丁登寺》)，英国诗人威廉·华兹华斯写于1798年的诗作。

ambiguity、paradox 等处可以有些发前人所未发的话，结论归到 *Wordsworth as Mystic-poet*，材料已经搜集得差不多，明天大致可以开始。但是好久没有写英文，拿起笔来好像很没有把握，不知道几天才可以写完。我同你一样，读了 *Seven Types* 以后，对燕卜生很佩服，而且读诗时每有新见解，这篇文章如能写成，大致可归入燕卜生一派，至少是受了燕卜生一派的训练的结果。今年是北大五十周年纪念，校方要出一本论文集（原定造大礼堂等计划取消），截稿期各系不同，哲学系要等汤先生回来后再定，英文系是七月十五日，相差没有几天，不知道我赶得上赶不上。宁可赶不上，因为论文集要拿给全世界看的，做得不像样，只有坍自己的台。写好了如果来不及印，预备给燕卜生看看。我一定得好好地写。今年而且是 *Lyrical Ballads* 的 150 年纪念，写出来有双重纪念价值。

我们系里袁可嘉不预备写，别人写什么我不知道，只是燕卜生的是 "Wit in Essay on Criticism"，据他统计，wit 一字〔词〕在 Pope 这诗里，一共有廿二种不同意义，大约同他的 "word=contracted doctrine" 一说有关，我没有读到，不知其详。钱学熙这两天也在埋头苦写，题目是 "Dissociation & Unification of Sensibility"（《情感的分离与统一》），大意是 Dissociation 并非 thought & feeling 的 separation，而是 suppression of either ——这是心理学的研究；Unification 只有从宗教上可以获得——拿 Eliot 自己为证。他这篇主要的还是研究 Eliot，历史上的材料很少。

1948

159

这两天兴趣全集中到写作上去，颇有点废寝忘食之慨（身体很好，不吃补药）。回上海的事不大想起，女人也不想（但所以有如此之劲道，大约同女人有关系，我在昆明有一度写作兴趣也很浓）。如能继续下去，文章可以出名，生活也许变得单纯或单调。我常瞎下决心，今年上半年是决心娶董华奇为妻，现在的决心只是决心独身——能守得住守不住还不知道，但我近来的确回避女人。心里一本正经，倒亦有一种快乐。回上海则因为旅费已不愁，有你的美金（父亲寄来了三千万），什么时候文章写好就去想办法走，写不完就留在北平。我大致一定要回去，不回去似乎太对不住玉瑛，她在家里很寂寞。

下学期在北大的可能极大。北大别的都还不差，尤其对我这样一个决心独身的人很适合，只是学生瞎闹，越看越气。学生目无法纪，政府拿他们没有办法，让他们跋扈，我看了很生气。最近暑假一星期内开了两次"大会"，一次是追悼开封被炸死老百姓的会（其实没有炸死多少，他们硬说是炸死十万），一次是追悼被打死东北流亡学生的会（打死了七个），并出去游行，惹得军警包围北大，我差点不能出去吃晚饭。我真不相信政府当局为什么拿学生没有办法，他们只求息事宁人，能够不闹大就算完事；或者糊里糊涂瞎打死几个人，反而把事情弄僵。我看了很生气。（尤其那种女生，本来就丑陋，在烈日底下游行开会乱叫乱唱，满头大汗，皮肤晒得像牛肉一般，看之作呕，男生之丑陋更甚。）

回信请寄北大。程绥楚已来，这两天戒严，没有戏看，我因忙于写作，也没有什么工夫陪他玩。芷苓不在北平，他的精力有无处使用之苦。赵隆勷及其夫人已抽到东斋之签，现已搬出；你的房间现在由王达津[2]及其夫人住着。

钱学熙地址是府学胡同北大宿舍：Prof.Chien Hsüeh-hsi, Peita Faculty Dormitory, Fu Hsüeh Hutung, Peiping。你的书寄那里或寄我都可以。他的 *S.Review* 已收到。末了，谢谢你的汇票！专此 祝

学安

兄 济安 顿首

七月十日晚

Time 及袜早已收到。

Jean Simmons 的封面国际版印得不清楚，你如有剩下的原版 *Time*，请用平信寄上海。

程绥楚极力劝我早日结婚，这种热心北大朋友都没有。他毕竟还是个好人。

北平物价一般：小小食堂半斤面炸酱连一碗汤约四十万元；《华北日报》一份四万元；长安戏院前排五十万元，*Time*（好久未买）一本一百五十万元，美金一元已在五百万元以上。

2. 王达津(1916—1997)，毕业于西南联大，先后任教于中央大学、北京大学、南开大学，著有《唐诗丛考》(1986)、《王达津文粹》(2006)等。

〔又及〕你那篇 *Old Peiking Drama* 文章，*Life* 驻平特派员 Tom Burke 看后，说恐怕美国人不发生兴趣，不要。我已交钮伯宏，托他带到美国去想想办法。

30. 夏志清致夏济安

7月15日

济安哥：

上次寄出二十元汇票后，应该就写信给你，可是上星期忙着搬进宿舍，这星期初又忙着搬出来：非但有四五天没读书，连写信的空也没有。汇票想已收到，是 New Haven 本地小银行打给 Chase Bank 的，大约兑现还容易。假如北平按黑市价兑现不容易，不妨返沪后由父亲换去，暑假内也可多些零用，手头活络些。请不必退还，二十元在这里什么地方都可省掉〔下来〕。上星期三搬进 2771 号房间，房子当然比红楼或 Mansfield St. 木头房子好得多，都是石头砌的，夏天很阴凉。2773 号就是李赋宁的房。可是窗沿街，日夜汽车的声音不绝，不能入睡，也不能工作，试验了五天，这星期一重新搬进了老太婆的家。老太婆固然讨厌，可是她学问一点没有，住在她那里，好像住在家里，精神可以不紧张。住 Grad.Hall 好像住旅馆，要敷衍的人太多，每日三餐都得上馆子，费用太大，用公共厕所也感不方便。朝夜同中国同学在一起，占去时间太多：上星期五天中，去过一次海滨，一次电影，一次 Savin Rock。搬回来，读书 efficiency 可保持原状，*The Armed*

163

Vision 已看完，以后不看闲书，专攻拉丁。(*The Armed Vision* 内最捧 Blackmur、Empson、Richards、Burke，对 Eliot 比较 unfair，完全看重 scientific criticism；书已于日前寄兆丰别墅，由你转交钱学熙。)

我有一种 beguiling innocence[具有欺骗性的单纯]，常常受人信任，接收人家的 confidences。这次我住吴志谦的房，我不住后，他得撤退，免得多付房钱。他人在纽约，叫我代 pack 行李，他不特抽屉内信札文件一点没有藏去，并把箱子的 keys 都寄给我。今天上午我把他 [的] 东西都整理就绪，安置 [在] 另一同学的房间内。人家这样相信我，这种经验我生平还是少有。此人脑筋昏乱、记忆恶劣（第一次写信给我，信封上：Mr. Janathan Hsia，c/o Miss O'brien，信内 又 repeat 一下，英文 usage 的不熟悉可想）。他看不起李赋宁，可是成绩远不如他，我一来，他就有了崇拜的对象，我的话差不多他都听。我劝他买 Harrison 新编莎翁的 Plays，他就买；我买 *Armed Vision* 后，他也买了一本。现在李赋宁佩服我的程度已不下于钱学熙对我的佩服：有一次，我同他看电影出来，喝啤酒，他问我他在北平昆明所看已忘片名主角的影片，我一一回报得出，使他大为诧异。暑假后每天吃饭时谈话多，对我学问的广博益发佩服。他本人记忆平平，常识极缺乏，英文写得也一无 distinction，政治知识和周班侯一样昏乱。昨天他发表议论，要叫清华政治系主任张和钱端升辈来执政，一般地反蒋和 mild 的左倾。他比我多的就是四年的 class work，没有 take 过 courses 的东西一点也没〔不〕知道。有一次饭厅内他问外国人什么小说是 *Moby Dick*，另一次他请教外国人关于 Kafka[1]。Yale 研究院的文科学生 intellect 都差不多，比我低。哲学系的方书春在中国南方也算个新诗人，力捧穆旦[2]；有闲时不时研究 Auden、D.Thomas[3]，所读过的英诗大约不外莎翁的 Sonnets、Omar[4]、A.E.Housman[5]、Auden、Thomas。他同我很亲近，比较最不客气。语言系的张琨[6]，是罗先生的高足，是清华国文系转攻语言学的。他在 linguistics 中国的地位占第五位，人很好，去年读了一年希腊文。数学系的许海津，同程明德[7]一样在美国也

1. Kafka(Franz Kafka，弗兰兹·卡夫卡，1883—1924)，奥地利现代主义小说家，代表作有《变形记》(*The Metamorphosis*，1915)、《审判》(*The Trial*，1925)、《城堡》(*Castle*，1926)等。

2. 穆旦(1918—1977)，诗人、著名译家，原名查良铮，祖籍浙江海宁市，生于天津。"九叶诗派"成员之一。代表作有《穆旦诗集(1939—1945)》(1947)，译作有《普希金抒情诗集》等。

3. D. Thomas(Dylan M. Thomas，狄兰·托马斯，1914—1953)，英国诗人，以《死亡与出场》(*Death and Entrances*，1946)最为知名，被认为是奥登之后的重要诗人。

4. Omar(应该是指 Omar Khayyám，奥玛·海亚姆，又译莪默·伽亚谟，1048—1131)，波斯诗人、数学家、天文学家及哲学家，英国诗人爱德华·菲茨杰拉德选译其《鲁拜集》(*Rubaiyat of Omar Khayyám*)，在英语世界影响甚大。

5. A. E. Housman (Alfred Edward Housman，阿尔弗雷德·爱德华·豪斯曼，1859—1936)，英国学者和悲观主义抒情诗人，著有《什罗普郡一少年》(*A Shropshire Lad*，1896)。

6. 张琨(1917—)，美籍华人，汉藏语言学家，台湾"中央"研究院院士，1947年留学美国，1955年获得耶鲁大学语言学博士学位，曾任教于西雅图华盛顿大学，1963年转至加州大学伯克利分校，为赵元任的接班人，著有《藏语口语读本》(全4册)等。

7. 许海津，生平不详。程明德，应是程民德(1917—1998)，江苏苏州人，数学家，中国科学院院士。1949年获得美国普林斯顿大学博士学位。

发表过 paper，英文程度差极，菜单、报纸都看不大懂，有一次看到一个戏院的话剧招牌"A Fireman's Flame"，他说"Fireman 的名誉"并问我 Fireman 是什么意思。这几人都是吃饭时天天见面的。最近新来一位孔子的嫡裔孔德成[8]，在国内是特任官，这次出国每年有一万数千元美金。他没有受过普通教育，英文差不多一字不晓，人生得魁梧，很直爽，一点没有孔子的 wit，发现我同他的 common ground 只有京戏可谈。他的计划大约是旁听 Yale 的哲学，能够听懂教授的 lecture 大概还得待以时日。

　　我搬回 Mansfield St. 后，计划每天在外面吃饭一次，早餐午餐在屋内吃。中午跑一趟太热，花费又多。昨天 order 了一只切成块的生鸡，一打鸡蛋，一罐头 peas，一罐橘汁，牛油，面包，共四元一角五分。Chicken 每天要吃，在煤气灶 oven 内烤一块，又嫩又入味，有冰箱就方便。同学在宿舍内也有一年四季同许鲁嘉一样在室内煮菜的，靠一只电炉做世界，在国外更显寒酸。你同平剧界交情已很深，也是一件 achievement；前次寄来赵燕侠的彩色照片，已失去她的 girlishness，很老成的样子，大约照片拍得不好。我在 New Haven 不想什么女人，Grad.school 有一位经济系的 Shirley Miller 生得还可爱，已有固定的男友了，最近在电梯上同她通了一次姓名。

---

8. 孔德成（1920—2008），字玉汝，号达生，是孔子的第76代嫡长孙。袭封31代衍圣公、大成至圣先师奉祀官，曾任教于台湾大学、台湾师范大学、辅仁大学等，任职于台湾当局最高考试机构。

这次升级讲师，在北大可抬得起头，假如北方情形不恶化，要教书恐怕还以北大为妥。华兹华斯的 revision 已写就否？甚念；一年多的研究，一定对华有了新的了解。李珩的确很 crude，说话举止没有你所欣赏 Joan Leslie，M.O' Sullivan 的 modesty；华奇那方面也不妨暂时搁一搁，你的 proposal 反正在她脑 [子] 里已留下很深刻的印象。回沪一趟，几月不见，再见面恐怕会更亲密一层。钱学熙的复信还没有写，真不应该。预备今晚写就，同时寄出。*SR* 的 Ransom 专号已出版，南派人都写文赞扬他，可惜讨论的都是他的诗，而不是他的批评；Ransom 喜欢弄 theory of poetry，不能得到公共的同意；钱弄 theory，也有同样的危险。夏季号 *KR* 有 Ransom 的 "The Literary Criticism of Aristotle"，没有特殊贡献（Johns Hopkins Symposium 的讲稿），可是很长，可补充钱的讲义。前星期看了 *Emperor Waltz*[9]，Billy Wilder[10] 导演有刘别谦[11]作风，

9. *Emperor Waltz*（《璇宫艳舞》，1948），歌舞片，比利·怀尔德导演，平·克劳斯贝（Bing Crosby）和琼·芳登（Joan Fontaine）主演，派拉蒙影业出品。
10. Billy Wilder（比利·怀尔德，1906—2002），美国导演、制片人与编剧家，也是美国史上最重要和最成功的导演之一，曾六次获得奥斯卡奖。代表影片有与查尔斯·布拉克特（Charles Brackett）共同编剧的《异国鸳鸯》（*Ninotchka*，1939），担任导演的《失去的周末》（*The Lost Weekend*，1945）、《璇宫艳舞》等。
11. 恩斯特·刘别谦（Ernst Lubitsch，1892—1947），犹太德裔美国人，导演、演员、制片人。代表影片有《璇宫艳史》（*The Love Parade*，1929）、《异国鸳鸯》《天堂可待》（*Heaven Can Wait*，1943）等。1946年获得奥斯卡终身成就奖。

这星期看 MGM（Irving Berlin[12]）的 *Easter Parade*[13]，J.Garland、Fred Astaire[14] 合演，恐怕是近年米高梅最好的歌舞片，看得很满意。何时去沪，我近来除读拉丁外，不作任何打算。即祝

　　康健

弟志清上

七月十五日

---

12. Irving Berlin（艾文·柏林，1888—1989），美国犹太裔词曲作家，被认为是美国历史上最伟大的词曲作家，为百老汇音乐剧和好莱坞电影创作了大量歌曲。

13. *Easter Parade*（《复活节游行》，一译《花开蝶满枝》，1948），歌舞片，查尔斯·沃尔特斯（Charles Walters）导演，朱迪·加兰（Judy Garland）、弗雷德·阿斯泰尔（Fred Astaire）主演，米高梅公司发行。

14. Fred Astaire（弗雷德·阿斯泰尔，1899—1987），美国演员、歌手兼舞蹈演员，代表影片有《花开蝶满枝》《金粉帝后》（*The Barkleys of Broadway*，1949）。

31. 夏济安致夏志清

7月15日

志清弟：

这两天感情动荡，不能自主，现在半夜十二点已过，犹草草写封信给你，必定有不能不告你之事。

我近日正忙写"Tintern Abbey"研究，唯程绥楚时来打搅，文思时断时续，加以我自己的种种弱点，文章进步很慢，大约还要半个月才能写完。半个月后，是否去沪，现在还难说。

近日有一个新的女性，进入我的生命，结果如何，现尚难言。她叫刘璐，是南开西文系二年级学生，因嫌南开不好，要转北大三年级。由程绥楚之介绍来见我，我（七月十三）看见了一怔，因为她实在是个美人，不在李彦之下，可能在李彦之上。程绥楚早就对我说要带一个漂亮女子来见我，我以为他吹牛，从没有认真。一见之后，我很有点窘（我在室内只穿一件汗衫，虽然程绥楚曾提醒我早晨十点他要陪她来看我的，他住在三楼309号）。那天谈谈两校西语系的比较之后，我请她及他吃饭，饭后程陪她去报名。第二天她来拿

北大的文学史与 *Golden Treasury*[1]，准备考试，又坐了一回〔会〕。最近她还会来，要拿她的作文等等让我看看。

她第一回看我之后，我整天昏昏沉沉，结果还是说独身主义的好。第二回我决定打破独身主义了，那天神清气爽得很。mood 和决心的变化以后反正还多着。

要追求她，当然不容易，她是美人，必定 self-conscious 得厉害。假如完全是我一人进行，我必定手足无措，现在有程绥楚在一起，事情比较简单。因为他已经同她和她的家庭混得相当熟（她的哥哥是南开史学系学生），而且他脸皮厚，可以说些我所不敢说的话，那天没有他，我一定请不动她去吃饭的（女人先总推辞，男人得坚持）。程绥楚预备在北平度夏，他希望我不走，等她考完后，一同出去玩玩。程绥楚不是情敌，他嫌她太温柔，没有豪迈之气，不如他的"四姊"（他称童芷苓），不大有兴趣。他是心里藏不住话的人，所以我很放心（他追求过南开另一位女生，她在天津读过他的西洋通史，据说成绩为全班之冠）。我希望能打进她家庭里去，她父亲是天津律师公会会长（在平津两地挂牌），也许认得娘舅，慢慢地可以搭关系。可能我也会突然灰心，往上海一走。身边有钱觉得行动很自由。

---

1. *Golden Treasury*（《英诗金库》，1861），英国弗朗西斯·帕尔格雷夫（Francis Turner Palgrave）编，全书收入144位英美著名诗人写于16世纪末至19世纪末的共433首抒情诗。

今天晚上程绥楚又来瞎谈，他说起追求刘璐，不大容易，我心里冷了一下。他又说了一句话，这句话使我痛心了好大半天，至今我不去睡而在这里写信者，就为了这句话。他说，"还有一个人将来一定是个大美人，可惜我们年纪不对了，就是你那亲戚汇文小学的那位。"他还说，"她一定有个姊姊，你想追，追不上，所以老往大栅栏里去转"（大栅栏是童宅所在）。我突然了解我所损失的是多么宝贵！因此心中大为难过。后来他又讲起童芷苓等等，我猛然把童芷苓天蟾舞台的戏单说明书（就在桌上）撕破了一张，惹得他大生气。后来我把头埋在手臂里，半晌不说话（这种表情我在人前是不常做的）。他很同情地说，"我知道你是在想四姊了。我看你痛苦得很"。我说我只是瞌睡，把他送下楼去。

他还以为我顶 care 的还是童芷苓，因此常常瞎吃醋，其实我自始至终，从来没有对童芷苓或葆苓起过爱慕之感。华奇我已不想了好几天（我去了封信给姊姊，说我在赶写论文，没有工夫出来），想不到今天还可以陷我于这么大的痛苦。明天想抽空去走一次。正是：最可叹功败垂成，有何心另辟天地？

刘璐皮肤白中微红，眼睛是凤目，鼻子端正得很，小口，下巴微翘，举止打扮言笑都有大家风范，身材不大不小，一看谁都认为是美人，胜过童氏姊妹（她们到底是风尘中人），北大无有其匹。

我这几天不大出去，整天躲在"绣楼"上，用钱很省。

171

生活应该很简单，想不到如此波涛起伏也！匆匆　即颂

旅安

济安 上

七月十五日晚

你自己的生活平凡，听听我的苦闷，想必有趣。复信仍寄平。

亏得有程绥楚。没有他我的生活要变得同赵全章、袁可嘉一样枯燥了。

32. 夏志清致夏济安

7月28日

济安哥：

上星期五晚上在信箱取出你的两封来信，一路读回住所，很是兴奋，当晚没有念书。最近你的生活离不开女人，这次又有新的女人进入你的生命，希望好是〔自〕为之，不要让她轻轻〔易〕跑出。刘璐，在你的 account 上，的确较别的你所认识的女子为理想：她既是美人，值得把〔花〕工夫上去，你近来学会的 patience 和 gallantry，可以讨她欢喜，不会再有和李彦那种紧张和不自然。她进北大英文系，以后和你接触的机会更多，只要你不以为她是 tangible[真实的] 结婚的目标而退缩，希望很大。北大男学生和同事间很少可以同你 intellect 和 appearance 相比的。暂时不妨一方面多指导她的英文（到你房间补习也无不可），一方面偶尔 date 她，表示你对她的兴趣不单是学问上的。很关切这几天来进展怎么样了。

我很了解你十五日晚上的心境：由一段对话，一桩小事，突然 reveal 所忍受的 full extent of misery，这是好小说的技巧，也是实生活的情形。董华奇虽然好，究竟还是小孩，暂时可不必考虑她。我相信你对她已留下极深刻的印象，你不去她家里，她一定感到很寂寞。可是她还没有到能接受你爱的年龄（Alyosha 的 Lise 恐怕已是十三四岁），所以对于 what might have been 不必有太大的 regret。人生 capacity for emotion 时间不多而为精力限制，所以应当把 emotion bestow 在比较 practice 的地方，不应该浪费。我劝你进攻刘璐，当她是结婚的目标而进攻。可喜的事，你在对女人的 excitability 方面较我强得多，较我年青〔轻〕得多，我对于女人美的感受力已较前差得多了。

  Tintern Abbey 已完稿否？甚念。该诗确需一番大大的分析工作，是 apparently 华氏一个很好地 focus，希望能赶上北大纪念刊。暑期来你的生活可算得 rich，写作上和爱情上都有新的发展，这样生活才有意义。我的生活平凡得很，大部分时间都花在读拉丁，有时整天不出门，很是寂寞，去 Grad. Hall 看中国同学可以散散心，也无多大意思。不敢多花钱，吃饭也力求节省，生活的派头已不如在北京时。New Haven 天气很风凉，最热也还不过九十 [华氏] 度左右，每天出门可以打领带穿 coat，夜间睡觉要盖被，北平、台湾都比 New Haven 热。每星期看一次电影，最近看华纳的 *Key Largo*[1]，由

---

1. *Key Largo*(《盖世枭雄》，1948)，据马克斯韦尔·安德森(Maxwell Anderson)1939年同名戏剧改编，约翰·休斯顿(John Huston)导演，亨弗莱·鲍嘉、爱德华·罗宾逊、劳伦·白考尔、克莱尔·特雷弗(Claire Trevor)主演，华纳兄弟影业发行。

Bogart[2]、Robinson[3]、Bacall[4]主演，很是满意，Bacall 这次是第二次看她，很 impressive。今夏预备返家否？我想虽然和进攻刘璐的计划冲突，也得抽空回去一次，否则，正如你所说，有些对不住玉瑛，也使父母失望。我身体很好，最近检查一次血压，已降至一百二十度，大约美国吃饭极少盐分的关系，使我很放心。程绥楚有梦想，讲派头，不失为"真"人；他写的和童芷苓离别之情，虽是老式文章，大约本人情感很丰富。钱学熙的"Dissociation & Unification"想写得很好，代问候。自己身体珍重。即祝

　　暑安

弟 志清 上

七月廿八日

Simmons 封面的 *Time* 当寄上不误。

---

2. Bogart（Humphrey Bogart，亨弗莱·鲍嘉，1899—1957），美国演员，代表影片有《马耳他之鹰》（*The Maltese Falcon*，1941）《北非谍影》（*Casablanca*，又译《卡萨布兰卡》，1942）、《夜长梦多》（*The Big Sleep*，1946）等，1952 年以《非洲女王号》（*The African Queen*，1951）获奥斯卡最佳演员奖。

3. Robinson（Edward G. Robinson，爱德华·罗宾逊，1893—1973），罗马尼亚裔美国演员，好莱坞黄金时代颇受欢迎，代表影片有《小恺撒》（*Little Caesar*，1931）、《盖世枭雄》等，曾获奥斯卡终身成就奖。

4. Bacall（Lauren Bacall，劳伦·白考尔，1924—2014），美国女演员，代表影片有《夜长梦多》《双面镜》（*The Mirror Has Two Faces*，1996）等。

33. 夏济安致夏志清

7 月 26 日

志清弟：

接来信知已搬回曼殊斐尔街，我曾有两信寄 2771 号，想已收到为念。

上信提起刘璐之事，现此事已稍有发展。程绥楚的确为我幸福着想，替我开路，殊应我弟兄二人同声感激。

刘璐的英文并不好，如果考取了北大，也会拿六十几分及格毕业（在南开拿七十几分，但南开的英文系大二英文仍读 Tanner，水平很低，的确不像个英文系），但转学北大非常困难，照她那点成绩，朱光潜绝对不要的，她的录取希望很微，我们要在北大朝夕相见恐也不能实现。

昨天（廿四）她的转学考试，一天考毕（上午英诗、文学史，下午英散文、中文），我们一天接触了好几回，我的印象大致是她考得不行。午饭是我请她吃的。我监了三堂新生考，共六小时，已觉疲劳非凡，她共考了八小时，加以女孩子的特长滴水不饮（因此也不出汗），天气又热，我想她一定也很疲乏。我四点钟监完，洗了一个澡，在程绥楚室内（309 室，现为程所独占）等她。她六点钟国文考毕，我叫了三客霜淇淋在程绥楚室内吃掉，我本来想这样就算完了。可是程绥楚坚持非要大家一块去北海不可，他早晨睡晚觉，下午又大睡午觉，精神十分充沛。他早就要我同她到北海中山公园等处去补习，他说："她现在要利用你补习英文，你就得利用她！"她来了四次以后，他就问："已经四次了，你 kiss 她了没有？"亏他问得出的！我想考前去浪费她的光阴实非正人君子所应为，没有听他 [的]。他觉得考试那天是最后的机会，必定要抓住，否则考完了我同她就将渐渐疏远，很难补救。他命令我上楼去换衣服，并带照相机下来，刘璐几次要走，都被他喝住。程绥楚常常对她瞎横一阵，他自己英文是个大外行，未必比她好，偏喜欢瞎指导她。他自己故意换了身中国短衫裤，外加夏布长衫（他后来说，为了要表示他并非是去追求的）。（他后来又说，我在楼上换衣服的时候，他丢了只梳子给她，说道："你看夏先生去换衣服了，你快快把头发梳梳，一块去吧。没有镜子，你就在玻璃窗里照照得了！"她果依言而行！）我本来穿的是中装，换了身香港衫西装裤，我不敢太漂亮，一则时间来不及，二则她今天来应考，穿得朴素，我不能 outshine 她。到北海已七八点钟，爬了一阵山（我不疲乏，她似乎一点也没有什么），照了五张相。照相的成绩不会好，天色已晚，加以多云，我好久未拍，照来毫无把握。又到漪澜堂去喝些可口可乐，吃些点心。我想请她吃夜饭，但看天上有雨意，她要回家，我想今天兴致已尽，不再强留，送她

1948

到门口，让她走了。

程绥楚的断语是：她芳心已动。他说："你们江苏人真厉害，真会献媚。"大致我所说的话还能使她觉得有趣，她不断地笑，露出一口雪白整齐的牙齿。我屡次碰钉子之后，对付女人的技术多少总得进步些。程绥楚在漪澜堂四处瞎看女人，我的眼睛却很少离开她。程绥楚说："她以前不知道我们之间到底谁在追她，今天她明白了。"

回到学校已九点钟，我想草草吃点夜饭，晚上还可以看点书。程绥楚说："今天晚上还要用什么功？我请你到一个地方去晚饭，吃你们苏州的油豆腐线粉，快去快去！"我对于吃还有点好奇心就跟他走了，他不许我坐脚踏车，以15万元一辆的代价，坐两辆三轮到西柳树井（华心戏院之西）。下车以后，他领我走了两条黑沉沉的胡同，却巧碰着停电，我跟了他瞎走。走到一座门口，门上有"春X院"三字（应该是"春艳院"），他朝里直闯，我才想这不像是饭馆，一进去立刻明白原来是到了妓院来了。他很熟门熟路的（似乎有个人领他），走进一间小房间有个女人进来，他介绍说："这是翠弟。"又问我："像不像 Fourth sister？"这个女人第一眼给我的印象并不好，他看我反应不怎么起劲，解说道："现在停电，等一回〔会〕你再看吧！"电来以后，我们移到一间较宽敞的房间，这是翠弟的 sitting room（她的 bedroom 里似乎另有一客）。翠弟的面孔生得笨头笨脑，我很不喜欢，不过肌肉的确丰腴，臂腿都是圆而嫩，乳峰也是圆而挺，身材比我略矮，程绥楚的 taste 还不差。

那里是南方堂子（韩家潭胡同都是第一流南方堂子），一片苏州口音。我们吃了两碗油豆腐线粉，线粉中并无油豆腐，有鸡、肚子、肝等为佐，味甚鲜，有点江南味道。附近有南方小馆子，专做堂子生意，价不贵。程绥楚希望我"choose one"，我毫无兴趣，刘璐那段经验还来不及咀嚼，怎么能再去找一个？他希望我正派邪派女朋友各来一个，但是我对于妓女绝不会发生兴趣，她们知识太低，只有一样可谈：中国电影。她们都很虚伪，虚伪得讨厌，因为太笨。我的 lust 不强，并不想凭妓女来解决性欲。我假如要去嫖，只有一个可能：向女性报复，但我现在心里很满足，并不恨什么人。程绥楚有我在旁，不便动手动脚，事后很抱怨。但一次"茶围"，只花了两百万块钱（点心钱另算），还抽了她们几枝飞利浦马利斯（市价一百三十万元一包），总算便宜。过夜听说从六百万到两千万，视妓女之 demand 而定，像翠弟那样听说很忙，不容易留宿，每次大约得花一千万元以上（现在美金一元市价已达一千万）。

回到红楼已十二点半，我一点多钟睡。次日（廿五）六点多钟即起，又监了六小时考，人倒还不觉得怎么疲倦。

我不回上海的可能愈来愈大，拿回沪的旅费（头等舱一亿以上，霸王机两亿以上），在北平同刘璐一块儿玩，可以很快乐地过一个暑假。刘璐是个"善人"，同想象中的玛琳与莎莉文一样的 sweet，其 intellect 大致亦相仿。我看她是比较 passive 的，追求得要逼得紧，但我常常"想"多于"行"，懒得去追，所以恐怕难有结果。至少在我主动地采取任何动作以前，还得靠程绥楚拉拢几次。我现在没有什么 passion，只有一点可谈，我是 enjoy her company 的。我同时也是 proud of her company，所以赵全章、袁可嘉等都已经知道我有这样一个女朋友（以前他们只知道我有童芷苓）。我现在相信 passion 亦得渐渐而发，如多来往几次，心情当有变化。

刘璐做我的妻子，认为已够幸福，但我现在理智进步，理想中的女人顶好还能够俏皮刺激一些（cute-poignant [伶牙俐齿]），光是 sweetness 似乎还不够。我现在的 dream girl 是 Jean Simmons。

程绥楚在南开追求过一个广东女生，结果失败，他做了首长诗（七言），以志其事。这首诗写得很 sober，很深刻，我看了很感动，我已叫他钞〔抄〕一遍给你看看。他在我们 [面] 前似乎一向扮演丑角，现在我才知道他实在比我 romantic。我几次的恋爱经验，哪里有他那样的文学作品来记录下来？他说，他要替童芷苓写一首诗，总是没有灵感——这是真话，passion 是不能勉强的。

我写华兹华斯时的 distraction 之多，你当可想象得到。但我无论如何要在本月底写完它，下月起可以行动自由。程绥楚很反对我这种写作，他说："你实在是想做汤用彤的干儿子了！"

有一次李珩来，碰见程绥楚。程绥楚对她大表不满，说她"目露淫光，口吐淫火"，"恨不得想把你吞下去"，而且说话的口气俨然以未婚妻自居。事实上，我同她已好久没来往，放暑假后，只去过她家两次，她就只来了这么一次，只是她 tact 太差而已。程绥楚对她顶大的 objection 是丑陋。华奇已好久未见，上回我去她家，她已到天津去了。婶婶最近因董先生久未寄钱给她，而生活日涨，心境很坏。董先生近在上海用廿五根条子造新房子，她性子骄傲，怕人家说她投靠于他，故意不搬到上海去。华奇虽然曾引起我很强烈的 passion，但我始终没有下决心，否则我不会这样忍住不去对婶婶 declare 的。婶婶说算命的说她五六月份很倒霉，七八九月有喜，不知道有些什么喜？她三四月间算命的也说有喜，结果她的媳妇添了一个小女孩。我想利用她的迷信，阴历七月以后去求婚，以应她的"喜"，但现在有了刘璐，我想我不会再去求华奇之婚了。我相信华奇亦能 appeal to my imagination，但她到底是属于将来的，而刘璐则是已经 ready 了。

钮伯宏已离平，绕道欧洲返国，约十月可返美。他很想在美国多认识几个中国朋友，我已把你介绍给他（地址写的是 2771 号）。他是个善人，年纪还轻，返美后还要从大一读起。他行前曾请我看两次戏，一次尚小云[1]的双出——李三娘（《白兔记》）、《大破天门阵》plus 小翠花[2]的《大劈棺》）；一次是赵燕侠的《红娘》plus《刺巴杰》。两次都乏味得很，

1. 尚小云（1900—1976），京剧花旦演员。名德泉，字绮霞，河北人。"四大名旦"之一，尚派艺术的创始人。
2. 小翠花（筱翠花，1900—1967），京剧花旦演员。原名于连泉，又名红霞，号桂森。祖籍山东蓬莱。

尚小云还是讨厌，小翠花的《大劈棺》我看不如童芷苓，虽然童的也没有意思。赵燕侠变得恶俗不堪，《刺巴杰》尚可一看，《红娘》极坏，唱调不知唱些什么，每个要拉长的字的下面都加了不少嘿嘿之音，唱时拗头力颈，似乎在学尚小云，而且常常无缘无故将头侧着，眼皮翻上翻下，以待台下的大叫其好。我对于京戏的兴趣，渐渐地减到快没有了。我本来有几天觉得做人的 pleasure 只剩下去写文章一事（但是写文章太吃力，几个钟头一写，人就 exhausted 了），此外什么都没有意义。现在又将入恋爱之门，不知将混些什么结果出来也。专祝

　　近安

　　　　　　　　　　　　　　　　　　济安

　　　　　　　　　　　　　　　　　　七月廿六日

34. 夏济安致夏志清

8月1日

志清弟：

与刘璐的爱情仍在顺利中进行，这是我生平第一次懂得什么叫 courtship，也是我生平第一次正式地享受到 feminine intimacy。没有程绥楚，我自己决计弄不到现在这点成绩。他说，没有他，我半年都不会和她这样熟。我看是如叫我一个人进行，我是一点办法都没有。程绥楚用了不知多少哄吓骗的手段，才能占用她这许多时间。他说女孩子一定要骗出来，骗了出来就慢慢让她回去。最近的发展可略告如下：

七月廿八：下午她来这儿，与钱学熙及程同在学校附近吃西瓜；钱回去，三人同去逛市场，吃霜淇淋；前门外吃饭，看毛世来[1]《十三妹》；晚上我一人送她回家。

廿九日：中午我去她家吃午饭；下午同去中山公园品茗，程已先在，拍照，在西单吃晚饭，在长安看张君秋的《起解会审》，我一人送她回家。

---

1. 毛世来(1921—1994)，京剧旦角演员，祖籍山东掖县(今莱州市)，生于北京。

卅日：程返津（去看考卷，亦〔也〕许还有别的原因，约有一星期耽搁），我因疲倦且经济上亦不敷，一天未出外。

（昨日）卅一日：我中午去她家，饭后同出取相片，在"大华"看 *The More the Merrier* [2]（J.Arthur[3]，J.McCrea[4]，生平第一回一男一女看的电影），逛书店，我买了一本七月份的 *Photoplay* 送她，又买了三张教廷（梵蒂冈）邮票（她是基督徒，非天主教），在东安市场吃霜淇淋长谈甚久（以前因程的话太多，我说话机会不多）。她自回家吃饭，但晚上另有其他发展详后。

程绥楚的计划之周密令人佩服。他对这件事的兴趣，除了要玉成我们这对璧人以外，还有二点：一是 malicious[蓄意] 的，他要打倒刘璐早先认识的一位男同学，他认为他不 deserve 她，这几天因为刘璐常常在陪我们说[话]，此君一定很痛苦。二是他对于自己计划的得意，看见他每一个计划无不实现，认为自己的理智真了不起。

他计划之周密可举一例：那天毛世来的座位，他把我们两人排在并排，在过道的这端，他一个人坐在那端，成（ ）这样形状。戏散后，他命令我送她回去，但他说

---

2. *The More the Merrier*（《房东小姐》，1943），乔治·史蒂文斯（George Steven）导演，珍·亚瑟、乔尔·麦克雷、查尔斯·柯本（Charles Coburn）主演，哥伦比亚影业发行。

3. Jean Arthur（珍·亚瑟，又译琪恩·亚瑟，1900—1991），美国女演员，20世纪30年代至40年代红星。

4. Joel McCrea（乔尔·麦克雷，1905—1990），美国演员，参演超过90部影片。

忘记叮嘱我一句话，就是在她门前我应该和她握手。所以第二天看张君秋以后还是我送她回去，我因为脑筋有点糊里糊涂，临时居然有胆伸手出去同她握。我回来后，程绥楚详细问我这手是如何握的，还是她伸直了给我握呢？还是她亦握我的？握的时间？强度？他在同我研究这个问题时，同我大握其手，以求知道当时的确切情形（情形我认为是不差）。他去天津之前，叮嘱我两件事一定要做到，一件是我请她全家去听一次戏（这件事待做，但不难）。一件是我一个人约她出来看一次电影，看电影的时候，应该做两件事，第一把橡皮糖剥了纸皮送到她嘴边去（我已做到），第二我应该利用黑暗之际摸她的手，摸法有二：一是左手将她手拿着，右手轻轻地拍她手背；二是我的手心同她的手心缠绵摩擦。我在"休息"之前不敢做，怕她中途一怒而走；"休息"之后，我是依计而行，她没有什么抵抗。程绥楚已定下两个大题目，一是 kiss，二是求婚，这得等他回来后好好安排。照他的计划，两三个月后可以订婚，我完全依计而行，自己一点计划都没有。这件事情如能成功，也可说天下一大奇事。

　　刘璐这人真好，sweet 极了，脾气温柔，态度娴静，表情可是亦很丰富。明明知道程绥楚大弄阴谋，她从没有想过用什么 counter-plot 来对付他。我昨天问她在南开是否常常有人写信给她。她说有。我问她迄今为止已有多少，她不肯说，我说是 by hundreds？还是 by thousands？她想了一想说，大约一千封不到。她都读过，而且还保存得好好的。我说："请

185

你同情他们，我假如早几年认识了你，我也会写那种信给你的。"她待我可算不错，举了一例：那天在中山公园品茗，程绥楚要替我们两人照一个合影，她非但不反对，而且自动地把藤椅向我这边一移，我自然也向她那边一移。我相信这件事会成功，因为发生得太蹊跷，我自己没有用什么功，也没有转什么念头，居然会发展得这样顺利。不是造化弄人，岂是姻缘有定了。

前两天我心头有一件事痛苦，就是论文之事。我已答应在七月底做好，可是连日如此之忙，哪有余力从事写作？所以想起论文，我就难过，白相也白相得不痛快，而且心中有点恨程绥楚（他如果再晚两个礼拜把刘璐介绍给我，那多好呢！）。做论文是很辛苦的，男女社交也是很辛苦的，我生活的紧张使得朋友们担心我的健康，金堤劝我放弃论文，我想要放弃还是放弃恋爱。结果当然恋爱是一点也丢不掉，论文差一点要丢掉。经钱学熙力促后，如果朱光潜让我晚点缴卷，我还是想法赶完它（有几天，我想两样都放弃，回上海一走了事）。

我的经济情形并不甚佳。你的汇票尚未易成美钞，大约几天内可易成可得18元。换来后我有点舍不得用掉，父亲那里接济还没来，他近来经济情形还不差，如果暑假里肯让我用掉二亿（霸王机票一张），你的美金则放在一傍〔旁〕，作临时救急之用，我相信今年暑假一定可以过得很痛快，追求也许可以成功。

还有个好消息：董华奇已经同我重归于好。我同她已经一个多月没见面，昨天送刘璐上车后，我带着很愉快的心情，去至董家。我早就要学弗雷亚斯坦，昨天倒像做了。我说："好久不见了"，她只"m"了一声，随即把头低垂，我蹲下去看她的脸，两人视线不得不接触一下。后来我钉〔盯〕住她很肉麻地诉了一阵苦，我说："你笑一笑，好不好？"她虽然把头别过，但忍不住噗哧地笑了一声。她天津的表姐（"福尔摩斯"）和表弟亦在，我们玩了一会牌，她先极力避免同我的手接触，可是有些游戏两个人手非拍在一起不可。我们打 bridge 是 partners。有一次游戏我输了要惩罚唱什么的，她点了段《拷红》。我认为华奇是始终爱我的，但是她脾气大，容易生气，而且容易把气闷在肚子里。我假如同别人结婚，她一定非常痛苦，我认为她很有点像林黛玉，刘璐则像薛宝钗（并非故作多情，我真有此感）。两个人我得了任何一个，我都是很幸福的。只要有董华奇，刘璐的事成功不成功，我并不怎样关心。上海当然是不回去的了，再谈。即颂

暑安

兄 济安 顿首
八月一日

PS：八月一日下午同去中山公园，在来今雨轩喝冷饮，吃大菜，拍照，饭后一直步行到故宫，始雇车送她回家。问光华大学的汪公借了钱出去的。

35. 夏志清致夏济安

8 月 11 日

济安哥：

上星期收到七月廿六日的信，昨天又收到八月一日的信，每封信都重复看了好几遍，我近来生活平凡，没有事情比你的 courtship 给我更大的兴趣。你进展的顺利和迅速是我写上一封信时所预想不到的，我以为你不肯很快除去做先生的尊严，但这次却纯粹地以 suitor 姿态出现，进攻的勤和 response 的好，使我着实高兴。我想这件事大部分是成功的了；除非是姻缘，不然你不会这样 docile[温顺] 地接收程绥楚的指导，对方也不会这样 willing 接受你的 courtship。寄来三张相片，刘璐都显出很温柔而 sweet，态度端正，尤其以和你合拍在一起的那张最好，虽然看不出她的 complexion，照片上也可看出她手臂肌肉的均匀。我生平没有过这种追求的经验，也不会很舒服地伴女友吃饭看戏；你能够有程绥楚这样实际的朋友，确是 God send。你们爱情的 speed 已超过一般男女普通的友谊，她一定很欢喜你，我想你们二三月后可以订婚。暑期间应当尽量伴她玩，多用钱，美金和父亲寄来的钱可以足够你阔一下。用钱 lavish 一向是你人生快乐之一，今年暑假应该 lavish 一下。又，你已去她家吃过二次饭，这也不是普通男友会有的 privilege。电影 *The More the Merrier*（《二房东小姐》）在沪时，我同父亲、玉瑛在国泰看过，该片叙述 Charles Coburn[1] 凑合 Jean Arthur 和 Joel McCrea 的好事，程绥楚的 role 相当于那老头儿的 role。Jean Simmons 封面的 *Time* 已寄出，假如需要最近的 *Life* 和电影杂志作装饰你房间之用，当每月寄上数本（附上最近 *Look* 内 Jean Simmons 在 *Hamlet* 溺死的相片，该片已在 Boston 首次献映了）。

我最近的生活沉闷得很，New Haven 的夏季不热，每天出门尽可打领带穿 coat，加以多雨，天气很 damp。每天读拉丁、吃饭（不论在屋内和外面）都很 monotonous，想去纽约一玩，又不敢多花钱，所以暑期来非但体重没有增加，似乎精神 [也] 较前稍差，实在 [是] 太缺乏发泄的缘故。文艺青年 Louthan 已从 Kenyon School 回来，他听 Empson 的课，讲的多是 structure of words，不易 follow；Iowa 大学有聘书给 Empson，Empson 以为北平一日不失守，一日留在北平。有一次 dinner，Allen Tate 正式把最近一期 *Sewanee Review* 献给 J. C. Ransom，并读献词。Kenyon School 究竟是 Summer School，功课很松，在 Empson 的课上，Louthan 只写了三

---

1. Charles Coburn（查尔斯·柯本，1877—1961），美国演员，以《房东小姐》获得奥斯卡最佳男配角奖。

篇 paper，两篇两页，一篇六页，可说轻松之至，女生也占不少。近日帮忙吴志谦开书单买书，供回国教书之用，他送了我一本 Yvor Winters 的 *In Defense of Reason*，是他三本批评书（*Primitivism and Decadence*、*Maule's Curse*、*The Anatomy of Nonsense*）集本，很合算；最近新出一本 Leonard Unger 篇〔编〕的 *T.S Eliot:A Selected Critique*，有近五百页，我看它内容充实（Wilson，Lewis，Matthie，Ransom，Brooks 和许多 *Southern Review* [2] 上以前未收集的好文章），价钱便宜就买了一本（＄3.75）。New Haven 有两家 club，其中有许多 professional girls 在那里喝酒，可以伴她们喝酒、跳舞，晚上也可伴宿。两星期前去参观了一次，喝[了]一些啤酒。可是跳舞技术太差，怕花钱太多，没有 approach 她们。钮伯宏如来纽海〔黑〕文，当招待他；Yale 有一位学生 Betz 来北平做事，能讲两句中文，我曾给他你的地址，他恐怕会来看你（我同他交情不深）。华兹华斯论文已写就否？不要过分紧张，慢慢地写；董华奇我知道她并没有恨你的地方；我暑期内受经济限制一无行动，还是多读你的爱情报告。自己珍重，即颂

    暑安

弟 志清 顿首

八月十一日

---

2. *The Southern Review*（《南方评论》），季刊，创办于1935年，以发表小说、诗歌、文艺评论为主。

36. 夏济安致夏志清

志清弟：

　　这几天刘璐在乡下参加什么基督徒灵修会，我忙的是看入学考卷。昨晚（8月12日）程绥楚约我去访童葆苓（芷苓在沪），十一点钟返，在程的309室又检讨我和刘璐的局势（他到天津去了约十天，回来后我一直还没有同他详细谈过）。他说一等刘璐返城（约在本月十六日）后，他立刻要替我去求婚。他预备用的一套话很毒辣，譬如说："你同夏某人已经 kiss 了，还不嫁给他？这还算基督徒吗？""你还嫌讲师地位低？不知道人家还是迁就的呢！你要嫁给处长，处长顶多只要你当姨太太！你要系主任？系主任的女儿都有你那么大了！"他对她的父母预备好了另一套话，也非常厉害。我一听之下，觉得真是无懈可击，一方面固然佩服，一方面不免慌张起来。想不到情形已经这样严重！刘璐是个善人，平日又怕程绥楚，她如果对我还有三分好感的话，真会给程绥楚唬住，答应这件婚事的。程绥楚很有把握地叫我预备戒指聘礼订婚筵席费用等，预备在本月内一定把婚订掉〔下来〕。

我唯唯应命，上楼后心思大乱，在金堤室内坐着讨论到两点钟始去睡。

金堤劝我非但早日订婚，而且应该早日结婚（此事亦在程绥楚计划之中，如果订婚成功，他一定有计划来促进早日结婚的）。我对刘璐作为"终身伴侣"是十分满意的，只有一点我有些对不起自己的良心：就是我还没有 fall in love。也许因为有这点 nonchalance[漠不关心]，我对她的言语态度都很自然，而且或者显得特别 charming。我并不在乎，然而我的爱情都快完成了，这是多大的一个 irony！对于程绥楚我无法反抗，他是一片好心，刘璐我又承认可以做一个很好的妻子。今天早晨我作了一个新的决定，反正我的独身主义是守不住了，今天我要大胆的去试一试我的命运。今天下午要看卷子，晚上我预备一人去看姊姊，正式提出我的 proposal。我如果被接受，我有话对付程绥楚了，说我已经订了婚，不能领他的情了；如果被拒绝（缓拒也算拒绝，我要的是立刻准备订婚），刘璐的事我就全权交他办理。这两天我的生活紧张可想：可能就要订婚了，可是同谁订，今天还不能告诉你。

我对于刘璐竟然态度并不很紧张，我自己也觉得奇怪。上信报告八月一日我们二人游中山公园，在来今雨轩吃的晚饭。晚饭前我们游园拍照，她说怕人多，专挑僻静去处。晚饭后她领我从后门出去，也挑的是很冷僻的路。我那时想她一定有用意，可是周围似乎有人，似乎没有人，我的脚步又快，又没有发现一张可坐的凳子，所以就糊里糊涂地走出了园门；

虽然还走了一大段路，走到故宫以东才雇车子。八月三日星期二是约定的补习英文时间，十二点补习完了，我请她去吃饭，她不肯，站在那里，态度很动人。我竟然很大胆地把她抱住接吻，她一点也没有反抗，眼睛是闭住的，我们先亲了嘴，依偎了一下再亲第二回。没有照你的办法做：她的嘴没有张开来，我的舌头无所使其技。吻后我还费了不少唇舌，才劝动她一块去吃饭。八月五日她应该再来，临时她差人送来一封信说到青龙桥迦南孤儿院灵修去了，信里说："接近宗教在我看来是唯一对我有益的事，十日小别，希望有点收获。"青龙桥是在颐和园边上，八月七日我带了大批款项（六日发薪水一亿多）下乡，在颐和园内的南湖饭店开了一间房间。十二点半约她出来，到晚上八点以后才送她回去。谈了很多话，我因为旅馆很脏，把她的被单借来铺在我的床上。第二天我们本来约好要到香山玉泉山去玩的，临时她坚执不去，说要回到城里来再一起玩，原因是她怕教会（迦南孤儿院是长老会所办）老处女对她的批评。她第一天就告诉我，灵修会对于她的烫发、花旗袍很表不满，她如果再天天跟着像个 dandy（你知道我的领带和西装的漂亮）样子的男子出去游玩，岂不大犯清规？我因为不大在乎，所以并不生气。第三天就回城了。你写信劝我可以偶尔 date 她一下，想不到我竟然会大发狠劲，大大地追求一下，而且进行还算顺利，这件事我看来冥冥中似有天意。

　　王岷源和张祥保已于八月十日结婚，现在香山度蜜月。

193

我的朋友们都推测 next on the list 应该送礼的大约是给我送礼了。

今天晚上正式地去向董华奇求婚。我因为这几天太忙，没有工夫多考虑，做任何事情都没有什么顾忌，胆子大得很，和以前不同。如果求婚成功，我希望能够清静几天，搬到董家去住，写我的 Wordsworth。在红楼程绥楚给我的麻烦我也够受的了。

程绥楚的年轻未婚姑母(约24岁)又来平，听说非常漂亮，照他看来远胜刘璐，童葆苓也看见过她，认为她漂亮。我相信湖南可能出绝色美人，他预备把她揶给你，像揶刘璐给我一样，他老是叹息你不在北平。他怕我认识她后，要移爱于她，所以一定要等刘璐回来后，把她介绍给我们两人。

再谈，这个暑假对于我发生的事情可真多！即颂
快乐

兄 济安 顿首
八月十三日

PS：胡适告诉你，K. C. Li 有信给他，奖学金只有两年，决不能续。希望你能自己设法第三年以后的钱，并且通知程、孙二位。

37. 夏志清致夏济安

8 月 18 日

济安哥：

今晚回来，看到你八月十三的信，很是兴奋。你和刘璐已超过了 kiss 的阶段，离订婚确已不远。你去颐和园住三天，很 romantic。寄来照片，刘璐的两张都比上次为美，的确是风度极好的中国女郎（有些黄宗英味），你的游泳照片，胸部很阔，大腿比较稍瘦。恋爱没有 response，行动受到 inhibition，情感上自以为很深刻；有 response 后，胸襟开拓，的确可改变性情，但一方面情感有开导后，反不显得 intense。你同刘璐就是很好的第二种 case。matrimony 将近，当然免不了有些 reluctant 的感觉，但是你向姆姆前去要求订婚，我认为是 unwise move。最近恋爱得意，不妨 test 一下自己的 virility：究竟董华奇爱不爱你。可是假如姆姆答应了你，事情就弄得很麻烦，把〔拿〕realistic happy 的生活来换十年的 waiting，我认为大不上算；何况刘璐已给你 kiss，implicitly 已把终身交托于你，你也对不起她。假如姆姆答应，还是好好地回绝她，好在姆姆很 prudent，不会贸然答应你，董华奇虽爱你，也不会答应订婚的仪式。我看你同刘璐进行得这样顺利，的确是姻缘，逆天虽是一种 romantic assertion of ego，却是大不智。结婚的 injunction 是 love & cherish 你的妻子，你仍可保持对华奇和其他女人有 illusion 的权利。程绥楚的 bluntness，刘璐的不够 coy，进展的速度和顺利，或者使你觉到〔得〕没有得到充分 courtship 的快乐，一种克服困难的感觉。事实上，这种骄傲和情感的 luxury 并不需要，健康的男女，互相有兴趣，应该很快结合，这一方面，刘璐还很天真而保持真性，没有那种失掉 passion 后女人的 indecision。我看 courtship 很理想在暑假前结束，秋季搬出红楼，过一年快乐而比较奢侈的结婚生活。我想你的订婚对父母一定是最 exciting 的消息。我觉得程绥楚式的订婚不够 solemn，不妨你自己向她 propose，以后再由程绥楚办订婚的手续。程的 argument 太 unflattering。

吴志谦从纽约回来，浪费我不少时间。上星期五他请客到纽约的车票，那天我刚从银行领了四十块钱，一时受不住 temptation，就同哲学系方、吴到了纽约。吴自己去买旧书和西装，我同方先去 Radio City Music Hall 看了 MGM 的 Pasternak 监制的 teenager 歌舞片 *A Date with Judy*（Jane Powell & Elizabeth Taylor）[1]，stage show 并不太好，舞女跳舞极平凡。晚饭后去 Latin Quarter 看 floor show，没有坐位子，站在 bar

---

1. *A Date with Judy*（《玉女嬉春》，1948），音乐剧，理查德·托比（Richard Thorpe）导演，简·鲍威尔（Jane Powell）、伊丽莎白·泰勒（Elizabeth Taylor）主演，米高梅公司发行。

柜台上叫了三瓶啤酒，二人花了三元；girls 却是绝色，表演 modernistic，很有 celestial 的感觉，可惜站得太远。出来后进了一家有舞女的舞场，在美国，这种舞场比较低级，都设在二楼；那天生意清淡，花了一元十七分（门票八张舞券）上楼，一位较大的 blonde 就来 approach 我，cheek to cheek，紧抱跳了约有十分钟。那女人叫 Pat，皮肤很滑，比我略高，跳舞时她 tip 我散舞后一同去 breakfast。以后就坐台子，三元七角半小时，但舞场散场在 3a.m.，要带她出去非耗二十元不可，所以坐了半小时就出来 [了]。美国各色女人待人都很舒服，所以尚称满意。那方书春结婚已数年，见了声色场女人，都 shy 非凡，不肯跳舞，后来 Pat 介绍他一位身材小的 brunette[棕发女郎]，他才满意。这个女人叫 Tiny，回旅馆后他告诉我他非常爱 Tiny，大半夜没有睡熟，所以结婚同着迷并没有关系。教育界的人生活都很 timid，我已算非常 bold，大多数人都没有去过夜总会的。隔天到 Coney Island 去了一次，是纽约附近最大最通俗的海滨和游艺场，游人可容两百万，那天（星期六）约有一百万，地方很 cheap-looking。因为第一天花钱较费，所以那天差不多没有花钱，回来后到 central park 走走，印象给我很好。动物园内看到了 Seals 和 Polar Bears，后者相当魁梧可怕。晚饭我想去小型 night club，方反对，乘车返 New Haven，两天内连车费宿费在内已花了十七八元，所以很不上算。最近纽约来了一个印度小国王，每天换一个 blonde，住最大的旅馆，较有意思。

吴志谦今晨六时动身返国。他要在上海住二三天，我介绍他给父亲，让他在兆丰别墅住下；他穷苦出身，对于我们的家境一定很羡慕，一方面也可报告美国情形。我买了一领带夹（可作自动铅笔之用），二盒 Pond 香粉，一瓶雪花膏，一件 sweater 带回给父母、玉瑛，花了五元。昨天伴了他一天，今天上午看医生（我常常疑心有病），结果没有什么病，浪费了四元钱（这次背脊骨有些 pain，二月前乘 roller coaster，突然下降，过后头部很不舒服，至今尚未全部正常）。下午看了 MGM 的歌舞片 *The Pirate*[2]（Judy Garland & Gene Kelly[3]），Kelly 舞艺相当于中国武生的武功，很满意；附片马克斯兄弟 *A Night at the Opera*[4] 是已看过的旧片，Sam Wood[5] 导演。这次对白全部听懂，滑稽非凡。

　　明天起要开始念中世纪拉丁，不知开学时能否考过。李氏奖金完毕后，能够买到官价自费，就等于一分不花（把汇票寄上海，黑市卖出，官价汇美，$30 就可卖一年 $1800）。

---

2. *The Pirate*(《风流海盗》，1948)，彩色音乐剧，文森特·明奈利(Vincente Minnelli)导演，朱迪·加兰、吉恩·凯利主演，米高梅公司出品。

3. Gene Kelly(吉恩·凯利，1912—1996)，美国歌手、演员、电影导演，代表影片有《翠凤艳曲》(1945)、《花都艳舞》(*An American in Paris*，1951)、《雨中曲》(*Singin'in the Rain*，1952)等。

4. *A Night at the Opera*(《歌声俪影》，1935)，喜剧，山姆·伍德导演，格劳乔·马克斯(Groucho Marx)、奇科·马克斯(Chico Marx)、哈勃·马克斯(Harpo Marx)、基蒂·卡莱尔(Kitty Carlisle)主演，米高梅公司发行。

5. Sam Wood(山姆·伍德，1883—1949)，美国导演、出品人，以导演《歌声俪影》《洋基队的骄傲》(*The Pride of Yankees*，1942)最为知名。

那些自费学生除了出国前买了二三百块钱美金外，以后就一钱不花，也是一百五十元一月。李赋宁的续请奖金，Rockefeller 方面尚无〔没〕有正式肯定。你这次恋爱，使你最不高兴 [的] 大约是文章不能及时赶完，但这也不能勉强，我想订婚后，反可有一下安定的时间。我生活平凡，祝你按计划进展，不要因为太容易而有什么顾虑。祝

　　成功

弟 志清 顿首

八月十八日

38. 夏济安致夏志清

8 月 18 日

志清弟：

接到八月十一日来信，我很惭愧以后恐怕很少有好消息奉告。我同刘璐的关系还是维持着，我看很难再有什么发展。颐和园这一段是我们关系上的 climax，以后恐怕要走下坡路。程绥楚背后大骂她不该在热恋期间去"灵修"，我是相当 indulgent 的，当然让她去做她所喜欢做的事。

这一段灵修对于我有三方面不利：让她刚点燃的 passion 冷静下去；她在灵修期间不免忏悔有点对不起她的旧情人；她的灵修同伴们对于我的批评极坏（我可以想象得出），她们可能认为我完全是一个浮滑少年，而刘璐是个没有什么主见的善人，可能很受她同伴们批评的影响。

她回城以后，虽然还肯同我一块儿玩，但我看得出她的 reluctance。程绥楚的意见：女人都这样，你表明了你有追求的意思，她就会搭架子。她现在就有点搭架子，她不想同我断绝，她要使我成为"众星拱之"中的一星，她希望我在她决定之前，我还得多下点苦工追求她。架子当然是女人处世的唯一防身法宝。我假如肯甘心做一个普通的男朋友，我会很快乐，但是我还是太任性，独占欲太强，太认真。对于她，我可以放弃先生的尊严，但我不能容忍有学生做我的 rivals，他们是低于我的人。假如我兴趣已淡，程绥楚计策再好都没有用了。我是个很骄傲的人，而且已经饱经沧桑，她又从来没有引起我半点 passion，我当然不会像以前追求李彦那样地去追求她。她的 response 如果冷淡一点（这是她的不聪明处），我这里就会冷淡得很多。我预备随时同她断绝，我想这个断绝决不会给我什么痛苦；我是说实话的，董华奇所给我的痛苦我都承认，我认为刘璐是不能给我痛苦的。这样双方冷淡下去，前途一定没有什么希望。假如她对我如同钟莉芳的对许鲁嘉，这样才像是姻缘，这样我会答应同她订婚。对于她的 coyness 我现在有时很愤怒，怒气我相信是一点没有表现出来（一表现当然两人立刻就断了），因为我对她不大在乎，所以还同她敷衍下去，她要是个明白人，当然也会看出我是在敷衍她了。订婚的事亏得程绥楚听我的话，等她回来看苗头后再作定夺，至今尚未提出，以后恐怕也不会提出了。

　　我追求总是很难成功，因为第一我的 ego 太敏感，太容易 hurt，因此常常化"爱"为"憎"；第二我的独身主义倾向还是很强，总舍不得丢弃独身生活的自由。何况放弃这个自由之前，还要使 ego 受很多次的伤。我上信说要去向董华奇正式求婚，结果那天晚上下雨没有去，最近一直也没有去，下次去我想也不会提出求婚什么的话来。还是独身主义的好。

1948

对董华奇我所以不能下决心，还是为了虚荣：我认为假如求之失败，固然丢脸，求之成功，以一大学讲师去和中学才毕业的孩子订婚，岂非亦不好听吗？至于我的心，还是属于她的。

我现在还有一点和刘璐的关系非破裂不可的预感。她的转学考试成绩很坏（我已知道，但没有告诉她），决计转不进。她是个有点虚荣的小姐，她的转学她的同学已经有人知道，她如考不取，她认为很丢人。这个忙我是无从帮起（朱光潜不比袁家骅，一点不能通融），她下学期还是在南开，你想假如我们在暑假期内弄不到像许、钟或金堤、朱玉若那样的热络，开学以后，她在天津我去找她还有什么意义吗？一开学我们就完了，除非是暑假里把婚订掉。附上近影一帧，可见我最近之英俊姿态。北平最近死了两个人：朱自清[1]，享年五十一；金少山[2]，享年五十八。余续谈，即颂

暑安

兄 济安 顿首

八月十八

〔又及〕附上照片一张，乃是童葆苓与程绥楚的姑母的合影。程绥楚很愿意做你的内侄；此人我已见过，认为并不

---

1. 朱自清（1898—1948），字佩弦，作家、学者，代表作有《背影》（1928）、《经典常谈》（1946）、《新诗杂话》（1947）等。
2. 金少山（1890—1948），京剧铜锤花脸演员，本名义（一说作仲义），北京人。著名花脸金秀山之子。

怎么了不起，个儿相当高，相当摩登，好像饱历风尘的样子。她的美不是和顺的一种，intellect不详，因为没有同她多谈话，你对她意见如何？对此事意见如何？请写一封信复程绥楚。他常常sentimental，很想念你。他自己追求到处失败还在努力替人帮忙，这点你该着重感谢他而且安慰他。

39. 夏志清致夏济安

9月7日

济安哥：

八月十八日来信收到已有一个多星期。因为开学将近，忙读拉丁，迟迟未复。附来照片，的确非常英俊，我在美已不讲究穿着，这夏天草帽、白皮鞋都没有买。同刘璐的事不能迅速顺利进展，颇有些遗憾，可是你对她既没有什么 passion，也不必 take it too seriously：当她普通女朋友看待，陪她玩玩，假如她要回天津，不能再有碰面的机会，也就任她去算了。这次恋爱 approach 和方法都很对，因为没有passion，所以没有恐惧，以后尽可同别的女孩子这样地来往。只怕别的女孩子没有她那样漂亮，这是唯一可惜的事。刘璐很可代表中国一般女子，并不太聪明，恋爱时自己没有主见，可是爱情很可能在婚后滋长，她也可能是很好的妻子。你这暑假过得没有理想那样的痛快，可是同往年的暑假比较不同些，只恐怕开学后就没有这样闲情逸致了。华兹华斯论文已写就否？甚念。你写文章时 mood 太紧张，效果反而不快〔好〕。写好后不妨打一份来信给 Brooks 看看。

前信提起程绥楚替我代〔介〕绍她的姑母，这次寄上她的相片，想不到他会这样认真。漂亮的女人，看了照片，我也不好贸然有什么答应〔复〕；照片上的姑母并不漂亮，有些像程本人，相当的苍老，所以只好请你谢绝程的好意。

上课后反而可以多些 discussion。拉丁大约可以考得出，中世纪的拉丁并不难，syntax 同近代文字相仿，没有古典拉丁那样结构完整紧凑。我读完 *Latin Fundamental*，读一些 Caesar；起初读中世纪拉丁时稍有困难，现在就比较容易。下学期选课尚未定：Brooks 的二十世纪文学，不好意思不选他，事实上他教些 Hemingway、Fitzgerald，我都没有读过，没有什么兴趣。Pottle 是耶鲁的大教授，中国学生自柳无忌[1]以来，一直经过他的手，我不去上他，好像也不好意思（他教 Age of Johnson）。Old English 为 Director of Studies Menner 所教，为读 Ph.D. 所必修。中国学生读 Old English 的成绩都很好，我不去上，好像是畏怯。此外 Prouty 的莎士比亚，我已读过他的 Drama，颇能驾轻就熟。Yale 的 assistant professor 都比较新派，上半年我选的 Martz 是一位，还有一位 T. W. Copeland[2]，这学

---

1. 柳无忌（1907—2002），学者、诗人，是近代著名诗人柳亚子之子，生于江苏吴江，毕业于北京清华大学，耶鲁大学英文系博士，曾任教于南开大学、西南联大，1945年赴美，执教于耶鲁大学、匹兹堡大学、印第安纳大学等美国大学。编著有《西洋文学研究》（1946）、《中国文学概论》（1968）、《苏曼殊传》（1972）、《葵晔集：历代诗词曲选集》（与罗郁正合编，1976）、《柳亚子年谱》（1983）等。

2. T. W. Copeland（T. W. 科普兰，1907—1979），曾参与编辑多卷本 *The Correspondence of Edmund Burke* 的出版。

1948

年教 Introduction to Modern Criticism，不外 Eliot、Richards 之类，对我非常容易；另一位 W. K. Wimsatt[3] 开 Theories of Poetry，是很着实的一门，人很用功，已相当露头角，他哲学根底极好。程的复信，因为中文措辞不佳，一时难以着手，这几天也没有写信的心境，只有你替我道歉。

北大何时开学？这里九月二十日就开学上课，还有一个多星期的时间，开学后我仍拟搬回学校，图书馆、上课都比较方便，大约还是 2771 号，下次来信可寄那里。文学青年 Louthan 这次听 Empson 回来，预备以后来中国教书，很愿意同我合住一房，虽多一浴室，可是那房间并不大，隔开后声音仍听得出，不自由，不预备同他住。李赋宁已得 Rockefeller 奖金，月得 175 元，很舒服。改用金圆后，每月收入想可较充实些。下学期基本英文外，想另开 course 否？钱学熙近来研究些什么？甚念。最近买了本 Oxford 的 Third Edition，Gerard M. Hopkins 的诗集，系 W. H. Gardner 所编，较以前两 edition 所收的诗为完全。

上星期看 *A Foreign Affair*[4]，Billy Wilder 导演，Jean Arthur、M.

---

3. W. K. Wimsatt（全名 William Kurtz Wimsatt Jr.，威廉·K. 威姆萨特，1907—1975），美国文学理论家、批评家，"新批评"理论的重要人物，与布鲁克斯合著有《文论简史》（*Literary Criticism: A Short History*，1957），与门罗·比尔兹利（Monroe Beardsley）合著《语象》（*The Verbal Icon : Studies in the Meaning of Poetry*，1954）。

4. *A Foreign Affair*（《柏林艳史》，1948），浪漫喜剧，比利·怀尔德导演，珍·亚瑟、玛琳·黛德丽主演，派拉蒙影业出品。

Dietrich 两苍老明星合演，全片幽默，很是满意。Empson 想已回国，在美国时我同他没有什么通讯，请代致候。我现在生活习惯，夜间愈来愈迟（2 a.m.），早晨起来不起，企〔亟〕宜改正，有碍健康。这暑假能把 Latin 弄得差不多，也很满意，下学期暑假预备对付法文。近况想好，董家仍常去否？刘璐那里进展如何？甚念，即请

康健

弟 志清 顿首

九月七日

1948

40. 夏济安致夏志清

9月9日

志清弟:

好久没有写信,想必很惹你挂念。你所关心的刘璐之事,已经无声无息地结束。她于八月底返津,现在已经一个多礼拜了,我还没有写过信给她。这件事情的成或败,程绥楚都有责任。刘璐经我一个多月的追求,发现我是个非常矛盾而古怪的人。我自己你知道是个相当害羞惧怕 flesh 而容易倾向 intellectual 的人,对于女人有一种藐视的尊敬,可是经过程绥楚指导的我,加以自己的 buoyancy[轻浮],我也会骨头轻,而且也会大胆。我一个人她已经不容易了解,加上程绥楚的 diabolism[恶行],她更不知道我是怎么样一个人。她的 innocence 使她对我怕惧和猜疑,而我的浪漫作风还不够 fascinate 她,使她盲目地爱我。我把我们中间的事,毫不遗漏全部告诉了程绥楚(他要做我的"参谋长",我不得不照实告诉),他遇见了刘璐,常常很 knowingly 而且也很 sadistically 地讽刺她。非但如此,他还四处宣传,以为这样可以帮助我们的成功,让大家知道我们的亲密,其实这样引起她很大的 resentment。可恼的是她不知道谁在做那些宣传，我一向的口齿谨慎，或者会使她觉得我为人不够诚恳，偶尔我有一两句嘴快，加上程绥楚的讽刺和宣传，使她怀疑我是专门欺骗了女人而在朋友面前炫耀的人。程绥楚还有两大毛病，一是好使诡计，二是好求刺激，他不肯让她平平稳稳地过日子，非要想法子麻烦她不可。结果他的诡计好像都变成我的诡计，而他的不断的电话，也好像我不能原谅她，不肯让她安逸，才叫他去打的。这些的误会，加上我自己的大毛病egotism（不知不觉中我在 expect 她绝对服从我），和 egotism所发生的 sullen anger，使得这件本来可以很圆满的美事很不光荣地结束了。这些坏印象，我无法说清，而且今后也没有什么机会了。我始终没有 fall in love（因为 love 的力量没有蓄积就已经发泄掉），所以并不很难过，只是觉得很对不起她。我也不知道该如何替自己声〔申〕辩，我怕讲自己太多惹她讨厌（更证明我的自私），而且把责任大半抵给程绥楚，不是显得我 as lover 的不中用（假如她相信我的话是真），即是显得我的卑鄙，不认错还要委过于人！所以我不知道该如何写信给她。这件事从开头到结束，我的意志都没发生作用，好像完全是命运在支配着，所以我觉得成功亦不是喜，失败亦不是忧。我现在又恢复到一个女人都没有的生活了（照我命运的倾向看来，我在最近与女人的纠缠还是不会少）。

　　我没有感觉到任何失恋的悲哀——因此我觉得更对不起她。我同她 kiss 过两次，她的美不知怎样已经对我失去魔力，我相信如有人所说的性交之后的女人都会变成〔得〕不稀奇（但是真的着迷的事还是有）。比较 sentimental 的程绥楚是当我作失恋的人看待的，我看见他就总要讲起刘璐，他觉得我很多情，其实我要是真为了一个女人受了创伤，我是不喜欢在谈话中多提起她的。

Wordsworth 的文章（题目恐怕太 smart，"Wordsworth by the Wye"）已经打好，现在在重打中，明后天可以脱稿。暑假做了这一件事情，总算还有成绩。文章大约六千字长，文字技巧自己觉得很差，但是发现总算不少，困难的是如何把这些发现集合成一篇有条有理的文章，因为我不能逐行逐句地讨论。我自己的计划是下学期少与女人来往，多读书。自从董华奇跟我疏远以后，我在北平感情上已没有什么牵连，可以匀很多时间出来读书。

许鲁嘉日内去南京（改读中央大学），他昨天请我及钱学熙在市场楼上的"森隆"吃晚饭，他叫我们尽鸡鸭地点，他现在很阔气，比你在时大不相同，他的华文学校学费每月就要五十美金！饭后我本想请他们（钟莉芳）看李 [少春]¹ 袁 [世海] 的《连环套》，临时没有好座，去真光看了阿伦腊特的 *Calcutta*²，此片不如《中华万岁》³，没有多少武打，情节亦

---

1. 李少春（1919—1975），京剧武生演员。名宝琳，祖籍河北霸州，生于上海。李桂春（小达子）之子。妻子侯玉兰为著名程派弟子。

2. *Calcutta*（《走私美人》，1947），犯罪片，约翰·法罗导演，艾伦·拉德（Alan Ladd）、盖尔·拉塞尔（Gail Russell）主演，派拉蒙影业发行。

3. *China*（《中华万岁》，1943），战争剧情片，约翰·法罗导演，艾伦·拉德、罗丽泰·扬（Loretta Young）主演，派拉蒙影业发行。

沉闷。所谓"走私美人"的 Gail Russell[4] 并不美，有点学 Hedy Lamarr，但还差得远。最近我想请许、钟一对听一次戏，再想约金堤骑自行车郊游一次。

中国近来的大事为币制改革，我现在每月可拿一百廿元金圆（G.Y.=Gold Yuan $120），照官价等于卅美金（G.Y. $4.00=U.S. $100）。生活似乎好转了一些，政府不许物价上涨，上次捉了好些人去（蒋的儿子蒋经国在管经济监察的事），连江南大学的老板荣鸿元[5]（申新纱厂）、杜月笙的儿子都捉了进去。事实上物价还在上涨，香烟比八月十九日（物价应该冻结在那一天上）涨了一倍多。飞利浦现在每包四百万法币，等于 G.Y. 一元三角三，我已改抽前门每包一百六十万，等于五角多。小菜亦涨得很多，因为小菜菜贩多，政府无法统制，但是小菜（猪肉、鸡蛋等）的价格影响人民的生活及别种物价很大。商业银行恐怕亦很难做，政府先规定银行资本至少一百万金圆（等于廿五万美元），许多银行都说拿不出（我想亿中亦必拿不出），现在规定缩了一半——五十万金圆，仍旧相当大的一笔数目。

上两星期政府当局发表了一些共产党学生的名单，红楼附近有几天很紧张，出入都要检查，但是政府还是让名单上百分之八九十的人都"逃匿无踪"了（那些学生同时亦为学

---

4. Gail Russell（盖尔·拉塞尔，1924—1961），美国电影、电视演员，曾出演《宝岛妖舟》（*Wake of the Red Witch*，1948）、《七寇伏尸记》（*Seven Men from Now*，1956）等。

5. 荣鸿元（1906—1990），名溥仁，江苏无锡人。交通大学毕业，历任上海申新第二纺织厂厂长，申新纺织总公司总经理等职，1948年移居巴西。

校所开除）。在沙滩区戒严之时，但庆棣亦被捕去，但因名单上无名，上午进去，下午即出来。我知道她的被捕是看了学生墙报上的布告，后来我碰见程孝懿（赵全章的亲戚），我托她代致我的问候之意。但庆棣不认得我，她想必一定晓得我是代你问候的。听钱学熙之女说，但庆棣的确很活跃，在四院办墙报为健将云。

罗莘田返国，我已见过他一次。他虽然称许你，但他似乎称许张芝联和李赋宁还在你之上。他逢人便劝学"语言学"，虽然为人热心可感，但是心肠未免狭仄些。为什么一定要把自己所好�给别人一起享受呢？热心人如钱学熙、程绥楚都有此病。汤先生亦已返国。

Armed vision 已自上海转来，已送交钱学熙，让他看了我再看。钱学熙给你那封信，你写了回信没有？不妨再写一封安慰安慰他，因为他很牵记你的回信，希望你能捧捧 Eliot。

送上照片三张，一张是王、张新婚之影（不是我所照），他们现住红楼，祥保似比 [以] 前更瘦。反面的字是王岷源写的，我很喜欢他的字，想不到他有一套书法的绝技。还有两张是程绥楚预备介绍给你的程嘉遂小姐（他的姑母），她的签字是程绥楚骗来的，关于这件事，希望你能直接写封信给他。

好久没有接到你的信，我亦很挂念。别的再谈，即颂
秋安

济安 顿首

九·九

〔又及〕九月十七日即下星期五是中秋。

41. 夏志清致夏济安

9月30日/10月1日

济安哥：

好久没有给你信，一定惹你挂念。九月九日信来时，中秋节已过一天，那天走回曼殊斐街，觉得月亮很白。这两星期来（学校九月二十一日开学）忙着搬场〔家〕选课，多下的时间忙着读拉丁，没有空写信。前天（廿八日）晚上拉丁翻译已考过，考了 Geoffrey of Monmouth[1]，King Arthur 故事的一段——某国王请魔术家建造城楼，Merlin 出世——比我所读的 prose 稍深一点，可是不难，故事全部明了，只有小地方有些须要猜测。今晨问 Menner，考试已及格（Ph.D. requirements，吴志谦读了一年 undergraduate 的拉丁，加上暑假的准备，只 pass 了 M.A. requirements），一暑假来的准备，总算没有落空，心中着实快乐，很轻松。要读 Ph.D.，可以毫无问题，恐怕就是经济没有办法，或者精神受不住。

---

1. Geoffrey of Monmouth（约 1100—约 1155），中世纪威尔士神职人员、编年史家，英国历史标志性人物，其《大英帝国史》（*Historia Regum Britanniae*）以拉丁文书写。

现在中国人中 intimate 的朋友简直没有，下午雨天中去看了 Rita Hayworth 的 *Love of Carmen*[2]，买了一份 *Vanity*，晚饭后在床上休息看 *Vanity*，洗澡，洗了积了一个星期的内衣。在 Graduate Hall 生活的 routine 较红楼枯燥得多。读书或 relax，都很 solitary。

今年的选课：Old English 为保持读 Ph.D. 可能性起见，不能不选，星期二、四，九时至十时。此外本来预备选莎士比亚，Brooks 的廿世纪（Brooks、Kenyon 回来看过一两次，不好意思不选），可是两课都排在星期三，影响星期四的功课，所以放弃了莎翁，选了 Milton。莎士比亚需要 research，写 paper 较多，选 Milton 实在是偷懒（The Age of Johnson[3] 要读的 material 太多，我连 *Life of Johnson* 都没有念过，吃力不讨好），所以今年虽然选了三课，恐怕还没有上半年那样忙，上半年的两[门]课都相当难的。本来再想加一门更容易的 Modern Criticism，可是一年后 M.A. 稳拿到手，不想把自己逼得太紧。Milton 是 Yale 老人 Witherspoon[4] 教，很舒服，上课时他不大需要学生讲

---

2. *Love of Carmen*（《胭脂虎》，1948），剧情片，据梅里美（Prosper Mérimée）1845 年小说《卡门》（*Carmen*）改编，查尔斯·维多（Charles Vidor）导演，丽塔·海华丝、格伦·福特（Glenn Ford）主演，哥伦比亚影业发行。

3. The Age of Johnson，18 世纪后半期为约翰逊博士（Samuel Johnson，1709—1784）为文坛祭酒，因此被称为"约翰逊时代"（1744—1784），下文提到的 *Life of Samuel Johnson*（全名 *The Life of Samuel Johnson, LL. D.*，《约翰逊传》，1791）系英国著名传记作家詹姆斯·鲍斯威尔所著。

4. Alexander M. Witherpoon（亚历山大·威瑟斯彭，1894—1964），耶鲁大学的硕士和博士毕业，著有《罗伯特·加尼亚论伊丽莎白时代戏剧的影响》（*The Influence of Robert Garnier on Elizabethan Drama*，1924）。

话，我十七世纪很熟，所以不需要多准备。这 course 的好处，读完了 Milton 的 prose works，可以把十七世纪的内战、宗教等 background 弄清楚；读 Milton 的拉丁和译文，可以 keep up 我的拉丁。Brooks 我有些不情愿选，我对近代文学最近不感兴趣，另一方面，Brooks 的教授法我不喜欢，他专任学生乱发表意见，自己不肯多讲话。选他的人有二十余人，在 Yale 教授中号召力算是最大。他预备一年中读七人，Hemingway、Faulkner、Joyce、Yeats、Eliot、Auden、Conrad，其中除 Eliot 外，我都没有好好看过，所以也可从他那里得到不少。Old English 是 language course，并不难，forms & syntax 都没有拉丁那样复杂，就是一星期要上两次早课，使我相当紧张。现在一日三餐都在学校吃，暑假中吃了馆子和自己煮的苦饭后，觉得很好吃。早餐很丰富，你一定会喜欢：average day 有吐司、butter、牛奶、咖啡、鸡蛋（一至两颗）、bacon、水果、麦片粥；我暑假中早餐只吃两片吐司和咖啡，现在有这样丰富的早餐，不舍得放弃，还得养成早起的习惯。我上课的时间是：

4	3	2
Old E Milton		Old E
	Brooks	

星期五至星期一都是我的时间。

你和刘璐的事已告一结束，虽然有些不能说明的 misunderstanding，也不必有什么遗憾。以后恋爱，还得多保持些 privacy。父亲最近有信来，很关切你的婚事，希望你能早日订婚。我想刘璐去津后，暂时还不会有 replace 她的对象，这事又要搁下几个月。你今年命运中既然要同女人缠在一起，不如跟着你的命运，分一部分 energy 在女人身上，找到一个着实的对象，在年底前订了婚再说。几次恋爱的经验，romanticism 的倾向想已减少，对结婚不再有什么恐惧。谢谢你几次三番关心到但庆棣，虽然一暑假来读拉丁使我不大想念她，我仍认为她是国内所认识女人中最可爱的。假如能回国后能同她结婚，我不会 object，可是可能性极小。至于别的已见过或未见过的女子我是不会 consider 的，所以谢谢程绥楚的好意。他贸贸然把他的姑母介绍给我，似乎是 bad taste，也太不顾到旁人的 will。我该写封信谢绝他，只恐怕写不出来。但庆棣今年想已是大二，已搬进灰楼否？你碰到她的机会一定会很多。在出国前没有弄到使对方有好感的程度，现在有〔又〕不写信给她，白白地让命运从手指中漏掉。

罗常培因为我考李氏奖学金出国，占据了北大人的名额，对我很不满意，以后还是听了李赋宁等人说我学问好，渐渐有些好感。我住了外面，同他不熟，半年中一共没有讲满半小时的话。李赋宁今年选 Middle English literature，History of Modern English，Shakespeare，其中以"莎士比亚"较忙，History of Language 是善人 Kökeritz[5] 所教，最易。今年中国同学走了不少，

---

5. Helge Kökeritz（黑格·考克里兹，1902—1964），瑞典人，耶鲁大学教授，著有《莎士比亚的发音》（*Shakespear's Pronunciation*，1953）、《乔叟发音导论》（*A Guide to Chaucer's Pronunciation*，1954）。

Grad.Hall 内没有上半年热闹。

暑假中没有好好地休息过，开学后读书的 zest 不如上学期。最近发觉眼睛容易疲倦，经医生检查，两眼的亮度已不 equal，左眼稍弱：左眼新配了四百度的镜片，右眼照旧，三百六十度左右。颈肩部有时仍发酸，医生也找不出病 [因] 来。每星期仍看一次电影：Alan Ladd 劣片一张一张出来，号召力仍然极大。最近走过 Paramount Theatre 门口，在映 Ladd 的 *Beyond Glory*[6]，戏院外站了一长排等着买票，同时在 New Haven 映的 *Betty Grable*[7] 和 Tyrone Power 的新片就没有这样 [的] 风头。好莱坞新进的小女明星很多，都很美丽，在北京时看的 *The Miracle of Morgan's Greek*[8] 内 Betty Hutton[9] 的小妹妹 Diana Lynn[10] 和 *Confidential Agent*[11] 中却尔斯鲍育住在小旅馆内的婢女

6. *Beyond Glory*(《赤胆雄心》，1948)，剧情片，约翰·法罗导演，艾伦·拉德、唐娜·里德(Donna Reed)主演，派拉蒙影业出品。

7. Betty Grable(贝蒂·格拉布尔，又译贝蒂·葛莱宝，1916—1973)，美国演员、歌手，20世纪40年代至50年代初是20世纪福克斯公司的著名影星，代表影片有《愿嫁金龟婿》(*How to Marry a Millionaire*，1953)。

8. *The Miracle of Morgan's Greek*(《摩根河的奇迹》，1944)，喜剧，普莱斯顿·斯特奇斯(Preston Sturges)导演，埃迪·布莱肯(Eddie Bracken)、贝蒂·赫顿、黛安娜·琳主演，派拉蒙影业发行。

9. Betty Hutton(贝蒂·赫顿，1921—2007)，美国舞台、电影、电视女演员，歌手，以《飞燕金枪》(*Annie Get Your Gun*，1950)最为知名。

10. Diana Lynn(戴安娜·琳，1926—1971)，原名多洛雷丝·勒尔(Dolores Loehr)，进入派拉蒙影业后改名为黛安娜·琳，美国女演员，以《少校和未成年人》(*The Major and the Minor*，1942)获得关注。

11. *Confidential Agent*(《机密的代理》，1945)，间谍片，赫尔曼·沙姆林(Herman Shumlin)导演，查尔斯·博耶、劳伦·白考尔主演，华纳兄弟影业发行。

Wanda Hendrix[12]，都已长得很美丽，后者是派拉蒙很重要的新星。看 *The Best Years of Our Lives*[13]，其中两个女主角 Teresa Wright[14]、Cathy O'Donnell[15] 都演得很温柔，Joan Leslie 脱离华纳后，和华纳讼事不断，很不得志。

学校想已上课，今年教哪两班英文？钱学熙想仍教"批评"，批评事实上很难教。Yale 的 Copeland 教 Modern Criticism，把一年的工作分成三期：第一期教三人，Croce，Aristotle、Richards 代表三种 theories of poetry；第二期教 Freud[16]、Marx 及其他影响文学批评的哲学家；第三期才讲 Eliot、Ransom 等当代 critics。钱学熙所 cover 的 material 也同他差不多。欠钱先生的信已经很久，所以预备写好他的信后一同发出。你华兹华斯写就，甚好，希望打一份给 Brooks 看看。今年我得着重小说批评，这方面的书，我看得太少。身体想好，你的生日想已过去，看些什么书，念念，即祝

---

12. Wanda Hendrix（旺达·亨德里克斯，1928—1981），美国电影、电视演员，《机密的代理》为其第一部参演的电影。

13. *The Best Years of Our Lives*（《黄金时代》，1946），剧情片，威廉·惠勒（William Wyler）导演，玛娜·洛伊（Myrna Loy）、弗雷德里克·马奇（Fredric March）、特雷莎·怀特、凯茜·奥唐内主演，雷电华影业（PKO Radio Pictures）发行。

14. Teresa Wright（特雷莎·怀特，1918—2005），美国女演员，1943年以《忠勇之家》（*Mrs. Miniver*，1942）获得奥斯卡最佳女配角奖。

15. Cathy O'Donnell（凯茜·奥唐内，1923—1970），美国女演员，以出演黑色电影（film noir）而知名。

16. Freud（Sigmund Freud，西格蒙德·弗洛伊德，1856—1939），奥地利精神病医师、心理学家，精神分析学派创始人。代表著作有《梦的解析》（*Die Traumdeutung*，1899）等。

秋安

弟 志清 上

九月三十日，十月一日

谢谢王岷源、张祥保给我的照片，并代致贺。

今年 Yale 印度人增加，中国人减少。来了一位曾在 Oxford 同钱锺书同学的印度人。

42. 夏济安致夏志清

9 月 27 日

志清弟：

好久没写信给你，近日发生的大事，为徐璋的自杀。附上剪报一段，可知自杀发生的经过。报上的照片，即是他同你在我室内合摄之影，他低着头像在看书。后来他对于这张照的downcast look 很满意，把底片上的你除掉了，留他一个人，添印很多张，广送朋友，所以死了还有一张给报馆拿去发表。他自杀的原因，在报纸所说之外，我还可以补充一点。他在今年五月间，得肋〔胸〕膜炎，在医院里，我曾去看他两次，他那时的确很衰弱，话都说不大动。此后他搬出医院住在清华，或进城住在前门外南柳巷他干妈家，我一直没去看过他，直至他死。那时我相当忙，加以心事很重，我又不知道该怎样安慰。我去"颐和园"浪漫的时候，他那时已在清华养病，我很有工夫去顺便看他一次，但我那时的 mood 很不适宜于探望病人，我的情形或者更促进他的伤感。他死前几个月，听说身体仍很衰弱，比在医院时虽好得多，但仍旧不该多劳动。医生嘱咐他躺在床上静养，他有时虽然立起来都脚软，还要挣扎［着］到城里来玩。他自杀的蓄意已久，决定采取这个方法（服用氰化钾）大约是这三个月的事。他先到处觅，觅到了曾经有封信给赵全章，说："我要找的东西已经有了，我现在是天不怕地不怕的了。"两星期前曾有一度 alarm：他忽在清华失踪，室内书一本都没有（已还掉或送掉），几天不回，可是门没有上锁，开着的。当时我们怕他已经自杀，但是他在南柳巷被发现，后来安然回到清华。据推测他那次回到清华就想自杀，可是偏偏碰到清华发薪，他拿了钱再进城来浪费，在南柳巷住了几夜。廿号夜住在哪里，至今还是一个谜（不在南柳巷，也没有回清华），廿一号回清华，廿二号即发现气绝身死了。你离平以后，他有两桩恋爱事件，一桩是同燕京的一位俄文女讲师，听说关系弄得很好，后来不知怎样他又厌倦了，那位女士同别人订了婚；还有一桩是同他干妈的女儿，他原意拜干妈并不为了其女，倒是确为其母，他想有个家庭的温暖。拜了之后同干妹（中学教员）渐生感情，她们待他听说的确很好，为他死而觉得顶悲痛的，世界上恐怕还是这母女二人。我们这些朋友们都没有落泪，他的自杀似乎都在我们的意料之中。他在死前故意地同朋友们疏远，在清华把自己关在宿舍——阴森森的小平房一间——里面，别人去看他，他都不大理会，因此探访他的人日少。这学期陈福田让他不教书领薪水，让他休养，我想好好地养他会养得好的。我早就知道他藏有氰化钾（potassium cyanide），但是从来没有去劝过他不要自杀，连信都没有给他一封。因为我不知道自杀是不是一种罪恶，有一种因一时气愤而自杀的，我们应该劝阻，因为他们如死后有知，一定会后悔，好像那种因气愤而摔坏东西的人，气平后往往后悔一样。徐璋的是经过很长时间的考虑和计划，他有决心、有步骤、有哲学根据，他做了一桩他认为应当［做］的事，我不能指出它的不应当。他的享乐心比我们多得多（他在印度时为 colonel，收入甚丰），所受的痛苦也比我们多得多（自幼没有家庭亲人，盲肠炎都开过两次，等等），他的 boredom 感也该比我们大得多。我可以猜测到他的心情，但不能了解他，我想我不配劝导他。他的身体的突然衰弱使他不能继续他的 dissolute［放荡的］生活（对此他或本已厌倦），他又没有决心来改变他的生活（他除预备自杀外，很少下决心做过一件像样的事，看他的考留学），他又不甘心做一个平庸的教书匠，过平凡的生活，自杀似乎是必然的结果。横一横心结束了自己的生命，和抱"做一日和尚撞一日钟"态度乏味地活下去，我不知道哪一种可取。

　　我的文章早已做好，一共有 double space 打字纸廿四张，最近我还不想花许多邮票（约三元 G.Y.）寄到美国来给你看。过几天也许会寄来，但无论如何将来的铅印抽印本我一定会寄上。Wordsworth 我想就此告一段落，以后当开始读 Byron[1]。

---

1. Byron（George Gorden Byron，拜伦，1788—1824），英国 19 世纪初期伟大的浪漫主义诗人。以《唐璜》（*Don Juan*，1819—1824）和《恰尔德·哈罗德游记》（*Childe Harold's Pilgrimage*，1812—1818）最为著名。

我的功课大约要于十月一日开始，这两天游玩时多。看了两张非常满意的电影：（一）*The Man Who Came to Dinner*[2]（Monty Woolley[3]、Bette Davis[4]、Ann Sheridan[5]）噱得不堪，为*Mr. Deeds*[6]以后十年来我认为最滑稽之片，Monty Woolley的蛮横自私，在文学上是一个成功的角色创造。（二）*My Dear Clementine*[7]，约翰福特导演，非常紧张，摄影极美。林达达妮儿表情胜过以前（我没有看过*Amber*），维多麦丘居然亦会一点表情，亨利方达如旧。这是我所看过的顶好西部片，胜过《铁马》[8]。平克的《碧云天》（*Blue Skies*）[9]我认为沉闷，看

---

2. *The Man Who Came to Dinner*（《不速之客》，又名《晚餐的约定》，1942），喜剧，威廉·凯利（William Keighley）导演，蒙蒂·伍利，贝蒂·戴维斯，安·谢里登主演，华纳兄弟影业出品。

3. Monty Woolley（蒙蒂·伍利，1888—1963），美国影视演员，以《不速之客》知名。

4. Bette Davis（贝蒂·戴维斯，1908—1989），美国影视演员。1936年凭《女人女人》（*Dangerous*，1935），1939年凭《红衫泪痕》（*Jezebel*，1938）两度获得奥斯卡最佳女主角奖。

5. Ann Sheridan（安·谢里登，1915—1967），美国女演员，代表影片有《一世之雄》（*Angles with Dirty Faces*，1938）、《战地新娘》（*I Was a Male War Bride*，1949）。

6. *Mr. Deeds*（*Mr. Deeds Goes to Town*《迪兹先生进城》，1936），喜剧，弗兰克·卡普拉（Frank Russell Capra）导演，加里·库珀、珍·亚瑟主演，哥伦比亚影业发行。

7. *My Dear Clementine*（应为*My Darling Clementine*《三岔口》，一译《侠骨柔情》，1946），西部片，据斯图尔特·雷克（Stuart N. Lake）传记小说《怀特·厄普：西部警长》（*Wyatt Earp : Frontier Marshal*，1931）改编，约翰·福特（John Ford）导演，琳达·达内尔、维克多·迈彻、亨利·方达（Henry Fonda）主演，20世纪福克斯公司出品。

8. 《铁马》（*The Iron Horse*，1924），美国无声西部片，约翰·福特导演，乔治·奥布莱恩（George O'Brien）、玛奇·贝拉米（Madge Bellamy）主演，20世纪福克斯公司出品。

9. 《碧云天》（*Blue Skies*，1946），音乐喜剧，史都华·海斯勒（Stuart Heisler）导演，平·克劳斯贝、弗雷德·阿斯泰尔、琼·考尔菲尔德（Joan Caulfield）（接下页）

了一半即退出。我对不轻松的歌舞片，殊抱反感，米高梅的 *Holiday in Mexico*[10] 亦是看了一半即退出。听过两次李少春（plus 袁世海）都很满意，一是《连环套》（总觉得他的黄天霸不是窦尔墩的对手，然而孙毓堃[11]的黄天霸镇定自信气魄都胜于他），一是《跨海征东》（凤凰山独木关），袁世海饰尉迟恭。李少春十分卖力，比谭富英对得起观众多矣。北平自改币以后，戏院营业大好，差不多天天客满，梁益鸣[12]等滑头戏已不能立足，不知躲到哪里去了。上海天蟾请童芷苓（plus 唐韵笙、纪玉良、高盛麟及大批配角，including 贺玉钦），中国请言慧珠、叶盛兰（加王和霖[13]、马富禄，其他配角很少，连武生都没有一个），双方对台颇为热闹。童芷苓那边人多戏复杂，唐韵笙[14]在天蟾挂过两次头牌，有"关外麒麟童"之称，拿手戏听说为《艳阳楼》（武生）、《逍遥津》（老生）、《走麦城》（红生）、《目莲救母》（老旦，游十殿有跌扑功夫）等等。言慧珠那边每晚只有三出戏：一阎世善[15]的《盗

　　（接上页）主演，派拉蒙影业发行。平·克劳斯贝（Bing Crosby，1903—1977），是美国流行歌手、演员，曾获第 17 届奥斯卡金像奖最佳男主角。代表作有《与我同行》（Going My Way，1944）、《乡下姑娘》（The Country Girl，1954）等。

10. *Holiday in Mexico*（《墨西哥假日》，1946），彩色音乐剧，乔治·西德尼导演，沃尔特·皮金（Walter Pidgeon）、简·鲍威尔主演，米高梅公司发行。

11. 孙毓堃（1905—1970），京剧武生演员。祖籍河北河间。名旦孙棣棠之子。

12. 梁益鸣（1915—1970），京剧老生演员。北京人。常演马派剧目，有"天桥马连良"之称。

13. 王和霖（1920—1999），京剧老生演员。原名瑞霖。妻李荣芳工旦角。

14. 唐韵笙（1903—1970），京剧老生演员。原名石斌魁，祖籍沈阳，生于福州。

15. 阎世善（1919—2007），京剧武旦演员。原名阎庆珍，生于北京，出身梨园世家。1927 年入富连成科班。

仙草》之类；二王和霖的马派戏；三言 [慧珠]、叶 [盛兰] 的《玉堂春》《翠屏山》《得意缘》之类，比较简单。这样搭配，叶盛兰不能发挥所长，颇为可惜。言慧珠的拿手梅派戏似乎都还没动。

这学期南开严厉地执行体格检查，凡有 T. B.[16] 嫌疑者都不准注册。北大对于新生凶，老生可通融。刘璐很不幸地亦在其内，她就此被强迫休学一年了，她可能回北平来休养，我们似乎还不能断。

程绥楚那里希望你能去一封信，长短不论，中英文不论，他很崇拜你，你的英文信他会翻字典大读的。字尽管用得难，不要紧，瞎幽默亦可，不要放低程度，就照你写惯的句法写信给他可也。我会替他解释。他没有女朋友很可怜，你可安慰安慰他。

附上与许鲁嘉等合摄之影一张。九月廿三日晨我赶去清华，替在床上的徐璋尸体（法院尚未验尸）照了几张相，洗出来后当奉上。别的再谈，即颂

秋安

兄 济安 顿首
九月廿七日

另附上徐璋尸首照片两张（可给李赋宁看看）及我在清

---

16. T. B.，tuberculosis，肺结核。

225

华实验飞机前所摄一张，并赵全章等四人合影（汪曾祺为施松卿的未婚夫）。

　　这学期潘家洵大发慈悲，排我两天班大二，一星期才六小时，都在红楼，十分方便。

43. 夏志清致夏济安

10 月 18 日

济安哥：

前星期四接到来信，得悉徐璋自杀，不胜感慨。看了他死后的照片使我 unsettle 了一下午，一晚上。徐璋是个好人，我在平时，朋友中觉得只有他和许鲁嘉可以不谈学问，informal 地容易接近。我是不相信死后有知觉的，所以觉得 willingly 把自己的生命 destroy，更是可惜，一种没有补偿的 waste。对于他，生活没有意义或者是更可怕的事。在 Yale 知道他的，除李赋宁外，还有吴讷孙[1]（联大和他、赵全章英文系同学，现读美术史）、李田意[2]（清华英文系，转读历史系），都颇为叹惜。Yale 开学已有三个多星期，又开始了写 paper 的 routine，所以虽然得到

1. 吴讷孙（鹿桥，1919—2002），著名华人美籍作家、学者，先后就学于西南联大及耶鲁大学，系美术史专业博士，任教于耶鲁大学及圣路易的华盛顿大学，著有《未央歌》（1959）、《人子》（1974）等。
2. 李田意（1915—2000），河南伊阳人，耶鲁大学历史系哲学博士，先后任教于美国耶鲁大学、俄州州立大学、香港中文大学、台湾东海大学等。著有《哈代评传》（1965），与柳无忌、张镜潭合编《现代英语》（1945）等，并编校了《古今小说》《警世通言》《醒世恒言》《拍案惊奇》等。

1948

徐璋的消息，到现在才写回信给你。

今年三门课，以 Brooks 需要 reading 的时间较多。三星期来读了海明威的短篇小说，*The Sun also Rises*[3] 和 *FWTBT*[4]，现在开始念 Faulkner，还要写一篇关于海明威的批评文。Milton 每星期 assignment 不多。可是每两星期要写篇 paper，也浪费不少时间，Old English 每星期两次，每次需要一个晚上或一个晚上一个下午的准备，平时不大理它。

——（信没有写完，今晨去信箱，看到你十月十一日的信，信中的 mood 不大好，大约是经济状况不好，各种问题不能解决的缘故）我的经济状况也极不好，除了香烟、洗衣、电影和少不了的书外，已到一钱不花的程度。去年来学校太迟，没有 apply 免学费的 scholarship，否则用钱可以手松得多。本想买件羊毛衫送你，暂时不想多花钱，或者过年后送你。Hand Book 当为订购，由他那里直接寄北平。我虽穷，可是学费，膳宿都是整笔付出，没有每天为吃饭花钱感到经济的压力。有钱的同学，除了多买西装和无线电之类外，也不比我有多大的享受。我的"自我实现"的哲学，恐怕早已放弃了，现在还是对读书最有兴趣，女人也不想，我的身体，因为营养很不错（每餐一杯牛奶）还能维持日夜的工作。眼睛并不〔没〕有近视了多少，旧眼镜亮度约三百六十度，左眼换了

---

3. *The Sun also Rises*(《太阳照常升起》，1926)，美国作家海明威长篇小说。
4. *FWTBT*，即海明威的另一部长篇小说 *For Whom the Bell Tolls*(《丧钟为谁而鸣》，又译《战地钟声》，1940)。

四百度外，右眼并没有换，两镜片凸度并没有看得出的分别。上次换眼镜还是在海关的时候，所以进步并不快。"Panteen"在北平药房外陈列了文雅广告我还记得，头发还得好好保养。我觉得美国人吃的 meals 同中国人吃的营养成分差不多，只多了牛奶。我想北平的牛奶还便宜，不知现在你服用否？看来信，经济情形似乎较以前更糟，上海恐怕还没有北方情形那样严重。人心恐慌，非特北平的学生，一般留学生差不多都已左倾。

你的恋爱问题没有什么结果，而董华奇的 obsession 老是念念除不掉，一定很苦痛。暑假的热闹已过，恢复上半年那种的寂寞，我也无法帮忙。不如在 mood 好的时候，多同女孩子来往，虽然没有意义，也可减少些 gloom。我因为工作忙，情感的 luxury 已没有，过着机械化的生活，没有 despondent 的 mood，也没有什么可 complain。Yale 研究院，因为研究生名额较别的大学少，功课的忙，英文系中，确为全美之冠。Harvard 的 undergraduate 功课比 Yale 紧，研究院因为人数多，就没有那样紧张。哥伦比亚读 M.A.，大课堂，平日没有 paper，只凭大考，时间的分配可以自由的多。有位英文系同学，在 Yale 念 Drama School，这次转哥伦比亚英文系，一选课有五门之多（Mark Van Doren、Krutch[5]）之类，在 Yale 是不可能的。

5. Mark Van Doren（马克·范·多伦，1894—1972），美国诗人、作家、批评家，代表作有《诗集》（*Collected Poems: 1922—1938*，1939）等。Krutch（Joseph Wood Krutch，约瑟夫·伍德·克鲁奇，1893—1970），美国作家、评论（接下页）

钱学熙把文章寄给 Eliot，如蒙赏识，在中国学术界地位可以稳固了。Empson 的书大约已具体，最近文章发表很多，这期 *KR* 有一篇，下期 *SR* 刊 "Fool in Lear"，*Hudson Review* 刊 "Wit in Pope"。Faulkner 在近代小说家中较特殊，recreate 早年美国密西西比河流域的黑人、印第安人、白人的生活，想象力很高。最近读一篇 "Red Leaves"[6]，描写一个黑人逃性命，一路吃活老鼠、蚂蚁时鼓腹，相当 impressive。海明威早年故事文笔很干净，你欢喜的 Steinbeck 的笔调，大约是从他那里学来的。《战地钟声》则不能给我一个清楚的印象，因为作者写小说时，自己没有一个明确的概念。读 Robert Penn Warren[7] 的 Hemingway 一文，极好，Warren 的批评文都未集起，但他确是一个了不起的批评家。

给程绥楚的信还没写。只好留在下次了。我的 Milton paper（关于他的拉丁，Italian Verse）写好后，还没有 type，星期四后还要写海明威，所以一时抽不出空来。寄来的照片，许鲁嘉较前 stalwart[结实] 得多，赵全章如旧，金堤 melancholy，很英俊的样子。好久没有照片给你，下次当去拍

（接上页）家，哥伦比亚大学英文教授，代表作有 *The Modern Temper*（1929）、*The Measure of Man*（1954）。

6. *Red Leaves*（《红叶》，1930），美国作家威廉·福克纳的短篇小说，首先发表在 *Saturday Evening Post*（《星期六晚邮报》）。

7. Robert Penn Warren（罗伯特·佩·沃伦，1905—1989），诗人、小说家、批评家。"新批评"理论的代表人物之一。曾参与《南方评论》杂志的创建和编辑工作。代表作有小说《国王的人马》（*All the King's Men*，1946）。

一张 automatic[自动] 照片寄你。Byron 已开始否？念念，希望你的 mood 不要这样不快乐，即祝

　　康健

弟 志清 上

十月十八日

44. 夏济安致夏志清

10 月 11 日

志清弟：

多日未接到来信为念。接父亲信说你近视加深，甚以为念。你虽有机会专心读书，然而你的"自我实现"的哲学不能实行，也是大堪惋惜的。我的体力不如你，恐怕将来即使出洋，也不敢读耶鲁等难学堂。这两年你是只好了学问牺牲别的了。我的健康一般而论同以前差不多，唯自觉头发有"掀顶"（同父亲一样）的危险，现已用了两瓶瑞士 Roche 产的"Panteen"，现在用第三瓶，长头发之功尚未见，但发的确落得少一点。我自信脸部长得还嫩，只要头发能保持得住，四十岁还可以做新郎（每星期或十天我的头皮还去照紫外光，足见我对生活还有野心也）。

近日物价又大涨。政府限价限得凶，商人有东西也不敢卖，偷偷摸摸地买〔卖〕，因此物资似乎更缺，价钱更往上涨。面粉一袋似乎已在五十元 G.Y. 以上（我的薪水才一百廿元 G.Y.），飞利浦马利斯一包约六元，肉非常难得，我因在外零吃，仍可有肉吃（菜馆里总要设法买些肉来，即便要走许多路，到很远［的］地方去买来）。普通人家已不大吃肉，我的香烟差不多已经戒掉，否则一［个］月薪水只够两条飞利浦，太是笑话了。这次物价之涨，同以往各次涨风不同：第一我们的薪水以前也跟着调整，现在政府不承认物价涨，只承认限价，而且把我们的薪水也冻结了，成了收入有限、支出日增的局面；第二以前物价虽然涨，店里货并不缺，随时可以买得到，现在许多东西都不容易买着（米就非常难买）。一个蹬三轮车的蹬了一天三轮，还要走很多地方，花很多时间，才挤得到一点杂粮，因此现在人心的恐慌胜于以前。我们本来每月配给一袋面粉，自本月份起听说将改作十元代金，而我这里一袋存面都没有。我并不恐慌，因为我不大往远处去想，只是用钱不大自由，心里总有些不痛快（政府还要开始铸造一分铜币，我不知一分钱还有什么用处？）。

刘璐的大姐（她还有个二姐），于十月九日在北平出嫁，她大约在北平（你知道她因有 T.B. 嫌疑被南开勒令休学，南开在这点比北大凶），我叫工友送了十元钱去。结婚那天我去了怕没有"落场势"（因为男客里没有熟人，一个人搁在那里是很窘的），因此没有去道喜。最近我想到她家去走一次，探望于她。事实上，我们的关系不会再有什么发展，可以说是已经结束了（因为双方都没有什么感情，事情推动不起来）。董华奇还继续地给我痛苦。我又有几次差不多要向婶婶求婚，又都自己遏制住了。董华奇的 illusion 一日存在，我怕不能再爱别的女人。对董华奇的爱不能实现（或彻底地受破坏，如

233

对李彦的一样），我还是生活在紧张之中，对于女人还是没有自信。要我的精神进入健康，大约总得在我们分居两地之后（如她去上海），我相信我还是健忘的。

中央电影场〔厂〕三厂摄影师钱渝想买一本书（附上文件一通），请你寄五元钱去，信也请你代写一下。钱我在这里已收下，又得请你破费一下，真对不起。吴志谦已去武汉，石峻[1]本学期去武汉[大学]任副教授，他们可以见面。别的再谈，即祝

快乐

兄 济安 顿首

十月十一日

PS：十月一日来信收到。悉拉丁考试及格，一暑假有如此成绩，大堪自傲，我亦为之欣慰。看 Yale 的课程有难有易，大约只要把文字弄好，读 Ph.D. 并不很难。我的华兹华斯论文拟请燕卜生看后，再寄到美国来（燕才回国）；钱学熙的论文已寄至英国 Faber 给 Eliot 看了。今年你不在，董华奇又同我疏远，我的寂寞可想。我现在有两个倾向，一是 self-pity；二是感情麻木，都不很健康。最近生活中并无女人，算

---

1. 石峻(1916—1999)，湖南零陵(今永州市)人，著名中国哲学史专家、佛学家，曾任教于武汉大学、北京大学、北京师范大学、中国人民大学等，著有《石峻文集》(2013)、《近代中国知识分子的道路》《范缜评传》(1981)等，主编有《中国佛教思想数据选编》(1981—1983)、《中国近代思想史参考资料简编》(1955)等。

命所说的似只限于暑假那一段。除非再有程绥楚那种"无事忙"，我不会单独地去追任何女人。我的决心是抱独身主义，真有什么婚姻要来，我是逃不掉的。我只是决心不追求任何人，似乎没有一个女人值得我追求。有了刘璐使我有个方便，逢到别人要替我介绍女朋友，我即以刘璐为挡箭牌（程绥楚也以为我醉心刘璐，不敢再拿别的女人来介绍给我了），说我已经有了对象了，其实我同刘璐早已完了。——所谓别人指的是童遐苓，他是同程绥楚（同样的 sentimental）相仿的一个热心人，他以前想介绍给我一个女人，听说很好（我没有见过），现在做了谭富英的填房。谭富英已经四十几岁，他很替那位小姐抱屈（谭富英的亲事是叶世长[2]做的媒人；谭富英前妻是姜妙香[3]之女）。我和你在哲学上有点不同，即我并不认结婚为一件快乐之事，我认为这是一件悲壮之事。

我并没有很强的责任心使我一定要替夏氏传宗接代，再则我没有足够的 passion 使我觉得非和某一个女人结婚不可。只有董华奇，我是喜欢她做我的妻子的，但是说亲未必有把握，徒然替自己增加羞辱而已。我想我就这样平凡地活下去就算了，不要做什么悲壮之事了。

我不认得但庆棠，所以不知道是否曾经看见过她。

---

2. 叶世长，即叶盛长（1922—2001），京剧老生演员，原名叶成章。原籍安徽太湖，生于北京。"富连成社"社长叶春善（1875—1935）之子。
3. 姜妙香（1890—1972），京剧小生演员。名汶，字慧波，号静芳。直隶献县人（今属河北），生于北京。

45. 夏济安致夏志清

10 月 30 日

志清：

十月十八日来信收到。承关心我的心境不佳，颇感这几天似乎好了一点。穷还是一样地穷，穷得到上海不能有效接济的程度。上海由蒋经国（Gimo 的大儿子，*Time* 八九月某期有他的相片）严厉执行限价，物价涨得不凶，只是许多东西买不着，生活也很苦（譬如父亲来信说，阿二一早去排队买肉，一星期只能轧着一次）。但是物价还稳定，家里一家凭父亲的场面三百元一月（父亲的薪水）已够。但是北平我一个人光吃苦饭，一个月三百元还不够！钱学熙无锡家里卖掉五石大米（每石廿元），得一百元，寄给他贴补家用，然而一百元在北平只能买卅斤米。吃的东西太贵，我在外面另〔零〕吃，近来大感生活不稳定之苦。以前在西安同郑之骧也常受饥饿的威胁，那时我们收入少，接济不便，常常有今天吃掉，明天没得吃的恐慌。十月份发了两个月的薪水约 G.Y. $250（加些别的补贴），总算勉强快度过去了。下月以后不知怎样了。东北沈阳快撤退，许多军队和百姓都要退到关内来，吃的人多了，粮源有限，以后米粮恐慌将更甚。长春已经失守。长春在围城时期的情形，你在国外恐怕不知道，据国内报章杂志所载，简直惨得吓人。那时长春（小公务员）的收入都比同级的在关内的公务员大〔多〕一百倍（因为粮食价太贵了），长春一地的通货数目，要收回，共需三亿金圆，然而全国的法币据说用两亿金圆券就收得回了。照军事局势看来，华北渐成东北之续，天津将成长春沈阳，我看我是不会在北平久居的了。据传说，北大将迁杭州，但愿成为事实。清华有迁长沙之说，但传说梅贻琦[1]校长反对；我们的胡博士可能赞成搬。这星期为生活问题（师生联合）罢了一星期课，不知政府将如何改善。我看经济军事形势都在使人心浮动，以后上课也不能安心，政府不替我们改善生活，罢课还会来。我只想挨到寒假，寒假回去了，总算换一个环境换一口气。潘家洵也闹穷，也想逃离，弄得很 pathetic[可怜的] 的样子。小暴君的威风一点都没有了。同事中袁可嘉有点怕共产党，同时也想 adapt himself；金堤想留下来看看；赵全章生活右派思想左派，不知道会不会逃，别人左派的多，恐怕还在暗中欢迎共产党来。袁家骅在英未返，钱学熙一定走，朱光潜也一定走（我还没有听见朱光潜亲自表示过什么意见），将来北大英文系只会由很少的人在南方支撑起来。学校真的宣布

---

1. 梅贻琦（1889—1962），字月涵，祖籍江苏武进，天津人。1931—1948年任清华大学校长。1955年，在台湾新竹创建台北清华大学并任校长。

搬，去的人会多一点。如果光是集合几个流亡师生在南方办起来，人便会很少。

　　一穷之下，无心管恋爱。董华奇的事我想就此结束了罢，至少我想最近我决不会去propose。现在我暗自庆幸还是独身的好，现在这样穷，随时又可能逃难，有了家累怎么得了？婶婶很苦，董先生不常寄钱来，寄来的钱又少，北平生活如此高涨（上海人将断断不能realize），她支撑门面大为吃力。她已好久没有笑容。我因粮食贵，不常到她家去吃饭了。她只有一条出路——把房子卖掉，逃到南边去。

　　我的文章寄上，请你仔细批评。凡用红墨水修改处，都是照燕卜生的意见。有几处地方，改过了又改回来，那是朱光潜先主张改，燕卜生并不说要改，所以我又把它复原。燕卜生坐freighter回来，七海飘荡，走了三个月，路上遇见小偷，[被]偷去三百美金。他说Brooks（他讲起Brooks时，先已忘了他的名字，用what's his name——Brooks开头），在他前提起你，他说你不去听暑期学校，是个good sign，因为Yale很serious with你，希望造就你，所以留你在学校读拉丁。我告诉他你拉丁已考，Ph.D. Req.及格，他很高兴。下月起邮费涨价，所以今天趁贱寄上。（"Lyrical Ballads"朱光潜说前面应加"the"。）

　　我现在不希望你来接济，因为官价美金太不值钱，U.S. \$1=G.Y. \$4，黑市严厉取缔，捉住了真吃大官司，而且我也不知道去哪里去兑（王府井有一爿熟店，我曾去做过，现被破获查封），为很少数目的钱冒此大险，太犯不着。
Sweater 我那件还好，暂时用不着新的，你如要送我，请你回国时带来，不必现在买（我因为没有女朋友了，整天穿中装），而且穷得精神萎靡，无心轧女朋友。你第三年的学费，汤先生、罗先生一定会帮忙。你不必着急，临时自有办法。我相信命中没有冻馁之忧，所以虽然穷，还不着急，相信 somehow or other，我总有饭吃。我在暑假那一段，过得顶阔气，有两个月没有进小小食堂，起码吃福春园，饭食之讲究，你在北平时从来没有这样长时期的享受。现在连进福春园点只起码菜，都变成是 treat 了，平常总在小小食堂吃面食。

　　我最近精神可能有一出路，是写白话诗。已经写好了一些，因为没有押韵（觉得太容易了），预备押韵重写，下一封信希望可寄一些给你看看。我写诗是以 wit 为主，rhythm 我力求 colloquial，imagery 则 striking（而常常 ugly，相当 impressive），中国白话诗人还没有像我那样写过，可算得异军突起。袁可嘉看了我的一篇稿子，称我为中国 John Donne，其实我对 Donne 并不熟，也不想模仿他，不过我的冷酷（恋爱总是失败，当然会使我变成〔得〕冷酷），加以我的 wit，及对于用字推敲的兴趣，会写出些特别的诗来。我不大敢太用心，因为不要看白话诗容易，写出味道来也会使人失眠的。

最近看到一本 Joan Evans[2]（此女学问极丰富）的 *Taste & Temperament*，是讲图画等 Visual Arts 的，相当有趣。书内把人分 Quick Introvert、Slow Introvert、Q. Extravert、S. E. 四种，我想我是属于 S.I. 的，举两个特点：（一）我的房间不整理，而且没有摆设——书中用 Dürer[3] 所画 Study of St.Jerome 作为 S.I. 书房布置的代表；（二）我喜欢黑白，胜于彩色。我对于碑帖兴趣不小（胜于图画），其实对于木刻也很喜欢，现在对于摄影有些研究，更欢喜好的黑白摄影（如 John Ford 的 *How Green Was My Valley* 及 *My Dear Clementine* 两片的摄影[4]），对于五彩电影，从来没有觉得有过一张好的画面，五彩摄影亦然。看了这本书后对于西洋画增加一点认识。最近看了一张 *Sea of Grass* 觉得还不差，我想起我有这本书，你在书上写着 M.G.M.'s dull epic，翻着这几个字，很使我感慨，想起我们以前的种种，但是这种片子并不 dull，导演 Elia Kazan 手法平稳而干净，赫本、Robert Walker 等表情

---

2. Joan Evans（琼·埃文斯，1893—1977），英国历史学家，所提的书籍全名为 *Taste and Temperament: A Brief Study Psychological Types in Their Relation to the Visual Arts*（《品味与性格：心理类型与视觉艺术的关系研究》，1939）。

3. Dürer（Albrecht Dürer，阿尔布雷特·丢勒，1471—1528），德国画家、版画家及木版画设计家，主要作品有《骑士，死神和魔鬼》（*Knight, Death and the Devil*，1513），《忧郁之一》（*Melencolia I*，1514）。

4. *How Green Was My Valley*（《青山翠谷》，1941），剧情片，改编自英国小说家理查德·勒埃林（Richard Llewellyn）1939年同名畅销小说，约翰·福特导演，沃尔特·皮金、莫琳·奥哈拉（Maureen O'Hara）、罗迪·麦克道尔（Roddy McDowall）主演，20世纪福克斯公司发行。

都好⁵，故事本身亦很有意思。还看了一张电影叫《禁城毒蕊》⁶（*Casbah*），想不到就是当年的《海角游魂》⁷（*Algiers*），现在由汤尼马丁扮查理鲍耶，俗气可想，伊凤黛卡洛扮黑女，扮白女的叫 Märta Torén⁸，完全女学生作风。比海蒂拉玛差得很多，不知道为什么要重拍也。别的再谈，即祝

　　快乐

　　　　　　　　　　　　　济安 顿首
　　　　　　　　　　　　　十月三十日

　　附上钱学熙给你的回信。

5. *Sea of Grass*(*The Sea of Grass*，《陇上春色》，1947)，西部剧情片，据康拉德·里澈(Conrad Richter)1936年同名小说改编，伊利亚·卡赞导演、凯瑟琳·赫本(Katharine Hepburn)、斯宾塞·屈塞(Spencer Tracy)、罗伯特·沃克(Robert Walker)主演，米高梅公司出品。

6. 《禁城毒蕊》(*Casbah*，一译《卡斯巴》，1948)，音乐剧，约翰·贝利(John Belly)导演，汤尼·马丁(Tony Martin)、伊凤·黛卡洛(Yvonne De Carlo)主演，环球影业发行。

7. 《海角游魂》(*Algiers*，1938)，剧情片，约翰·克隆威尔(John Cromwell)导演，查尔斯·博耶、海蒂·拉玛、茜瑞·格丽(Sigrid Gurie)主演，联美公司出品。

8. Märta Torén(玛尔塔·托伦，1925—1957)，瑞典电影、舞台剧演员。

46. 夏济安致夏志清

11 月 17 日

志清弟：

多日未接来信为念。近数星期以来，时局日趋变化，北方逃难人颇多。我有一度想不等学期结束，径自回南，后来怕这样不能得校方谅解，以后不再要我，我在南方又没有好差使，只好等到时局真紧急或放寒假时再说。关于走的准备，已经交邮政局寄沪两箱书，连我的大字典在内，共 45 公斤。书还有不少，以及暂时不用的衣服等，想陆续寄走。可是近来穷得要命寄费虽不贵，亦不容易筹措，等到稍微宽裕一点，再去一包一包地寄。

北京大学大致不能南迁，政府没有这笔钱，也腾不出这些船的吨位，将来还是各人逃各人的。我看不搬亦好，免得那些同情左派的人老是在国民党治下过得不痛快，那些人留在这里，早晚必定会享受到他们所心向往之的解放生活。

上海逃难的人亦很多，人心恐慌得很，各处乱走（京沪铁路真挤死人），非但为的是怕共产党军队来（这到底还远着），同时听说为的生活太高，许多人都活不下去。上海吃的现在比北平贵得多，这倒是出人意料的事。限价的时候，上海管得顶凶，因此市场大部停顿，现在限价一取消，物价涨得也顶凶，家里生活一定也很困难。

我穷得常常身边只剩一两天的饭钱，京戏已一个多月没有看。上海大舞台演连台《大侠英烈传》（？），广告上有一段精彩回目叫做《蒋大龙检举豪门》，现在蒋经国虽然辞职了，这一集戏还在做着。演蒋大龙的大约是陈鹤峰[1]罢？上海最近发表生活指数为八月十九日限价时的八倍，北平至少亦为那时的五六倍，可是我们薪水只照那时加了一倍半，生活当然非紧缩不可。

穷加上想逃难，诗亦没有写成。看了 Lonsdale & Lee 的 Aeneid 散文译本[2]，译得噜里噜苏。最近在看 Henry Cary 所译的《神曲》[3]，觉得译出的诗很硬，很干净，或者很像但丁原文，我很喜欢。最近买到一本六百多页的 Boileau 集，有法文译注，想好好读一下，同时想把他来和 Pope 比较一下。（去年 *New York Times Book Review* 有一期 Auden 评 Viking 的 "Portable Dante"，对各家译文有很扼要的批评。）我正在照你的办法读 classics，对于 Byron 的研究拟于读掉 *Faust* 之后，对 Pope

<hr>

1. 陈鹤峰（1904—1981），京剧老生演员。原名陈鸿声，浙江鄞县（今宁波市鄞州区）人，著名"麒派"老生。
2. 此处系指 James Lonsdale 和 Samuel Lee 翻译古罗马维吉尔（Virgil）的史诗《埃涅阿斯记》。
3. Henry Cary（Henry Francis Cary，亨利·卡里，1772—1844），英国作家和翻译家，最有名的翻译即是用无韵诗翻译的《神曲》。

1948

多了解也可帮助了解 Byron。我的读书兴趣虽然不很强烈，但是不论环境如何，倒是始终保持的。

中电三厂怕要搬到南方去，那本书不知道你已经写信去买没有？他们如有回信给你，请你寄给我，我可拿去交账。如果他们还没有寄出，顶好请改寄给我，由我转递，免得遗失。

附上《大公报·星期文艺》一张，该刊现在是袁可嘉在编。从这篇座谈记录里你可以看见些很熟悉以前常听见的话，和一些相当奇怪可笑的话。

圣诞将届，我希望你能寄五张精美的空白的 X'mas cards 给我作为礼物。如美国此物已上市，请即购好航邮寄下。你倒不一定寄张片子给我贺年，可是有些人，关系只能靠寄贺年片来维持，写信没有什么话好说的。对于这种人，贺年片当然亦该用得讲究一些。再谈　即祝

冬安

兄 济安 顿首

十一月十七日

47. 夏志清致夏济安

11 月 19 日

济安哥：

挂号信和文章收到已有十天，连日忙碌，没有空作复。*Tintern Abbey* 论文分析极细，很见功夫，各种 distinction，如冬与夏，visual 和 auditory，两次对景物对的印象不同，都很 valid，尤其是指出华兹华斯对他的姊姊的看法——从她的 wild eyes 中看出早年的华兹华斯，和这种 mood 的必然失掉——确是 critical insight。文章没有失〔出〕奇的地方，可是极平稳，能够维持一贯的 mood。将来出版后一定可以 establish 一下 as scholar critic 的名气。谢谢你浪费了不少邮票，寄给我读，下次见 Brooks 时，当让他批评一下。信上看出北平粮食的缺乏和生活的不安，这两星期来，局势发展更坏，平津更是危险，想生活更是艰苦。有没有作逃难的计划？甚念。平津随时可以〔能〕失守，很可能和家中隔断。上星期好像局势有一发不可收拾的样子，国外同学都很关切，好像南京、上海都要失守在目前。最近徐州胜利后，想人心可以安定一点，但愿局势一直好转下去。报上说平津南下乘飞机登记的人已有数千，不知你有没有预先登记？北大会不会南迁，能搬杭州最好；不过从一般学生眼光看来，给共产党接收是最好没有的事。父亲在上海有没有搬家的计划？我想事实上不允许会搬家。一切自己见机行事，安全第一。我在国外，除了每天看 *New York Times* 消息外，也不能有什么帮助。最近金圆跌价后，零吃的情形是否好一些？极念。

　　我最近几星期来，忙着写文章：Milton 一门已写了两篇，"Milton's Anatomy Verse"（in Latin & Italian）和 "Lycidas 和 Epitaphium Damonis 比较" 都写得极好，和 Witherspoon conference 时，他很赞美，两篇都是 "A"。一般新学生，大学升上来，或 G.I. 出身，对大学的修养，都没有 mature，所以我很可 distinguish 自己。这学期比上学期写文章有把握得多，非特老练，并[且]不会有文法的小错误。再隔两星期要缴一篇 *The Poet as Statesman*，是关于对密翁 prose 的研究。Brooks 那方面，读完 Hemingway 后，写了一篇论文，关于海明威的 imagery 和他 memory 的关系，写了九页。上次去看 Brooks，我的那篇文章还没有看，就当场看卷，看完后他说 This is definitely an honor paper，并说我写 first rate prose，使我很高兴。所以这学期两课的关系都弄得很好，只要在 Old English 加紧用功，不难大考时没有良好的成绩。下星期要写一篇关于 Faulkner 的论文。Faulkner[的]文章有时很难读，rhetoric 的丰富，为近代人所少有。钱学熙信上问及对于小说的批评方法，事实上目下的倾向就是把批评诗的方法搬到小说上去，最近两年来的 *Kenyon Review* 独多小说批评的文章，就可看得出这一点。批评方法也不外乎在故事本身上找〔寻〕求 analogy，它的 structure、imagery、symbolism 之类。不过这种对小说的 intensive 批评，十年前还不是一种 collective effort，所以一直没有代替 Lubbock[1]、Forster[2]、E. Muir[3] 研究小说技巧的书。写小说批评的人近有 Alan Tate、Blackmur（on Dostoevsky）、R. P Warren、Richard Chase、Mark Schorer 较活跃。研究 Faulkner 的工作，最近几年才盛行，所以上课时，Brooks 很有些话可讲，Brooks 讲话很稳，没有一句不加以适当 qualifications。他在写一本关于 Milton minor poems 的书。

Eliot 得 Nobel prize 想已知道，他现在 Princeton 的 institute 内研究，写书，写一本（明年二月出版）*Notes toward the Definition of Culture*，同 Arnold[4] 一样，从 poetic criticism，他已转到讨论宗教和文化上面去，预备十二月返英，所以钱的文章，是否由 Faber 转到美国来，就不可知了。Eliot 去年丧妻。

---

1. Lubbock（Percy Lubbock，珀西·卢伯克，1879—1965），英国散文家、批评家，代表作有《小说技巧》（*The Craft of Fiction*，1921）等。
2. Forster（Edward Morgan Forster，爱德华·摩根·福斯特，1879—1970），英国小说家，代表作有《印度之行》（*A Passage to India*，1924）、《小说面面观》（*Aspects of the Novel*，1927）等。
3. E. Muir（Edwin Muir，埃德温·缪尔，1887—1959），苏格兰诗人、批评家、翻译家，曾译卡夫卡作品，代表作有《小说的结构》（*The Structure of the Novel*，1928）等。
4. Arnold（Matthew Arnold，马修·阿诺德，1822—1888），英国诗人、评论家，代表作有《文化与无政府状态》（*Culture and Anarchy*，1869）等。

今年十一月F.O.Matthiessen的父亲F.W.死掉，他是Big Ben，大鹏钟表厂的老板，相当有钱——可供给钱学熙上批评课时的余兴。你写白话诗，甚好，精神可以有出路，我创作的urge已一点没有，文章写得太多，信也不肯多写；你对于wit和striking imagery的兴趣我一向知道，能够写成功诗，也可以作最近一两年生活的记录。有wit的诗较着实得多，比卞之琳那种读《罗马兴亡史》的纯psychological联想而产生的诗强得多了。Ransom着重写诗，psychological unity外，更要紧[的]是logical unity。袁可嘉的诗好像也是由个人联想作诗结构的基础的。

最近因看电影后，一坐三四个小时，眼睛太酸，所以不常看。上星期六朋友请看Olivier的 *Hamlet*，开始黑白摄影极好，下半部电影好像技巧方面没有特别成就。全片最好的当然〔数〕Olivier的delivery：他的command of voice，高的时候高，低的时候低，为别的actor所不能。Jean Simmons并没有在 *Great Expectation* 中那样好看，Ophelia的角色莎翁根本没有写清楚，所以不容易interpret，发疯后表演得很苦楚。影片内每人的服饰都很不讲究，很ugly；最后Olivier斗剑几下，手脚很干净，很显真功夫。New Haven有一家剧院Shubert Theatre，号称美国的"Premier Theatre"。许多话剧和歌舞剧，未去百老汇以前，先在New Haven上演几天，可以研究观众的reaction，有所修改，去百老汇后，就可顺利演出了。上星期 Charles Boyer 在该戏院上演 Sartre 的剧本 *Red Gloves* [5]，是 Boyer 第一次在美国上舞台，他是很好的 actor，值得一看，可是没有钱和时间，没有去看。下星期 Tillyard 要来 Yale 演讲，英国学者不时有到美国来的。燕卜生、弗兰戈等外国人要不要撤退？希望你寒假时能够回沪，假如北平真的失守，也不必回去了。我在 Yale 最近付了学费、住食，三百八十元，还余一百二三十元足够维持到年底，不买衣服也不买书。花了一元钱买了一大瓶 Port 酒，可以在疲倦时喝一两口。美国人对于猪脚爪、鸡内脏之类，没有用，都放在 vinegar 中 preserve 起来，味道很鲜，相当 [于] 中国的酒糟的东西或熏冻之类，可以另买，最近发现也可以买来小 sensual 一下。近况如何，甚念。钱学熙的回信，X'mas 时有空当做复。即祝

近安

弟 志清 顿首

十一月十九日

（照片没有去摄，下次当寄上。）

---

5. Sartre(Jean-Paul Sartre，让-保罗·萨特，1905—1980)，法国存在主义哲学家、文学家，代表作为《存在与虚无》(*L'être et le Néant*，1943)等。*Red Gloves*（《红手套》)是其名作《肮脏的手》(*Les Mais sales*，1948)的英译名。

48. 夏济安致夏志清

11 月 25 日

志清弟：

多日未接来信为念。北大已经决定不迁，大部分先生学生都怕搬到陌生地方去，将流落成为难民，政府未必会找很好的地方给我们住，让我们上课，迁移的经费也恐怕拿不出来（我们的薪水常常发不出，北大也比以前穷了）。现在流亡在各处的难民学生，多数在过着流亡兼流氓的生活，上馆子不给钱，看白戏，打电车卖票（北平的电车卖票给东北学生打得真苦），强占民房等等，为非作恶，借学生招牌为护符，扰乱社会治安很大。我也不主张搬，谁要走自己想办法走。

我在最近几天内会离开北平，已经急电打到家里讨二千元，现在正在活动飞机，成功了就走。以后信件请寄上海。

这一走对于我也是一种牺牲，放弃了北平比较安定的生活（这种生活事实上即便留在北平也享受不到几天了），将开始到南边去混。职业还没有着落，放弃了北大恐怕不再教书了。我希望能在香港或台湾找到一个事情做。一般人的看法，京沪的安全也不大（这几天徐州在大战，尚未有决定的胜负），我恐怕还要逃。

袁可嘉也预备走，他最近所发表的文章和诗（有一首诗是《傅作义颂》），大受左派人攻击，他怕真给他来一个"清算"。金堤本来是活络的，但自从朱玉若飞去上海之后，他也想 join 她一块到昆明去。他欢迎袁可嘉同我都到昆明去。施松卿也想走，她的家是在福建。

赵全章因为经济困难，不走。第一旅费，第二回南后的生活，许多人都为这两个问题难倒，不能走。钱学熙也不走，他的儿子女儿都思想左倾不肯走，再则他现在拿北京大学当他的 true love，舍不得丢掉"她"。他又怕江南一旦赤化，他的地主身份将使他吃很大的苦，不如在北大还可以苟延残喘。潘家洵很想走，可是他的责任比较重，一时恐怕卸肩不掉，他说将等到寒假走，或是等朱先生走了再走。

这一走前途茫茫，career 须从头再做起。你在外国切勿轻易回国，中国的乱还得要好几年。

上海假如渐渐接近火线，我看全国商业重心会往南移，那时候父亲也会搬到南边去，就像他以前去仰光、海防一样。

上海生活程度比北平高得多，举一个例，一种名叫《观察》（讲时局的，我差不多期期买）的周刊，在上海卖二元五角一期，用同样纸张印刷同样内容的华北航空版只卖一元一期。

别的再谈，即颂

旅安

兄 济安 顿首

十一月廿五日

251

49. 夏志清致夏济安

11 月 26 日

济安哥：

前天晚上看到来信，昨天 Thanksgiving 店家都不开门，今晨买了六张贺年片，两张小的和一张雪景的是 ¢ 15 一张，其他三张 ¢ 25 一张，在 New Haven 算是很好的了。美国印的 X'mas 卡片，把 inscription[题词]，To My Dad，To My Brother，To My Gal Friend 之类都印在上面，只有一小半是比较疏远的 X'mas greetings，不过仍旧附一些恶劣的 verse，是不能避免的了。上次给你信，没有带一句 Jackson Rose[1] 那方面，三四星期前已打了一张五元支票寄去，叫他航邮直接寄 Mr.Yuu，并叫他给我一封复函，acknowledge 已经收到我的支票。美国 business 办事一向很 prompt，可是 Rose 并没有给我复函，所以无法知道那书是否已寄出。昨天又打了一封信给他，问他该书是否已给〔寄〕出，如未寄出，请直接寄 New

---

1. 指美国电影摄影师 Jackson J. Rose（1886 — 1956）， 曾编撰著名的 *American Cinema-tographer Handbook and Reference Guide*(《美国电影摄影师手册及参考指南》)，1935年初版，畅销世界，至今仍不断再版。

Haven，免掉遗失，并叫他给我一封回信。你可以告诉摄影场的朋友。旧金山轮船公司十月来罢工已久，船运恐怕还未恢复，假使该书普通邮寄的话，收到该书的日子还遥遥无期。《星期文艺》的"方向"座谈的确非常滑稽（袁的"方向"社大约是模仿美国的"New Directions"出版社），尤其是废名[2]先生那种论调，为平常人一时想不起来，他那样没有顾忌的 bluntness，暴露自己的 ignorance，恐怕是他"修道"的结果。钱学熙能够在第一段话中那〔拿〕自己思想说明，最后一段中连 quote 两段名句，较他人为强得多。最近重翻了一下 *After Strange Gods*[3]，觉得钱虽维护 Eliot，Eliot 必定要认为钱的"向上"哲学是一种高级"heresy"[异端]而不能同意的。Eliot 在着手写一 poetic drama。

最近保定失守，北平更显孤立，平沪 traffic 不方便，不知你飞机有无登记。东西太多，也是一种 burden，想邮运的书可以安全到沪。这两天 Thanksgiving 算是放假，事实上功课还是照旧。前天晚上看了派拉蒙的 *Miss Tatlock's Millions*[4]，为 Chas.Brackett 所监制编剧，非常幽默，叙述 John Lund[5] 冒充

---

2. 废名（1901—1967），原名冯文炳，现代作家，代表作有《竹林的故事》（1925）、《莫须有先生传》（1932）、《桥》（1932）等。

3. 指 T. S. Eliot: *After Strange Gods: A Primer of Modern Heresy*（艾略特:《追随异教神祇: 现代异端邪说入门》），London: Faber and Faber Ltd，1934。

4. *Miss Tatlock's Millions*（《塔洛克小姐的百万美元》，1948），美国喜剧片，理查德·海丁（Richard Haydn）导演，查尔斯·布拉克特（Charles Brackett）等编剧，约翰·伦德（John Lund）、旺达·亨德里克斯主演，派拉蒙影业发行。

5. John Lund（约翰·伦德，1911—1992），美国电影演员，以出演《柏林艳史》最为知名。

1948

了失踪的孙子 idiot，接受大笔遗产，而亲戚们（横人 Monty Woolley 领导）一分也没有拿到，颇有 Ben Jonson 那种的残酷幽默。昨天晚上同几位中国同学吃了中国菜，花了两元（Yale Graduate School 现在上海人一个也没有，所以天天讲国语，只法学院还有两位上海人）。在写一篇批评 Faulkner 的 *The Hamlet* 小说，把整个小说分析一下，觉得相当费力，感觉到你写 *Tintern Abbey* 一定费了不少功力：找一个作家的任何一个 aspect 讨论较分析一个整个的诗剧或小说容易得多。下星期开始读 Yeats，prose 读得太多，可以轻松些。开始读密翁的 prose，相当 heavy 而 dull，不过他的 prose 靠自己的 initiative 也不会去读它，能够读它也好。你读 Dante、Virgil 甚好，希望自己营养注意，不要把身体弄坏。下星期 Edith Sitwell 来演讲 *King Lear*，Osbert Sitwell[6] 演讲 Dickens，再下一个礼拜，Tillyard 要演讲，都预备去一听。家中来信很好。X'mas 有较长的假期。X'mas 前当再给你信。匆匆，即请

　　冬安

弟 志清 顿首

十一月廿六日

---

6. Edith Sitwell（伊迪丝·西特韦尔，1887—1964），英国女诗人、批评家；Osbert Sitwell（奥斯伯特·西特韦尔，1892—1969），英国作家。他（她）们与作家、音乐艺术评论家 Sacheverell Sitwell（萨尔·西特韦尔，1898—1988）是英国文坛著名的"西特韦尔"（The Sitwells）姐弟三人组。

50. 夏济安致夏志清

12月8日

志清弟：

我于十二月二日飞返上海，官价票是 $1 905 元，行李共62公斤，超过47公斤，一共付了约三千七百元。我的薪水经调整后为八百元一月，做四个月事都赚不出这张票，北大教职员中南下的至今还只有我一个人，并不足怪。我本来可以寒假回来，但怕那时局势更紧张，买票更困难，因循坐误，或者反而走不掉，所以提前请假回来。代我课的是一位 Miss Harriet Mills[1]（宓含瑞），威尔士莱 M.A.，专攻英文，她是得了 Fulbright 奖金[2] 到中国来研究鲁迅的，人并不很漂亮，但很

---

1. Harriet C. Mills（宓含瑞，1920—？），父母是传教士，出生于日本东京，在中国读小学、中学。返美就读于 Wellesley College，1947年作为富布赖特访问学者到北京大学研究鲁迅。1952年被捕，1955年被遣返美国。1963年获得哥伦比亚大学博士，学位论文为 *Lu Hsün, 1927—1936: The Years on the Left*，后留校任教，1966年转去密歇根大学执教，直至1990年退休。
2. Fulbright 奖金，即富布赖特奖学金（Fulbright Scholarship），美国政府设立的国际交流计划，旨在通过教育和文化交流增进美国人民和各国人民之间的相互了解。此计划由时任阿肯色州参议员的詹姆斯·威廉·富布赖特提出，1946年通过富布赖特法案。1961年又通过了教育文化交流法，即富布赖特·海斯法，使富布赖特奖学金计划得以加强和扩大。

活泼，年纪还轻，绝非教会学校老处女派头。我的功课有人代替，对北大的责任已尽，自可早走。胡适和朱光潜都很同情我的走，朱光潜还希望他将来逃到上海时，我能帮帮他忙。

平津局势当然比京沪紧张得多，南方共产党大军都在长江以北，上海据我几天以来的观察，情形并不比以前不安定。可是平津沿线周围，共产党大军陆续结集，攻势不发动则已，一发动必定平津铁路寸断，平津孤立被围，粮食飞涨，大落炮弹（现在共产党军队配备很好，锦州落炮弹达两万发之多，东北四十万国军被解决以后，他们的武器更厉害了），结果还不免失守。这个险我犯不着冒，所以我毅然决然地走了。

北大不会搬，必要时胡适和几位教授或许会被"抢救"出来，他们如在南边把招牌挂起，我要不要回去呢？这得看我在这块招牌南迁之前，能不能找着一个好的职业。这两个月来在北平的穷困，我觉得实在有损做人的 dignity。我这次请假南下，也许是我生命史上一个重大的 turning point，我非不得已不会再去教书。我觉得这个国已经没有法子救，在这个年头还是"保身安家"顶要紧。我想多赚几个钱，活得痛快一点。我对父亲说，我希望我的新职业应该在南方，顶好是香港。他大约这两天是在香港方面替我谋事，如能够赚到港币，大约总可以比在国内日子过得舒服点。母亲看见我居然肯不教"苦书"，肯多赚钱，心里很高兴。

家里经济情形似乎还不坏，我花了许多钱买飞机票，到了上海，父亲居然不发怨言的还让我花二千元钱做一件厚呢冬季大衣。母亲楼上楼下走来走去，看看这座房子心里就很得意。母亲的房间已漆成乳黄色，看上去舒服得多，房里新添了一只国货小型五灯机，母亲每天晚上固定地听三档节目：范雪君[3]：《雷雨》；杨仁麟[4]：《白蛇传》；薛筱卿、郭斌卿（？）：《[珍]珠塔》[5]。她拥被而卧地听着说书的确很福气。范雪君是个聪明人，她的《雷雨》除描写叙述，弹唱全为老派苏白外，对白全照曹禺原本！国语发音大有毛病，但比一般说大书的好得多，模仿话剧腔调很是逼真，而且一人一个口气，学男人如周朴园、周萍都活灵活现，繁漪、四凤两人的腔调，也代表她们的个性。我昨天为好奇心听了她几十分钟，又是好笑，又是佩服。她的 taste 当然很坏，可是把话剧同弹词打成一片，倒是别开生面。她的话剧化弹词听说还有《啼笑因缘》《秋海棠》两部。母亲顶欣赏的是杨仁麟《白蛇传》，的确很细腻，这几天在说白娘娘生孩子，即将合钵，母亲很替她着急。

玉瑛长得很高大漂亮，一个人住在二楼汽车间，还算用功。英文文法用《英文津逮》第四册，读本用 Spyri[6] 著（英译）

---

3. 范雪君（1925—1995），评弹演员，江苏苏州人。

4. 杨仁麟（1906—1983），评弹演员，江苏苏州人。原姓沈，8岁随养父杨筱亭习弹词《白蛇传》等，12岁登台。

5. 薛筱卿（1901—1980），评弹演员，江苏苏州人。薛筱卿和沈俭安（1900—1964）长期拼档合作，擅长说表和弹唱，时有"塔王"之称。郭斌卿，评弹演员，江苏苏州人，生卒年不详。

6. Spyri（Johanna Spyri，约翰娜·斯比丽，1827—1901），瑞士著名儿童文学作家，代表作是《小海蒂》（*Heidi*，1881）等。

Heidi（秀兰·邓波儿[7]主演《小夏蒂》），全书约四百页，本学期要读完二百页，文字很不容易，给北大 freshmen 读未必吃得消。试举一段：

> On the following evening there were great expectations and lively preparations in the Sesemann home, and it was plain to be seen that the expected lady was of great importance here, and that everyone felt deep respect for her. Tinette had put a brand-new white cap on her head, and Sebastian had collected a great number of stools, so that the lady might find one under her feet wherever she might sit down. Fräulein Rottenmeier, very erect, went through the rooms inspecting everything, as if to show that even though a second ruling power was near at hand, her own, for all that, had not come to an end.

这种英文普通大学毕业生都未必缠得明白，玉瑛如果在圣玛莉亚好好用功几年，英文用好可以不成问题。她每天吃的牛奶半磅（每瓶十四元，请算一算每月多少，再参考信开头我在北大的薪水），Parke-Davis 鱼肝油丸，别的补品不吃。

父亲还是同董汉槎合坐一辆汽车办公，他说行里本来可

---

7. 秀兰·邓波儿（Shirley Temple，1928—2014），美国著名童星，出演过《新群芳大会》《小夏蒂》（一译《海蒂》，1937）等演片。1935年，年仅7岁时就获得了第7届奥斯卡特别金像奖。

以买一辆新汽车，他自己不赞成。这是他一生做人可爱处也是吃亏处。祖母清健如昔，只是穷得可怜：每月由乾安[8]给她十元，玉富[9]十元。我现在住在三楼前楼。

蚌埠一带战事打得还好。国军现在发银洋钿做饷，京沪一带常有香烟等慰劳品送去，士气较前为佳。上海人心尚安定，大家都希望美国派兵上海登陆，上海美侨也在做这样的请求。

我同董华奇的事恐怕不能就此完结。在我走前几天，她待我很好。我问她："你对我不再生气了吗？"她说："不生气了。"我再很诚恳地添一句："小妹，我待你不错。"她的答复也很着力："我知——道——。"我们是握手而别的。无论如何，下次再见面时（不知在何时何地？），我们的关系可以很好。老实说，我对于天下任何人都抱 indifferent 态度，很奇怪的，只有董华奇偏能大影响我的感情，她待我好一点，我就大高兴；冷淡一点，我就大沮丧。这种感情不是你的理智所能解开，也不是我的意志所能克制。她还是我心上唯一的 tender spot。但婶婶同董先生现在关系弄得坏极（差不多已不寄接济去），她们逃离很不容易。我现在想多赚钱，有时候也是想由我的力量来撑起婶婶的一家人家。时局如此，离合是很难说的。再谈，即祝

旅安

---

8. 乾安，夏济安的堂兄。
9. 玉富，夏济安的堂妹。

兄 济安 顿首

十二·八日

〔又及〕金堤来信说，你的一包贺年片已寄到北平，他已给转来，不知哪天可以寄到。但在上海买贺年片比较容易，我没有在北平那样地等你的接济了。

上海还是言慧珠（中国）、童芷苓（天蟾）唱对台，我还没有去看过。只看过一张电影考尔门的 *A Double Life*，考尔门的 intensity 不够，情节也不大通。

51. 夏志清致夏济安

12 月 18 日

济安哥：

　　三天前接到你抵沪后的信，着实欣慰；看到你十一月廿五日的信，很担心能否买得到飞机票，在北平未失守前离开。现在能及早离开，非特家中重聚，也可在数月穷苦生活后，稍微享受一下。见报胡适也已飞南京，做蒋的顾问，共产党军队已兵临北平城下，虽然没有什么战争，我想北平失守就想〔在〕目前。奇怪的是除了你以外同事间还没有第二个人飞回南方；经济固然是问题，一般人对于共产党的相信也是重要因素。这里的中国学生也都 in favor of 共产党，好像蒋的 regime 既已近 collapse，拥护共产党还可维持一些国家的面子。孔子的嫡裔孔德成因家眷在南京，已飞返中国，他曾去华盛顿见蒋夫人。有一次 H. H. Kung[1] 来看他，送他一盒雪茄烟。你决定目下不再教书，最好；在乱世只有有钱的人还可有行

---

1. H. H. Kung, 即孔祥熙(1880—1967)，字庸之，号子渊，祖籍山东曲阜，生于山西太谷县，孔子的第74世孙，其妻为宋霭龄，蒋介石的姻兄，曾任中华民国南京国民政府行政院院长兼财政部部长。

动的自由，能多赚一些钱，也可好好地生活一下，补偿数年的贫困。玉瑛妹给我的贺年片已于昨天收到，谢谢，那小圆相片想是最近所摄，甚好。我在 Yale，既不去郊游，没有拍照的机会；照相馆摄影又太贵，所以没有照片寄回家。

上星期五起已开始放圣诞假，廿世纪文学，Milton，平日写短 paper 没有 term paper，所以没有上学期春假准备 Peele 材料那样的紧张，可以充分预备 Old English，把文法、读本、生字全部理清楚。这学期功课对付得很自如，Brooks 和 Milton 自以为都在全班之冠：Milton 没有问题，所写 paper 全得 A；Brooks 的海明威 paper 得 95 分，第二篇尚未发还，想亦可保持此水平。虽然有时为赶 paper 常常三四点钟入睡，好像没有上学期那样紧张，原因是已习惯于在打字机上写文章。最近两篇 Milton paper 都是不打草稿，在打字机下打出，当夜赶完，所以节省时间不少。最近 Brooks 在教 Yeats，Yeats 的批评书，最近新出一本 Richard Ellmann[2]: *Yeats, The Man & the Masks, MacM.* 出版，很好，嫌价太贵，没有买。买一本批评文的 anthology: *Criticism: Foundations of Modern Literary Judgment*[3]，内容充实，＄5.00，新出版时要＄7.50。同时

---

2. Richard Ellmann（理查德·艾尔曼，1918—1987），美国文学批评家，英国作家乔伊斯、王尔德、叶慈传记的作者。

3. *Criticism: Foundations of Modern Literary Judgment*（Harcourt，Brace，1948），由美国作家、批评家马克·肖勒（Mark Schorer，1908—1977）等编选。

Brooks 还 assign 一本 Waugh: *Vile Bodies*[4]，要写一篇 critique，想不到这学期老是研究小说。李赋宁今年功课很舒适，同时念书的一股劲似乎也消失。他同他的 fiancée[在] 国内从见面到订婚不过三星期，那时情景已经早已消失，现在仍靠了这 old basis，继续不断地通信。柳无忌（Yale 的 Ph.D.）年纪还轻，现在 New Haven，在图书馆内偶尔见到他，他在写一本书 on Confucius。

我暑假以来的生活，也节缩得很紧。昨天买了一只电炉，寒假期间，食堂不开门，顿顿零吃，太浪费，还得自己煮来吃。圣诞节虽要被邀去纽约二三天，也不会有什么玩 [的]。同时精神上也不感十分苦闷，好像读书愈多，身体对读书的 adaption 愈好，愈 efficient。昨天大雪，美国的气候很准，每年 X'mas 前一星期开始下雪，去年也是如此。上海想仍很暖和。

Cinematographer Hand Book 的回信已来（附上），说该书已于十一月八日寄出，不知 Mr.Yuu 已搬去南京否，你可把信寄给他，收到收不到我就不负责了。最近 MGM 出品甚多，巨型歌舞片不断。几月来，纽约的 Radio City Music Hall 都映 MGM 的影片，很不容易。LB Mayer[5] 最近新婚；老人 Monty

---

4. Waugh(Evelyn Waugh，伊夫琳·沃，1903—1966)，英国作家，代表作有《衰落与瓦解》(*Decline and Fall*，1928)、《一掬尘土》(*A Handfull of Dust*，1934)、《故园风雨后》(*Brideshead Revisited*，1945)、《苦恋》(*The Loved One*，1948)。《邪恶的躯体》(*Vile Bodies*)是作者1930年出版的小说。

5. LB Mayer(Louis B. Mayer，路易斯·梅耶，1884—1957)，美国电影出品人、制片人，米高梅公司创建人，也是奥斯卡奖的创始人之一。

Woolley 未做戏以前，是 Yale 的教授。上星期看了一张 *Good Sam*[6]，是贾来古柏、安秀丽丹合演的，一贯 Leo McCarey[7] 的迟缓手法，不过对美国生活的 approach 很 intimate，值得一看。Thanksgiving 时看了一次 revue: *Along the Fifth Avenue*[8]，在 Hubert Theatre，坐在三楼，听看比较吃力，在前排看跳舞唱歌，一定是很好的娱乐。演出的时间，除去 intermission，不过二小时，没有京戏演出那样长。

母亲的满足和快乐，使我很高兴；玉瑛妹英文程度如此高，也使我高兴，我想高中毕业前，她就可以很容易地看英文小说了。你的谋业有无着落？我想即使去香港，也在上海过了年后再去，凭你的交际和 intelligence，不难在商界很快受人注意和器重。不久前见报载，Rice diet 是最好治疗血压、心脏、kidney 诸病的办法：父亲多吃饭、蔬菜、水果，血压必然降低；中国人有吃饭的习惯，所以一般人高血压、心脏病的威胁并不太显著。

我身体很好，我的房间同红楼许鲁嘉的差不多，终日不进太阳光，是个缺点，可是暖气早已开放，并不寒冷。平日

---

6. *Good Sam*（《好人萨姆》，1948），浪漫喜剧，莱奥·麦卡雷导演，加里·库珀、安·谢里登主演。

7. Leo McCarey（莱奥·麦卡雷，1898—1969），美国电影导演，电影编剧及制片人，一生中参与了将近两百部电影的制作。1938年凭《春闺风月》（*The Awful Truth*，1937）获得奥斯卡最佳导演奖；1945年凭《与我同行》（1944）再度获得奥斯卡最佳导演奖，并获得最佳原创剧本奖。

8. *Along the Fifth Avenue*（《沿着第五大道》），百老汇音乐剧，由 Arthur Lesser 制作，Nancy Walker、Carol Bruce 等主演。

除读书外，不做什么别的事情。北京城内最近两天必定很紧张，钱学熙恐怕一直要在共产党局面下教书了。袁可嘉会不会飞南，他的右倾，在学校保障下，也不会有生命的危险。近况想好，即祝

新年快乐

弟 志清 上

十二月十八日

给玉瑛妹的贺年片，想已收到。

考尔门的 *A Double Life* 我也看过，他确已苍老，片内他沙了喉咙嘶叫，没有他因〔应〕有的 suavity，使人失望。

1948

52. 夏济安致夏志清

12 月 20 日

志清弟：

　　我离开北平后十日，北平即成围城，真是险极。现在北平城外都是共产党军队，两个飞机场、颐和园、清华、燕京等都已失守，傅作义预备死守孤城。东单广场已改为飞机场，暂供军用，在天坛附近另外一个飞机场在兴建中。十几万大军麇集城内，恐怕食粮大成问题。水电已断，城里人生活之苦可想。我假如在城内，每日三餐都将大成问题。天津亦在准备巷战中。江北方面，共产党一步步向长江移动，中央军损失浩大，一时将有无兵可调之虞。蒋氏抗战到底，或将学英国人在敦克〔刻〕尔克之役以后一样，用海空军堵住长江，再图"大举"。父亲的"惰性"很大，怕听逃难，听见和平谣言，即眉飞色舞。事实上，他还是会逃的。董汉槎已去厦门视察，亿中在准备厦门和广州的分行，上海所受的威胁加重了，生意没有得做时，他也会一走。不过匆匆而走，家里财产的损失必大。我这次飞机上带来 62 公斤行李，书籍交邮政局寄的约有 100 公斤，还没有收到，想都搁在天津，不免损失。钱学熙对于南方社会很抱悲观，不走亦不会怨。袁可嘉、程绥楚很想走，可是耽误了，恐怕走不掉了。政府于十五日派了两架飞机去接教授，接出胡适、陈寅恪、张伯汉（北平市前副市长）、张佛泉、王聿修、王云槐（均为国民党活跃分子）六家。事前没有联络好，只走了一飞机人，还有一只飞机原机飞回。现在正在继续努力抢救中（北平的飞机场还不能用），朱光潜早晚当可救出。傅斯年[1]发表为台湾大学校长，听说就是要安插北方教授的准备，汤公、朱公间若有一人逃出，我大约可以进台大。我本托父亲荐事，他在香港方面办法并不多，我又认为上海不安全，只好想想办法到台湾去了。再谈，即颂

　　冬安

济安 顿首

十二·廿日

〔又及〕所寄来的一包贺年片从北平退回，尚未收到，想已遗失。

---

1. 傅斯年（1896—1950），字孟真，山东聊城人。著名历史学家，曾任北京大学代理校长、台湾大学校长等职。

1949 年

53. 夏志清致夏济安

正月 7 日

济安哥：

　　父亲和你的信（十二月廿日）收到了已有多天，家中情况很舒服的样子，甚慰。我在寄你一包贺年片前，给你一封信，似乎没有收到；贺年片包内附有一页的信，想亦遗失。新年假期已过，现在又恢复紧张的工作，还有三个多星期学期就要结束，得准备大考。假期内把 Old English 的 textbook 文法读本从头至尾温习了一遍。OE 同初读英文、拉丁等语言不同，因为语言本身在一种 flux 的 state，所以得着重文法和语音的变迁（所谓 morphology 和 phonology），不单弄通文法生字即可。我十二月廿三日下午去纽约，Li Foundation 替我在 Manhattan Towns Hotel 定了一间房间，那旅馆给假期去纽约的外国学生 special rate，所以住在那里的学生很多，地点在百老汇和七十六号街转角，相当高。晚上去派拉蒙大戏院看了 Bob Hope[1] 的 *The Paleface*[2]，五

---

1. Bob Hope（鲍伯·霍普，1903—2003），美国喜剧演员、歌手，出演超过70余部影片或短片，包括与平克合演的"路"系列等。

2. *The Paleface*（《脂粉双枪侠》，1948），彩色西部喜剧片，诺曼·Z.麦克李欧导演，鲍伯·霍普、简·拉塞尔主演，派拉蒙影业出品。

彩西部片，以主演 *Outlaw*[3] 出名的 Jane Russell[4] 做女主角，颇滑稽，另有 Benny Goodman[5] 的乐队。纽约没有下雪，可是很冷。廿四日上午去 Woolworth Bldg，见到程民德、孙祀铮[6] 和其他四位李氏奖金的 fellows。后来又来了一位新出国的女学生，直头发，湖南人，不是 fellow，但由李氏资助。其他四位 fellows，一位在哈佛读政治，两位小大学工科，一位经济。程民德今年可得 Ph.D.，他纽约还是第一次来，的确很用功；孙程度较差，不断 complain 芝加哥大学的功课难。李国钦[7] 的华昌企业公司占有 Woolworth Bldg 两层，很不容易，他的下手除 Hirst 外，又〔有〕一位 Dr.Wang，是王宠惠[8] 的 brother。李的办公室外挂老蒋五彩军队照片，此外桌上有一张蒋和 Mrs. 蒋的全身黑白照，上下联有"国钦先生惠存，蒋……宋……赠"，大约是蒋氏的亲笔。K.C.Li 身材矮小，英文讲得并不好，可是没有一点 self-conscious，人很利〔厉〕害。最后一同去律师俱乐部吃饭，华昌同人都到，饭前唱美国国歌、中国 [国民党] 党歌，饭后唱"起来起来" X'mas

---

3. *Outlaw*（《不法之徒》，1943），西部片，霍华德·休斯导演，简·拉塞尔、托马斯·米切尔（Thomas Mitchell）主演，霍华德·休斯影业出品。

4. Jane Russell（简·拉塞尔，1921—2011），美国女演员，20世纪40—50年代之性感尤物。

5. Benny Goodman（本尼·古德曼，1909—1986），美国爵士音乐人，乐队领队。

6. 孙祀铮，与夏志清、程明德同年（1947）获得李氏奖金，至芝加哥大学，学习经济，1950年返北京大学任教。

7. 李国钦（1887—1961），字并麟，湖南长沙人，华侨巨商。李氏基金会的负责人。

8. 王宠惠（1881—1958），字亮畴，广东东莞人。曾任中华国民政府外交部部长、国务总理。

Cards、"满江红"等中外歌曲（中国歌由一个人 solo），最后李氏饭后向华昌同人致辞，慢慢地讲英文。客人也不少，坐了〔在〕我右手（座位是派定的）的一位是 Joyce 徐，左手隔一位 Brenda 徐，是经济部长徐堪 [9]（第一次听到他的名字）的女儿，年龄都不过十七八岁，在 Columbus Ohio High School 念书，Brenda 较胖，Joyce 五官端正，化妆入时，的确很漂亮。她们来美已有八九年，稍微同她们讲了一些话。K. C. Li 要在星期天特别请 Fellows 吃中国菜，所以只要留在纽约，既不读书，也没有什么玩。那天晚上（X'mas Eve）我走进拉丁 Quarter，本来预备花一两元钱在 Bar 吃杯啤酒，不料上楼梯时逢到 Yale 法律系的两位上海学生：姓王、姓夏的 [10]，和姓王的妹妹（在 Colombia，是夏的 fiancée）。他们是第一次来，一同坐 table。那天 X'mas 价钱特别贵，一只 table minimum cover $20，加了 tax，即是 $24，付了小账即成三十元。他们有钱，不在乎，我也付了我的 share（八元），实在很不上算。那天的 show 并不精彩，送客的老太婆 Red Hot Mama Sophie Tucker 新从伦敦回来，齐格飞时代已是"Mama"，很胖很老，带唱带说，一人单独表演，法律系两学生都大不满意。李氏发给了我 $35 元，占去车费、房钱，虽无损失，也没有多。廿五日去 Radio City 看了 MGM 的 *Words & Music* [11]，里面歌舞节目很不错，不过由 Mickey Rooney 饰音乐

---

9. 徐堪(1888—1969)，原名徐代堪，字可亭，四川人。曾任中华民国财政部部长。
10. 即夏道泰，毕业后，即至华盛顿国会图书馆任职，升至远东法律部主任。
11. *Words & Music*(《风流海盗》，1948)，彩色歌舞片。诺曼·陶诺格(接下页)

家 Hart，因为身材矮小，没有女人爱他，结果失恋而死，表情全部虚伪（论情节的确沉痛无比），*Time* 上也讲起。星期天在一家中国馆子吃饭，菜有鸡、鱼、lobster 等等广东菜，但是李氏在席，人又陌生，大家都不大自由。最后李国钦叫起一个个 Fellow 用英文报告来美后研究经过，费了不少时间。那位湖南女人讲中文，由我做了翻译。末了李氏讲了一些建国的道理，并叫我们观察美国文化，并举出 Edison、Ford 诸人为模范。饭至四点多方散席，相当 depressing。我即乘火车返 New Haven，浪费了不少应读书的时间。美国学生在假期差不多都回家，交通方面〔便〕的缘故。假期结束时一架飞机在 Seattle 起飞，天气恶劣，在飞机场出事，死了十一个 Yale undergraduates。Brooks assign 我写一篇 Waugh: *Vile Bodies* 的批评，所以看了两本小说，*Vile Bodies* 和 *Decline & Fall*。英国作家的幽默，中国人容易接近，Waugh 的小说还不错，他的男主角都同《围城》[12] 方鸿渐差不多，没有主张的善人，让 events 在他身上发展。*Decline & Fall* plot 很好，*Vile Bodies* 中有一个没有记忆力的老人 Colonel Blount，可以引人大笑。我想 Waugh 最近的小说 *Brideshead*、*The Loved One*，都可以值得一读。最近我的那篇 Faulkner paper 发下来，得 93 分，上次 Hemingway 95 分，两次差不多都是全级之冠，

（接上页）(Norman Taurog) 导演，汤姆·德雷克 (Tom Drake)、米基·鲁尼 (Mickey Rooney) 主演，米高梅公司发行。

12.《围城》，钱锺书 (1910—1998) 唯一的长篇小说，1947 年由上海晨光出版公司出版。

不过还要写一篇研究 Yeats 的 paper，的确时间很不充分。你的那篇 Wordsworth 我前天已交给 Brooks，让他一读。

沪平通邮否，北平友人想多安全；你的 job 有无定当，不知是去台湾或香港，甚念。陆文渊[13]已去香港，吴新民[14]近来由台南运至香港五百吨糖，相当发财。张心沧在爱丁堡受 Dover Wilson 指导，已成 Elizabeth Drama 专家，杨周翰牛津 B.A. 读完，大考成绩仅三等（相当于 pass），很不高兴（袁家骅曾考得二等），此消息钱学熙一定很 [想] 要听也。

玉瑛妹想已放年假，家里想很融洽热闹。父亲亿中营业发达，每月赚钱很多，甚慰。今天付去上一月半饭钱七十元，今上半年的九百元很〔已〕领到。年终银行内尚余四十元，身边尚余十元，假如扣去七十元饭费，一年 deficit 仅二十元，不算多。因为去年买东西、火车费（从 Ohio 到 New Haven）等耗费较多，今年一概节省，经济状况可以没有去年下半年那样的紧缩。这星期看了张 WB 的五彩 *One Sunday Afternoon*[15]，是当年我同水云、张雪帆[16]去大光明看 *Strawberry Blonde*[17]（Olivia

---

13. 陆文渊，夏志清沪江同班同学。

14. 吴新民，夏志清沪江同班同学。

15. *One Sunday Afternoon*（《桃花美人》，1948），音乐剧，拉乌尔·沃尔什（Raoul Walsh）导演，丹尼斯·摩根、简尼丝·佩吉（Janis Paige）主演，华纳兄弟影业出品。

16. 陈水云，夏志清的表妹，请他的朋友张雪帆跟表妹看电影，有撮合之意，但没有成功。

17. *Strawberry Blonde*（《草莓金发》，1941），音乐剧。拉乌尔·沃尔什导演，詹姆士·贾克奈、哈维兰德、丽塔·海华丝主演，华纳兄弟影业发行。

de Havilland[18]，Hayworth[19]）的重摄。这次由 Dennis Morgan，Dorothy Malone[20]主演，导演仍是旧人，手法的恶劣老式为近片少有，可是 Dorothy Malone 的 sweet 和 Joan Leslie，Teresa Wright 同型，很感动人，相形之下，Joan Leslie、T.Wright 等在银幕已有六七年，又是上一代人了。买到一册 *Variety* 新年特刊，价仍 25 分，有 270 页，广告占多数。去年十大最卖座片：*Road to Rio*; *Easter Parade*（Astaire, MGM.）；*Red River*[21]（OA）；*The Three Musketeers*[22]（MGM）；*Johnny Belinda*[23]（WP）；*Cass Timberlaine*[24]（MGM）；*Emperor Waltz*；*Gentleman's Agreement*；*Date with Judy*（MGM）；*Captain from Castile*。MGM 出名〔品〕

---

18. Olivia de Havilland（奥利维娅·德哈维兰，一译夏惠兰，1916— ），英裔美国女演员，代表影片：《乱世佳人》（1939）、《风流种子》（*To Each His Own*，1946）、《千金小姐》（*The Heiress*，1949）。曾两次获得奥斯卡最佳女演员奖。

19. 即丽塔·海华丝（Rita Hayworth）。

20. Dorothy Malone（多萝西·马龙，1925— ），美国女演员。1943年开始踏入影坛，以《苦雨恋春风》（*Written on the Wind*，1956）获得奥斯卡最佳女配角奖。

21. *Red River*（《红河》，1948），西部电影，霍华德·霍克斯（Howard Hawks）导演，约翰·韦恩（John Wayne）、蒙哥马利·克利夫特（Montgomery Clift）主演，联美公司发行。

22. *The Three Musketeers*（《三剑客》，1948），彩色冒险电影。据大仲马（Alexandre Dumas）同名小说改编。乔治·西德尼导演，吉恩·凯利、拉娜·特纳（Lana Turner）主演，米高梅公司发行。

23. *Johnny Belinda*（《心声泪影》，1948），剧情片。据埃尔默·哈里斯（Elmer Blaney Harris）所著同名百老汇舞台剧改编。让·尼古拉斯科（Jean Negulesco）导演，简·惠曼（Jane Wyman）、刘·艾尔斯（Lew Ayres）主演，华纳兄弟影业发行。

24. *Cass Timberlaine*（《海棠春怨》，1947），浪漫剧情片。据辛克莱·刘易斯（Sinclair Lewis）同名小说改编。乔治·西德尼导演，斯宾塞·屈塞·拉娜·特纳主演，米高梅公司发行。

甚多，营业最盛；派拉蒙最近不知何故减少出品，每月仅有一二片发行，明年计划仅发行 21 张片子，不过 net income 还是派拉蒙最多，因为 Par 戏院多，收入远超出各公司。事实上 MGM gross income 有 \$ 一万万八千万，Par 仅一万万七千万，不知何故 MGM 的 net 如此地少也。十大明星：Crosby, Grable, Abbott-Costello[25], Cooper, B.Hope, Bogart, Gable, Grant[26], Tracy[27], Bergman[28]。

近日生活想好，郑之骧常见面否？旧历新年将届，玉瑛妹有皮大衣，很好。希望上海平平安安过一个旧历新年。我二月初只有一礼拜休息，即开始 spring term。母亲大人、祖母大人想都福体康健，再谈，即祝

年厘

弟 志清 顿首

正月七日

25. Abbott-Costello（阿伯特·科斯特洛），此为喜剧演员组合，包括巴德·阿伯特（Bud Abbott，1897—1974）和卢·科斯特洛（Lou Costello，1906—1959）。

26. Grant（Cary Grant 加里·格兰特，1904—1986），英国演员，1942年加入美国国籍。代表影片有《美人计》（*Notorious*，1946）、《捉贼记》（*To Catch a Thief*，1955）等。1970年获奥斯卡终身成就奖。

27. Spencer Tracy（斯宾塞·屈塞，1900—1967），美国演员，主演过《岳父大人》（*Father of the Bride*，1950）、《老人与海》（*The Old Man and the Sea*，1958）、《猜猜谁来吃晚餐》（*Guess Who's Coming to Dinner*，1967）等，曾九次获得奥斯卡最佳男演员奖提名，1938年和1939年以《怒海余生》（*Captains Courageous*，1937）和《孤儿乐园》（*Boys Town*，1938）接连两年获得奥斯卡最佳男演员奖。

28. Ingrid Bergman（英格丽·褒曼，1915—1982），瑞典女演员，主演过《北非谍影》《战地钟声》《美人计》《真假公主》（*Anastasia*）等影片，曾获得三次奥斯卡奖、两次艾美奖、四次金球奖和托尼奖。

买了一本 F.R.Leavis:*The Great Tradition*[29]，价较贵 $ 4.50，是他对英国小说的 evaluation；一半讲 George Eliot；1/4 篇幅 H.James；1/4 Conrad；下学期读 Conrad 时有用。

上次来信及 Jackson Rose（*Cinema Handbook*）复信想已收到。

---

29. F. R. Leavis(F. R. 利维斯，1895—1978)，英国文学批评家，著有《伟大的传统》(*The Great Tradition*，1948)等。夏志清的《中国现代小说史》(*A History of Modern Chinese Fiction*，1961)即深受利维斯思想之影响。

54. 夏济安致夏志清

1月12日

志清弟:

来信收到已有多日，近日稍忙，故迟复。一月一、二、三日去苏州上坟，详细情形已见玉瑛妹长信。我们所住的"裕社"，是苏州一个资本家（苏纶纱厂老板姓严）所开，专为招待各界要人而设，内部设备可和上海第一流旅馆相比，所以住得很舒服。你在出国之前有一度对于苏州似颇有憧憬，如果有舒服的旅馆住，有小汽车代步，像我们这次这样，苏州亦可以玩得。苏州到底是个老式地方，勉强要学上海，它的都市繁荣是可怜的。女人我认为并不漂亮，上海漂亮女人的确不少。餐馆点心店太嘈杂，这是我所认为顶不满意的地方。

我现在在一家企业公司做事，老板姓汪，三十八岁，做纸买卖做得很大（他已进口二百万美金的纸，可赚十万至廿万美金）。我的工作大约是两三天写一两封英文信，或填一两张英文表格，可算轻松。他给我的薪水是200元，乘生活指数有四千元左右（同时一个国立大学教授的薪水

1949

约为八百元）。上海人不知怎么赚钱很容易，郑之骧、黄绍艾[1]于上月廿九托我代买五十令白报纸，价二万一千元，今天（一月七日）卖出，得三万八千元，除去这十天所欠的借款利息约为八千元，他们两人合赚一万元，每人分得五千元。他们才买五十令，买五百令五千令（不用出货，只要一张栈单）的人发财太容易了。靠薪水吃饭，不论薪水多少总是不够用的，经商之妙即在自己买进卖出。你老是相信我适宜经商，其实我胆子小，谨慎过度，叫我看守一爿店，或者不致拆烂污，买进卖出总不大敢。父亲的头脑似乎比我还要迟钝，加了他的根深蒂固的乐观哲学（永远认为物价将大落，可以不用脑筋而坐享安乐），做生意很不相宜。近来因为常常有人把钱交给他，托他放掉，他手头比较宽裕，事实上还同以前一样地没有积蓄。他用低息吸进，再用较高的利息放掉，每天进款可以不少。银行的存放款利息都比较低，普通人都不愿意存在银行里。向银行要求放款手续很麻烦，数目不会大，而且未必借得着，做生意的人大多是超越了银行把头寸拆出拆进，父亲做这样一个经手人，额外收入比薪水可以大好几倍。举一个例子：黄绍艾有一天有十四万元托父亲放掉（这款子也是别人托他放的），为期两天，父亲给他四角利息，计一万一千二百元，父亲用五角放出，得一万四千元，一转手便赚二千八百元。这款因为是我的来头，他送给我，我付了做西装的工钱（西装料子父亲于 X'mas

---

1. 黄绍艾，夏济安的学生。

前买好）。

时局讲和想很困难，我决定过阴历年后只身去台湾。北大人逃出来的很少。朱光潜还在北平。程绥楚神通广大，于平津交通已断之日（十二月十四日），搭最后一只轮船逃到香港，现在香港住下。傅斯年氏现任台湾大学校长，据说可以安插北大同人，我因为不认识他，无从接洽。我想先到台湾去再说，顶好在台大工作（此事成功可能约有百分之八十），否则去瞎混一阵也好。徐寄父一家已搬台湾，他自己在上海一家海鹰轮船公司，必要时也可以去。

在上海住，还是觉得钱不够用，而且没有汽车，出入不便（晚上十一点钟戒严），所以不大出去。返沪以来，只看过两次京戏：童芷苓《锁麟囊》，黄桂秋[2]的《汾河湾》《贩马记》双出（with 王琴生、姜妙香，"中国"的言慧珠已换黄、《贩马记》姜妙香 as 赵冲，我认为胜过叶盛兰，我在暑假里看过一次尚小云、叶盛兰、李洪春[3]的《贩马记》，总觉得叶的表情过火）。电影最近看了一张 Bette Davis、Miriam Hopkins[4] 的 *Old*

---

2. 黄桂秋(1906—1978)，京剧旦角演员，名德铨，字荫清，自号桂荫轩主。安徽安庆人，出生于北京。旦角黄派的创始人。"黄桂秋"是其姐妹的名字，他借来作了艺名。

3. 李洪春(1898—1991)，京剧红生演员，原名李春才。祖籍江苏南京，生于北京，后迁往山东武定。出版有《京剧长谈：李洪春口述历史》(2011)、《关羽戏集》(与董维贤、长白雁合作整理，1962)等。

4. Miriam Hopkins(米利亚姆·霍普金斯，1902—1972)，美国电影、电视女演员，曾主演《浮华世界》(*Becky Sharp*，1935)、《落花流水》等。

Acquaintance[5](《落花流水》)，很满意。爱琳邓[6]的 *I Remember Mama*[7]是全家去看的，玉瑛看后也想来描写描写她的妈妈，所以写了这样一封长信给你。她最近常常发明"童话"，可是没有耐心把它们写下来。第一学期大考都及格，顶坏的是算术，得 61 分，英文得六七十分，钢琴得八十几分。她常常要求父亲买钢琴，母亲也认为家里应该有一只钢琴。假如不需要逃难，家里生活是可以过得舒服的。再谈，即祝

　　快乐

兄 济安

一月十二日

　　〔又及〕郑之骧定一月十五日结婚。

---

5. *Old Acquaintance*(《落花流水》, 1943)，喜剧片，文森特·舒曼(Vincent Sherman)导演，贝蒂·戴维斯、米利亚姆·霍普金斯主演，华纳兄弟影业发行。
6. 爱琳·邓恩(Irene Dunne，又译艾琳·邓恩，1898—1990)，美国电影女演员、歌手，活跃于20世纪30年代至50年代早期，曾五次获得奥斯卡最佳女主角提名。
7. *I Remember Mama*(《慈母泪》, 1948)，喜剧电影，乔治·史蒂文斯(George Stevens)导演，艾琳·邓恩、芭芭拉·贝尔·戈迪斯(Barbara Bel Geddes)、奥斯卡·霍穆尔卡(Oskar Homolka)主演，雷电华影业发行。

55. 夏济安致夏志清

1月29日

志清弟：

你的"航空邮简"已经收到。"血压平"五瓶准于明后天托陈巧生交航邮寄上，Rutin 应该亦可以吃，徐逸民说你的病可能是在肾脏里，应该到 University Hospital 去详细检查，不是专靠吃平血压的药可以奏效的。你假如有功夫，不妨去详细检查一次。玉瑛最近病了两个星期，先是轻热和便秘（偶有呕吐，眼睛有点黄），不知是何病，后来经徐逸民断定是黄疸病，吃了几次药，现在已经痊愈，病状已完全消失，不过还在忌嘴中。今天是己丑年初一，阿二收入赏金 2400 元（她每月工钱为 100 元）。家里经济情形很好，父亲说他本来一直有亏空，自从我回来那时候起，他开始有了积蓄，他预备积二千块美金供给你第三年学费。看情形是很可能的，请你安心攻读可也。他最近花了 U.S. $ 235 买了一只 Leica(secondhand)照相机(Wilh Summar F. 2 镜头) 给我，这是全球最好的照相机，我得之很是骄傲（其实 Mamiya 很合实用，亦很好）。家里经济最大的问题就在父亲将如何应付日益逼近的新政权。照算命的说来，

1949

父亲终会出之一走。他假如逃走，这两千块美金一定会赚出来（他现在赚钱很容易），假如不逃，在共产党治下，赚美金恐怕是很困难的。我本来决定过了年初五，一人径自逃到台湾去，陈见山[1]已答应介绍台湾航业公司的轮船给我坐。去台之后，可能进傅斯年为长的台湾大学。我那时担心的是怕台湾不能久守（海空军可能叛变），再则公教人员生活一定日苦一日，所以对于台湾之行，亦不大起劲。昨天我所服务的时代企业公司老板汪荣源[2]君忽然对我说，过年后要把我送到香港去，上海office将缩小。这个消息使我和父亲母亲都十分高兴，香港比较太平，而汪君给我的待遇不会太低（他在上海给我250元底薪，乘生活指数发，一月上半月的指数为48倍）。他的公司事情很轻松，这一迁调之后，我可能生活渐入泰境，可以稍有享受，你听见了一定亦很高兴。程绥楚进香港一家中学教书，膳宿外给HK $250一月，他近来已经全新西装寸〔衬〕衫领带眼镜云，我的收入想必可胜过于他也。行期有定，当再续告。希望你少担忧，多玩玩，血压或者会降低。再谈，即颂

冬安，并贺新禧

兄 济安 顿首

一月二十九日即己丑元旦

---

1. 陈见山，夏济安的表弟。
2. 汪荣源，夏济安父亲的朋友，1949年到香港、台湾发展，似乎并不成功。夏济安一直在其公司服务，直至赴台。

56. 夏济安致夏志清

2 月 14 日

志清弟：

给父亲的信，已经收到。他已经复你一封，前日发出。你的血压高，虽然我们都知道没有什么大危险，家里却相当关心。父亲声色俱厉地反对"血压平"，母亲和我都比较 indulgent，还是主张把"血压平"寄给你。药并不贵，但是航空寄费相当贵，本来已经交给陈见山，他垫不出这笔钱，等十五号我发了薪水，当立刻寄上不误。

家里经济情形还好，买了一辆 1941 年的 Plymouth（价廿五两黄金），漆水还新，样子亦相当流线（日内当有大批照片寄上）。你读完 Ph.D. 的外汇，父亲想亦可以供给。但是我的经济情形并不比以前好多少。时代企业公司给我底薪 250 元，乘生活指数发给，在上海可算头挑薪水（我的薪水比父亲多，你信不信？），但是只够买三四卷软片，看三四次电影，吃三四顿大菜而已。*Time* 每本现买〔卖〕$450 我都不能期期买。上海有办法的人都自己做点生意，我至今什么生意没做过，只是拿年底赏金一万元交给父亲放拆息。这笔钱将来会变多少，我现在亦不去问它。我这公司事情很轻松，过年以来半月之中，只写过两封英文信，一封还是给电话公司的，两封都不到半小时可以竣事。我们的老板汪先生生意做得相当大，但是天天缺头寸，我现在主要的任务，反而变成了"驻亿中银行的联络员"，问父亲借钱。这位 boss 人是稀有的和气，只是有点糊里糊涂，顶不守时，缺头寸亦不大着急，为人似乎还慷慨。这几天他在上海的事务还不能告一段落，好在共产党不急于渡江，去香港的事我亦没有向他催询。局势一紧，我当自行去香港也。

玉瑛的黄疸病已愈。母亲觉得万事很称心，大家一年比一年顺当，亦很快乐。你若缺钱，几十块的美金，父亲可以随时汇给你。父亲希望你进医院去详细检查身体，所需医药费多少，他肯全部负担。他只是反对你随便买药吃。别的再谈，即颂

健康

兄 济安 顿首
二月十四日

57. 夏志清致夏济安

2月24日

济安哥：

父亲二月十日和你旧历元旦后的两封信都已收到。本预备上星期写回信，一拖又是一星期。前次来信讨"血压平"，是在对付准备大考，现在学期已过，假如还没有寄，请不要寄了；上星期日起，我已开始服用 Rutin，成绩很好。假如"血压平"已寄出，徒然浪费你不少金钱，很对不起。Yale校医差不多都是庸医，好医生都自己挂牌，另一方面，Yale的男孩子所有的病伤都是些伤风、跌〔踢〕球受伤之类，校医不和杂难病症接触，技能无形减低。美国医生的权威相当[于] 中世纪天主教的教士，你知道有适当的药，非经医生配方，也买不到。所以买几颗消治龙不过几毛钱，也得花一次门诊，普通是五元。药厂也不像中国信谊生化在报上登巨幅广告，普通人对新药都不知道。上一次我去看的那医生，好像 Rutin 也没有听见〔说〕过，只叫我 relax，勉强开了一种催眠的 Luminal。上星期我又去看病，这次逢到另一个医生，我就问他 Rutin 怎么样，他说可以服用。他开了一种 Rutin 和

Theobromine（"血压平"的主要成分）混合剂。到药房去配方，这种药要隔两天才有，配药师先给了我六片Rutin。服后果然神经舒畅，入睡容易，早晨自然早醒，工作效力〔率〕无形增加。我的窗外汽车声很多，血压正常的时候，这声音不觉得闹，血压高时即觉得声音很闹，所以凭汽车声音可以测验身体的正常［与否］。去年夏天我搬进又搬出，一定是血压很高。最近一月来也时感声音的吵闹，反正这一月来靠服三溴片，早晨多睡，少吃东西（很多天早晨起得迟，一天只吃两餐）种种办法，把工作的efficiency维持得很好，已平稳过去了。以后预备长〔常〕服Rutin，血压的问题可以从此解决，不再去愁它。这两天服用Rutin-Theobromine，查字典知道Theobromine是一种利尿剂，所以这两天小便突然增加，与〔于〕身体无益，所以明天预备去看医生，开纯粹的Rutin（在中国，要买什么药，自己可以买，多么自由）。我的urine，来美后检验过两次，都没有什么病。所以血压高是本身的，不是别的病促成的。记得我在中学大学，验身体时，我的脉一向比别人快十数度，即表示血压较高了。我对自己的身体很sensitive，有病很早就觉到，这样早就发现血压高，反是老年之福。现在身体很舒适，望家中勿念。

Old English已考过，得90分，这一次全班都考得不大好，85分即是honors，所以我考得仍在前数名之内。平常分数也是90。上学期拿到三个honors，英文系研究院director Menner很欢喜，大约明年可拿到University Fellowship一千元，至少也可免去学费，要四月中才知道。考完 Old English 后，忙了一个星期写 Yeats paper。记得二月八日那天（我的生日）赶写 paper，至夜三四时入睡，直至明天下午下课完毕才发觉我的生日已过去了。二月的第三星期写了一篇 Milton 的 paper 和 Brooks Evelyn Waugh 的报告，所以到这个礼拜才有些空，可以写封信。

父亲大人代我积蓄美金，说不出的感激。最好当然少用家中的钱，能由别方面资助。预备明天写信给 Li 奖金，能否延长一年（K. C. Li 希望培养科学人才，能延长的希望不大），所以能积蓄两千元美金最好，但不要因之太操心机，使我心中意不过。目下存折上因为买了西装一套和衬衫领带，只有七百元；下星期要付这学期的房钱学费共 315 元，所余的四百元仅够至七月的饭钱。所以希望父亲把已积的二百四十元汇来，经济上可比较宽裕些，不这样一钱不用地紧张。虽然不用它，心中可放松些。

家中已有汽车，甚高兴。Plymouth 和 Ford、Chevrolet 一样，美国用的人也很多。上海想已好久无新汽车入口。在 New Haven，Cadillac、Lincoln 等大汽车很多。自 Kaiser-Frazer design 把车身改成一直线后，现在的汽车两旁都平坦。GM 的车子好像最多，Cadillac 果然好，去年和今年的 Oldsmobile，在 design 上讲来，可算最流线型。在街上看汽车，近几年来的各种牌子，我现在一看就知道。

上星期你的朋友钮伯宏给我一封中文信，说已收到你的贺年片，他不日要来 New Haven，顺便 [来] 看我。Kennedy 已返 Yale，现在教《孟子》，我还没有见过他，他班上的学生我都认识。你的华兹华斯 paper，Brooks 已看过，他觉得很见功力，很 subtle，英文也好，不过觉得头尾该写得清楚些：头上把你全文所要讲的（intention）说明，最后来一个 summary，把所讲过的 recapitulate 一下。他说你和我的英文比一般英文 graduate-students 都好。P.3 unstability 改为 instability，P.8 defeated by the anticipation 改为 qualified by……，P.14 to sober down his sister's ecstasies 的 "down" 除去。P.16 Last time he came 成 The last time he came。此外没有小毛病。星期一 Austin Warren 来演讲 *Meaning & Style in Sir T.Browne*，讲得很好。他和 Yale 的 Comparative Literature 主任 Rene Wellek 新出一书 *Theory of Literature*，讨论研究文学的种种 approach。和钱学熙通信否？北平近况如何？听说 F.T. 陈[1] 已逃到夏威夷了。谣言李广田[2] 已任清华文学院院长，想不确。现在纽约华人办的中文报（很多种）有的政府派，有的共产派，不久前看到清华、燕京教授的宣言。

你的 Leica 照相机的确很贵族，想不久可看到你新摄的照片。我现在读 *Beowulf*[3] 和乔哀司的 *Ulysses*，前者一次读二百行，

---

1. 即陈福田。
2. 李广田（1906—1968），诗人、散文家和批评家，山东邹平人，代表作有散文集《画廊集》（1936）、《银狐集》（1936）等。1936年出版与卞之琳、何其芳合著诗集《汉园集》，三人因而被称为"汉园三诗人"。
3. *Beowulf*《贝奥武夫》），英国文学史中已知最早的文学作品。它是根据公元5世纪末至6世纪前半期流传在北欧的民间传说，在10世纪末由基督教僧侣，用古英语写成的英雄史诗。

要占学期大半的时间；*Ulysses* 我读了一百数十页，并不十分难，大约后面要难得多，文字很 rich，好的地方可追莎翁和 Jacobean drama。昨天 Brooks 讲解了二小时，四十页，很好，比一向的 seminar 有意思得多。母亲很快乐，甚慰，祖母大人想清健。我身体很好，望家中释念，即颂

　　春安

弟 志清 顿首

二月二十四日

　　今年 New Haven 天气很暖，近一月来在街上着夹大衣即可，套鞋没有穿过，也没有积雪。看到报上邵力子[4]代表团离沪的照片，衣服穿得厚，想上海一定较冷。去年这时候，街上冰雪还没有化。

---

4. 邵力子（1882—1967），浙江绍兴人，早年加入同盟会，曾任国民党中央监委、国民党中央宣传部部长、驻苏联大使等，主张国共合作。1949年留在大陆，任全国人大常委、全国政协常委、民革中央常委等职。

58. 夏济安致夏志清

2 月 26 日

志清弟：

好几天没有写信给你。"血压平"五盒托陈见山航空寄出，已有十多天，想已经收到。范伯纯[1]有信给陈见山云：陈小姐曾问候你云。我在上海，很是无聊。经济情形比上次写信给你时略好，我在父亲那里放有五万元（照今天市价不到廿元美金），放放利息，零用可以不致断绝，但是大用场亦不能派，五万元买不到一套西装料子。顶多袋袋里常常有几个钱摸摸而已，大约每天够吃一顿 quick lunch。公司事情仍不忙，但我在帮忙"拆头寸"，得早出来向亿中去借，所以差不多天天同父亲坐汽车出来，九点钟就到公司。下午总得五点以后回去，回去后听听无线电或帮帮玉瑛理功课。我们的公司同银行保险公司等不同，没有什么 routine work，做来还不至于令人厌烦。有一种影响是我近来奋斗精神似较以前为差，

---

1. 范伯纯，夏志清在"台湾航务管理局"的同事，陈小姐可能是送他上船的女士，但不是女友。

同上海一般人一样，都是过一天算一天。香港能够去顶好，但是共产党如果不过江，在上海多住几天亦好。在上海谈不到什么大享受，例如，舞场至今没有去过。我不会跳舞，这点"怕坍台"心理使我拒绝好几次别人的邀请。郑之骧可以做个好向导，但是他新结婚，经济情形又比我更坏，我不便拖他走入"邪路"。我对于跳舞自问没有什么兴趣，但是我相信你在北平所劝我的话，跳舞可以成为一种教育，减少心理上和行动上的拘束。同女人的往来，可以说已全部停止，我怕父母来干涉我的私事，在他们之前我真做到了"守身如玉"的地步（这事我在北平时早已预料到，或者说是计划过的）。其实我对于轧女朋友的种种"温功"（小报用语），如看电影、呷咖啡、逛公园等都大感乏味，而俗人一定 expect 你这么做，勉强做来绝不痛快。我现在很赞成老式盲目结婚法，新人只看见过一两次，居然即行同居，这样我认为还有点刺激。像新式大家先玩了一两年再结婚，我认为玩已经玩得"味道缺缺"，结婚必定勉强而乏味。郑之骧的 ennui[怠倦] 同我相类，他对于这次的结婚亦没有兴趣，同时很明白婚后的经济负担——他现在住在胡世桢旧居卡德红小宿舍中——但是太太在婚前已经有孕，使他不能不婚。我若在最近几年内经济情形好转（如：有力量顶房子，吃用开销之外还可以添做四季新衣服等），可能来一次盲目结婚。若数年后国内局势恢复正常，我很可能恢复对董华奇的 courtship。在目前是毫无发展，亦不求有什么发展。结婚是一种神圣的 institution，

1949

我不愿它受到上海一般庸俗方式的杀害（始以每周末看电影，终以在亲友督促家长鼓励〔下〕阴错阳差地乏味结婚），所以还是暂时停顿的好。父亲新置的汽车并不〔未〕给我多少帮忙〔助〕：汽油是亿中付账的，父亲和我自己都不愿意瞎浪费它。要等我自己有了汽车后，才可以有些 adventures 也。以上不过随便谈谈，回信不必多讲，以免母亲关心也。

　　正月里有三宗生日：你的和玉瑛的都是用吃面来庆祝，祖母八十岁生日，全家（已接祖母）到天蟾去看了一次日戏。贺玉钦、郭金元的《金钱豹》，曹慧麟、白玉艳[2]、姜妙香、高盛麟（八戒）的《盘丝洞》，曹□□、李万春（八戒）的《盗魂铃》，李万春（向帅）、白玉艳（反串嘉祥，舞大旗，女中怪杰也）的三本《铁公鸡》。最近看了三张电影，都很好：环球的《不夜城》（Mark Hellinger's *Naked City*[3]），威廉鲍惠[4]、爱琳邓的《天伦乐》（*Life with Father*）[5]及米高梅

2. 曹慧麟，京剧演员，黄桂秋弟子。白玉艳(1923—2012)，旦角演员，出身于梨园世家。

3. Mark Hellinger(马克·黑林格，1903—1947)，电影制片人、新闻记者、戏剧专栏作者。*The Naked City*(《不夜城》，1948)，黑白悬疑片，朱尔斯·达辛(Jules Dassin)导演，巴里·菲茨杰拉德(Berry Fitzgerald)主演，环球影业出品。

4. 威廉·鲍惠(William Powell，又译威廉·鲍威尔，1892—1984)，美国演员，曾主演《大侦探聂克》(*The Thin Man*，1934)、《闺女怀春》(*My Man Godfrey*，1936)、《天伦乐》等影片，多次获奥斯卡最佳男主角奖提名。

5. 《天伦乐》(*Life with Father*，又译《与父亲生活》，1947)，据真实故事改编的喜剧电影，迈克尔·柯蒂斯(Michael Curtiz)导演，威廉·鲍惠、艾琳·邓恩、伊丽莎白·泰勒主演，华纳兄弟影业发行。

Reissue: *Captains Courageous*[6]。南京、美琪两戏院只剩了华纳、环球两公司，阵容比之拥有福斯、派拉蒙的大光明、国泰弱得多。国泰的大银幕边上最近添了一块小幕，作放映中文字幕之用，派头小至如此！再谈，即颂

近安

济安 顿首

二月廿六日

〔又及〕附上照片大五张、小三张。

---

6. *Captains Courageous*（《怒海余生》, 1937），冒险片，依据吉卜林（Rudyard Kipling）小说改编。维克多·弗莱明导演，费雷迪·巴塞洛缪（Freddie Bartholomew）、斯宾塞·屈塞主演，米高梅公司出品。

59. 夏志清致夏济安

3 月 11 日

济安哥：

二月廿六日挂号信已收到，附上七张你和玉瑛妹的照片都很好。祖母大人八十大庆，请代拜寿，祖母还同十年前一样清健，真不容易。家中有了汽车，她也可多出门白相相。上次给你的三页信想已收到。两星期前我已去信请求 Li Foundation Fellowship 延长一年，并由 Menner、Brooks 诸教授写了些 testimonials，回音比我预期的好，可延期的希望极浓。不可〔过〕正式请求延期须在满期三月前，现在时候太早。因为我成绩好，大致没有问题。回信说：I think you are a credit to the Li Foundation and I see no reasons why you should not be permitted to continue another year if your work continue at its present high level. 写信的人是 Arthur Young，是华昌公司的经理，也是 Li Foundation 的 director。同时学校也在 consider 我 University Fellowship 的 application；那 fellowship 一千元一年，很多申请的人都已被淘汰。前几天 Menner 告诉我，我唯一的小困难就是法文还没有考过，普通 fellowship 都是给三种文字

都考过的人的，但我[是]外国人或可另眼相待，Menner 并答应 support 我的 case，保证我的法文一定可及格。假如两桩申请都成功，我下半年起经济可以宽裕得多，不像目下这样地一动不动。问题是得到学校 fellowship 后会不会影响李氏奖金的 extension，现在且不管它。上次来信请父亲大人汇 $240，不知已汇出否？我存折上只有三百五十元，要维持到暑假，得非常节省，所以能汇一些钱来，经济可以不致恐慌。

现在仍在弄 *Beowulf*、*Ulysses* 和密翁的 prose，不久将来的两件大事是写研究 *Ulysses* 和 *Beowulf* 的 paper。*Ulysses* 上课时由 Brooks 讲解，没有什么讨论，所以很得益。春假后将开始讨论《失乐园》和 Eliot，我都已读过，时间一定可以空出不少。最近邮购了一本 Joseph Hone 的 *Life of Yeats*[1]，全新仅 $2，原价六元，是看 *Partisan Review*[2] 上广告的结果。我服 Rutin 以来，血压已没有问题，两星期前去检查，血压是 92—120；126 同平常年轻人一样；惟 base 须 80 才算 normal，不过 92 也不高多少。

---

1. Joseph Maunsell Hone（约瑟夫·霍恩，1882—1959），爱尔兰作家、文学史家、评论家，代表作为《叶慈传》（*Life of W. B. Yeats*，1943）。
2. *Partisan Review*（《党派评论》）是美国著名的左翼知识分子杂志，由威廉·菲利浦斯（William Phillips）和菲利普·拉夫（Philip Rahv）创办于1934年，在20世纪30年代至60年代的鼎盛时期，一直是美国公共知识分子的重要论坛，撰稿人包括汉娜·阿伦特（Hannah Arendt）、乔治·奥威尔（George Orwell）、詹姆斯·鲍德温（James Baldwin）、苏珊·桑塔格（Susan Sontag）、埃德蒙·威尔逊（Edmund Wilson）、莱昂内尔·特里林（Lionel Trilling）、欧文·豪（Irving Howe）、T. S. 艾略特（T. S. Eliot）、索尔·贝娄（Saul Bellow）等著名的作家和理论家。2003年4月该刊宣布停刊。

我所服的 Rutin，是成分 20mg 一片，分量很轻，有时仍服三溴片。其实假如工作不忙，身体并没有什么毛病也。望家中勿念。

看过两张福斯的影片，*The Snake Pit*[3] 和 *A Letter to 3 Wives*[4]（J. Crain，L. Darnell），前者是 D. Zanuck[5] 一年一度稳得金奖的特殊巨片，没有什么特别好，和去年的 *Gentlemen's Agreement* 一样，都是凭题材引人注意。今年的特殊巨片是 *Pinky*[6]（J. Crain[7] 主演），讲白人黑人混血的问题。美国法院 decree 已下来，把派拉蒙公司一分为二，制片和剧院业将成为两个新公司，这是十年来美国政府 anti-trust 的结果。对派拉蒙很不利。20th[8]，MGM，WB 的 decree 还没有下来，大概也要遭同样待遇。附上今明年米高梅全部制片计划。看了一张早场派的旧片 *Alice in Wonderland*[9]，全体明星，C. Grant 饰一甲鱼 Mock

3. *The Snake Pit*（《蛇穴》，一译《毒龙潭》，1948），剧情电影，据简·沃德（Mary Jane Ward）同名小说改编。安纳托尔·李维克（Anatole Litvak）导演，奥利维娅·德哈维兰、马克·斯蒂文斯（Mark Stevens）主演，20世纪福克斯公司发行。

4. *A Letter to Three Wives*（《三妻艳史》，1949），浪漫剧情电影，据约翰·克兰普纳（John Klempner）1946年发表在《时尚》（*Cosmopolitan*）杂志上的小说《五妻艳史》（*A Letter to Five Wives*）改编。约瑟夫·L.曼凯威奇（Joseph L. Mankiewicz）导演，珍妮·克雷恩（Jeanne Crain）、琳达·达内尔主演，20世纪福克斯公司发行。

5. D. Zanuck（Darryl F. Zanuck，札努克，1902—1979），美国电影出品人。

6. *Pinky*（《荡姬血泪》，1949），剧情片，据萨姆纳（Cid Ricketts Sumner）小说《质量》（*Quality*）改编。卡赞导演，克雷恩、埃塞尔·巴里摩尔（Ethel Barrymore）主演，20世纪福克斯公司发行。

7. Jeanne Crain（克雷恩，1925—2003），美国女演员，1949年因《荡姬血泪》获得奥斯卡最佳女演员提名。

8. 即 20th Century Fox Film Corporation（20世纪福克斯电影公司）。

9. *Alice in the Wonderland*（《爱丽斯梦游仙境》，1933），据刘易斯·卡罗尔（接下页）

Turtle，G.Cooper 饰 White Knight，可听出他们的声音。

　　玉瑛妹想好，你汪先生那里事情想不忙。New Haven 差不多已是春天。最近国内没有什么消息，共产党军队虽在江北准备渡江，恐怕不会南下。家中想好，父母亲大人请安，即祝

　　近好

弟 志清上
三月十一日

（接上页）（Lewis Carroll）同名小说改编。诺曼·Z.麦克劳德导演，夏洛特·亨利（Charlotte Henry）、W. C.菲尔兹（W. C. Fields）、艾德娜·梅·奥立佛（Edna May Oliver）、加里·格兰特、加里·库珀主演，派拉蒙影业出品。

60. 夏济安致夏志清

3月12日

志清弟：

　　来信收到，血压已平，甚慰。父亲已办妥手续，240元下星期可汇上。父亲做生意很顺手，赚钱并不吃力，你不必担忧。父亲其实对于"吃力赚钱"一道，亦并不擅长。上海现在利息很高，譬如日息七角，一万元钱，一天利息700元，利上滚利，十天加倍，变两万，廿天再加倍变四万，一月变八万。如把一万元囤货，一月后很难变成八万。美钞的 rate 涨得决没有这样凶。其他国债投机都不如放高利贷，父亲就这样手里大为宽裕。利息近来都在七角以上，获利更丰，然而上海一般商人都比父亲 energetic，比他 restless，总喜欢买进卖出，结果反而不如把资金笃定放利息赚得多。我有十四万元存在父亲处放拆息，每天有万巴〔把〕块零用，手里亦比以前宽裕。

　　我昨日去静安寺路高士满隔壁长弄堂里"包龙云舞校"报名，第一期为时约一月，学勃罗斯、快 Foxtrot、快慢 Waltz 四种，学费一万六千元，这对于我是很小的数目。地板上画了脚步照样走，指导得还详细，我觉得很有兴趣，先走熟了再同女人一起跳，可减少心慌。父亲极力主张我跳舞，同时他一贯地反对 culture，认为跳舞不用进学校，自管自下舞场去跳。你想我既不惯于异性的接触，脚步又完全生硬，如先从"下池跳"着手，岂不将动作大为乖谬，无论如何学不会了。我现在先使自己能 enjoy 自己的步子，然后再同女人跳，可以较为自然。我想一期一期学下去（第六期 Tango，第七期抢摆〔伦巴〕），舞场倒不一定常去，但是舞一定要跳得好。我总不大 sensual，可是我很喜欢受人的 admiration。父亲还希望玉瑛学跳舞，这事本身可非议处尚少，然而玉瑛身体太弱，精神恐怕不够支持这种活动。她自从生黄疸病以后，现在每天下午放学回家，总要睡到八点钟起来，再吃夜饭读书。身体一般情形还好，但是精神不够，宁可多休息。只怕辛苦以后，生别种毛病。又，我进跳舞学校，还没有告诉家里人，预备跳好了给父亲一个 surprise。

附上玉瑛五彩照片一张，是黄绍艾所摄。那天他同几个朋友到兆丰公园来玩，我同玉瑛亦参加，黄绍艾带了一卷五彩 Ansco 软片，替玉瑛拍了三张，并奉上一张（印费是我们所出，差不多要一元美金以上一张）。黄绍艾的 taste 不高，但拍得还好。我对于拍照兴趣虽很大，但太 ambitious，总对自己的成绩不满意。我总是把世界入选沙龙名作作为标准，自己所照的总觉得差得太远，而且没有法子及得上他们。有许多东西我都认为不值得拍。

我做进出口生意，其实对于所做的事不大了然。最近买了一部商务印书馆大学丛书"国际贸易实务"，看后稍微明白一点我是在做些什么事。国际贸易是一宗大行业，可以好好地干得〔的〕。胡适将来美，北平信很少（昨日接童迢苓一信）。据报载生活并未见改善，物价仍上涨不已，京戏仍做，程砚秋[1]居然列席文化界大会云。别的再谈，即颂

　　近安

　　　　　　　　　　　　　　　兄 济安 顿首

　　　　　　　　　　　　　　　　三·十二

　　（又及）钮伯宏为叶盛章之学生，不知已见面否？

　　底片寄美印不知每张需费若干？

　　此为我写字间位〔地〕址，写信来亦可以寄到：ROOM 713 NO.33 SZECHUEN ROAD（CENTRAL）SHANGHAI（O）CHINA

---

1. 程砚秋（1904—1958），著名京剧旦角演员。与梅兰芳、尚小云、荀慧生同为"四大名旦"，程派艺术创始人。

61. 夏志清致夏济安

3月25日

济安哥：

三月十二日来信已收到，开始学习跳舞甚好，不进学校的确学不好；美国跳舞学校以 Arthur Murray 开得最多，差不多各地都有；Fred Astaire 学校现在也相当多，价钱都很贵。Graduate Hall 每一两星期六晚上总有舞会，美国跳舞舞步复杂，加以中国同学一向不去跳舞，我也没有去跳过。学跳舞须把 tango、rumba 学会，现在 samba 也已变得很重要，也得一学。你对 rhythm 的感觉一向比我灵敏，一定很容易学好，所能得的 enjoyment 一定比我更多。我的大缺点是 physical 的技巧运动一样一〔也〕不擅长，所以不断靠吃药来帮助调整身体的机能，并不是好方法。你的朋友钮伯宏已来过，三月十二日晚上抵 New Haven，十三日（星期日）伴了他一天。他从华盛顿、纽约一路旅行回来，身边只剩了三元，去 Boston 的车钱也不够，我借给了他廿元。十二日晚上刚从纽约倦游来（请朋友吃中菜，耗了不少钱），有些头痛，服 Aspirin 后 mood 好转，讲些北京剧院里有趣的事情。他描述你和程绥楚很逼真。他中文讲得很好，用左手写字，所以中英文都写得不好。星期天请他吃了一顿中菜，下午同看了 *Joan of Arc*[1]（Bergman 新作，导演 Victor Fleming[2]，已继 W.S. 范达克[3]、刘别谦、葛兰菲斯[4] 逝世），吃了顿普通的晚饭。他已成了中国迷，因为中国享受的确比美国舒服得多，预备将来重来中国做报馆的 correspondent；秋天预备进哈佛，明年预备参加 gymnastics 竞赛，显显他武功的身手。他抵家后即将钱寄还，今天又寄来一信，附了不少童芷苓、张椿〔春〕华等的照片。最近想已有信给你。他很欢喜中国电影歌曲，盛赞李香兰[5] 的美，预备写信给她，带来的中国唱片大都已打破，京戏的只剩了两张。

　　程绥楚的信已看过，他热心过度，笔下常带情感。*GW TW*[6] 小说容易买到，已代 order，价很便宜 $3.00，另有一

---

1. *Joan of Arc*（《圣女贞德》，1948），历史剧情电影，据马克斯韦尔·安德森（Maxwell Anderson）百老汇戏剧《圣女贞德》（Joan of Lorraine）改编。维克多·弗莱明导演，英格丽·褒曼主演，雷电华影业发行。
2. Victor Fleming（维克多·弗莱明，1889—1949），美国导演、制片人。其代表作包括《怒海余生》《乱世佳人》（1939）等。1940年凭《乱世佳人》获得奥斯卡最佳导演奖。
3. W.S. 范达克（W.S. van Dyke，1889—1943），电影导演，曾执导《大侦探聂克》及担任《一个国家的诞生》《党同伐异》《雾都孤儿》等影片的助理导演。
4. 葛兰菲斯（D. W. Griffith，又译 D. W. 格里菲斯，1875—1948），美国电影导演，代表影片有《一个国家的诞生》（*The Birth of a Nation*，1915）、《党同伐异》（*Intolerance*，1916）等名作。
5. 李香兰（1920—2014），祖籍日本佐贺县，生于辽宁灯塔市，本名山口淑子。1944年与黎锦光在上海合作发行歌曲《夜来香》，红遍大江南北。
6. *Gone with the Wind*（《飘》，一译《乱世佳人》，1936），玛格丽特·米（接下页）

种＄1.80 想是报纸本。向 MGM 讨 scenario 和全套照片恐怕不会有什么结果，明天当去信试试。*GWTW* title 的出点〔典〕一般人都以为是 Dowson[7] 的诗；较 relevant 的出点〔典〕是 *Ulysses*, p141. 末二行有 Gone with the wind, Hosts at Mullaghmast and Tara of the kings。Tara 是 *GWTW* 中的地名，想出点〔典〕一定在此。玉瑛妹的彩色照片已收到，拍得很好，当妥为保存，美国彩色底片冲洗想亦要一元左右一张（待再打听），普通人都保留彩色玻璃片，另买 projector，要看时将照片在墙壁上射照。昨天看了两张很好的电影（on one program）*Treasure of Madre Sierra*[8]、*Johnny Belinda*，后者上半部很好，后半部故事带勉强，可是 Jane Wyman[9] 的表情想可直追无声电影时代的悲旦，父亲一定会极为欣赏。华纳公司自向 Selznick 借了全部明星后，另于〔与〕其他明星订了不少合

（接上页）切尔著，小说故事发生在亚特兰大佐治亚附近的一个种植园内，描绘了美国内战前后的南方人生活。

7. 欧内斯特·道森（Ernest Dowson, 1867—1900），英国诗人、小说家，英国唯美主义文学的代表人物，著有《诗集》（*Verses*, 1896）、《装饰》（*Decorations in Verse and Prose*, 1899）等。此处所说道森诗的出典，见于道森的诗作 "Non Sum Qualis Eram Bonae sub Regno Cynara"：I have been faithful to you, Cynara, in my fashion/I have forgot much, Cynara!gone with the wind, /Flung roses, roses riotously with the throng, /Dancing, to put thy pale, lost lilies out of mind...

8. *The Treasure of the Sierra Madre*（《浴血金沙》, 1948），冒险片，据 B. 特拉文（B. Traven）1927 年出版的同名小说改编。约翰·休斯顿导演，亨弗莱·鲍嘉、沃尔特·休斯顿（Walter Huston）主演，华纳兄弟影业出品。

9. Jane Wyman（简·惠曼，1917—2007），美国歌手、演员，1940 年与罗纳德·里根（Ronald Reagan）结婚，1949 年离异。1949 年以《心声泪影》（1948）获得奥斯卡最佳女演员奖。

同，大有振作一番的样子。

　　上海的生活想好，对国际贸易稍有研究后，一定可对于所办的事增加兴趣；自己也不妨做些生意，不求谋利，也可增加些胆量。同跳舞一样，都是增加 self-confidence 的办法。我读书外，平日也不想别的。这学期过得很快，两个月已过去，春假（April 1—11）后只有七八星期，学期即告结束。Brooks 教 *Ulysses* 已四五星期于此，一礼拜 meet 两次，Brooks 讲解，没有讨论，所以实际得益较多。这礼拜是歌德的两百周 [年]纪念，图书馆内陈列了不少歌德的照片、书信，dramatic club 并排演 *Faust Part I* 英译原剧。玉瑛妹身体多多当心，平日功课请多帮忙，使她少疲乏也。春天已届，我身体很好，五瓶"血压平"已收到，花了九角海关税。"血压平"成分中除 Theobromine、Luminal 外，也有亚硝酸钠，和"百洛定"中的六硝酸甘露醇同一性质。我的西装都还可穿，几星期前把北平制的一套 Sportex 改小，比较没有以前那样宽大。现在把上海制的一套绿西装放大，这套西装一直太小，没有好好穿过，改后一定很漂亮。近况想好，即颂

　　春安

弟 志清 顿首

三月廿五日

62. 夏济安致夏志清

3月15日

志清弟：

上周发出一信，想已收到。并寄上汇票240元，祈检收。母亲叮嘱你省吃俭用，父亲因事忙，命我执笔。玉瑛妹希望你送她两本贴照本和几盒贴照角。玉瑛所需之件我可代为送她，你不必由美国寄来为嘱。上海诸事如常，利息很高，银行获利较他业为厚。春日已临，但因各处地方不靖，加以交通不便，出外旅行，尚无所闻。余续谈，专颂

学安

兄 济安 顿首

三·十五

〔又及〕出门人，第一保重身体，用功不宜过度。神经勿使太紧张，有足够之睡眠与休息，则不服药，血压必可平实〔稳〕。寄去之汇票，宜入尔之往来存户，以备不时之需。第三年奖学金可望成功否？宜于事前接洽，俾可早作准备。为嘱。

1949

63. 夏济安致夏志清

3 月 24 日

志清弟：

　　来信收到，知道奖学金蝉联有望，殊为欣慰。上星期曾发出航挂一封，附上汇票 240 元，不知已收到否？如有余款，不妨替玉瑛买两本贴照簿，连贴照角若干枚。因为上海买不到好的贴照簿也。我现在学跳舞，已学八课，Blues 和 Quick Step 都没有什么兴趣，B 好像在走路，Q 则太匆忙，有踢痛 partner 之脚与自己滑跌之危险（我说这种话，一望而知是初学者所说）。Slow Waltz 则稍微领略了一点跳舞的兴趣，快慢适度，绕圈子亦不难，而且人跟着拍子一起一伏，很是舒服。今天 Quick Waltz 开了一支《维也纳森林故事》，我跳得好像赶死，紧张得不得了，尤其是脚跟转还大不纯熟。每一期十课，我第一期即将学完，第二期是 Blues 与 Quick Step 之第二圈，我看见别人跳过，似乎比第一圈（我所学者）来得多乐趣，我学的只是两人脚尖对脚尖地跳，在第二期则各人走各人的步子，比较舒服。第三期是快慢 Waltz 之第二圈，第四期是 slow rhythm，第五期是 foxtrot。包龙云是个热心的广东人，他所用的助手对于跳舞亦都很有兴趣。我精力有限，不能常到舞场去跳，要把舞跳好，不是件容易的事。至今舞场尚未去过。我因一时不容易给父亲 surprise，已把学舞告诉了他。母亲、玉瑛还不知道。上星期我到无锡去旅行，跟中国旅行社一起走，吃得还好。那天下了一天雨，我起初想去拍照的念头大受打击，但是游山玩水瞎走走，心里也很痛快，虽然我的脚和裤脚管都湿透（一直到很晚回到上海家里再换），我仍是兴致很浓。我一个人加入的旅行团，没有其他熟人，因为我是想改换环境也。上海天还很冷。战事消息沉寂，从我无锡之行看出：要我快乐，非得让我出门不可也。别的再谈，即颂

　　春安

　　　　　　　　　　　　　　　　兄 济安 顿首

　　　　　　　　　　　　　　　　　三·廿四日

　　〔又及〕上海现在缺乏现钞，情形据说同敌伪时期相仿，大家都开支票，银行忙得不得了。

　　钱学熙昨天有信来，说已收到你的信，北大由汤公[1]代理校长，待遇较前为优，文法学院课程在改订中，文法学生都去参加实地工作，他自己认为共产党是在行孔孟之道，为民服务。

---

1. 指汤用彤。

64. 夏济安致夏志清

4月2日

志清弟：

来信昨日收到，今日又汇上$100（Northwestern National Bank of Minneapolis），父亲说是给你添置衣履之用。父亲近来忙极，每天八点即出门，晚上总要十一点钟以后才回家。银行从业员差不多都这样忙，中国交通等总管理处也许是例外。上海现在现钞恐慌仍很严重，银行里一两万块钱钞票都不容易拿着，银行用本票来对付支款的客户，本票要登账签字盖章，这使银行工作忙得多。因为现钞不易得，支票交易增加，原来有支票的要多开支票，原来没有支票的（像我）亦得要去领一本支票簿，以备不时之需。支票出进多，银行更加忙，每天交换票据数达九十余万张，因此送进"交换所"的时间延迟，交换所需的时间亦增加，常常到十一点钟交换结果刚公布，如果缺头寸的，明天早晨九点以前轧进。即使亿中不缺头寸，别家银行缺头寸的，要问亿中借，父亲亦只好早一点去主持。最近（本星期）还有一桩事体，使父亲大伤脑筋。唐炳麟[1]的弟弟唐明华，做金子交易，打出一亿八千万空头支票，因为存款不足，被亿中退票。金子交易所方面以为唐明华是代表亿中来做投机的，亿中把自己的票子都退了，岂非亿中实力不足？第二天市场盛传亿中银行动摇，我做事的企业大楼里几乎无人不知，谣言奇怪得很，例如，陈俊三[2]听见说"夏大栋[3]的兄弟做投机失败，夏大栋已避不见面"云。亿中的支票本票至今外面一般人还拒收，金融管理局已经去查过好几次账。董汉槎和父亲作风一向稳健，只有极少数户头是不稳的，想不到给唐明华拆了这样一个烂污。现在唐明华已经真的逃匿无踪，有一家金子字号给他扳倒。他所打的亿中空头支票一亿八千万，约合一万美金，由唐炳麟（一万美金对于他还是个小数目）了结。亿中这几天放款加倍稳健，想不至于出什么大乱子，可是名誉不容易恢复了。

　　我自己这两天也在做点股票生意，赚了约合六元美金的金圆券。我做得很少，每天只预备约合两三块美金的上下，赔了，不伤元气，赚了"不无小补"。照我的 intellect，我自信即使这里差使不做，单做股票，也够维持生活。但是我很懒，怕用心思，怕担风险，主要的还 [是] 相信自己运道未通，不敢多做。照数字上算来，假如每计都做准，发财是很快的。

1. 唐炳麟(1903—1968)，江苏苏州人，字期成，知名实业家，热心于教育慈善事业。
2. 陈俊三，夏氏兄弟父亲的朋友，也住兆丰别墅，可谓近邻。
3. 夏大栋，即夏氏兄弟的父亲。

钮伯宏已碰到，甚慰。他前言要去追求 TV 宋之女儿（共有三位，他说要介绍给你一位），不知有结果否？去信时可调侃之。胡世桢已随中央研究院搬到台湾，现在他已同美国一小大学接洽妥当，可以挈眷去美讲学，正在办理护照中。

最近看了一张残酷电影，弗德立马治[4]的《家》（*Another Part of the Forest*）[5]。系 Lillian Hellman[6]原著剧本改编，彻底"性恶"主义。又看了一次盖叫天的《恶虎村》，黄天霸同濮天雕、武天虬火并，也非常残酷（黄天霸内心似乎很苦闷）。这出戏总名叫《江南四霸天》（同我以前看过的头本施公案一样，那时是王虎辰[7]的黄天霸，高庆奎[8]的施公，金少山的濮天雕），由莲花院僧（李桐春）[9]尼（曹慧麟）通奸做起，由李万春、

---

4. 弗德立·马治（Fredric March，一译弗雷德里克·马奇，1897—1975），美国演员，代表影片有《化身博士》（*Dr. Jekyll and Mr. Hyde*，1931）、《黄金时代》等，曾于1932年和1947年两次获得奥斯卡最佳男主角奖。

5. 《家》（*Another Part of the Forest*，又译《在森林的另一端》，1948），剧情片，迈克尔·高登（Michael Gordon）导演，弗德立·马治、弗萝伦丝·艾尔德里吉（Florence Eldridge）主演，环球影业发行。

6. Lillian Hellman（莉莲·海尔曼，1905—1984），美国左翼作家、剧作家，代表剧作有《小狐狸》（*The Little Foxes*，1939）、《搜索之风》（*The Searching Wind*，1944）、《秋天的花园》（*The Autumn Garden*，1951）等。

7. 王虎辰（1906—1936），京剧武生演员，河北宝坻县人。原系梆子青衣演员，后改京剧花脸。

8. 高庆奎（1890—1942），京剧老生演员，原名镇山，字俊峰，号子君。祖籍山西榆次。

9. 李桐春（1927—2014），京剧武生、红生，河北雄县人。擅演《古城会》《华容道》《水淹七军》《走麦城》等关羽戏及武松戏。

李仲林[10]、高盛麟分饰前面的黄天霸，盖叫天送客。天蟾天天武生大会，非常热闹。北平京戏仍在演，听说禁了五十几出，其中有《四郎探母》（汉奸意识）、《奇冤报》（迷信）、《连环套》（提倡特务工作）、《红娘》（靡靡之音）、《铁公鸡》（"诬蔑先烈"）等等。可转告钮伯宏，别的再谈。

（此信 1949 年 4 月 2 日寄出，未写落款和时间）

---

10. 李仲林（1918—1999），京剧武生演员，原籍河北雄县，生于上海。艺名"小小桂元"。其父为京剧名丑小桂元。

65. 夏济安致夏志清

4 月 22/23 日

志清弟：

　　四月十六日来信收到。Yale 已得奖学金，生活可较稳定，闻之甚慰。北平和谈失败，你想已经晓得。长江一带，局势甚紧，英舰两艘以上受到炮击，几被击沉，中国[国民党]海军恐亦非彼岸陆上炮火之敌也。陆军之腐败，可不必谈，京沪前途，实大可虑。我计划在数日之内，再度逃难。目的地现在想得到的有三：厦门、台北、香港。厦门亿中有分行，彼处听说极清静，地处海滨，风景幽雅，我可以去做客小住，膳宿不成问题。台北现在入境十分困难，必需进口证。该证由台湾当局发给，坐船去而无证者，原船送回。坐飞机去可稍通融，可将身份证行李抵押，入境后再补办证件。我在那边没有固定的膳宿之所，学校半路亦插不进，职业毫无把握（如果父亲肯设法介绍，问题就较简单）。我曾托胡世桢代办入境证手续，他自己已经飞到广州去办理护照，所办之事因此没有下文。

四月廿二日晚写

今日中午搭轮去广州，余后详。专颂

近安

济安 顿首

四月廿三日

1949

66. 夏志清致夏济安

4月24日

济安哥:

　　这两天局势大变,家中想仍安好,甚念。南京已不守,共[产党]军[队]想很快可抵上海,上海的秩序想不致〔至〕和南京一样地坏,家中早没有搬去香港,不知现在还来得及否?共[产党]军[队]来接收后,上海各商业银行业务无形要停顿,不知父亲大人的朋友们作什么计划? 家中想好,母亲不必恐慌,早晨念经,自有菩萨保佑也。

　　上次寄来百元,已收到(上次来〔去〕信,想已收到),离大考只有四星期,功课很忙,所以不能好好写信。你不知作何计划? 是否预备离开上海,或和父母亲一致行动? 程绥楚和我通信,向我讨 MGM 明星 E.Taylor[1]、Jane Powell[2][的]

---

1. E. Taylor(Elizabeth Taylor,伊丽莎白·泰勒,1932—2011),美国演员,代表影片有《埃及艳后》(*Cleopatra*,1963)、《灵欲春宵》(*Who's Afraid of Virginia Woolf?*,1966)等,曾两次获得奥斯卡最佳女主角奖。

2. Jane Powell(简·鲍威尔,1929—),美国歌手、演员,代表影片有《墨西哥假期》(*Holiday in Mexico*,1946)、《玉女嬉春》和《三个勇敢的女儿》(*Three Daring Daughters*,1948)等。

照片；Elizabeth Taylor 脸较东方型，这里中国同学欢喜她的很多。前几天看《小妇人》[3]，除 O'Brien[4] 太 solemn 外，演得都还不错。

局势的发展如此，我们 immediate objects 还是多赚些钱，在商界活动，可保持些行动的自由。吴新民地址是 404B Chung Tin Building, Des Voeux Rd. C.，如去香港可去看他。你的 Boss 汪有无什么计划？

我身体很好，虽功课很忙，一下子学期就要结束，可稍微休息。玉瑛妹身体想好，念念，即祝

平安

弟 志清 顿首

四月二十四日

---

3. 《小妇人》(*Little Women*，1949)，剧情片，改编自美国作家路易莎·梅·奥尔科特(Louisa May Alcott，1832—1888)的同名小说。梅尔文·勒罗伊(Melvin Leroy)导演，彼特·劳福德(Peter Lawford)、玛格丽特·奥布莱恩、伊丽莎白·泰勒主演，米高梅公司发行。
4. O'Brien(Margaret O'Brien，玛格丽特·奥布莱恩，1937—)，美国演员，好莱坞20世纪40年代著名的童星，曾主演《小妇人》《秘密花园》(*The Secret Garden*，1949)等。

67. 夏济安致夏志清

4 月 29 日

志清弟：

离沪前曾发出一信，想已收到。我现在已来到香港，住在我们公司汪先生的临时招待所。香港地方很好，满街汽车，无三轮车，黄包车也难得见，很整洁，有山有海，气候虽已入夏，但并不闷气，很适宜居住，你来了一定喜欢。我现在稍感不满的是住的地方太挤一点，假如一人有独用一间，那是很舒服了。香港东西很便宜，恐怕美国货比在美国还要便宜（因无税，且竞争激烈，大家削价）。好西装料子，好衬衫充斥市上，女人旗袍料美金一元左右一件，都是在上海少有人敢穿用的。上馆子吃饭，亦比上海便宜。冷饮店多，而且便宜。我带了一两金子、两百多块美金（在广州易成港币）逃到这里，大约可以用相当时候。昨日去定做据说是最新出的 La Conga 料子夏季西装一身，HK $110（110 港币），不到美金 20 元也。广东女佣，做事十分细心周到，尽忙不发怒言，洗衣烫衣迅速干净熨伏，可以常换衣裳，做小菜广东口味，都很好吃。我现在膳宿不成问题，公司里无公可办不知道有没有薪水，即使没有薪水，另〔零〕用也还可维持好几个月，请释念。今日程绥楚来，凭其三寸不烂之舌，说得我们的汪先生即刻准备去找房子，预备办一家私立中学。香港有钱人多（工人享受都不差），办私立中学可以收大学费，可以赚钱。何况现在上海逃难人飞机上大批逃来（每天约飞来一千人），他们都希望子女进一家好的中学也。上海情形想很混乱，详情不知。我是23日中午上船的（上海人还木知木觉），24日早晨报上发表无锡失守，才开始了panic（据香港报所载）。父亲坚持不逃，使母亲、玉瑛多受痛苦，实不应该。照父亲的力量，在香港顶两间像诚德里那样的房子，绰乎有余。他有生意好做（唐炳麟全家包机飞来），不会没有收入的，而且家产可以重兴。问题是香港的安定、繁荣和公道（这三点上海本来就没有多少，到香港后深感上海的misgovernment）不知能维持几天。共［产党］军［队］可能年内打到广州，香港地位亦岌岌可危。我走的那天（23日）是初六，麒麟童、李玉茹、俞振飞[1]在中国登台，有人请客，我还预备去看的。那天早晨因报载江阴混乱，我想应该快走，托父亲去买飞机票，知道飞机都集中南京去撤退去了，不容易买到票。我知道再不走将更难走，匆匆忙忙去看徐寄父，他们公司的台湾船要隔三五天再开，凭他介绍到别家公司买了张广州票。走三天三夜到广州（在船上知道无锡、南京失守），在广州新开的

---

1. 俞振飞（1902—1993），小生演员，名远威，字涤盦，号箴非。江苏松江人，生于苏州。出生于昆曲世家。著名昆曲唱家俞粟庐之子。

亿中分行住了一夜（地方很好），第二天（27 日）飞来香港。广州地方我亦很满意，繁华胜过重庆、昆明、天津、南京，女人漂亮的很多（至少是中我意的），三十以上的都干瘪而不打扮，穿香云纱了，烫发穿花旗袍的皆十八九岁人，故看之舒服也。广东女人 robust 的很少，皆苗条而眼珠甚乌。香港漂亮女人反而很少，各式人等都穿花花绿绿旗袍，亦不顺眼。上海大约还有一两星期可守，此后不知怎么样了。你明年不知道能不能回到上海。宋奇[2]在港，不知住在何处。柳雨生[3]出狱后考取中航公司，亦在港，未曾找到。张世和[4]已见过。再谈，即祝

快乐

济安 顿首

四月廿九日

---

2. 宋奇(1919—1996)，即宋淇，又名宋悌芬，笔名林以亮，浙江吴兴（今湖州）人。1940年，毕业于燕京大学西语系。1949年移居香港，从事著译，并担任《六月新娘》(1960)、《南北和》(1961)等电影的制片人。与夏氏兄弟、张爱玲等人有深交，1995年张爱玲去世后，遗物即交由宋淇夫妇保管。著有《林以亮论翻译》(1974)、《林以亮诗话》(1976)、《更上一层楼》(1987)等。

3. 柳雨生(1917—2009)，即柳存仁，生于北京。曾就读于北京大学，1942年后加入汪精卫伪国民政府宣传部，战后以"汉奸罪"被判入狱三年。出狱后移居香港。1962年起，历任澳大利亚国立大学中文系主任、亚洲学院院长、澳大利亚人文科学院院士。著有《中国文学史》(1935)、《和风堂文集》(1991)、《道教史探源》(2000)、*Buddhist and Taoist Influence on Chinese Novels*（英文著作，《佛道教影响中国小说考》，1962)、*Chinese Popular Fiction in Two London Libraries*（英文著作，《伦敦所见中国小说书录》，1967)等。

4. 张世和，夏氏兄弟的表兄弟。

68. 夏济安致夏志清

5 月 6 日

志清弟：

　　抵港后曾上一信，想已收到。你 24 号发出寄沪之信，已由陈俊三之次女公子带来。渠一人逃来，寄居其叔父处，来看过我一次，适我不在。她将带来的信留下，署名"陈良岑"而去，我不知道是什么人，更想不到是个女人，等电话打去，才知道是她。后来我同程绥楚一同去看过她一次，此人 intellect 不差，英文发音亦很准，她似乎很需要别人陪着她玩，我推说等我把广东话学学好，路认认熟再去带她。事实上，香港地方不大，我的路已经认得很熟，广东话则至今只会用二三十个 expressions，如哪里曰"边处？"那位曰"边位？"（边读如"冰"，不知从古音那个变出来的），不会造四个字以上之句。我的语言天才似乎还不差，但因所接触的多非广东人，所以没有机会学好，言语不通，很是不便。如打电话打岭英去找"程绥楚"，这三个字广东发音，我就读不清楚，要说好多遍，人家才听懂，我又不会说"禾傍呈的程"这类复杂的解说话。我想我在法〔外〕国将要遭到远为较少的语言困难（台湾来的人都说，台湾国语通行胜过广州、香港）。再说到陈良苓，我对她因无兴趣，怕多来往引起家庭种种揣测，所以尽量减少来往，程绥楚对她亦无兴趣。吴新民似乎跃跃欲试，异日当同他去访她（我同别人去没有关系，因为我推说不认得路，要别人领路）。吴新民的 Chung Tin Building 不容易寻，想不到他就是我的隔壁邻居，两家的浴室还是对着的。他的境况好，但他说陆文渊在九龙一家纱厂当总务主任，收入十分优裕云。他还在 enjoy bachelor 的生活，女朋友多多益善。我同他用英文会话，很觉有趣。他亦很自豪于他的摄影技术，他有一只 Super Ikonta[1]，他说摄影是进攻女朋友的 Bridge-head。童芷苓来港，报上登着这消息，程绥楚因她不来通知他很是生气，要做文章骂她，叫做《童芷苓来香港干么？》，署名"檐樱室主"，此人脾气不小。可是我在街上碰见了她，而他亦接到她的信了，信封上赫然写的是"程楚靖先生收"，他已经怒气冰消了。我已经把她介绍给吴新民，吴新民预备借汽车兜风，并一同去跳舞。我初来香港，忙于 seeing places，似乎心思轻松一点，但实际上对于大局很悲观。年内一定打到广州，香港地位岌岌可危。上海汤恩伯作"死守"姿态，军队都驻扎在闹市，各大厦都驻兵，共产党军队迟迟不去进攻，上海居民受苦必深。四日下午一时长

---

1. Super Ikonta，即蔡司超级伊康泰（ Zeiss Super Ikonta ），德国著名的折叠相机，具有当时最先进的功能。

宁路西端大火，从仁爱医院烧起（医院未烧着），烧到凯旋路，陈文贵的花园村亦波及，烧掉好几幢，他的那幢房子不知烧掉没有。长宁路两旁棚户焚烧一空，灾区比中山公园面积还要大，烧至下午六时才稍熄。那时玉瑛妹在圣玛俐〔玛丽〕，不能回家，家里想必着急得不得了。我现在看 R.Graves[2] 的 *I, Claudius*，Claudius 是个大善人。电影看过三张：*Johnny Berlinda*，Elizabeth Taylor 的 *Cynthia*[3]（程绥楚请客，这张 B 级片倒很有趣），Robert Mitchum[4]，Teresa Wright 的 *Pursued*（《追寻》）[5]（黄宗沾摄影，西部奇情片）。香港顶好的电影院同上海卡尔登相仿。汪先生那里无公可办，亦无薪水。我希望有个 change。别的再谈，专颂

　　近安

兄 济安 顿首

五·六

---

2. R. Graves(Robert Graves，罗伯特·格雷夫斯，1895—1985），英国著名诗人、作家。代表作有《我，克劳迪乌斯》(*I, Claudius*，1934)、《玛丽·鲍威尔的故事》(*The Story of Marie Powell: Wife to Mr.Milton*，1943)、《耶稣王》(*King Jesus*，1946)等。

3. *Cynthia*(《辛西娅》，1947)，罗伯特·Z.伦纳德(Robert Z. Leonard)导演，伊丽莎白·泰勒、玛丽·阿斯特(Mary Astor)主演，米高梅公司发行。

4. Robert Mitchum(罗伯特·米彻姆，1917—1997），美国电影演员、歌手，以主演黑色电影著称，主要作品有《百战英雄》(*Story of G. I. Joe*，1945)、《恐怖角》(*Cape Fear*，1962)等。

5. *Pursued*(《追寻》，1947)，拉乌尔·沃尔什导演，罗伯特·米彻姆、特雷莎·怀特主演，华纳兄弟影业发行。

69. 夏志清致夏济安

5月9日

济安哥：

上星期一收到家里来信，知你已动身，星期三收到你香港来信，知道你已安抵香港，甚为欣慰。香港不致受到威胁，可以好好地住下去；上海从报上看来好像准备抵抗，家中不免要受些惊吓。陆文渊、吴新民在香港，吴新民上次来信说[让]你去香港后［去］看他，他的 office 的地址是 Newman Wu c/o Chung Hua Hang, 404B Chung Tin Bldg., Des Voeux Rd.C.。他事业做得还不错，或可有些帮忙〔助〕。我已写信给他。我这几天极忙，离大考只有两星期，Old English 得好好准备，一点没有空。上学〔星〕期六 Derby Day 有赛舟比赛，附近女子大学学生都被邀来 New Haven，晚上各 college 都举行舞会，精神上不免受些威胁。你在香港有膳宿很方便，可以慢慢谋业，香港地方很好，父母不在，可以好好地享受一下。办中学也是好办法，可是最好能做生意，可谋经济独立。程绥楚托的电影明星照片，我这里已购到（Gable、Leigh、Jane Powell、E.Taylor），E.Taylor 的相片不够漂亮，不日当寄出，以后有空时当代购较 flattering 的照片。*GWTW* 不知道已收到否？以前说上海的人一半都在香港，将来上海不知成何局面？我没有什么计划，也不找女人，暑假休息一下后，预备读法文，生活相当枯燥。Milton 一年来写了八篇，上星期发下来都是 A，成绩想为全班之冠，Brooks 也不成问题，只是 OE 花样最多，需要准备。广东女人很好，不妨多与之来往，增加些生活上的 adventure。胡适已抵美，不日或要来 New Haven 向中国同学演讲一次。看了一张 *Portrait of Jennie*[1]，为 Jennifer Jones 和 Selznick 的最恶劣影片。我身体很好，不多写，即祝

　　快乐

弟 志清 上

五月九日

---

1. *Portrait of Jennie*(《珍妮的肖像》，1948)，奇幻电影，据罗伯特·内森(Robert Nathan)同名小说改编，威廉·迪亚特尔(William Dieterle)导演，珍妮弗·琼斯、约瑟夫·科顿主演，塞尔兹尼克发行机构(Selznick Releasing Organization)发行。

70. 夏济安致夏志清

5 月 19 日

志清弟：

五月九日来信今日收到。这几天在香港的生活，过得相当紧缩。奕荫街的房子也已让给潘公展[1] 居住，我有几夜不知道将宿在何处（在吴新民家住过一晚），现已住定六国 [饭店]319 室（大约还有一两礼拜好住），同一位王朴〔璞〕合住。他是 St. John's 毕业生，十分老实，反对跳舞，怕与女友发生 intimate 关系，为汪先生在港的助手。汪的家眷已来，住在九龙，他近来经济情形很坏，非但不给我薪水，还欠我US $50 以上，他自己常常身边不名一文。据王朴〔璞〕及我自己的观察，汪先生实在已经 broke，然而他很要面子，至今还在混，我跟他不会跟久。我现在还剩 100 元 US，我不知道前途如何，非好好地省吃俭用不可。汪先生为人是十分慷慨

---

1. 潘公展（1894—1975），原名有猷，字干卿，号公展，浙江吴兴（今湖州）人。曾任中国公学校长、《晨报》社长、《申报》董事长等，国民党中央宣传部副部长、新闻检查处处长等职。1950年抵美定居，创办《华美日报》。著有《罗素的哲学问题》等。

的，然而一有钱就瞎用，所以有今日之窘境也。我住的六国饭店中住有舞女很多，其中有上海的"舞后"管敏莉[2]。上海的"名件"来港者颇多，有一夜我在漂泊中到一家泰云酒店（The Tavern）开房间，发现一房内有一美女，在登记簿上该屋是王文兰（绰号"至尊宝"）及周兰两人所有。舞女的开支大，据说对于客人很迁就，以谋开源，sex 是开放的，不比在上海还有一点架子及种种 delicacies，pretences。你知道我对于这种妖姬，并无兴趣，我感兴趣的是带些天真的女人。来港以后，毫无 adventure，近来用钱省，更不敢有非分之想。吴新民是个很 prudent 的人，他自己亦不承认你所给他的"boldness"那个字〔词〕。他做了这几年生意，为人当然比我们这种人来得精明。据我所观察，他并没有什么女友，周末看看踢球（with 男友），每星期日下午剃了平顶头的陆文渊（穿短裤衬衫）来找他消磨半天。他亦有种种无谓的 sensitive points，如他说他有一个女友什么都很好，可是家里有一部 Chrysler，他自己不敢叫了 Taxi 去见她，因此便不常去见她。（香港 Taxi 多而车好）他这样的缺乏女性伴侣，我常常嘲笑他，他有天承认他有一个 mistress，陆文渊看见过，是上海爱国女中毕业的，称之为 "The Patriotess"。我给吴起了两个新绰号 "Mexican Band Leader——Xavier Cugat" 及 "King

---

2. 1946年春末，江淮平原遭遇特大水灾，300万灾民流离失所，其中数十万苏北难民涌入上海。上海"苏北难民救济会上海市筹募委员会"发起"上海小姐"选美比赛以助赈灾民。管敏莉在此次比赛中获"舞星皇后"称号。

Farouk of Egypt"[3]。他每星期付她 HK＄100 云。（US＄1.00＝HK＄7.00）他白天很热心办公，晚上常常去打弹子。程绥楚还是 vulgar & tiresome，他自以为服装很漂亮（其实同在北平时相差无几），而我在如此赤日炎炎之天，还穿黄皮鞋，而不穿白皮鞋，同他一起走，似乎有些叫他坍台。他自命香港通，事实上他在香港还是属于 worst-paid class（钱比北大、南开多得多，但在香港比一个工人好不了多少），平常并无阔人来往，许多贵族化地方他都见所未见闻所未闻呢。他所谓 High Class 的标准，还是并不很高的。*GWTW* 业已收到。今日遇见王云槐[4]，他亦在办进出口生意，他极力劝我到美国去。他在教育、外交两部有熟人，办护照很容易，他说一张护照可用三年，何不早点办好？所以我请你在大考之后，赶快在 Yale 或 Jelliffe 的奥柏林 or Kenyon 弄一张 Admission 来，不论任何学校均可，有了学校的证明就可办护照，几时来美等到经济宽裕一点再说。这点务必请你帮忙。上海炮声隆隆，恐怕要遭受大毁灭。家里还平安。再谈即颂

　　学安

兄 济安 顿首

五·十九

---

3. 意为"墨西哥乐队主唱莎维尔·库加"和"埃及国王阿鲁克"。

4. 王云槐，原武汉大学外文系教授，战时任重庆英国驻华使馆中文部主任，抗战胜利后去了北京，任《北平英文时报》主笔。1949年后去香港、台湾，后来定居英国。

71. 夏志清致夏济安

5 月 16 日

济安哥：

五月六日来函已收到。与吴新民已相晤甚慰，他亦住在奕荫街，可以多来往。他一向的习惯是于 weekend 带女友去跳舞，你跳舞不知在沪时学得如何，可以和他一同去参加舞会。陈良岑我初搬至兆丰别墅时她也常来，我也对她冷淡，以后就不常来了，曾向我借过两本英文小说。此人社交 intellect 都不错，就是生得面貌不扬，很难找到 steady 的男友。其实和她来往也没有关系，只是我们都不欢喜有普通的女朋友，遭人闲话。那次沪西大火家中想都无恙，共产党军队还不进攻，上海人一定很苦，纽约报对于国军在上海的举止颇多不好的批评。如果真有大战，上海损害一定很多。上星期五胡适来 New Haven 向中国同学演讲，讲共产党在北平教育事业的设制（"南下工作团"等），并表达个人对于"自由中国"的希望。讲得很 brilliant，与在平时所得他的 paternal 印象不同，因为听众都很 hostile，他对于他们所 raise 的问题回答得很好。他住在纽约的 EAST 81 号街一〇四号。他被北派要人包围着

（如南开校长何廉[1]、李方桂[2]等），我同他讲话机会不多，以后当去纽约看他。这几天日夜读 *Beowulf*，准备考试，二十六日考，以后就没有事了。我有个中文系的外国同学 Donald Holzman[3]，同我谈得很投机。他想托你代他购几本中文参考书：1、《中国人名大辞典》，2、《中国古今地名大辞典》，3、《历代名人生卒年表》，4、《中国文学家大辞典》，这几本书不知香港购得到否？他附上美金十元，如不够，所缺多少，包括 mailing、packing，将来再附上；如有余数，或这几本书买不到，可购商务印书馆国学基本丛书内重要的 classics，《十三经》和重要的 poet 李白、杜甫 etc.（except《史记》），用你的 judgment，secondhand 也无妨。书请寄 Donald Holzman，2759 Yale Station，New Haven，Conn.。一定要浪费你不少时间，甚歉。不知你能找到有薪水的 job 否？甚念。家中想常通信，

---

1. 何廉（1895—1975），经济学家，湖南邵阳人，1948年出任南开大学代理校长，后到美国任教哥伦比亚大学，直至退休。
2. 李方桂（1902—1987），语言学家，山西昔县人，生于广州。精通多种语言。1948年当选为中央研究院第一届院士，曾任西雅图华盛顿大学教授，著有《龙州土语》（1940）、《武鸣土语》（1956）、《比较台语手册》（1977）、《古代西藏碑文研究》（1987）等。
3. 侯思孟（Donald Holzman，1926— ），出生于芝加哥，曾获得耶鲁大学中国文学博士学位和巴黎大学中文博士学位。先后任教于密歇根大学、普林斯顿大学、英属哥伦比亚大学、加州大学伯克利分校、香港中文大学等，曾任法国高等汉学研究院院长。著有 *La vie et pensée de Hi Kang*（法文著作，《嵇康的生平及其思想》，1957）、*Poetry and Politics: The Life and Works of Juan Chi*（英文著作，《诗歌与政治：阮籍生活与作品》，1976）、《中国上古与中古早期的山水欣赏：山水诗的产生》（1996）等。

上海的战事使人忧虑。胡适对中国前途也极端悲观，将来香港不稳固，将无去处。身体想好，已同童芷苓去跳舞否？程绥楚不会跳舞，一定要 jealous。他给我的信已收到，大考毕后当写复函。即请

　　近安

弟 志清 顿首

五月十六日

72. 夏志清致夏济安

5 月 27 日

济安哥：

　　昨天上午（26 日）Old English 大考完毕，考得很好，可得 95 分，说不定是全班之冠。春假来不断的紧张可告一段落，心中很舒畅。下午看到你的来信，你住宿都没有一定的地方，颇为你着急，希望你早日得到一个 job，可以安定地住下去。今天上午到银行去打了一张 Foreign Draft，五十元，可多维持你几星期的生活费，反正这钱是父亲上次寄来的，所以请收下。我本来的预算，半年来多下三百元，可供暑期之用，下半年的九百元在开学前可以不动用它。现在剩两百五十元，也无多大关系，因为我一年来学校 record 不错，李氏奖金大约可以 renew 的。胡适在纽约，也可以帮忙。六月中大约可得 M.A.，参加 Yale 的毕业典礼。

　　不断地看报，上海的战事算已告一结束。两租界没有受什么损伤，家中想多平安，父亲银行暂时想仍可照常办公，上海市区没有遭到大破坏，还是大幸。最近国民党军连续失地，前途实令人悲观，香港不知能维持多久。给 Jelliffe 的信已写好，明日寄出，Oberlin 比较可通融，一定可以拿到 admission，不果〔过〕为手续起见，恐怕仍需要你的 letter of application 和 record。你不妨写一封 application 寄 Jelliffe，O.College，Oberlin，Ohio，敷衍一下面子。明天预备去看 Menner，不知 Yale 会不会给你 admission，据说去年 Yale 给了不少在中国的学生 admission，结果一个也没有来。那 Dean 很失望，所以 Yale 对此事是相当郑重的。

家中已好久未去信，明天当去信，香港和上海想仍通信。上星期（十六日）我匆匆地写一封信，寄你原来的位〔地〕址，其中有外国朋友附上买中国书的十元（信由他挂号寄出），不知已收到否？可到奕荫街去问问，免遗失掉。六国饭店想是香港最贵族的旅馆，每日的 rent 想必很高。那些名舞女一向很随便，陈见山自称，他和王文兰睡过。管敏莉，我照片上的印象，并不太漂亮；不过在港漂亮的舞女一定很多，经济充裕也可和她们来往。我暑假毫无计划，除了读法文，准备 orals 外，暂时还不用紧张，生活很空虚，因为没有真正要好的朋友。昨天看了 Astaire & Rogers 的 *Barkleys of Broadway*[1]，虽然两人脚步较迟缓，仍很满意。Ginger Rogers[2] 较胖，可是仍比没有表情的 Betty Grable 好得多。今天下午

---

1. *The Barkleys of Broadway*（《金粉帝后》，1949），音乐剧，查尔斯·沃尔特斯导演，金格尔·罗杰丝、弗雷德·阿斯泰尔主演，米高梅公司发行。

2. Ginger Rogers（金格尔·罗杰丝，1911—1995），美国女演员。1941年以《女人万岁》（*Kitty Foyle*，1940）获得奥斯卡最佳女主角奖。

看派拉蒙的 *Streets of Laredo*[3]，西部五彩片，目的看里面的 Blonde 小姑娘 Mona Freeman[4]，长得很不错。目下银幕上不管片子好歹，我要看的有 June Haver[5]，Dorothy Malone，Mona Freeman 诸人。程绥楚捧的 Jane Powell 我认为非常难看。他讨的照片明天当寄出。

吴新民一向很精明，不肯多花钱。在上海时常和陆文渊去看球，后来买书成癖，别的方面也不多花。我以前和吴新民通信时老是给他一个 generosity 和 great lover 的 illusion，其实他并不。最近几星期一直吃药，调整心脏血压，所以虽然日夜地忙，一点没有 strain。普通的疲倦大多是心脏工作过度，我测验服了强心脏的 Theobromine（"血压平"内有）后，晚上二三点钟睡，早晨仍可八时起身，并不勉强。可是暑假中要停止吃药，保持身体原有的 rhythm。我目下穿衬衫皮鞋时，体重 128 磅。

暑期中要搬到我对面的房间 2778 号，朝南，朝里面，光线好，没有声音，搬时〔了〕以后再通知。希望早日找到一个 job，即祝

---

3. *Streets of Laredo*（《绿林二虎》，1949），西部片，莱斯利·芬顿（Leslie Fenton）导演，威廉·霍尔登（William Holden）、麦克唐纳·凯瑞（MacDonald Carey）、莫娜·弗里曼主演，派拉蒙影业发行。

4. Mona Freeman（莫娜·弗里曼，1926—2014），美国女演员。曾主演《绿林二虎》《魂断今宵》（*Angel Face*，1952）等几十部电影、电视剧。

5. 琼·哈弗（June Haver, 1926—2005），美国女演员，20 世纪 40 年代出演一系列音乐剧而知名。

近安

弟 志清 顿首

五月廿七日

我 Joyce paper 91 分，所以 Brooks 和 Milton 一年来所有 papers 全是 A，颇不容易也。

1949

335

73. 夏济安致夏志清

6月3日

志清弟：

多日未曾通信，今乘〔趁〕胡世桢夫妇飞 Vancouver 之便，托他带上一信，交邮寄上。胡的地址：Dr.Sze Tsen Hu，c/o Prof.W.L.Duren，Jr.，Math.Dept.Tulane University，New Orleans 15。他们在香港，曾同我一起游览过几天。我在香港，差不多等于落魄，毫无兴致白相，亦懒得找人。吴新民那里已好久未去，可是有一次程绥楚请我跳舞，有一次同 Boss 汪去看跑马，都碰着吴新民。他也许还以为我既跳舞，又赌马，一定日子过得很不差，谁知道我即将成为"毕的生司"耶？

跳舞我在包龙云那里学了不少复杂步法，在上海时汪先生请我到大都会去过一次，请了十名舞女坐台子，声势浩大。我起初想可以表现一下，不料大都会池子比包龙云那里大好几倍，是圆形而非我所习惯的长方形，一下去方向都搅不清，加以我在包龙云那里跳时同舞伴离得很远（标准步法），我走的步子，舞伴比我还熟，不用我指挥，因此我亦不知如何指挥。在百乐门同舞女一跳，我的步子她们不会，我既不能指挥，步子又生，走了几圈，自己都忘了应该怎么跳。起初很窘，后来规规矩矩走四步头，才可勉强敷衍。我知道我的跳舞不行，更无勇气同别人跳。程绥楚请我去的那次，我跳得比在上海时好一些，叫来的那个舞女（此人亦是包龙云的学生）同我亦很谈得落〔拢〕（我深夜送她返家），但是我经济情形不佳，心绪恶劣，再亦没有去过第二次。跳舞这件事只好暂时搁起来。我是很喜欢游泳的，香港游泳的环境这样好，可是我一次亦没去游过。跑马赌钱我认为很有兴趣，经济情形如好，每次跑马我都想去花掉几十块钱去试试运气。现在什么都谈不到。香港约每两星[期]跑一次马，一年三次大香槟，头奖达数十万港币之巨，约合十万美金以上，立成巨富。

Boss 汪的经济情形坏极，他欠父亲 500 元美金，欠我 50 元美金，都无期偿还。他现在可以说比我都穷。他一有钱便要瞎浪费（上海那一次跳舞所费即比我半月薪水为多），现在紧缩亦来不及了。他希望我同王璞（和我同住六国者，他在港唯一帮手）搬到他新顶（顶费尚欠着）的房子里去，以节省开支。但是他家里地方不大，小孩又多，一住进去一点 privacy 都没有，我们都不愿意。六国开支的确不小，我们的账有时候汪先生付，他付不出时我付。我现在身边只剩卅元美金及数元港币，大约再能维持五六天，五六天后不知道要到哪里去住，这样情形，我的心境怎样会好？（复信交吴新民转为妥，永久通讯处：香港，皇后大道中 Queen's Road

337

Central，China Bldg，华人行 409 号元本行张世和转。）

童芷苓回上海去拿行头，预备在香港登台，去了不到两天，空运即断，现在困在上海。她临行前，介绍我一处家庭教师，月入百元港币，这是我目前唯一有把握的 income。张君秋即将登台，约我替他写一篇英文宣传文章，并替他写英文剧情故事，大约亦略有酬报。这两天张君秋常常请客，我多认识了几个人，在香港的活动范围稍宽，办法可以多起来，但是只怕我的经济力是不容我久等。如果再穷下去，我只好谢绝交际，末一步是退到上海去另谋发展了。可怜的是，人家都以为我长住六国饭店，又并非失业之人，一定境况很不差，我若真的失业，帮忙的人反可以多一点。

上海战事时期，家里没有受到多少惊慌，你可以放心。共产党目前的政策还算宽大，工商业可以照常活动，虽然利润是一定要薄不少的，父亲的亿中银行仍可维持。玉瑛当然得少读一点 *Heidi*，多读一点马克思了。祖母、母亲的生活可以毫不受变动，小菜亦〔也〕许可以便宜点。祖母对于金圆券的崩溃，顶不能明白。乾安这个月给她的零用钱，她下个月拿出来用，只能买一块豆腐。她常常气得说不出话来。照金圆券的贬值速率看来，民间疾苦太深（北平投降时，十元金圆换共币一元，上海此次失陷，十万金圆换共币一元，四五个月里边，价值猛落一万倍，何况听说共币亦在慢慢贬值），社会非有澈〔彻〕底大变化不可。我现在这个家庭教师 job，每月酬报一百元虽然只够我在六国三天开支（这个事不长，因为该初中生不久就要进暑期学校），但比国立大学教授已经好得多了。Holzman 的支票收到已有好多天，现在交在张世和那里，等 rate 稍微好转，即兑出不误。支票出售不易，以后若有此种事情，还是冒险寄 cash 来为妙。你想已大考考过，安渡〔度〕暑假了。Admission 办得如何？其实有了护照我又哪里来的钱去出国呢？专此　即颂

　　旅安

兄 济安 顿首

六月三日晚

1949

74. 夏志清致夏济安

6月5日

济安哥：

　　上星期寄出一信，附五十元汇票，想已收到。这星期大考完毕后又写了一篇 Eliot paper，现在功课全部完毕，只待六月二十日拿 M.A. 文凭。你这两天职业有无着落？甚念。办 admission 的事进行 [得] 很顺利，Jelliffe 回信来说，只要你寄来大学成绩 Transcript，admission 没有问题。Yale 方面我见 Menner 后，他很欢迎你来，所以我已向 Associate Dean Simpson 那里拿到应填的表格，另信寄上。Yale 办 admission 较磨〔麻〕烦，得照片、letter of application，transcript，及寄给你的表格。弄好后可寄 Associate Dean，Graduate School，Yale U.，Hall of Graduate Studies，York St.N.Haven。Admission 会直接寄给你。最要紧的还是经济问题。胡适现住 104 East 81st street，New York City，不妨去信，或者经济上可帮忙。这几天是否仍住在六国饭店？我功课结束后，生活极为沉闷，一点没有快乐的感觉，纽约没有朋友，也不想去。平日看电影外，一无娱乐，不日想即开始读法文，为减少 boredom。

附上两封信，请你代寄。上海和美国最近航邮已断，所以家信请转寄；一封给武昌吴志谦，他一学期内给了我两封信，还没有复他，觉得不好意思，所以请转寄。

我已搬进 2778 号（下次寄信，2771 对面），有阳光，无声音，对草地，很合理想。无形中减少不少 strain。Yale 中国北派同学势力坚强，我同他们不大来往，哲学系的方即将返国，所以我的朋友愈来愈少，下学年生活将更寂寞。近况想好，家中想常通信，陈俊三的女公子仍有来往否？一封寄奕荫街附上十元买中国书的信已收到否？念念，即颂

近好

弟 志清 顿首
六月五日

75. 夏志清致夏济安

6 月 20 日

济安哥：

胡世桢在 Seattle 转来你六月三日的信，收到已有多日，我前后来〔去〕过两信（寄吴新民那里），不知都已收到否？五月廿八日那封挂号信内附汇票 50 元一纸，想已妥收，不过没有接到你 [的] 回信，所以很挂念，不知会不会遗失。读你上一封信知道你钱已将用完，这几天不知道怎样渡〔度〕生？甚念，能否向人家启口借钱？如果真正找不到适当的职业，还是暂返上海为妥。上次信内附有 Yale application 的单子，今接 Oberlin 来函，谓能寄去 undergraduate 成绩，admission 没有问题。

我这几天生活比较不紧张，明天（21 日）上午即要戴方帽子在 Woolsey Hall 参加毕业典礼，拿 M.A. 文凭。M.A. 既早在预料之中，所以没有什么 thrill。前星期看了 Rbt.Graves 的 *Wife to Mr. Miltion* 和 C. S. Lewis[1] 的 *The Allegory of Love*。上星

---

1. C. S. Lewis（Clive Staples Lewis，克莱夫·斯特普尔斯·刘易斯，1898—1963），英国作家、学者，曾执教于牛津大学和剑桥大学，被誉为"三个 C. S.（接下页）

期开始读法文，法文较容易得多，可是每天下午被中国同学找打 ping pong 球，所以没好好念书。一年半来没有运动，打打乒乓，身体觉得很舒服。上星期五到城外飞机场看了 Ringling Bros. 和 Barnum[2] 的马戏团，是美国最大的马戏班，号称 "The Greatest Show on Earth"，花了三块钱，没有什么特别，tent 里面很热，畜生都很臭，许多象，没有象牙，很可怜的样子。最重要的还是靠那些惊险表演，表演的女人，因为我眼睛近视，都看不出美丑。

　　香港同上海想已恢复通信，家中想好。你一个人在香港，这几天一定很窘，但不要 despondent。不知仍住在六国饭店否？父亲那里可接济否？甚念。张世和想好，他的太太是否同在香港？吴新民、程绥楚想常见面。我搬了房间 2778 后，住得很好，下午晚上很风凉。看了一张 *Edward, My Son*[3]，是

（接上页）刘易斯"：一是文学史家和批评家，代表作包括《爱的寓言：对中世纪传统的研究》（*The Allegory of Love : A Study in Medieval Tradition*，1936）、《废弃的意象：中世纪和文艺复兴文学导论》（*The Discarded Image : An Introduction to Medieval and Renaissance Literature*，1964）；二是科幻作家和儿童文学作家，代表作包括"《太空》三部曲"（*Space Trilogy*，1938—1945）、"《纳尼亚传奇》七部曲"（*The Chronicles of Narnia*，1950—1956）；三是通俗的基督教神学家和演说家，代表作包括《返璞归真》（*Mere Christianity*，1952）、《四种爱》（*The Four Loves*，1960）等。

2. Ringling Bros.and Barnum & Bailey Circus，林林兄弟与巴纳姆贝利马戏团，林林兄弟马戏团于1884年成立，1919年林林兄弟与巴纳姆贝利马戏团正式成立。

3. *Edward, My Son*（《黄粱梦》，1949），剧情片，据诺尔·兰利（Noel Langley）和罗伯特·莫利合著剧本改编。乔治·库克导演，斯宾塞·屈塞和黛博拉·蔻儿（Deborah Kerr）主演，米高梅公司发行。黛博拉·蔻儿以此片获得奥斯卡最佳女主角奖提名。

Robert Morley[4] 的舞台名剧，Spencer Tracy 多年未面〔看〕，演得还不错。看到香港《大公报》，已经全部"赤化"，Yale 的中国 science 学生在组织一科学会，也是"赤化"组织。明天虽拿到 M.A.，前途仍是茫茫。你身体想好，父亲亿中业务如何？甚念，即颂

　　旅安

弟 志清 顿首

六月廿日

---

4. Robert Morley（罗伯特·莫利，1908—1992），英国编剧、演员，先后参演60多部电影。

76. 夏济安致夏志清

6 月 19 日

志清弟：

连接两信，因生活不安定，今日始复，至以为歉。胡世桢于六月五日飞美，托他寄出一信，想已收到。胡世桢先飞加拿大之温哥华，票价可比飞旧金山便宜一半（飞旧金山约七百余 U.S.，飞温哥华约三百余），坐火车去美，现想已平安到达。你的五十元 check，对我真是雪中送炭，可惜上面注明向香港 Chase Bank 去领，他们只肯出官价港币（官价约四元换一元，黑市约六元换一元），吃亏太大，所以特地原封退还。你假如有余力，请换一张向纽约 Chase Bank 去领的支票（那个黑市可以卖掉）寄来，以备我缓急之需。我今天身边还有两百元 H.K.（一百元是汪先生那里拿来的，一百元是学生补习酬劳），可以用几天，请你放心。居然还住在六国，不久可能要搬出，如唐炳麟那里稍微松动一点，我想搬去。唐炳麟住的是漂亮的花园洋房，可惜里面住了很多逃难人，假如多搬出几家，我去住倒是很舒服的。六国并不贵族化，设备大约同"大中华"、"东方"相仿，四周环境亦同四马路云南路一带差不多，面对着海，

345

相当于大中华对面的跑马厅，空气还不致太坏。香港的贵族化旅馆皆洋人所开，同上海的 Palace、Cathay 等相仿。六国的好处是 service 好，茶房都懂国语与沪语，吸收很多逃难人。六国饭店似乎比上海我所讲的那些饭店干净，常常大扫除，墙壁常常粉刷，电梯新近加了一层油漆。床上没有臭虫，奇怪的是香港这样一个半热带地方，竟然没有蚊子，晚上睡不用帐子。六国的住不好算贵，我的房是十四元三角一天，在外面住要出顶费，很不合算。我假如能有一千元一月收入，住旅馆亦吃得消。

陈俊三的女儿曾经问我：Bridge 打不打？我说不会。又问我关于几张刚开〔看〕过的电影，我说我都没有看过。她说：你一天到晚作些什么消遣呢？我一言不发从裤子袋里面摸出一本《蜀山剑侠传》。她想我这个人是不可救药的了。我最近大看武侠小说，《蜀山剑侠传》是近年中国创作小说中的一部值得注意的书，已出五十余册，作者还珠楼主[1]另外还写了好几十本别的武侠小说。他的书以神怪为主（法宝比《封神榜》还要多），空间时间规模极宏大，想象力是很了不起的。最近看了十几本《十二金钱镖》（白羽[2]著，未完），很是满意。

---

1. 还珠楼主（1902—1961），四川长寿人，原名李善基，后名李寿民。现代武侠小说作家，代表作品有《蜀山剑侠传》《青城十九侠》《云海争奇记》等，一生作品多达4000余万字。与"悲剧侠情派"王度庐、"社会反讽派"宫白羽、"帮会技击派"郑证因、"奇情推理派"朱贞木并称为"北派五大家"。
2. 白羽（1899—1966），即宫白羽，原名万选，改名竹心，原籍山东东阿，现代武侠小说作家，代表作品有《十二金钱镖》《武林争雄记》《偷拳》《联镖记》等，被称誉为"北派五大家"之一。

这部分有中心 plot：镖银的被夺与夺回，《蜀山》的主要故事是峨嵋第三次各派比剑，第一次、第二次隐隐约约说到，但是第三次的"大劫"据看完四五十几本的人说，还遥遥未来。文字很 sober，居然还描写几个特殊 characters，描写武侠事迹，很 realistic（没有飞剑）。几个人夜里去探一次庄，可以描写好几章，很紧张。我想这种小说搬到美国来，可以受人欢迎的。你的朋友的十元钱，换得六十元，我已买了两包书（商务印书馆发票存我处）寄上（约于六月六日寄出），书价五十三元多，扣了挂号寄费后，还剩港币一元二角，算我的奔走车资吧。Jelliffe 的 surname 是否 Robert A.？我想请你一手代办吧。成绩单的 facsimile[副本]寄上，请你代译一下。Yale 的表我想不填了，因为我不一定来，怕反而坏了中国人的信用。国民政府要封锁上海，港沪之间的通信不能很畅通。再谈，即颂

　　暑安

　　　　　　　　　　　　　　　兄 济安 顿首

　　　　　　　　　　　　　　　六月十九日

77. 夏志清致夏济安

6月27日

济安哥：

　　接六月十九信，心中为之释念。希望最近能找到 job，在香港安定住下去。五十元的 draft 已收到，该票须进纽约 Chase Bank 去 cancel，大约四天中可拿到 refund。今天开了一张向 Chase Bank 去领的 check，特挂号寄上。成绩单翻译后，附 application 一并寄去 Oberlin，想应可拿到 admission。Holzman 得悉你书两包已于六月六日寄出，非常感谢你。他九月初将去巴黎法国读中文。我应该去纽约找事做，离开 New Haven，不特可接济你，自己生活也舒服些，可是惰性已深，不想找人帮忙，还是省吃俭用地住在 New Haven。

　　M.A. 已于六月廿一日拿到，那天天很热，穿了深青哔叽西装，外加 gown，衬衫都湿透。大约有十人拿名誉学位，除 General Clay[1] 和他柏林的继承人外，都不大出名。美国东部已

---

1. 可能是 Lucius D. Clay（卢修斯·克莱，1898—1978）将军，"二战"期间曾任欧洲盟军占领区最高长官，负责美国的军火供应，在柏林封锁期间指挥了著名的"空中走廊"计划。曾三次登上《时代》杂志封面。

久未下雨，所以天气很热。法文已读了两个多星期，还没有上劲，预备六月底把初步文法读完。看了 *Casablanca*[2] 和 *G-men*[3] 的 reissue。*G-Men* 中 Cagney 已〔还〕年轻，全片很轻松有趣。看了 Esther Williams、Red Skelton[4] 的 *Neptune's Daughter*[5]，非常恶劣，较《出水芙蓉》[6] 小型而无情节可言。那天舞台上选举 Miss New Haven，只有五人参加，其中两名意大利人，一名黑人，较普通街上走路的女人和 office girls 为丑陋得多，结果一位教育程度较高的 Italian 女人得选。

　　家中想平安，世和兄前问候，匆匆，即请

　　近安

弟 志清 上
六月廿七日

2. *Casablanca*(《北非谍影》)，剧情片。据莫瑞·博内特(Murray Burnett)和琼·爱丽森(Joan Alison)合著剧本《大家都来锐克酒吧》(*Everyboby Comes to Rick's*)改编。迈克尔·柯蒂斯(Michael Curtiz)导演，亨弗莱·鲍嘉、英格丽·褒曼主演，华纳兄弟影业发行。

3. *G-men*(《执法铁汉》，1935)，犯罪电影，威廉·凯利导演，詹姆士·贾克奈、安·德沃夏克(Ann Dvorak)主演，华纳兄弟影业发行。

4. Red Skelton(《雷德·斯克尔顿，1913—1997)，电视主持人、电影演员。

5. *Neptune's Daughter*(《洛水神仙》，1949)，彩色浪漫喜剧片，爱德华·拜兹维(Edward Buzzell)导演，埃丝特·威廉斯、雷德·斯克尔顿主演，米高梅公司发行。

6. 《出水芙蓉》(*Bathing Beauty*，1944)，音乐剧，乔治·西德尼导演，雷德·斯克尔顿、巴兹尔·雷斯伯恩(Basil Rathbone)、埃丝特·威廉斯主演，米高梅公司发行。

1949

78. 夏济安致夏志清

6 月 22 日

志清弟：

前两日寄出一挂号信——附 50 元支票及成绩单、照片，想已收到。我现在搬到思豪酒店 45 号来住，大约可以住相当长的时候，以后来信可以寄到这里。思豪 45[号] 是我们的写字间所在，地方很宽大，住人后地方还有多余。这家旅馆稍旧一点，派头相当大，坐落的地点约〔相〕当于上海外滩仁记路一带（离吴新民的 office 很近，他希望你给他信，是香港财富集中地）。住到思豪来后，可以省一笔六国的房钱。上海通过短时间的船，今天听说又断了。你寄给父母的家信，我已托人先带走，想可平安送到。另寄给吴志谦的信，还有一封顾家杰[1]（请你转告他为要，我不另写信了）托我转寄到苏州的信，我托坐"芝沙丹尼"（Tjisadane）的朋友带去。听说这只船要退回香港，但愿能安全抵沪，否则

---

1. 顾家杰(1913—1979)，江苏苏州人。1948 年获美国丹佛大学图书馆学硕士学位，1950 年回国。曾任中国科学院图书馆副馆长，主持编写了《中国科学院图书馆图书分类法》(1958)。

由我妥为保存，觅便转寄不误。上海听说管得还不大凶，上海来香港买船票还不难（只要船通的话），可是《申报》《新闻报》都停办了，大新公司（看见过这样一张照片）墙上挂了毛、朱的大像，北平天安门前的老蒋也换了毛、朱两张画像。张君秋下星期上演，我替他编的中英文说明书，印好后当寄上一份不误。Holzman 托买的书已于六月八日寄出（挂号船寄）。书名如下：《四声切韵表》《孟子正义》《尚书古今文注疏》《历代纪元编》（记皇帝的年号）、《历代名人生卒年表》《宋六十名家词》（五册）、《陶靖节（渊明）诗》《水经注》《中国历史研究法》（梁启超[2]）正续编。各类都有一点，只是人名、地名大辞典没有找到。

从种种迹象看来，我近来运气还好，内地那种穷困，还没有尝过，在香港亦〔也〕许还混得下去。家里想平安如旧，亿中的业务不会十分好，上海、天津、南京、无锡的都开着，在共产党手下发不了什么财。厦门、广州的分行，花了好多钱才开出来的，现在金圆券跌得一钱不值，账还是记的金圆账，亦都无业可营，职员都留职停薪。别的再谈，即颂

暑安

兄 济安 顿首

六月廿二日

---

2. 梁启超（1873—1929），字卓如，号任公，又号饮冰室主人。广东新会人。著名思想家、史学家，有《饮冰室合集》（1936）行世。

79. 夏济安致夏志清

6 月 30 日

志清弟：

　　寄给吴新民 24 日的信，已经看到。知道你很替我着急，很是不安。我于 6 月 18 日寄上航挂一封（附退还 50 元 check），搬来思豪酒店以后，亦曾发过航空邮简一纸，想均已收到。你 20 日交给吴新民转寄的信，亦已收到。你得了 M.A.，安心读法文，虽然生活比较枯燥，总算还安定。我近况似有转机，近日替汪先生办成一件大事，虽分文还没有到手，心里觉得还痛快。汪先生是做苏联生意的，苏联有一笔肥田粉，定价比美货便宜，预备到远东来销，这笔货大致可以赚钱（可销台湾、菲力滨〔菲律宾〕、南洋等处），但汪先生近来经济力量太坏，没有银行担保付款，苏联人不肯把货装出。很巧的，我在思豪酒店门口碰到了宋奇，同宋奇谈起这件事，由宋奇介绍浙江兴业银行来担保（四千吨约需二三十万美金），大致已经成功。现在宋奇同汪先生 fifty fifty 地来合作做肥田粉，获利必有可观。这批做了，还要定下批。我假如是一个 partner，可以顿成小康，如拿佣金，亦必可阔绰一个时候。如汪先生真是唯利是图，至少可把欠我的薪水发还，而且把欠父亲的 500 元美金偿清，两个月以后，我的经济情形必大可好转。宋奇正在苦闷，没有生意好做，而汪先生（还有 1800 吨未付清价钱的纸在香港）有货而周转不灵，两人合作真好。宋奇身体如旧，同我打过两次 bridge，他的脑筋敏捷，我非其匹也，现在我正在赶学 Culbertson System。我现在住的思豪酒店，是香港第一流旅馆（每层只有九间房间，都很宽大，厕所都很大），我的房间内白天闹得不堪，晚上很静。你的 50 元如寄来，再问唐炳麟借一点，大约可以维持一两个月，以后想可不成问题。因为做生意有转机，我亦不想活动教书的事了。教书在香港仍旧是穷，而且给人看不起。宋奇造了两幢房子，可以用来开学校，但开学校靠收学费决不能于几年内收回造价，我怕对不起朋友，对于办学一事，不大起劲，还是让宋奇把房子顶出去吧。女人方面，我发觉我对于年纪小的女人已经不发生兴趣，这大约和在董华奇那里所受的 rebuff（挫折）有关系。王璞（本与我同住六国，现迁居跑马地，每日白天在思豪）有一朱姓女友，为中央航空公司空中小姐（随机服务），常来看他。常有一姓丁的空中小姐同她一起来，我对此人还有三分兴趣，我想我的 wit 也已相当 fascinates 她，而且我的对朋友热心等 good qualities，也已相当 manifest。但是我穷到这步田地，加以怕碰钉子，从未 attempt 去追求，也没有向王璞或汪先生表示过什么。忽然最近有一天碰见姓丁的姨母，她不知怎样认得我，原来她就是陈良岑的婶婶（陈即居其家）。假如该妇人是我们母亲的话，那末陈良岑同那位姓丁的关系，就同玉富同水云的一样[1]，只是年龄长幼方面相反。这一下使我很窘，陈良岑我是想规避的，姓丁的（名叫Terry）我是想多见面的，以后碰在一起，不知将怎么样。我在陈良岑面前很 dull，且已好久不来往。在姓丁的（她已经开始在讽刺我，关于陈良岑的事，因为她不明白底细）面前，很是谈笑风生，以后想不免有点尴尬场面。但你不要expect太多，我还没有到主动去找人的程度，可能毫无发展的。再会祝好！

兄 济安 顿首

六·卅

〔又及〕上海信不通，你给父母信已遭退还。上海大致如旧，生活苦，无生意可做，物价涨。电影 Roxy 做《出水芙蓉》已连映数礼拜，新光做郎欠尼[2]与罗伽茜[3]合作的《豺狼精大战科学怪人》[4]，中国大戏院李玉茹、俞振飞下来换童芷苓。

---

1. 陈水云是夏济安的表姐（姨母的女儿），夏玉富是夏济安的堂妹。

2. 郎欠尼（Lon Chaney, Jr.，一译朗·钱尼，1906—1973），美国演员，代表影片有《人鼠之间》（*Of Mice and Men*，1939）、《人造怪物》（*Man Made Monster*，1941）等。

3. 罗伽茜（Bela Lugosi，一译贝拉·卢戈西，1882—1956），匈牙利裔美国演员，以出演《德古拉》（*Dracula*，1931）知名。

4. 《豺狼精大战科学怪人》（*Frankenstein Meets the Wolf Man*，一译《科学怪人大战狼人》，1943），恐怖电影。据玛丽·雪莱（Mary Shelley）《科学怪人》（*Frankenstein*）及其续作改编。罗伊·威廉·尼尔（Roy William Neill）导演，朗·钱尼、贝拉·卢戈西、洛娜·马赛（Ilona Massey）主演，环球影业发行。

共产党顶关心的是怕压不平物价，我看见 6 月 12 日、6 月 13 日的《解放日报》（《申报》改）都是讲银圆贩子和"奸商"的事。

80. 夏济安致夏志清

7 月 7 日

志清弟:

上星期发出一信想已收到。50 元支票已收到,谢谢。肥田粉之事,尚有若干困难,只要苏联方面的几点问题解决,我们这笔交易可以成功。宋奇答应给我 commission,交易成事,我多少可以有点进益。汪先生最近又在进行另一件事,预备装卷烟纸到长沙(未沦陷),再从汉口装烟叶回来,可以获利数倍。程绥楚有一亲戚,在长沙做副军长,家眷已搬来香港,其人这两天也在香港,我已经介绍他同汪认识,将来走封锁线时,可以得到他不少帮忙。这笔交易,汪先生答应给我 10 的利益。做生意前途慢慢光明起来,我也不必另外再寻 job。汪先生这种四处找寻财路的精神,我很佩服。想不到我能帮他这许多忙,我交的朋友对于他都有用处。别人(包括父亲)都拿我当秘书人才看待,其实我的长处还是对外的交际联络(这点唯你识之),写字间工作太 dull,我一定做不好。宋奇说可以介绍我到 American Firm 去工作,我打字不快,商业文件不熟,美国人做事又要讲"效率",我想我决不能胜任愉快，虽然据说待遇可以很高，我想还是维持目前的生活，可以多一点 thrill。我喜欢冒险，最近可能到广州，甚至长沙去一次。程绥楚顶崇拜 Rhett Butler[1]，听说有机会可以跑封锁线发财，也很兴奋。我并不想发财，但求手头宽裕点就好了（我这种帮人奔走挑人发财的生涯，渐渐要走父亲的老路）。战事形势，共产党踟蹰〔趑趄〕不前，不知何故。国民党似乎又发狠了一点，差不多天天有两三只飞机去炸上海。母亲不免将多受些惊吓。亿中生意很惨，厦门、广州（花了很多钱——顶费装修等开出来的）的分行无形停顿，天津、南京的分行已停业，听说（从唐炳麟那里）上海行里职员轮班办公，每三天去一次，吃行里伙食，略供给车马费，几乎等于关门。父亲坚持不逃，孰知在香港还有生意可做，在上海只有坐吃而已。先是怕香港生活程度高，但是上海经封锁以后，生活比香港高得多，香港一元美金的西餐已经很丰盛，但是听说上海的西餐要卖五六元一客了。美国货如 Jantzen 游泳衣、Botany 领带等香港价钱都低于美金定价。

　　我现在不想追求任何人。我相信我只要不追求，任何女人对于我的印象都会很好的。近来住第一流旅馆，天天吃馆子，虽然囊橐不丰，生活可以说很舒服。请你不必挂念。张世和仍旧是超越寻常的热心，生活很苦，唐元芳待他亦是"吃饭

---

1. Rhett Butler（白瑞德，一译瑞德·巴特勒），美国作家玛格丽特·米切尔所著《飘》中的人物。他生活在美国南北战争期间，是穿越封锁线牟取暴利的商人。

无工钱"，住的地方连床都没有——白天拆除的帆布床。再谈，
即颂

　　暑安

　　　　　　　　　　　　　　　　　　　　　　兄 济安 顿首
　　　　　　　　　　　　　　　　　　　　　　七月七日

81. 夏志清致夏济安

7 月 15 日

济安哥：

六月卅日、七月七日两信都已收到，悉在香港生活已有转机，做生意很顺利，甚为高兴。两宗生意都是很大，虽然帮人发财，这是第一次在商业上发挥你交际联络功夫，可以增加 self-assurance，慢慢发展。这次在香港也可算是你生活的 turning-point，不难达到 affluence[富裕] 的地位。两天前收到一封六月九日父亲发出的平信，大约美国和上海的邮船还通，信中略述上海战争经过，只有五月廿四日下午梵王渡铁桥被炸，声音很大，家中受些惊吓。别的时候都很平安。

Oberlin 的 admission 想已收到，他们把你的分数总平一下，你 freshman year 因转学的关系都是 60 分，所以只得 81 分。拿到 admission 后，领一张护照，备而不用，想较容易。上星期同钮伯宏通信，昨天接他来信，要我到他家去玩。他家在 Brockton，来回车费即需十三元，所以已去长途电话谢辞，虽有些不好意思，不得不如此做。我在读一本 abridged 的法文浅近小说，法文较德文、Latin 容易得多，差不多没有什么生

359

字，以后预备读些 critical prose。我在节省的原则下，没有什么生活可言，一天差不多花两元钱在吃饭上，看了不少电影（Cooper:*The Fountainhead*[1]；Bob Hope:*Sorrowful Jones*[2]；Ray Milland:*It Happens Every Spring*[3]；K.Douglas[4]:*Champion*[5]）。海滨今夏只去了一次，能够 float，觉得很有趣，下学期想在游泳池学游泳。

接张心沧来信，他在 Edinburgh 六月中已拿到 Ph.D. degree，爱丁堡的 Ph.D.（普通两年到三年，今夏英文系只有张一人拿 Ph.D.）虽没有 Yale 那样麻烦，能够两年拿到，令人佩服。他写 Peele 的论文很得 Dover Wilson 赞赏，Renwick 教授等也很欢喜他。他现在去意大利游历，今秋恐仍返爱丁堡。

---

1. *The Fountainhead*（《欲潮》，一译《源泉》，1949），据安·兰德（Ayn Rand）所著的同名畅销书改编。金·维多导演，加里·库珀和帕特里夏·妮尔（Patricia Neal）主演，华纳兄弟影业发行。

2. *Sorrowful Jones*（《伤心的琼斯》，1949），西德尼·朗菲尔德（Sidney Lanfield）导演，鲍伯·霍普和露西尔·鲍尔（Lucille Ball）主演，派拉蒙影业发行。

3. *It Happens Every Spring*（《鸾凤鸣春》，1949），喜剧电影，劳埃德·培根（Lloyd Bacon）导演，雷·米兰德、珍·皮特斯、保罗·道格拉斯（Paul Douglas）主演，20世纪福克斯公司发行。

4. K. Douglas（Kirk Douglas，柯克·道格拉斯，1916— ），美国演员，曾三次入围奥斯卡最佳男主角奖，1996年获奥斯卡终身成就奖。主要作品有《夺得锦标归》（*Champion*，1949）、《玉女奇男》（*The Bad and the Beautiful*，1952）、《凡·高传》（*Lust for Life*，1956）。

5. *Champion*（《夺得锦标归》，1949），黑色电影，据林·拉德纳（Ring Lardner）短篇小说改编。马克·罗布森（Mark Robson）导演，柯克·道格拉斯、阿瑟·肯尼迪（Arthur Kennedy）主演，联美公司发行。

他的好学精神，目下中国很少人比得上他。王佐良[6]在 Oxford 拿到了 B. Litt；周珏良今夏在 Kenyon School 读书。

你今〔近〕来生活丰富，女人也比较易接近，那位丁小姐，既是随机服务，一定很漂亮。在 Yale 将返国的哲学系方听说你长住 Hotel Cecil，很为吃惊。我身体不错，最近去检查过，心脏正常，血压132度，没有什么值得忧虑的地方。吴新民、程绥楚想好。肥田粉交易想已先完成。即请

暑安

弟 志清 上
七月十五日

---

6. 王佐良（1916—1995），浙江上虞人，学者、翻译家。1947年入英国牛津大学留学，师从威尔逊教授，获B. Litt学位。1949年回国后，长期任北京外国语学院教授。代表作有《论契合》（1985）、《英国诗史》（1993）、《英国文学史》（1993）等，主编有《英国诗文选译集》（1980）、《英语诗选》（1988）等。

82. 夏济安致夏志清

7月15日

志清弟：

张君秋每星期在 King's 唱两晚，上两晚使旅港难民很骚动了一下。据茶房讲，思豪里的上海住客那两晚都去"睇戏"了。我和程绥楚合送了一条大红缎子的横披（好像是上海天蟾舞台所挂的杜月笙、黄金荣等所送的那样），可惜台顶上不好挂，挂在 dress circle 的扶手上，风头没有出足。香港地方小，上海人活动的范围有限，大家是"难民"（所谓"白华"），原来的阶级分别消泯不少。做生意还是乏善相告，但总比以前有希望一点。思豪45白天很闹，早晚很静，前两信已述之。近来程绥楚放暑假后，恒终日在此，使我不胜周旋之苦。晚上他学校关门早，偶而〔尔〕有事，住在我这里，本无不可（他学校教员宿舍不如此地茶房宿舍）。但第二天我要陪他一天，如果晚上再不走，再住一夜，我真吃不消了。早晨请他 breakfast，中午请他午膳，晚上晚膳，我如此穷法，如何能胜任？他又高谈阔论，信口开河，在客气人面前，乱说乱话，替我丢脸。他又看不出我脸上的"山色"。思豪酒

店地点在香港中心，设备周全（45 房有自备浴室），又常有
"要人"出入，无怪他乐不思蜀，但真太不体谅我这个主人
了。我陪了他昨天一天一晚，今天一上午、下午我不辞而别，
在街上闲荡，看电影，把他丢在思豪，九点半始返。看见他
写好了这一封信，并悉他于七时始走，乃补记数字如上。

济安上

〔附程绥楚信〕

志清兄：

前函计已达览，所寄照片四张，于十一日收到，行一月
零一天。前夜君秋在此上演《玉堂春》，昨夜《探母》。
King's 戏院收音最好，因演电影，九点半上场，且无茶房等
售卖，清清静静，音调之美，无以复加。弟与济兄同座，从
台上戏景及唱腔，顿生流离之感。楼上下为"白华"第一等
大亨大官集中之大会，杜老即全家坐第一排，万金油王龙云
之流及沪上之名流皆在，有如一堂会。说明书为济兄译作，
连日颇忙于此，即各大亨向君秋留票，亦由弟分配，而弟与
济兄完全义务，甚且倍〔赔〕钱，故已不敢多热心矣。芷苓
返沪之三日，沪为共产党军队占领，从收音机已知其演《锁
麟囊》，原拟在港演，想不到竟回不来，反为张君秋忙，甚
觉不值得。所赐相片，以 Jane Powell 及 Gable 与思嘉为第一，

1949

363

而思嘉则满面是戏，弟爱不忍释。Vivien Leigh[1] 之妙，于此片见之，闻伊肺病休养，不知在美得闻伊之近讯否？弟深盼能渡美，但别无他法，盖非自购外汇不可也。如弟能与济兄同到美与吾兄三人重聚，则欢快可知矣。

香港"白华"势大，由此次君秋出演，可以看出。然流离聚于英国一 Colony，滋味可以想见，故散戏之时，心头沉闷，戚戚不乐，虽新腔亦有苦趣，前途茫茫，如何得了。

全国水灾，长江中下游各省及江北全淹，湘省灾情之重，无以复加，弟居此心中如焚。连日在思豪与济兄聚，已放假，无所事事，日唯闷闷混日子耳。

兄暑天应稍休息，或稍作旅行，学问之事在乱世亦正可不必过分，盖人类已至毁灭前夕，陆沉之前，重有感也。

弟迩来理想全幻灭，但愿平安欢乐而已。有极佳之小说数据，但环境不能动手，日与济兄笑述，借以遣愁。

改日有君秋照寄你，但弟等对此毫无趣味也。

无可多说，即祝

安好

小弟　绥楚　顿首

七月十五日，思豪 45 号

---

1. Vivien Leigh（费雯·丽，1913—1967），英国电影、舞台剧演员，两次获得奥斯卡最佳女主角奖。代表影片有《乱世佳人》《欲望号街车》（*A Streetcar Named Desire*，1951）等。

83. 夏志清致夏济安

8月6日

济安哥：

好久没有给你信，近况想好。七月十五日你和程绥楚寄出的信已收到，肥田粉交易已成功否？烟草生意恐湖南战事激烈，已不能进行矣。我的生活还同以前一样，没有什么变化，天天读些法文。只是暑假以来眼睛时常疲倦，新配了两副眼镜，一副425°—400°，另一副375°—350°，较上次（400°—375°）配的较〔要〕浅，供读书之用。其实我眼睛近视并没有增加多少，只是用得太多而已，这一次配眼镜用去了廿元钱，在预算之外。Holzman 的书已收到，上星期六和他及两个中国同学一同到 Boston 去了一次，当天来回，在汽车上就花了八小时，所以没有什〔怎〕么玩。参观了两个 museum，看到了 Blake 的水彩画真迹，Renoir[1] 的女人都是圆

---

1. Renoir(Pierre-Auguste Renoir，雷诺阿，1841—1919)，法国印象画派著名画家，早期作品是典型的印象派作品，充满了夺目的光彩，后期转向人像画。阳光、空气、大自然、女人、鲜花和儿童，是其画作的永恒题材。著名作品有《包厢》《浴女》《舞者》《红磨坊的舞会》《游轮上的午餐》等。

脸肥身，觉得很好看。Italy 的宗教 painting（圣母之类），New Haven 也有些，都是千篇一列〔律〕，没有给我什么印象。Boston 的建筑都是红砖的，都已相当老，隔 Charles River 即 Cambridge，哈佛建筑亦多红砖，没有 Yale 的石头 gothic 建筑好看。最近 Yale 买到了全套 Boswell[2] papers（都是手稿），有五六 trunks 之多。该 collection 为 Colonel Isham 二十年来到 Ireland 英国各地觅来的。Yale 一向是十八世纪权威，这次又增加了许多可 research 的材料。

香港、上海已恢复通邮否？家中想好。Oberlin 的 admission 想已收到。纽约的中国学生大部都已自动"赤化"，想回国做官或和共产党政府联络。据去纽约的人说，他们开口闭口即"毛先生"、"毛主席"不绝，有两个女生已在开始教导"秧歌"。另一方面那批左倾的第二届自费生都由中国大使馆给路费回国，我同船的那位何飞（St. John's）居然请到纽约→香港头等票，大使馆为他一个人即耗去了七百元。New Haven 上星期较热，气候在 [华氏]90° 以上，这星期较凉爽，又去了一次 Beach，已略能游泳。最近生活如何？丁小姐那方面常有往来否？程绥楚常来缠不清，实是讨厌，不知有何方法抵制。近日经济状况如何，甚念。宋奇、吴新民

---

2. Boswell（James Boswell，詹姆斯·鲍斯威尔，1740—1795），英国传记作家、现代传记文学的开创者，代表作为《约翰逊传》。20世纪20年代，一大批鲍斯威尔的私人档案，包括日记、通信、手稿被发现，后由美国收藏家 Ralph H. Isham 收购，并转给耶鲁大学。

想时常见面。附上六月廿一日 M.A. 毕业后照片一帧，脸上神
气想同国内时相仿，即祝

　　近安

弟 志清 上

八月六日

84. 夏济安致夏志清

8月5日

志清弟：

昨日自广州返港，护照事大致已无问题。最棘手的是2400元美金或等值外汇存款证件一事，宋奇不能帮忙，亏得张君秋答应划一万五千元港币，用我名义在中国银行开一户头，才得解决。张君秋登台，我稍微帮了些忙，他正想报答我，这样于他无损，于我却利益甚大。我的申请教育部已通过，还有点公文手续要办，护照约一两星期内可以领到。政府预备再搬家，教育部内堆满公文箱，大约八月六日开始运重庆。教育部的公务员都是精神萎靡，我昂然踱出踱进，看他们很可怜。这次去广州，领来北大五、六、七三个月的薪水，共约150元港币，对我不无小补。这虽是我在世上仅有的钱，但是我对前途还乐观，想不至于穷困也。

你给程绥楚的信已经看到。他近来常去跳舞，给我的麻烦少了些。他的文才，与对童芷苓的忠心等，还受到我们房间里几位 elders 的看得起，我亦稍微之心安。他的经济力量本不容他这样跳舞，他的那位亲戚戴副军长（军队在长沙，长官在香港）常去跳，他常去揩他的油。上星期我们房里来住了一位国民大会代表，CC巨头蒋建白[1]，他同他联络得很好，亦常跟他去跳。程某揩人之油无愧色，这点我做不到，所以我不愿意同他一起出去。程自己为人是很慷慨的，可惜他没有钱。他对朋友的热心，亦是世间少有。他最近所轧着的舞女朋友中，倒有几个人才。我最近亦去过两三次舞厅，都没有下海，原因第一我不愿意别人买了舞票我跳，第二我跳得不好怕出丑，总之还是 pride 作梗。坐在舞厅看看亦很好玩，就是舞女大班的 molestation[骚扰] 讨厌。

你不要以为我生活有了改变，我还同上海时差不多。经济并不宽裕，社交活动（最近又发现了一个柳雨生，他于出狱后考进航空公司）亦有限得很。不知什么道理，我同父亲的朋友如唐炳麟等都不会亲热，他们对于我似乎都不了解，他们都根据了父亲对于我的批评来看我。我的 boss 汪同我混了几个月，才慢慢知道我的本领。我的局面目前并无开展的迹象。

上海信仍旧不通，听说很苦。在香港的上海人都很苦闷：生意不容易做，同家乡隔断了。在香港除了西菜外，吃中菜我常常不满意。粤菜并不好吃（思豪的粤菜坏极），油腻而不够"咸崭"。比较起来，川菜好吃得多，但香港的几家川

菜馆，都很贵族化，点菜吃不上算。美国出有罐头乳腐（Chinese Cheese），你可买瓶了〔来〕开开胃口。钮伯宏来信很怀念北平的福春园，我亦有同感。香港最需要的是上海老正兴、小常州等的馆子，那种经济客饭、排骨面、划水面等等，在香港不容易吃到。在九龙有一处小镇，倒有这样一家馆子，因为那边成了工厂区，职员工人都是上海人。那个镇亦变了〔成〕上海人的 colony 了。再谈，即颂

　　近安

兄 济安 顿首

八月五日

85. 夏志清致夏济安

8月30日

济安哥:

好久没有通信,近日经济状况如何,甚念。上次程绥楚来信,因顾〔故〕不在,复信迟了一点,想惹他悬念,甚对不起。你的护照想已拿到,不知是否在进行来美国的计划?今天去看了 Brooks 一次,讲起你来美的事,他对各学校情形不熟,很少能帮助。可能帮忙〔助〕你来美的有胡适、李氏奖金、胡世桢。胡世桢在 Tulane U. 或可替你弄到一个 position 或奖学金。李氏奖金在我 fellowship 未 renew 前不敢去惊动他。下星期考法文,考完法文后要去纽约看看胡适,不特问问他我的 fellowship 事,也可请他设法代你帮忙。

时间很快,不到三星期又要开学,暑假中除了读法文外,没有做什么事。我的交际不广,New Haven 除了中国同学外,还有几个教中文的先生太太;和何廉、柳无忌,他们家里我都没有去过。何廉在 Columbia 教书,上星期已搬去纽约,柳无忌在写一本研究孔子的书。李赋宁在预备 orals,他和北派朋友常去太太们家里打马〔麻〕将。我隔壁一位李田

371

意（南开英文系）有很多平剧唱片，平时常听余叔岩[1]唱片作消遣。他在纽约认识郝寿臣[2]的儿子（在读书），据说唱作颇得父亲家传，偶有义务表演。纽约沪江同学一定也有不少，我因经济能力有限，不敢瞎找人，纽约中国同学的大本营International House，都没有去过。

暑期中不断吃便宜客饭（约＄0.75一餐：汤or juice，正菜，dessert，咖啡or牛奶），可是霜淇淋牛奶每天都吃，体重无形增加，约有136、137磅，想开学后可以减轻。生意做得怎么样？甚念。绥楚兄仍住了你的Hotel否？他想仍常去跳舞场，我来美后没有痛快花钱过个一天，精神无〔未〕免大受影响，愈来愈cautious而缺乏奢望。父亲有信来否？甚念，家中想好，亿中不知能维持多久？玉瑛妹在家中想仍可有一些小享受和小自由。听说袁雪芬[3]已嫁陈毅[4]了。

有什么计划？已好久没有接到你的信。前星期六曾和international group到海滨美国人家里做了一天客人，此外看

---

1. 余叔岩（1890—1943），京剧老生演员，字小云，官名叔岩。"新谭派"代表人物，世称"余派"。
2. 郝寿臣（1886—1961），京剧架子花脸演员，原籍河北香河，随父迁北京，创立京剧"郝派"艺术。
3. 袁雪芬（1922—2011），越剧正旦演员，浙江绍兴人，越剧"袁派"创始人。袁并未嫁陈毅，此系当时谣言。
4. 陈毅（1901—1972），字仲弘，四川乐至人。中华人民共和国成立后任上海市人民政府首任市长。

了 *Look for the Silver Lining*[5]、*The Great Gatsby*[6]、*In the Good Old Summertime*[7] 等中等电影。自己珍重，再谈，即祝

暑安

弟 志清 上

八月三十日

---

5. *Look for the Silver Lining*(《璇宫玉女》，一译《寻找一线天》，1949），音乐剧。戴维·巴特勒(David Butler)导演，琼·哈弗、雷·博尔格(Ray Bolger)主演，华纳兄弟影业出品。

6. *The Great Gatsby*(《了不起的盖茨比》，1949），剧情片，据菲茨杰拉德同名小说改编。由伊里亚德·纽金特(Elliott Nugent)导演，艾伦·拉德、贝蒂·菲尔德(Betty Field)主演，派拉蒙影业发行。

7. *In the Good Old Summertime*(《凤侣嬉春》，一译《美好的夏天》，1949），彩色音乐剧，根据1940年上映的浪漫喜剧电影《街角的店铺》(*The Shop around the Corner*)改编。罗伯特·Z.伦纳德导演，朱迪·嘉兰、范·强生(Van Johnson)主演，米高梅公司发行。

1949

86. 夏济安致夏志清

9月1日

志清弟：

　　来信并照片均已收到，身体显得很结实，两只手很有劲，似乎像是用惯斧头，而不是常翻弄书本的。附上我的近影两张，都是在香港山顶（海拔约一千五百尺，有登山电车）所摄，神气似乎还潇洒。我最近的生活可说是不死不活，消极应该自杀，积极应该创造自己的生活：追求女人，寻求职业，赚钱等都应该努力去做，但是我只是过一天算一天，混下去算数。口袋里的钱常常只够一天用，无计划，亦不敢作任何 promise，无强烈的兴趣及欲望，亏得还有 Micawber[1] 式的白日梦，前途似乎还不觉得黑暗。你的用钱有预算，令我很佩服，我知道这是需要很大的毅力的。我常常敌不住用钱的诱惑，身边真没有钱时乃效法宗教家之苦行。在香港赚一百元钱很不容易，可是我飞一次广州来回可能用掉一百元（思豪每月

---

1. Micawber（密考伯）是英国小说家狄更斯的长篇小说《大卫·科波菲尔》（*David Copperfield*）中的人物，Micawber 式指一种乐知天命的乐观性格。

洗衣账达五十余元，此数足够买三件 Arrow 寸〔衬〕衣）。近日虽不宽裕，但汪先生营业似有转机，可能收入会增加一点。

肥田粉事宋奇早已不干。因为付苏联账款要用"可转账苏联之英镑"，而付款日期在货到之后，据宋奇精密地调查与思考之后，觉得风险很大。这种"Russian account pound sterling"全球市场都不易买到，如果现在买来了，只怕万一货不到时这种£[英镑] 卖不出去，而他的资金化作£以后，假如£贬值，岂不遭受损失？假如不早买好，万一货到后，到规定付款日期买不着苏联£，无法践约，有失信用。现由汪先生一人独做，定 1500 吨，定洋用他的纸头做押款解付。汪先生做生意，有魄力，劲儿很大，但计划很不周到，与宋奇是两种相反的 types。他在上海时，支票退票很多。到了香港以后，亦已经退了几次票，他的朋友都替他担心，因为在香港，退票如经举发（不论数目大小），是要吃官司坐牢几个月的，而且毕生名誉可以破产，不能再做生意。汪先生很有点 cunning，面皮很厚，不怕负债（为求发财只好牺牲别人），没有钱时决不气馁，四处张罗，有钱时一掷千金无吝啬，宁可请朋友吃花酒跳舞，而不肯还债。他为人圆滑有余，威积不足，做他的下属不用怕他。他欢喜排场阔气，因此亦需要人捧场，他所认识的人可以常常受到他的邀请。他又 capable of extravagant generosities，捐起款来，数目总是很大，为了装阔，是不大考虑金钱的。他这种作风，与一般锱铢必较的商人不同。

你常鼓励我做生意，我想我实在不配。我不敢说天性近商不近商，至少我的教养使我与经商格格不合。近读 Eliot 的"Notes Towards the Definition of Culture"，我觉得我可算是社会中 elite 的一分子。但是我是属于封建社会的，其 elite 在中国即所谓"士大夫"，他们不治生产（即对于赚钱不发生兴趣，因为在封建制度下，大地主有他们的固定收入），而敢于用钱，讲义气，守礼教，保守怀古，反对革新。我在光华所交的朋友如郑之骧、周铭谦 [2]、汪树滋等都属此类。程绥楚亦属此类。宋奇、吴新民则属于资本主义社会的 elite，趣味风格与我不同，因此我不会同他们很 intimate。我认为他们把金钱看得比义气重要，信用都须 put into black or white，而不复是"一句闲话"。他们过着紧张的生活，不能够悠闲地享受他们的财富，拼命地赚钱，很疲劳地消费他们的钱。他们的计算精明，分毫不差，而且乐于计算，财产乃可积少成多。在上海封建势力有它的力量，在香港资本主义社会的规模都已具备，上海人来做生意的都叹息做香港人不过。上海人常说，你问广东人买货，你先要付钱给他，他再给你货；你要卖货给他，他却要收到你的货，验对了再给你钱。上海人很少把支票退票向有司告发，据说广东人是不客气的。在香港，大本钱做大生意，小本钱做小生意，很难投机取巧，做生意失败，患难时亦不容易有人来帮忙。香港的金融币制稳定，发财不容易，香港的华侨巨富如何东 [3] 爵

---

2. 周铭谦，夏济安光华大学同学，出版家。

3. 何东（Sir Robert Ho Tung, 1862—1956），本名何启东，字晓生，香港企业家、慈善家。

士之流，都是在香港开埠后不久就开始经商的，后起的人不容易同他们竞争。资力雄厚的人在银行界信用好，容易借到钱（做押款押汇），生意可愈做愈大。资力薄的人只好做做小生意。吴新民就不如宋奇，而在此商业竞争激烈的时候，吴新民要发得同现在宋奇那样的家产，不是容易的事情。美国制造富翁的时代恐怕亦已过去了。中国抗战制造了唐炳麟等的富翁，而父亲错过了这机会。父亲为人实在，与资本主义社会亦合不大来，得过他很多帮助的汪先生曾批评他，说他太讲交情，不宜做银行经理。一个好的银行经理是坐视朋友破产，而不使银行冒着一些险去帮朋友的忙的。一个封建主义下的好人，我奇怪他将如何去适应共产主义。

最近所看的几张电影：昨日看《毒龙潭》（*Snake Pit*），夏惠兰（港译名）的演技果然是多方面的发挥，但戏我觉得不够好。主角只是 under a delusion，显不出什么 inner struggle，故事发展的线索亦并不明显。影片背后的哲学似乎还是黄嘉音式的改良主义，演疯子的戏可以更深刻、更残酷的。马治的 *An Act of Murder*[4]（《玉碎珠沉》）前三分之二很残酷，后三分之一又变成社会问题剧，力量就松懈（马治另一片 *That Part of the Forest*[5] 我在上海所看，十分残酷；马

---

4. *An Act of Murder*（《玉碎珠沉》，又译《杀妻记》，1948），犯罪电影，迈克尔·高登导演，弗雷德里克·马奇、艾德蒙·奥布莱恩（Edmond O'Brien）主演，环球影业发行。

5. 即 *Another Part of the Forest*（《家》）。

治中年后演技仍是很精湛）。华纳的 *Sierra Madre* 很好，故事像是个 parable，但仍很现实。派拉蒙的 *Connecticut Yankee*[6] 与 *Emperor's Waltz* 均看过，平克演 common sense 丰富的美国人，倒显得〔出〕一种有趣的个性。霍伯的戏看过 *Paleface* 与 *Where There's Life*[7]，前者比后者好得多。米高梅的《三剑客》今日始演，尚未去看。墨西哥有张 *The Pearl*[8]（雷电华《珍珠劫》，根据 Steinbeck 小说）很好，摄影好得不像是电影摄影。Capra[9] 的 *It's a Wonderful Life*[10] 令我很感动。英国片 *My Brother Jonathan*[11]（《杏林春满》）因为加演一张短片 *Story of Birth*，生意好得不得了，我好容易买到一张票，结果前者相

---

6. *A Connecticut Yankee*（*A Connecticut Yankee in King Arthur's Court*，《误闯亚瑟王宫》，一译《古城春色》，1949），音乐喜剧片，根据马克·吐温（Mark Twain）同名小说改编。泰·加尼特（Tay Garnett）导演，平·克劳斯贝、朗达·弗莱明（Rhonda Fleming）主演，派拉蒙影业出品并发行。

7. *Where There's Life*（《冒牌皇帝》，1947），喜剧电影，西德尼·朗菲尔德导演，鲍伯·霍普、塞恩·哈索主演，派拉蒙影业发行。

8. *The Pearl*（西班牙文片名，*La perla*，《珍珠劫》，1947），墨西哥、美国合拍电影，有西班牙语和英语两个版本。据约翰·斯坦贝克同名小说改编。埃米里奥·费尔南德斯（Emilio Fernández）导演，比德洛·阿门德里兹（Pedro Armendáriz）、马克斯（María Elena Marqués）主演，雷电华影业发行。

9. Capra（Frank Russell Capra，弗兰克·卡普拉，1897—1991），意大利裔美国电影导演、出品人。曾获奥斯卡最佳导演奖。主要作品有《一夜风流》《生活多美好》（*It's a Wonderful Life*，1946）等。

10. *It's a Wonderful Life*（《生活多美好》），喜剧片，弗兰克·卡普拉导演，詹姆斯·斯图尔特（James Stewart）、唐娜·里德主演，雷电华影业发行。

11. *My Brother Jonathan*（《杏林春满》，1948），英国剧情片，哈洛德·弗兰奇（Harold French）导演，迈克尔·丹尼森（Michael Denison）、达尔茜·格雷（Dulcie Gray）主演，联合艺术（Allied Artists）发行。

当 dull，后者有婴孩从女性生殖器挤出来的过程，unpleasant of revolting。香港的电影院：Queen's 像卡尔登，King's（张君秋登台处）像南京，新开的 Roxy 像上海的 Roxy。二轮〔流〕戏院不少，设备都不差。

程绥楚已开学。他是天下少数有 good heart 的人，可是他怕寂寞，要轧淘，而又不屑去轧中学教员同事的淘，硬是打破我的 privacy，到思豪来住了几个礼拜。他的追求黎晴，完全自讨苦吃，照他的经济力量，一月只够去跳两次舞，如何能同人家轧熟？黎晴还算嫩，还算 fresh，人亦相当文静（虽然健美），intellect 似乎平平。丁小姐也好久未来往，只是有一次我从广州回港，恰好逢着她值班。他们中央公司的 Convair Liner 设备新式，往来港粤间只需二十几分钟。那天天气恶劣，飞了一个钟头，她说连飞了三天（一天是成都），都逢恶劣天气，很觉疲乏，坐在我旁边打了半个多钟头的瞌睡，倒是难得的艳遇。我那时觉得即使飞机失事，我亦死而无憾了。此后别无发展：第一，无钱乃无勇，第二，人家在上海已有密友，我又何苦插进去呢？护照已领到，已锁好，短期内恐不致用到它。我最近接到六月廿几日发出的家信，陈见山亦来一信，托我转一信给台湾邮局的杨韵琴小姐。再谈 祝好

济安

九月一日

〔又及〕香港海滨的出名沙滩泳场，我已去过几处，有

好照片当奉上。

上海人这十年来习惯于通货膨涨〔胀〕，迷信黄金美钞，不相信日常应用的通货。不料港币十分稳固，黄金美钞反而一直在跌，做黄金美钞多头的都大吃亏。

87. 夏志清致夏济安

9 月 14 日

济安哥：

九月一日的信已收到。我在九月六日已把法文考掉〔完〕，翻译一段 Maurois[1] "*Byron*" 很是容易，半小时即译完。这段法文恐在八月初即可把它译出。我在暑假中也曾读过些 Maurois 的 "Prophets & Poets"、"Ariel" 都觉得很容易，大部分时间都花在读 Legouis & Cazamian[2] 和 Taine[3] 的文学史上（小字三百余页），此外也看了些短篇小说和范乐希[4]的散文，我读过的法文生字约有六七千。考完法文后中国同学们都劝

---

1. André Maurois（安德烈·莫洛亚，1885—1967），法国作家，长于传记和小说的写作，主要作品有《雪莱传》（*Ariel*，1924）、《拜伦传》（*Byron*，1930）、《先知与诗人》（*Prophets and Poets*）等。
2. Émile Legouis（E. 勒古依，1861—1937）与 Louis Cazamian（路易斯·卡扎米安，1877—1965）合著的《英国文学史》（*A History of English Literature*，1926）。
3. Taine（Hippolyte Adolphe Taine，丹纳，1828—1893），法国19世纪文艺批评家、历史学家、哲学家，主要著作有《艺术哲学》（*Philosophie de l'art*，1865—1882）、《英国文学史》（*Histoire de la Littérature Anglaise*，1864）等。
4. 范乐希（Paul Valéry，今译保罗·瓦莱里或保尔·瓦雷里，1871—1945），法国诗人、散文家、哲学家，著有诗集《静默》（*The Great Silence*）等。

我到纽约去玩一次，我在八日（星期四）上午动身，隔日晚上返，因为经济能力有限不能好好地玩，在小旅馆住也远不如 Yale 宿舍舒服。星期四下午看了派拉蒙 reissue 的两张马克斯笑片：*Duck Soup*[5]，*Animal Crackers*[6]；*Duck Soup* 很滑稽，看了下半节，*Animal Crackers* 片旧而不甚可笑，即退出。晚上在夜总会喝啤酒巡视了一下，最后在舞场化〔花〕了五元跳了半点钟舞。九日上午到 Bronx 动物园去了一次，那 zoo 极大，我对它很有好感，世界各种动物都有陈列，也看不胜看。下午去 Metropolitan Museum of Art 参观，那 museum 很大，希腊埃及亚洲的古物都有，Rembrandt[7] 真迹有好几幅，Raphael[8] 的圣母也有一幅，此外 Velasquez[9]，Titian[10] 的作品也有一些，我对 art 没有学过，所以不觉有特别 impressive 的地方（Museum of Modern Art 我尚未去过）。晚上看了两张

---

5. *Duck Soup*(《鸭羹》, 1933)，喜剧电影，莱奥·麦卡雷导演，格劳乔·马克斯（Groucho Marx）、哈勃·马克斯（Harpo Marx）、奇科·马克斯（Chico Marx）、泽伯·马克斯（Zeppo Marx）兄弟主演，派拉蒙影业发行。

6. *Animal Crackers*(《疯狂的动物》, 1930)，喜剧片，维克多·赫尔曼（Victor Heerman）导演，马克斯兄弟主演，派拉蒙影业发行。

7. Rembrandt(伦勃朗, 1606—1669)，荷兰画家，17世纪欧洲最伟大的画家之一，擅长肖像画、宗教画、历史画。

8. Raphael(拉斐尔, 1483—1520)，意大利文艺复兴时期最伟大的画家之一，和达·芬奇、米开朗琪罗并称文艺复兴时期艺坛三杰，创作了大量的圣母像。

9. Diego Velázquez(迭戈·委拉兹开斯, 1599—1660)，17世纪西班牙巴洛克时期著名宫廷画家。

10. Tiziano Vecellio(提香·韦切利奥, 1488/1490—1576)，意大利文艺复兴后期威尼斯画派的代表画家。

Mae West[11] 的旧片 *Belle of the Nineties*（Leo McCarey 导演），*Goin'to Town*[12]，相当幽默，看完后觉得纽约没有什么可玩，即乘车返 New Haven。

下星期即要上课，今天上午选课，选了三课：History of Modern Colloquial English（1400 年以后）（此课或将放弃，另选他课）；Chaucer；The Age of Wordsworth。History of English 是读 Ph.D. 必修的 second linguistic course，相当无聊；不选这课，我可向别系选 Old French，Old Norse，Latin 等课，可是一年半来文字学得太多，不高兴再学。Chaucer 我没有读过，不好不选，两课都是北欧学者 Kökeritz 所授，人很和气，可是他专着重研究文字，在他班上不大容易出头。Age of Wordsworth 为 Pottle 所授，今年 Menner 休假一年，他做 Director of Graduate Studies，选他的课，可以有帮忙〔助〕。预计这三课所要花时间不会比去年多。有空的时间得准备 orals，明年五月如不敢考，得在十月间考，所以能早考最好。我的 courses 这学年即可读完：读 Ph.D. 要选八门课，我已选了八门，虽然第一学期（半年）两门严格算来只能算一门，因为成绩好，可以通容〔融〕过去。

---

11. Mae West(梅·韦斯特，1893—1980)，美国女演员、歌手，被称为"银幕妖女"，主要作品有《我不是天使》(*I'm No Angel*，1933)、《九十岁的美女》(*Belle of the Nineties*，1934)等。

12. *Goin'to Town*(《进城》，1935)，音乐喜剧电影，亚历山大·霍尔导演，梅·韦斯特主演，派拉蒙影业发行。

1949

下星期要向李氏奖金申请延长一年，我已去信叫胡适帮忙，可是 Fellowship 延期的可能性不大：第一，他们 so far 还没有 grant 过延期的请求，第二，他们不喜欢读文科的。如不成功，我目下的钱加上了五百元旅费还可以维持到明年六月。此外只好向别的 Foundation 找办法，大概或可得到更好的 Fellowship 也不一定，所以不容〔用〕担忧。

你所分析自己的个性很对，的确属于士大夫型的 elite，不过你交际较广，在商界也可立足。我两年来一直读书，交际功夫没有培植，将来更不知如何。附来的两幅小照，抽烟的那张较英俊，和程绥楚在一起的那张，服饰、眼镜似没有他来得挺。我最近两星期，电影看得不少，MGM 的 *Madame Bovary*[13]，J. Jones 做得不错，服毒后表情很可怕。New Haven 的 Poli 剧院这星期一有 Kathryn Grayson 和她丈夫 Johnnie Johnston[14] 及 MGM 歌唱新星 Mario Lanza[15] 来表演。Lanza 喉咙很大，Grayson 在 *Anchors Aweigh* 中很得父亲的

13. *Madame Bovary*（《包法利夫人》，1949），据福楼拜的同名小说改编，由文森特·明奈利导演，珍妮弗·琼斯、詹姆斯·梅森（James Mason）主演，米高梅公司发行。

14. Kathryn Grayson（凯瑟琳·格雷森，1922—2010），美国演员、女高音，代表作品《千万喝彩》（*Thousands Cheer*，1943）等。Johnnie Johnston（约翰尼·约翰斯顿，1915—1996），美国演员、歌手，活跃于20世纪40年代，代表作品《华清水暖》（*This Time for Keeps*，1947）等。

15. Mario Lanza（马里奥·兰扎，1921—1959），美国歌唱家、演员，代表作品有《午夜之吻》（*That Midnight Kiss*，1949）、《新奥尔良的祝酒》（*The Toast of New Orleans*，一译《彩凤朝阳》，1950）。

欣赏，歌喉也不错。此外看了张罗克的《戏迷传》（*Movie Crazy*[16]），虽没有爬墙的惊险滑稽，全片可笑处很多。今年好莱坞大量 reissue 旧片，派拉蒙的刘别谦，Fields[17]，Mae West，希佛莱[18] 等旧片都要陆续发行。马治新片为 Rank 旗帜下的 *Christopher Columbus*[19]。

今年 Graduate School 住的中国学生很少，除我外有李田意、李赋宁、张琨、许海津、John 韦[20]（华中大学校长之子，读物理）、Nelson 吴六位，此外还有九位读理工的住在外边。收到一封武汉大学吴志谦来的信，共产党管理下薪水按月发，他开始在读俄文，教英文渐渐要由俄国观点出发。吴宓已不教书，[要] 去做和尚，听说被亲友劝阻。家中有没有常去信，父亲银行想极难做。附上照片一张，John 韦室内灯光所摄，

16. 《戏迷传》（*Movie Crazy*，又译《影疯》，1932），喜剧电影，克莱德·布鲁克曼（Clyde Bruckman）导演，哈罗德·劳埃德、肯尼思·汤姆森（Kenneth Thomson）主演，派拉蒙影业发行。

17. W. C. Fields（W. C. 菲尔兹，1880—1946），美国喜剧演员、作家，主要作品有《如果我有一百万》（*If I Had a Million*，1932）、《银行妙探》（*The Bank Dick*，1940）。

18. 希佛莱（Maurice Chevalier，莫里斯·希佛莱，又译莫里斯·切瓦力亚，1888—1972），法国演员，代表作品有《璇宫艳史》（*The Love Parade*，1929）、《大亨》（*The Big Pond*，1930）等。

19. *Christopher Columbus*（《克里斯托夫·哥伦布》，1949），英国传记电影，据拉斐尔·萨巴蒂尼（Rafael Sabatini）小说《哥伦布》（*Columbus*，1941）改编。大卫·麦克唐纳（David MacDonald）导演，弗雷德里克·马奇、弗萝伦丝·艾尔德里吉主演，环球影业发行。

20. John 韦，即韦宝锷（1917—1991），物理学家，获耶鲁大学物理学博士学位。其父是华中大学（华中师范大学前身）校长韦卓民（1888—1976）。

事实上没有这样胖。近况想好，再谈，即祝

　近安

弟 志清 顿首

九月十四日

　程绥楚请问候

88. 夏济安致夏志清

9 月 20 日

志清弟：

八月三十日来信已收到多日。我曾有一较长的信想已收到。近况似较前为佳，在宋奇那里赚到了 250 元（HK）佣金，且找到了一处家庭教师（前所教一家因学生开学而已停止），教汤恩伯[1]的三个孩子英文，两女一男。这三个人面貌性格服饰都没有什么特点，只是中等程度想用功而并不能专心的普通学生，每周六天，每次一小时半（这学期他们不进学校）。他们到思豪来上，待遇还没有谈过，想不会很低。汤恩伯在上海撤退之前，谣传曾大量搜刮，上海人谈起来还恨如切骨，现在防守厦门，连同上海撤退下来的败兵残卒和上海的警察局长毛森[2]、市党部主委方治[3]等，战绩很坏。上海情形，最近据两个从上海来的人（香港天津间有船只来往，上海人都是从天津绕道而来）说：一陈良岑的弟弟，说我们家里客堂里

---

1. 汤恩伯（1898—1954），原名汤克勤，浙江金华人，国民党著名将领。
2. 毛森（1908—1992），原名毛鸿猷，浙江江山人。
3. 方治（1896—1989），字希孔，号治传，安徽桐城人。

住了两个解放军，兆丰别墅好几家都住了解放军，这件事也许是出于父亲的主动，宋奇家里并没有住兵。二北平中央银行的俞丹榴（解放时也在北平）从上海来，说家里还平安。

童遐苓来信，寄来了天津的戏目广告，有一家是"阔别津门艺坛杰才美艳优秀坤伶祭酒"赵燕侠（with 何佩华[4]、李德彬[5]、贯盛吉[6]）三天戏目:《新玉堂春》；全部《十三妹》；《大英节烈》plus《大溪皇庄》；还有一家孙毓堃、贯盛习[7]、马富禄、李多奎[8]、陈永玲[9]的《甘露寺》——《芦花荡》；裘盛戎的《姚期》送客；一家是张云溪[10]、张椿华、李砚秀[11]，剧目很热闹，《水帘洞》加《三岔口》；《十八罗汉斗悟空》加"革新"《铁公鸡》；还有一家是李宗义、梁慧超[12]（赵燕侠的爱人）、王家奎[13]在唱，看之令人神往。张君秋在香港唱，卖得很好，可是争权夺利，纠纷很多。配角很坏，马连良带了几个较好配

---

4. 何佩华，生卒不详。京剧旦角演员。

5. 李德彬(1920—)，京剧小生演员。

6. 贯盛吉(1912—1952)，京剧丑角演员。字昱昉，贯盛习之兄，名武旦贯紫琳之次子。

7. 贯盛习(1914—1991)，京剧老生演员。字昱旭，生于北京。

8. 李多奎(1898—1974)，京剧老旦演员。原名玉魁，字子青。北京人。

9. 陈永玲(1929—2006)，京剧旦角演员。原名陈志坚，祖籍山东惠民，生于青岛。

10. 张云溪(1919—1999)，京剧武生演员。艺名"小张德俊"，为武生演员张德俊次子。

11. 李砚秀(1918—2009)，京剧旦角演员。李万春夫人。

12. 梁慧超(1920—2007)，京剧武生演员。北京人，出身于梨园世家。

13. 王家奎，生平不详。

角想加入，张君秋不肯挂二牌，坚拒，可是杜月笙又支持马连良，看来张君秋将屈服。程绥楚很眼红他们发财，他又分沾不着，因此牢骚满腹，得罪了些人，而且很失身份（如当众大嚷只赚两百六十元一月等等）。我是不期望有什么酬报的，倒很心安理得，现在渐成剧坛帮闲要人，托我买票，向我打听戏码的事便渐多。吴新民对于京戏亦很有兴趣，常常买楼上"中排"看。

出国的事请不必太替我呕呕，胡适我不相信他会帮这样大的忙。胡世桢太热心，不肯对不起人，我如托了他，他办不成，反而使他不安。李氏那里，还是你自己办妥了"延续奖学金"的事要紧。胡适此人太圆滑，并不合美国的民主理想。美国希望中国出一个有声望的人，既反蒋又反共，此人和他的政治团体，有希望得到美援，但是胡适从不反蒋，李宗仁亦不敢反蒋，因此只好同蒋一起毁灭了。袁家骅夫妇从英国来，我在香港遇见，现已去平（王佐良同来同去）。那时我很穷，请他们吃饭的钱都挖不大出，假如经济宽裕一点，应该托他们带些礼物送给北平的一班穷困的朋友。香港物资丰富，随便带些什么东西去，在北平都会受人欢迎的。袁太太对于去北平一事不大感到起劲，但是他们小孩子都在北平。再谈

祝好

济安

九月廿日

89. 夏志清致夏济安

10 月 24 日

济安哥:

　　好久没有通信，我开学后即去请求延长奖学金，果然被准许，明年经济不成问题，可以放心。我去信后，李氏那里差不多有两星期不给我回音，decision 是由董事会决定的，我也寄一封信给胡适，并附成绩单，恐怕也有些帮忙〔助〕。现在广州、厦门都失，不知你近况怎么样，甚念。当家庭教师和做生意，想收入方面还能维持。上星期父亲来封信，是美国人回美转来的，家中情形还好，可是生活费用相当高。郑之骧带妻子到张家口去了。上次我去信胡世桢，提起你来美事，他给了我下列 information:

　　University of Illinois, Urbana, Ill, 可 apply 明年春季 University Fellowship 七百元; assistantship (apply before Jan.15) full time $2400, part-time $1200, 英文系 Department Acting Head: D.N.Landis。另外 Syracuse University 有 Research Assistantship $580—1080; teaching assistantship $530—2400 (apply before Marsh 2), Department of English, 214 Hall of Language, Syracuse University, Syracuse 10,

N.Y, Chairman: Sanford B.Meech。Assistantship 都要在校担任教书，恐怕中国人不会有什么希望，普通都由在校学生担任，新 apply 恐怕很困难，不知要不要试试？今年我选 Chaucer，Wordsworth，Old Norse，Chaucer 和 Wordsworth 都是一学期写一个 term paper，平日没有小 paper 写，所以生活不太紧张。来美已久，读书的 zest 好像不如以前，读了四星期 Scott[1] 的诗，很是讨厌。最近读 Wordsworth，因为批评研究材料多，很有兴趣，我预备弄 "Excursion"，因为对于这诗的研究还不多。Old Norse 同 Old English 差不多，可是 assign 读原文的速度较慢，所以平日也不忙。今年美国 State Department 请到大笔款子救助在美中国学生（去年也有，不过限于理工科学生），我也去 apply1951[年] 的经费，不知有无希望。其实在美读书，也很无聊，生活太单条〔调〕，我只是无计划地读Ph.D.。中秋已过，你的生日想已过去，几年来一直在外飘荡，没有享受过普通人的乐趣，感触一定很多。我有闲时仍是看看电影，今天看了一张 *Jolson Sings Again*[2]，没有情节，可是

---

1. Walter Scott(沃尔特·司各特，1771—1832)，英国历史小说家、诗人、剧作家，代表作有《艾凡赫》(*Ivanhoe*，1820)等。
2. *Jolson Sings Again*(《银城歌王》，1949)，传记电影，亨利·莱文(Henry Levin)导演，拉里·帕克斯、芭芭拉·海尔(Barbara Hale)主演，哥伦比亚影业发行。主要讲述美国歌手艾尔·乔森(Al Jolson)的一生。

Jolson³ 的 voice 很有韵味，Larry Parks⁴ 做得也不错。今年 New Haven 来了两位中国女生，一位在 nursing school，一位在附近小 college，没有去找她们，到美国来尚未 date 过女人。袁家骅想已到北平〔北京〕，王佐良听说因前在国民党服务，清华不要他。程绥楚想好，他的图[书]馆事情不知有回音否？我订了 Time 阅读，现在经济较稳定，可以多些小享受。上半年买两套都是最便宜的西装，假如那时有钱，应当买五六十元一套较 decent 的 suit 才是。家里常有信来往否？吴新民想好。自己保重，即祝

　　近好

弟 志清 顿首

十月廿四日

　　〔又及〕马连良已登台否？

---

3. Jolson（Al Jolson 艾尔·乔森，1886—1950），美国歌手、演员，代表影片有《爵士歌王》（The Jazz Singer，1927）、《华盛顿广场的玫瑰》（Rose of Washington Square，1939）等。

4. Larry Parks（拉里·帕克斯，1914—1975），美国演员，代表影片有《一代歌王》（The Jolson Story，1946）、《仙女下凡》《银城歌王》等。

90. 夏济安致夏志清

10 月 30 日

志清弟：

多日未通音讯为念。不知近日身体如何？开学后功课如何忙碌？我懒得写信，并非事忙，大抵由于 dejection 之故。近日生活尚可维持，汤家补习每月 300 元，又在一家"亚洲学院"担任大一英文三小时，每月约可得车马费 100 元（400 元做零用不过勉强，我现在不出房钱，大多数的饭都是吃别人的）。亚洲学院是前北大教授钱穆 [1]（一度邀请过我们的无锡江南大学文学院院长）所创设，很穷，学生很少，只有一班大一约三十余人。我去帮忙非为待遇，有人来请教我，总算看得起我也。我稍嫌不满的是课本在我接事以前已经规定了用陈福田的那本，里面好文章实在太少，教来不起劲，学生也难以得益。经商毫无长进，仍不大懂，总之觉得很难。自己做须要有"本钱"才行，所谓"长袖善舞，多财善贾"是

---

1. 钱穆（1895—1990），字宾四，江苏无锡人，历史学家，代表作有《先秦诸子系年》（1935）、《国史大纲》（1940）等。亚洲学院于 1950 年改组为"新亚书院"，1963 年香港中文大学成立，新亚书院成为成员书院之一。

也。靠交际可以做"掮客"，但生意不容易掮成，而掮客是商人所提防的动物，也常常给人看不起。汪先生忽然对于出版事业发生兴趣，他和一个朋友办了一家"四方书局"，在上海出过几本书，其中有一种"三毛"连环图画，预备在港续印出版。另外还预备出几种像《乱世佳人》《基度山恩仇记》那样的煌煌〔皇皇〕巨著，这种书非但有益于书店的 prestige，且销路亦有把握云（闻短篇小说无销路，玉瑛曾买过一部"基督山"）。汪先生所认识的人中，要算我顶有 culture 一点，将来编校方面，不免要借重我。我计划先译 *Moonstone* 及 *Of Human Bondage*[2] 两书，两书情节都很动人，可以引人入胜，在文学上地位亦相当高。他预备登报请寒士来翻译，我将来再替他们来修改。可惜香港与中国〔内地〕的交通不便，否则郑之骧、赵全章等都可以动手，亦可稍微贴补他们一点。香港无"美国新闻处"（七月四日亦不挂旗），因此我对美国最近的 best seller 不大熟悉，你不妨推荐几本。*Black Rose*[3] 拍不拍电影？其他古今名著亦不妨尽量推荐。将来如果出版事业立下基础，我们都可以有些事做做。我在大学刚毕业不久，曾经计划过翻译 *Sea Hawk*[4]，亦曾同朋友们出版过

---

2. *Moonstone*（《月亮宝石》），是威尔基·柯林斯（William Wilkie Collins）出版于 1868 年的书信体小说。*Of Human Bondage*（《人性的枷锁》），是毛姆（William Maugham）出版于 1915 年的名作。

3. *Black Rose*（《黑玫瑰》），托马斯·B.科斯坦（Thomas B.Costain）出版于 1945 年的历史小说。

4. *Sea Hawk*（《海鹰》），拉斐尔·萨巴蒂尼（1875—1950）出版于 1915 年的小说。

《罗斯福传》，想不到现在竟会销〔消〕沉如斯！前日同汪先生和一位刘守宜 [5]（即四方书局负责人）到一家舞校报名，汪自诩有廿年跳舞经验，不料走两步表演一下，还是我的顶合标准。我在上海学了十几课，停顿了半年，现在又得从头学起。我在包龙云那里，只注意脚底下步子的广狭方向，如何支配舞伴没有研究过（做学生养成了听人指挥的习惯），因此毫无 confidence。你说跳舞可增加 confidence，先得要从支配舞伴研究入手。希望这一次能学得好一些。前日有英国人表演 *The Importance of Being Earnest* [6]，我带了书去，事前我看过一遍，演时还时时对照原本，否则恐怕只能听懂一半。王尔德的妙语读起来很容易，听起来假如说得快，还是容易滑过。这次可以说是彻底明了，很觉满意（台下光线弱，看书很伤眼睛）。看电影 *Sitting Pretty* [7]，为福斯大喜剧，很幽默，我认为还不及 *The Man Who Came to Dinner* 有劲。华纳 *South of St. Louis* 中有 Dorothy Malone [8]，显得很年轻，并不很漂亮。新

5. 刘守宜，后来于1956年曾与夏济安、吴鲁芹等在台北创办《文学杂志》。

6. *The Importance of Being Earnest*(《贵在真诚》，一译《认真的重要性》)，全名 *The Importance of Being Earnest, A Trivial Comedy for Serious People*，奥斯卡·王尔德 1895年的剧作。首演于伦敦圣詹姆斯剧院(St James's Theatre)。

7. *Sitting Pretty*(《妙人奇遇》，1948)，喜剧片，沃尔特·朗(Walter Lang)导演，克里夫顿·韦伯(Clifton Webb)、罗伯特·扬(Robert Young)主演，20世纪福克斯公司发行。

8. *South of St. Louis*(《碧血洗边城》，又译《南部圣路易斯》，1949)，西部片，雷·恩莱特(Ray Enright)导演，乔尔·麦克雷、亚丽克西斯·史密斯(Alexis Smith)、多萝西·马龙主演，华纳兄弟影业发行。

明星中还以 Ava Gardner[9] 为最美，看过她和劳勃泰勒[10] 合作的 *The Bribe*[11]，身段面部线条无一不佳，且显得很年青〔轻〕，亦会演戏（对于我的 taste 还是嫌太健美点），有大明星气派，很有希望。Deborah Kerr[12] 虽经米高梅大捧，她在 *Edward, My Son*（屈赛合演）里虽很努力，似乎天才平平。我现在虽然毫无行动表演，但对男女关系还是很敏感，并没有"心死"，可以告慰。只是怕坍台，提不起劲。我这种人，本来敏感，suppression 得凶，只会变成〔得〕更加敏感，不会麻木。附上父亲和玉瑛的来信，玉瑛的信还是这样"天真"地叙家常，我看家里经济情形不很好，兴致一定不会很高。上两星期亿中厦门行有人撤退返沪（其中一人为顾中一之子），我托他们带去两瓶 Rutin，一瓶鱼肝油精，一瓶眼药水（for mother），一只（竹柄）象牙搔背（香港象牙便宜，只要一元钱，除了搔背以外，我想不出该送什么东西给祖母）。我自己除了 Panteen 外，不用任何药，因为营养好，体重已接近 130 磅。曾去摸骨论相，据云要明年七月以后才有转机，目前只

---

9. Ava Gardner（艾娃·加德纳，1922—1990），美国女演员，代表影片有《职业凶手》（*The Killers*，又译《杀人者》，1946）、《红尘》（*Mogambo*，1953）等。

10. 劳勃·泰勒（Robert Taylor，一译罗伯特·泰勒，1911—1969），美国电影、电视演员，代表影片有《牛津风云》（*A Yank at Oxford*，1938）、《魂断蓝桥》（*Waterloo Bridge*，1940）等。

11. *The Bribe*（《玉面虎》，1949），犯罪黑色电影，罗伯特·Z.伦纳德导演，罗伯特·泰勒、艾娃·加德纳主演，米高梅公司发行。

12. Daborah Kerr（黛博拉·蔻儿，1921—2007），苏格兰出生，电影、电视演员，曾获奥斯卡终身成就奖，代表影片有《国王与我》（*The King and I*，1956）等。

有在香港鬼混而已。跑马香港两星期一次，我几乎每次必到
（都是陪汪某去的）。这件事很 exciting，每次输得不多（我有
方法包输不多），但是可以使人忘去一切烦恼，瞎紧张一阵，
花钱亦值得。人总想忘记 self，一切群众运动所以都有人去盲
从，我去跑马当然不是为了去赢钱也。时局很坏，令人扫兴。
匆匆　即祝
　　秋安

　　　　　　　　　　　　　　　　兄 济安 上
　　　　　　　　　　　　　　　十月卅日（重九）

91. 夏志清致夏济安

11 月 22 日

济安哥：

十月卅日来信附父亲和玉瑛妹的信收到已有两个多星期，应该早写复信，可是这学期功课虽没有去年忙，efficiency 也较减低，不肯提笔。我自从学会 review 后，没有什么 worry，前几星期伤风过一次，多吃了 Aspirin 和 Quinine 的药片，左耳似乎受影响，给医生看，又说没有病。你在两处地方担任教书，有固定收入也好，教 freshman 想必很有趣，学生的程度大约较北大的为高。我信到时，恐怕有两包书已先到了你那里，是武汉吴志谦在暑期来信后代他购买的六本 Odyssey Press[所出]Byron 的诗集（现在美国大学最通用的诗教科书，是 Odyssey Press 出版的，所编的 Milton 和浪漫诗人都非常好）和两期 *Sewanee Review*。他寄了我十元美金，美国和中国内地寄包裹不通，所以暂时寄在你那里，香港和武汉通邮时可寄武昌武汉大学英文系吴志谦。两期 *Sewanee Review* 内有 Eliot 和 Lewis 讲 Milton 的文章，可以解开包裹一读。Empson 在北平〔北京〕还在写文章，*Kenyon Review* 有他一篇 "Donne

& the Rhetoric Tradition",其中提到的几本参考书恐怕是美国带回的。Eliot 新有一篇文章在 *Hudson Review*,"From Poe to Valery"。上星期 Allen Tate 来 Yale 演讲 Poe[1],Tate 鼻子很小,演讲字句很考究,给我印象不错。

关于美国的 best sellers 我也不大清楚。好几月来两本最畅销的小说是 Lloyd Douglas[2] 的 *The Big Fisherman*(是讲圣彼得的宗教历史小说)和 Marquand[3] 的 *Point of No Return*(讲 Boston 生活,中国人不会感兴趣)。和 Douglas 相似的有 Sholem Asch[4] 的小说 *Mary*,讲玛利亚的故事,中国人也不会太感兴趣。历史小说方面 *Black Rose* 恐怕还没有拍,福斯的 *The Prince of Foxes*(Samuel Shellabarger)[5] 已拍好(意大

---

1. Poe(Edgar Allan Poe,爱伦・坡,1809—1849),美国作家、诗人和文学评论家,推理惊悚小说之父,代表作有《厄舍府的倒塌》(*The Fall of the House of Usher*,1839)、《泄密的心》(*The Tell-tale Heart*,1843)、《金甲虫》(*The Gold-bug*,1843)、《黑猫》(*The Black Cat*,1843)等。
2. Lloyd Douglas(劳埃德・道格拉斯,1877—1951),美国神职人员、作家,代表作有《沉迷》(*Magnificent Obsession*,1929)等。《渔夫》(*The Big Fisherman*)系作者发表于1948年的小说。
3. Marquand(John P. Marquand,约翰・马昆德,1893—1960),美国作家,以系列间谍小说而闻名,曾以《波士顿故事》(*The Late George Apley*,一译《已故的乔治・阿普利》,1937)获得1938年的普利策文学奖。他的《普汉先生》(*H.M.Pulham, Esquire*,1942)曾深刻影响了张爱玲小说《半生缘》的创作。《一去不返》(*Point of No Return*)系作者发表于1949年的小说。
4. Sholem Asch(谢洛姆・阿施,1880—1957),美国犹太裔小说家、剧作家、散文家。《玛丽》(*Mary*)系作者发表于1949年的小说。
5. *The Prince of Foxes*(《狐狸王子》,1949),历史片,据塞缪尔・雪勒巴格(Samuel Shellabarger)同名小说改编。亨利・金导演,泰隆・鲍华、奥逊・韦尔斯主演,20世纪福克斯公司发行。

1949

利 Renaissance 时期），预备今年 X'mas 上映（Ty Power，O.Welles[6] 主演），已来不及翻译。米高梅明春决定去 Italy 实地摄制老小说 *Quo Vadis*（Peck，Elizabeth Taylor 主演）[7]，是明年的特别片，假如该小说故事文字不太老式，也可翻译。MGM 也在计划 *Ivanhoe*[8]。最近 best seller 第一名是一本 *The Egyptian*[9]，欧洲学者研究据说里面描写较淫，是讲古埃及的历史。关于原子时代以后的世界有 Huxley 的 *Ape & Essence*[10] 和 George Orwell 的 *1984*[11]，后者描写几十 [年] 后的英国独裁政府，恐怕都太 intellectual。派拉蒙在拍 Dreiser[12]

---

6. O. Welles(Orson Welles，奥逊·威尔斯，1915—1985），美国演员、导演、作家，代表作有戏剧《恺撒》(*Caesar*，1937)、电影《公民凯恩》(*Citizen Kane*，1941)等。

7. *Quo Vadis*(《暴君焚城录》，1951)，史诗电影，据亨利克·显克维奇(Henryk Sienkiewicz)同名小说改编。梅尔文·勒罗伊(Mervyn LeRoy)导演，罗伯特·泰勒、黛博拉·蔻儿主演，而非 Peck、Elizabeth Taylor 主演，米高梅公司发行。

8. *Ivanhoe*(《劫后英雄传》，1952)，冒险剧情片，据沃尔特·司各特同名历史小说改编，理查德·托普导演，罗伯特·泰勒、伊丽莎白·泰勒、琼·芳登主演，米高梅公司发行。

9. *The Egyptian*(《埃及人》)系芬兰历史小说家米卡·沃尔塔利(Mika Waltari，1908—1979)于1945年以芬兰语创作出版的历史小说。英文译本于1949年出版。

10. 即阿道司·赫胥黎，*Ape and Essence*(《猿与本质》，1948)也是一本与其代表作《美丽新世界》类似的讽刺20世纪大规模战争的反乌托邦小说。

11. George Orwell(乔治·奥威尔，1903—1950)，英国小说家、记者和社会评论家，代表作是影响巨大的《动物庄园》(*Animal Farm*，1945)和1949年出版的《一九八四》(*1984*)。

12. Dreiser(Theodore Dreiser，西奥多·德莱塞，1871—1945)，美国作家，代表作有《嘉莉妹妹》(*Sister Carrie*，1900)、《美国的悲剧》(*An American Tragedy*，1925)等。

的 *An American Tragedy*[13]，Montgomery Clift[14] 和 E.Taylor 主演，George Stevens[15] 导演，在计划 *Sister Carrie*[16]（William Wyler[17] 导演），两书都已是 classic，不妨可以再翻译一下。Selznick 在英国拍了 Jennifer Jones 的 *Gone to Earth*[18]，是 Mary Webb[19] 的旧小说，是和"苔丝姑娘"一样的苦戏，翻译后可嫌〔赚〕人眼泪。James M.Cain[20]，*Double Indemnity*[21] 的小说短小精悍，都是讲谋杀亲夫之类的故事，较容易翻译。近作有 *The Moth*，华纳在摄制 *Serenade*[22] 也是他的作品。

13. *An American Tragedy*(电影名为 *A Place in the Sun*，《郎心如铁》，1951)，乔治·史蒂文斯导演，蒙哥马利·克利夫特、伊丽莎白·泰勒主演，派拉蒙影业发行，曾获六项奥斯卡奖。

14. Montgomery Clift(蒙哥马利·克利夫特，1920—1966)，美国电影演员，代表作有《郎心如铁》《忏情恨》(*I Confess*，1953)等。

15. George Stevens(乔治·史蒂文斯，1904—1975)，美国电影导演、出品人，代表作有《郎心如铁》《巨人》(*Giant*，1956)等。

16. *Sister Carrie*(《嘉莉妹妹》，1952)，威廉·惠勒导演，劳伦斯·奥利弗(Laurence Olivier)、珍妮弗·琼斯主演，派拉蒙影业发行。

17. William Wyler(威廉·惠勒，1902—1981)，美国电影导演，曾获奥斯卡最佳导演奖，代表影片有《罗马假期》(*Roman Holiday*，1953)、《嘉丽妹妹》等。

18. *Gone to Earth*(《谪仙记》，1950)，据玛丽·韦伯同名小说改编。迈克尔·鲍威尔(Michael Powell)导演，珍妮弗·琼斯、戴维·法拉尔(David Farrar)主演，英国狮门影业(British Lion Film Corporation)发行。

19. Mary Webb(玛丽·韦布，1881—1927)，英国浪漫小说家、诗人。

20. James M. Cain(詹姆斯·凯恩，1892—1977)，美国作家、记者。多部作品被好莱坞搬上银幕。

21. *Double Indemnity*(《双重赔偿》，1944)，黑色电影，据詹姆斯·凯恩1943年同名小说改编。比利·怀尔德导演，弗莱德·麦克莫瑞、芭芭拉·斯坦威克(Barbara Stanwyck)主演，派拉蒙影业发行。

22. *Serenade*(《小夜曲》，1956)，据詹姆斯·凯恩1937年同名小说改编。安东尼·曼(Anthony Mann)导演，马里奥·兰札、琼·芳登主演，华纳兄弟影业发行。

Raymond Chandler[23]的侦探小说作风新颖，可引人入胜，近作有 *The Little Sister*。幽默小说的 best seller 最近有 *Cheaper by the Dozen*[24]，和 *Father of the Bride*（将由 Tracy、E.Taylor 主演）[25]。Tennessee Williams[26] 的剧本 *Streetcar Named Desire* 讲美国南方一妓女，是近几年来最轰动的 play，最近在英国（由 Vivian Leigh 主演）上演，都轰动异常[27]。我想这剧本值得介绍，中国人大多崇拜曹禺[28]，如能把该剧改头换面弄一个中国 setting，前几年在话剧兴旺时代，一定可以上演，和《大马戏团》[29]差不多。以上所介绍的我都没有看过，如果香港买得到书，不妨调查一下。此外 Robert Penn Warren（Warren 是 Brooks、Tate 的好朋友）的 Pulitzer Prize 小说

23. Raymond Chandler（雷蒙德·钱德勒，1888—1959），美国小说家、剧作家，代表作有《长眠不醒》(*The Big Sleep*，1939）、《再见，吾爱》(*Farewell, My Lovely*，1940 ）及《漫长的告别》(*The Long Goodbye*，1954）等侦探推理小说。

24. *Cheaper by the Dozen*（《儿女一箩筐》），弗兰克·吉尔布雷斯(Frank B.Gilbreth) 发表于1948年的自传体小说。1950年被改编成电影。

25. *Father of the Bride*（《岳父大人》)是爱德华·斯特里特(Edward Streeter，1891—1976)发表于1949年的长篇小说，1950年搬上银幕，由文森特·明奈利导演，斯宾塞·屈塞、伊丽莎白·泰勒主演，米高梅公司发行。

26. Tennessee Williams（田纳西·威廉斯，1911—1983），美国剧作家，代表作《欲望号街车》(1947)、《热铁皮屋顶上的猫》(*Cat on a Hot Tin Roof*，1955)等。曾二次获得普利策戏剧奖。

27. 电影《欲望号街车》(1951)由伊利亚·卡赞导演，费雯·丽、马龙·白兰度(Marlon Brando)主演，华纳兄弟影业发行。

28. 曹禺(1910—1996)，原名万家宝，祖籍湖北潜江，生于天津，剧作家，代表作有《雷雨》(1933)、《日出》(1935)、《原野》(1937)、《北京人》(1940)等。

29.《大马戏团》(*The Greatest Show on Earth*，一译《戏王之王》，1952)，剧情片，由塞西尔·B.戴米尔导演，贝蒂·赫顿、查尔登·海斯顿(Charlton Heston)主演，派拉蒙影业发行。

All the King's Men（该 title 出点〔典〕在 *Alice in Wonderland* 的 nursery rhyme 中）不特很 popular，也很得新派 critics 的器重，讲 Louisiana 州的大流氓 Huey Long 的一身〔生〕，值得翻译。Warren、Brooks 早年教书的 Louisiana University 的 Boss 也是他。最近由哥伦比亚拍成电影[30]，主角 Broderick Crawford[31] 不太出名。

今年选的 Old Norse 和 Chaucer 都不太忙，只是 The Age of Wordsworth 花的时间较多，最近一月我一直在弄"The Excursion"。下星期一要给一 lecture。今秋 de Selincourt 和他学生 Helen Darbishire[32] 编的华氏全集第五册已出版（这是最后一册），有 The Excursion, Textual & Bibliographical notes 很丰富。de Sélincourt 前一两年逝世，Harper[33] 也已去世，Legouis 去世已有十年，华氏的专家都已陈谢了。家中经

30. *All the King's Men*（《国王班底》，一译《当代奸雄》，1949），剧情片，据罗伯特·沃伦（Robert Penn Warren）同名小说改编。罗伯特·罗森导演，布罗德里克·克劳福德、约翰·爱尔兰（John Ireland）主演，哥伦比亚影业发行。

31. Broderick Crawford（布罗德里克·克劳福德，1911—1986），美国电影、电视演员，代表作有电视系列片《公路巡逻》（*Highway Patrol*，1955—1959）等。

32. Ernest de Sélincourt（欧内斯特·德塞林科特，1870—1943），英国文学学者，曾任教于牛津大学和伯明翰大学，尤其致力于华兹华斯兄弟著作的编辑，编有《多萝西·华兹华斯日记》（*Journals of Dorothy Wordsworth*，1933）、《华兹华斯兄妹通信集》（*The Letters of William and Dorothy Wordsworth*，1935—1939）6卷本等。Helen Darbishire（海伦·达希尔，1881—1961），英国文学学者，代表作有《诗人华兹华斯》（*The Poet Wordsworth*，1949）、《弥尔顿诗集》（*The Poetical Works of John Milton*，1952）等。

33. Harper（George M. Harper，乔治·哈勃，1863—1947），华兹华斯研究专家，长期任教于普林斯顿大学。

1949

济情况不太好，由已读父亲的信上看来，母亲上海解放后不大快乐，给家里的回信今天恐没有空写，要下星期一弄完了"Excursion"再写，写家信时讲我平安并牵记。我头发，右边发顶也有后退现象，其他衰老现象还没有。每年秋天各大学比 football，我都没有去看过，上星期六 Harvard 和 Yale 比，Yale 胜，晚上各 colleges 都有盛大舞会。我来美后没有参加过 social dance，生活一无经验可言。最近没有好电影，同同学去看了一张 Garson *Forsyte Woman*[34]，Garson[35] 的体态完全已是中年妇人，June Haver 的 *Oh You Beautiful Doll*[36]，June Haver 很好看，可是对歌舞都无特出之处。Dorothy Malone 已被华纳歇生意，以后不大容易看到她。Ava Gardner 在照片上并不太好看，在银幕上的确很好。近来想仍有跳舞和看跑马的消遣，程绥楚近况想好，即祝

近安

弟 志清 上

十一月廿二日

---

34. *Forsyte Woman*（《云雨巫山枉断肠》，1949），浪漫电影，坎普顿·班尼特（Compton Bennett）导演，埃罗尔·弗林（Errol Flynn）、葛丽亚·嘉逊主演，米高梅公司发行。

35. Garson（Greer Garson，葛丽亚·嘉逊，1904—1996），美国女演员，以《忠勇之家》（*Mrs. Miniver*，1942）获得奥斯卡最佳女主角奖。

36. *Oh You Beautiful Doll*（《乐声春色》，1949），音乐剧，约翰·斯塔尔（John M. Stahl）导演，马克·史蒂文斯（Mark Stevens）、琼·哈弗主演，20世纪福克斯公司发行。

92. 夏济安致夏志清

11 月 25 日

志清弟：

　　好久没有收到你的信为念。我在香港，近况大致如旧，没有什么发展，亦没有什么波澜。上信提起学跳舞之事，现在确已进步不少。已经渐能领略跳舞的乐趣：配合拍子圆滑的动作。现在较有把握的是 Quickstep 和（slow）Waltz，Blues 似容易，但我觉得如果步法太单调，跳得很难看，因此列入没有把握的一类。Foxtrot 没有学过，Quick（Viennese）Waltz 上海时学过，现在还没有重新学过。Tango、Rhumba、Samba 等舞都很流行，我都没有学过。跳舞学校我没有空天天去，一星期只去两三次，就是这样再去两个月大约可以进舞厅敷衍敷衍了。如能跳熟了，的确能增加一个人的 confidence。我对于舞女大约不会发生兴趣，第一因为我不喜欢浓妆艳抹的女人（有人说将来这种 taste 会改变），一个女人我已经喜欢了，不妨浓妆艳抹，但是我不赞成从一开头就示我以假面具的人；第二因为跳舞的地方光线都很暗淡，难分美丑，我的眼睛又近视，我的态度就是一种不 trust 自己眼睛的态度，兴趣就难

发生。跳舞的时候秘诀大约是停止自己的 consciousness，糊
里糊涂跟着拍子走，可是都得合拍，这样大约算是跳得好的。
我以前一面跳，一面在计算下一步应该怎么样走，又怕踏上
对方脚，不合拍时走得更坏，战战兢兢，跳来毫无乐趣。此
病一去，如再于步法身段上下功夫，跳舞进步自快。

　　上信还提起出版的事。汪先生计划翻印《金瓶梅》（他
的纸即如我此信所用者），已经登报征求得一部明刻《金瓶
梅》，条件还未谈好，大致可以成功。中国近年来所出翻刻
《金瓶梅》对于描写性交地方都自行删去，港英政府对于这
种东西，不知道管理得严格不严格，假如严格，我们亦只好
出"洁本"了（我开始在读——亦是洁本的，我相信我不能
替它写序，因为我"淫书"一本也没有读过，不能有所发
挥）。我自己动笔预备编一部 Bridge 研究（中国似乎还没有
这样一部书）。我的 Bridge 打得很坏，但是我现在佩服 Ely
Culbertson[1]，他的 *Gold Book* 是本了不起的著作，密密的 500
多页，每一页都可使我得益，而我已经不好算是个完全外行
了。他的设想周密，有许多东西我们想不到的，他都想到
了，真天才也。他的"Summary"和"Self Teacher"太简单，
引不起人的兴趣，而且不能满足我们的求知欲。*Gold Book*
编排得虽嫌杂乱与不醒目，但里面有很多东西，是没法节录
的，而且你如不知道亦打不好 Bridge 的。翻译小说的事无进

---

1. Ely Culbertson（埃利·克勃森，1891—1955），20世纪30年代桥牌活动的推动
　　者。下文提到的《黄金准则》（*Gold Book*）全书名为 *Contract Bridge Complete : The
　　Gold Book of Bidding and Play*，1936年出版。

展，想去 approach 在台湾的梁实秋[2]。出版公司如弄得好，我将多负点责任——这是我最近生活中，唯一引起我对事业的希望的事。

家中很穷，上海最近经济有波动，黑市金钞和食粮都往上跳，民生想必更苦。像父亲那样的好人统统在经验着 disillusionment。在香港的上海人过着狭小的生活，浪费金钱同时又肉痛金钱（因为香港赚钱不易）撑场面（小账给的比外国人或广东人多），为过去叹息，希望过真正太平的日子，孵咖啡馆，骂骂广东人。今天起居然有家菜馆请了两档说书：李冠庆的《英烈》和顾玉笙的《杨乃武》（这两档本来在杜月笙家里长期说堂会）。我上回说找不到上海馆子，最近三六九和五芳斋开了好几家，我嫌他们的菜都太油。我觉得上海人很可怜。

你的 Yale 女同学如何？有位杨耆荪[3]，你大约还记得，她不久可能来〔去〕美国进 Indiana 大学。有一次程绥楚同我去看刘崇铉[4]（清华历史系教授，即与我们同船北上者，现在台大），在他家遇见杨。她是今年夏天毕业后离平来港的，据说要来〔去〕美国。此后我没有去看过她，我从澳门回来，在船上碰着她，因她有男朋友在，亦没有同她讲话。你若有

---

2. 梁实秋（1903—1987），浙江杭县人，生于北京，散文家、批评家、翻译家，代表作有《雅舍小品》（1949）等，译有《莎士比亚全集》等。

3. 杨耆荪，夏济安的学生，曾就读于西南联大化学系，后留学美国，获得博士学位。

4. 刘崇铉（1897—1990），字寿民，福建福州人。1921年获哈佛大学文学硕士学位。1949年赴台，任台湾大学历史系教授。

兴趣，将来不妨同她接近接近。

　　附上在澳门所拍照片一张。澳门离香港约三小时船程，往来还方便。我们一行近十人（汪先生等），所住的旅馆还舒服，够得上第一流标准。赌场很坏，空气混浊，人品不齐，与电影中的 Monte Carlo，固不能比，即与我们所听说的上海敌伪时期赌场亦相差远甚（上海赌场听说奉送香烟大菜，还有妙龄女子招待，澳门并无此种优待）。大概广东人和葡萄牙人都是没有清洁习惯的民族。我没有下注。跳舞场里亦以赌为主要吸引，跳的人都心不在焉云。郊外倒略有风景，可以一游。我在香港虽收入不多，但因结交者多为肯花钱之人，花钱的地方可以常去——此为普通薪水阶级所不敢尝试的。

　　Hamlet 电影已看过，很好。读书的时候，不觉得"死亡"是剧中如此重要的 theme（因为莎翁文字活泼之故），电影里觉得无时无刻不受死亡的威胁。Jean Simmons 在本片中还美艳，新近的五彩片 *Blue Lagoon*[5] 中饰南海美人，反而显得不美艳了。我现在说不出顶拥护什么明星，这亦是成熟后的悲哀。

　　近况如何？盼多写信，即颂

　　冬安

　　　　　　　　　　　　　　　　　兄　济安　顿首

　　　　　　　　　　　　　　　　　十一月廿五日

---

5. *Blue Lagoon*（《南海天堂》，1949），浪漫冒险电影，据亨利·德维尔·斯塔克普尔（Henry De Vere Stacpoole）1908年同名小说改编。弗兰克·劳恩德（Frank Launder）导演，珍·西蒙斯、唐纳德·休斯顿（Donald Houston）主演，普通影业（General Film Distributors，英国）、环球影业（美国）发行。

93. 夏志清致夏济安

12 月 4 日

济安哥：

今天收到你十一月廿五日来信，这封信和上一次来信都没有 mention 过收到我什么信，深以为念，恐怕一定有一两封信遗失了。我最近给你的信是 11 月 22 日发的，想已看到。我 Li Fellowship 已 renew，今年选 The Age of Wordsworth、Chaucer、Old Norse 三课，想已知道。上一月我忙着准备一小时"The Excursion"的 lecture，已于 11 月 28 日上午 deliver，有 25 页的样子，结果很 sensational，是一两年来 Pottle 班上最好的学生 lecture。系主任 Pottle 当场称赞我的 critical insight，预备把该文打好后放在 Reserve Shelf 供学生参考，下课后同学都向我恭维不至〔止〕。今天见 Pottle，他劝我把该文发表，由他帮忙，大约不成问题，认为是他教书来所听到的最好的 Excursion lecture。前数年他才指导一学生写 Ph.D. 论文研究"Excursion"，该书前三章材料搜集虽丰富，最后两章批评都极普通，没有特别之处，不如我的有刖〔观〕点而精彩。我在 Brooks 班上写 paper 水平一样地高，可是平日不大讲话，这一次却大出风头。我的批评由 Coleridge 对 "Excursion" 的批评出发，其实没有什么特别的地方，只是 "Excursion" 的批评一向很简陋，而美国学生的 lecture 都是马马虎虎，敷衍料〔了〕事，所以一〔亦〕显我的 lecture 出色了。Chaucer 和 Old Norse 至今还没有什么 paper，所以今年比较闲。

上星期五下午，我去了纽约一次，星期日晚上回来。在 Oberlin 时，我曾 mention 一位姓杨（大芬）的小姐 Grace（另一位你在联大的同事杨秀贞，今夏去英同人结婚了），她对我一向有好感，偶尔也和她通信。今秋她离开了 Oberlin 到了纽约学美术，我答应去看她一次，所以上星期去伴她玩了两天。一同吃了四次饭，看了一张法国电影 *Devil in the Flesh*[1] 和一场巴黎来的 Ballet Company，表演 *Carmen*。法国 ballet 没有俄国 ballet 布景的鲜艳，服饰的考究，布景很 modernism，服饰也很朴素，所以 effect 更像京戏里的武生表演。最后 Don José 杀 Carmen 时一切音乐停止，只有鼓不断地打，两人的对打舞很紧张，所以很满意。此外看了 Metropolitan Museum of Art 内 special Van Gogh exhibition，我对于旧的油画没有特别好感，Van Gogh[2] 的画深黄、深红、深绿，他的各种 mood 也容易了解，

1. *Devil in the Flesh*（法文原名 *Le Diable au Corps*，《肉体的恶魔》，1947），克劳特·乌当-拉哈（Claude Autant-Lara）导演，米谢琳·普雷斯勒（Micheline Presle）、杰拉·菲利普（Gérard Philipe）主演，Transcontinental Films 出品，1947 年法国上映，1949 年美国上映。
2. Van Gogh（Vincent van Gogh，凡·高，1853—1890），荷兰印象派画家，以《星空》《向日葵》等作品闻名于世。

很满意；和 5th Avenue Frick collection 的名画，有 Rembrandt 四幅，Titian，El Greco[3]，Van Dyck[4]，Bellini[5] 都有，一幅 Renoir 的年青〔轻〕母亲带了两个小孩在街上走，我很爱好。我没有过这样长期的 date，所以有相当快感。可是杨胸部平坦，脸也不太漂亮，所以以后要少同她来往，免得使她情感更为增加。她人很要好，现在学油画，每天早晨画三个半点钟 nude 写生，下午学 drawing 和 sketching。她在 Oberlin 的 M.A. 论文还没有写好，本来真立夫要她比较陶渊明和华兹华斯，现在在写 *The Realism & Naturalism of Wordsworth*，用 naturalism 一字〔词〕代表华氏对 nature 的信仰和爱好，非常不恰当，小大学的论文，谈不到研究。真立夫今夏丧妻，老人一人很是寂寞。

Yale 的女同学漂亮的不多，不过都容易接近。有一位同我较好的叫 Ruth Stomne（Cookie），祖父是瑞典来的，所以有金发白肤。去年算是 Graduate Hall 最漂亮的女生，今年新来的〔了〕别的女生，她似乎没有去年 popular。暑假时她曾邀我到她家去（在 New Jersey）和到她的夏令营（在 Maine）camp 去，我都没有去，所以今秋友谊没有进展，还

3. El Greco（埃尔·格列柯，1541—1614），西班牙文艺复兴时期画家与建筑师。
4. Van Dyck（Anthony van Dyck，安东尼·凡·戴克，1599—1641），英国教廷绘画的领军人物。
5. Bellini（Giovanni Bellini，乔凡尼·贝利尼，1430[?]—1516），意大利文艺复兴时期画家。

保持饭厅里吃饭时谈话的水平。美国的女孩子在高中时和男生在一起胡来，满街乱叫，礼貌很不好，一到大学，性的 promiscuity〔混乱〕就减少，女生个个和蔼有礼，待人接物好，远非中国女子所及。此外，New Haven 有两位中国女生，一位姓金，学 nursing，长得还不错，一位姓王，在附近小大学读书，我同她们都没有什么来往。杨耆荪来美国倒要看看她，可是她去 Indiana，不容易多接近。其实她在北平〔北京〕时对你极有好感，她人品又好，何不好好地追她一下，或者可有成功的希望。她出国以前，假如没有真正 steady 的男友，心绪一定较死，容易进攻。

来美后除在纽约低级舞场抱过两回舞女外，没有跳过舞。我在上海跳舞还是四年前的事，又没有真正学过，现在早已荒疏，非下一番功夫，不能同美国女子跳舞。你最近跳舞进步甚快，值得庆贺。我来美后也没有打过几次 bridge，第一我没有学过 Culbertson System，第二我欢喜打 bridge 时讲话，不肯肃静下来，所以会打 bridge 的人，不会找我打，所以我在 New Haven 除了看电影、翻翻书报外没有什么消遣。你可以在 bridge 方面编书，一定有了很大的研究。能够办出版事业，的确也很好。中国同英美不同，除了白话 classic 外，过去的名著普通人不容易读，所以一般读者所需要的都要由出版界供应。你知道一般市民的需要，如有稳定的经济和时间，一定能把出版事业办得很好。上次提起几本小说，不知有没有值得录用的？*The Black Rose* 已由福斯摄成电影，唯发行时间尚早。上星期我也看过 Jean Simmons 的 *Blue Lagoon*，Rank 五彩摄影恶劣，Simmons 显得不好看，全片又沉闷无比。她还是在 *Great Expectation* 中最可爱。同时加映正片 *The Gal Who Took the West*[6]，五彩，Yvonne De Carlo[7] 主演。她也没有 Salome[8] 时的风采，片中也不跳舞，可是全片很滑稽，很使人满意。前些日子在 Second Feature 中看到 Rochelle Hudson[9] 饰一女间谍（Villain）之类，妆化得不美观，也显得苍老。银幕上我也没有崇拜的明星。近况想好，再谈，即祝

　　冬安

弟 志清 上

十二月四日

　　附上给父亲、玉瑛妹的信，请转寄。你照片上的神气很好。

---

6. *The Gal Who Took the West*（《西部歌女》，1949），五彩片，弗烈德里克·德克多瓦（Frederick De Cordova）导演，伊凤·黛卡洛、查尔斯·柯本主演，环球影业出品。

7. Yvonne De Carlo（伊凤·黛卡洛，一译伊冯娜·德·卡洛，1922—2007），加拿大裔美国演员、歌手，在电影、电视、歌剧等传媒中活跃达到六十载，曾出演《十诫》等。

8. *Salome*（全名 *Salome, Where She Danced*，《莎乐美》，1945），美国浪漫电影，据霍华德·菲利普斯（Howard J. Phillips）短篇小说改编。查尔斯·拉蒙特（Charles Lamont）导演，伊凤·黛卡洛、罗德·卡梅隆（Rod Cameron）主演，环球影业发行。

9. Rochelle Hudson（罗谢·哈德森，1916—1972），美国电影女演员，活跃于20世纪30年代至60年代。

94. 夏济安致夏志清

12 月 25 日

志清弟：

　　两信均已收到。吴志谦书一包尚未收到。你生活渐趋安定，闻之甚慰。今日为 X'mas，不知作何消遣。昨晚我过得还不算寂寞，在一家相当熟的上海馆子"京都"吃晚饭，这家馆子本来不跳舞，这几天成立了一个 Quartet，一钢琴，一鼓，一 Saxophone，一 Flute（？），敲打得很热闹，专为应景也。我们是四个男人，一个姓张，与我同年的一个很有办法的青年商人，现与王文兰之妹名 Mary 王者同居，另有两个舞女也借住在他家里，好像是同三个舞女同居；一个 boss 汪胖子，一个是刘（即办出版社者，他与张皆武大毕业），一个我；女客两位，一即 Mary 王，一位姓林。Mary 王肌肉很结实，上海人所谓"吃星很重"的样子。姓林的（one of the three）打扮得很美艳，有点像宝莲高黛，眼睛顾盼传神，常常虚伪地微笑，说一口北方话，自称北平〔北京〕人。王是张的"朋友"，汪同林虽为初见，却非常热络，我同刘没有对象，过得也很愉快。两位小姐先后被邀请到麦格〔克〕风前去歌唱，她们又下海去表演一次较新式的舞（跳得并不好，舞名我不知，伦巴之类）。摸彩时，汪被请去做公证人，林小姐登台颁奖，风头出足，我在同桌似乎也很有光荣。可是我没有下去跳舞——你当知道我的 confidence 还不够。舞池很挤，我的步法恐怕不能施展，那两位小姐太受人注意，我的舞跳得不好，怕受人注意，因此不敢下去。下星期预备再去好好研究一下，New Year Eve 好表演一下。可是我也带〔戴〕了蜡纸糊的帽子，相当兴高采烈。

昨晚跳舞的人水平都相当高，很少有碰人的，相貌不扬的男女、黄毛丫头等都能跳得很好，真是怪事，Quick Waltz、Tango 都有很多人跳，而都能圆转自如。我现在的跳舞程度，不过是克服了根本的恐惧，我现在敢同舞伴贴得相当紧（Blues、Quickstep），指挥得还算灵活，也 enjoy 这件事。可是我跳得还太生，不能应付各种 situation，而且容易慌张，一步错了，不易恢复。我还没有同"良家妇女"跳过，相信一定跳得更坏。其实我很喜欢灵巧的动作，一向崇拜叶盛章与 Fred Astaire（*Barkleys of Broadway* 正在港上映，还没有去看）。练舞的机会不多，心里困难又太多，故一时难有良好表演。但据朋友间评论，我跳舞的经验如此之少，而有这点成绩，已经算不错的了云。习舞之后，对于女人的 taste 也有改变，我已经接受了一般的审美标准，认为舞女中美人是很多。

香港过圣诞非常热闹，比上海热闹得多。我们的古老的 Hotel Cecil（明年二月要拆除，翻造大厦）也张灯结彩。程绥楚寄出很多贺年片给他的女学生，他是凭她们的姿色而定贺年片的品质，从 60 到 $2.00 一张都有。我只寄出两张，一张给玉瑛，一张给钮伯宏（昨天刚发出）。

送上相片一张，是一两个月前所摄。这两天稍凉，不过加一件羊毛衫而已，还用不着大衣。

玉瑛妹来信并照片两张寄上。上海情形还是很坏。郑之骧（他是地主要罚两百多石米，他付不出，有遭逮捕之险）逃到张家口去教英文。他来信说钱学熙已变成共产党，在北大教政治学，已两个月没有给他信云。再谈，即祝

新年快乐

兄 济安 顿首

十二月二十五日

1950年

95. 夏志清致夏济安

1月5日

济安哥：

　　十二月廿五日来信及玉瑛妹信都已收到。玉瑛妹照片上长得很美，已和我离国时不同。你圣诞节过得很痛快，New Year Eve 想也不错。我两个多礼拜的假期都没有离开 New Haven，虽然读了些书，没有做多少工作。最近身体调整欠佳，读书效率极坏，往往读了一天书，明天所 retain 的印象很 vague，所以心中不大高兴，预备去 New Haven Hospital （一月十日）详细检查一下。New Year Eve 我也参加了一个 International Club 的跳舞会，我跳舞的技能早已生疏，同两个年轻的女子跳，不能 lead，很是乏味；后来同一较中年的妇人跳，她舞艺很熟，我同她转了几个 waltz，觉得舞艺恢复了一半。可是在沪时我的跳舞没有经过人指导，美国跳法又多，要去参加跳舞 party，实在不够资格。New Haven 女青年会有学跳舞，我两年来功课忙，都没有去报名。此外 Arthur Murray 跳舞学校由美艳女教师指导，一点钟要五六元美金。我在美国经济力不足，不能期望好好享受。假期内看了三张电影：*Tyrone Power:Prince of Foxes*，没有五彩，故事导演都远不如 *Captain from Castile*；派拉蒙 *The Heiress*， de Havilland 主演[1]；MGM 的 *On the Town*[2]， Gene Kelly、Vera-Ellen、Sinatra 主演，是极好的歌舞片。MGM 有两个制片人：Pasternak[3] 负 责 Esther Williams，Jane Powell， McDonald[4]，差不多片片恶劣；Arthur Freed[5] 负责 Judy Garland， Gene Kelly，Fred Astaire 等，差不多片片满意。此外看了一对 reissues: *A Farewell to Arms*[6] 和（W. B.）爱德华·罗宾孙主演的 *The Hatchet Man*[7]（《刀斧手》）， Robinson 饰一旧金山的华侨，年轻的洛丽泰·扬[8] 做他的中国妻子，像是 1931 年或 1932

1. *The Heiress*(《千金小姐》，一译《女继承人》，1949)，剧情片，据亨利·詹姆斯 1880 年小说《华盛顿广场》(*Washington Square*)改编。威廉·惠勒导演，奥利维娅·德哈维兰、蒙哥马利·克利夫特、拉尔夫·理查德森(Ralph Richardson)主演，派拉蒙影业出品。

2. *On the Town*(《城镇掠影》，一译《锦城春色》，1949)，歌舞片，据 1944 年百老汇舞台剧改编。伦纳德·伯恩斯坦(Leonard Bernstein)等作曲。吉恩·凯利，薇拉-艾伦(Vera-Ellen)、弗兰克·辛纳特拉(Frank Sinatra)主演。

3. Pasternak(Joe Pasternak，乔·帕斯特纳克，1901—1991)，匈牙利出生的美国好莱坞电影导演和制片人。

4. MacDonald(Jeanette Anna MacDonald，珍妮特·麦克唐纳，1903—1965)，美国歌手、女演员。以与莫里斯·希佛莱和尼尔森·艾迪(Nelson Eddy)合作的歌舞片最为有名。

5. Arthur Freed(阿瑟·弗里德，1894—1973)，犹太裔美国词作家、电影制片人。

6. *A Farewell to Arms*(《永别了，武器》，一译《战地春梦》，1932)，剧情片，据海明威同名小说改编。弗兰克·鲍沙其(Frank Borzage)导演，加里·库珀、海伦·海斯(Helen Hayes)主演，派拉蒙影业出品。

7. *The Hatchet Man* (1932)，威廉·A. 韦尔曼（William A. Wellman）导演，爱德华·罗宾逊，洛丽泰·扬主演，华纳兄弟影业发行。

8. 洛丽泰·扬(Loretta Young，1913—2000)，美国演员、电视节目主持（接下页）

年的影片。Robinson 演得很好，Young 除眼部化妆过分外，生得很娇嫩。这张片子一定算是"辱华"片，上海大该〔概〕没有演过。

今年冬天 New Haven 很 warm，同上两年不同。附上照片一张是 Thanksgiving 时摄的，张琨是罗常培的高足，我照片上没有夏天 M.A. 那张年轻有神气，请转寄家中。顾家杰准备三月底返国，他的 Job 或可须〔需〕人接替，可同他通信。美国生活单调无比，香港如有安定生活，还是住香港舒服，程绥楚有兴趣也可以去问问他。钱学熙变共产主义信徒，不知还要不要写他批评原理。钱锺书[9]也重返清华教书了，诗人穆旦（李赋宁的同学）现在芝加哥。寄家信时，谢谢玉瑛妹寄来的照片，这次我不另写信了。程绥楚想好，宋奇、吴新民常见面否？在美国用 Leica 照相，洗出来照片已是放大了[的]，很方便，不像中国洗出来都是小方块。再谈，即祝

年安

　　　　　　　　　　　　　　　　弟 志清 顿首

　　　　　　　　　　　　　　　一月五日，一九五〇

　　（接上页）人、慈善家，1947年出演电影《农家女》(The Farmer's Daughter)，获1948年奥斯卡最佳女主角奖。1953年退出电影事业，主持一档以自己名字命名的电视节目，曾三次获得艾美奖。

9. 钱锺书（1910—1998），字默存，号槐聚，笔名中书君。学者、作家。代表作有《谈艺录》(1948)、《管锥编》(1979)、《围城》(1947)等。

96. 夏济安致夏志清

1月22日

志清弟：

一月五日来信收到。Byron 六本已收到，今日发出寄吴志谦，粤汉路已通车，很快就可到达。*Sewanee Review* 两本亦已收到。Leavis 论密尔敦一文甚精彩，Eliot 的态度是妥协的，Leavis 则是透辟的发挥，这两本书日内亦可以寄出。此种新的高级杂志，如有多余，请不时寄我两本。香港有 British Council 图书馆，书不多，我是无系统的借阅者。我对于文学的兴趣如旧，不能 make strenuous efforts，眼光趣味等大致还在一般学英国文学者之上。

家里情形很坏，附上父亲一信可以知道。父亲亿中事已辞去，一时恐不易找到好事情。证券大楼的投机商号，已全被肃清，投机商人关起来的很多。第二批要肃清的大约是私立小行庄。做经理的责任太重，账上有点毛病，就可能吃官司，辞了倒比较轻松。我在北平〔北京〕时，就劝父亲辞职，改任协理。协理名义在经理之上，与经理薪水差不多，做经理亦〔也〕许可以利用职权多些捞外账的机会，但父亲不是这种人，他只知赚合法的钱，他何必要多负责任同时多担风险呢？那时亿中在黄金时代，辞掉还合乎老子"功成身退"哲学，现在辞掉，反而不讨俏〔巧〕。父亲要在上海找一个苦差使（上海恐怕没有甜差使），凭他的交际和资格想还容易。家里房租太贵，我每月寄 100 元回去贴补，已有三月。母亲想撑大场面的苦心，恐短时内难实现。我亦主张把房子退掉一二层，非如此家里开销不能维持。兆丰别墅 107 的客厅太暗，我总觉得不是兴旺之象，将来恐还要搬家。父亲近年精神实较前为差，一到家里就要打瞌睡，而自己又不服老，在人前硬撑精神，做事不肯省力，实很危险。他其实应该做些比较轻松的事了。成大事业者，活跃的或坚忍的精神乃要素。我的 Boss 汪，精神就很发旺，白天奔走了一天，晚上吃酒胡调，毫无倦容，空闲时候就大动脑筋如何赚钱，不大肯休息。空闲时候的所思所为，是表示人的真兴趣所在。他自认今年四十，精神已不如前两年，以前他可以几晚上不睡。他那样子虽显不出特别有毅力的地方，但不大看见倦容倒是真的。父亲在台湾时不知道怎么样，在上海时，一到家里，立刻哈欠连连，显得十分疲倦。我们的父母都是骄傲的人物，母亲不肯承认穷，父亲不肯承认老或弱，此种性格，我亦有之，你比较天真率直，或者可以过得比较快活些，或者可以有较大的成就。

钮伯宏——他现在在 Tufts College 读书——回我的圣诞信，其中有论到你的地方：I saw your dear brother last summer.

He was, I'm sorry to tell you, very thin & nervous. I mention the latter for I was perturbed at his seemingly uncontrollable facial and body movements. It is difficult to describe this & it was some months ago so my memory concerning this is a bit hazy. I hope he's not over studying. 想不到你的动作人家看了如是奇怪。一个女孩子看见你若不能同情，将更觉奇怪。好久没有看见你，我想你不会变成怪物。我外表上仍是 indifferently suave（老于世故），我的人生观愈来愈近 non-attachment。Enthusiasm 愈来愈少，对世事看得愈来愈淡。看我过去所为，凡是追求任何事物，去 attach myself 者，我总是满怀恐惧；反之，若是脱离任何束缚，detach myself 者，我能显得很勇敢。如抗战时到内地去，主要的目的还是去瞎撞，享受海阔天空的自由。此次到香港来亦然。我的真嗜好恐怕还是"自由"（此字〔词〕很难下定义）。以现状观之，我可能抱独身主义以终。我的性欲本不强，过了卅岁以后，当更走下坡路。与女人往来，我认为痛苦远过于快乐，而这种快乐，亦不是我所最能享受的恬淡之乐。我不想援引哲学来替我的恬淡之乐辩护，但这种哲学确是最近我的性格。最近几年来，我一直没有好好的固定的地方吃饭，别人常引以为苦，希望能讨一老婆或雇一厨子来代为照料，我却从未有这种想法。这种吃饭法，唯一使我 worry 的，就是怕身边没有钱，不能"要啥吃啥"耳。我现在不想结婚，亦不与女友来往。将来如身边多些钱，想做一个 respectable citizen，或者会考虑结婚。做 bachelor 男有一不便处，即朋友日少是也。别人都结婚了，而你一个人还是在外飘荡，bachelor 与有太太的男人之间，总不会十分亲密。

昨日去跑马。我去跑马，预备输掉二三十块钱，结果常常赢了几个回来（统扯并不输）。跑马并没有什么好看，假如你不赌的话。我们眼睛不好的，即使戴了眼镜（一定要望远镜），亦看不见远处的马孰先孰后（跑近了可以看见）。但是马场里人山人海，使人忘了自己，所以值得一去。我们在读书时，从不参加群众集会，是我们精神训练上的一种缺陷。共产党的成功，多开群众大会亦是一个原因。人有许多低级欲望，一定要在群众大会[上]才能满足。台湾现在管制得很严，任何人[都]会莫名其妙地[被]捉进去当间谍办，但是台湾的国民党当局从来不开反共群众大会，民众只有恐惧而无发泄，这种统治一定失败。在跑马厅里的人，普遍有三种兴趣：（一）想赢钱；（二）想看见自己下注的马赢——争气；（三）人看人，人轧人。我总觉得跑马回来神清气爽，因为在那里人没有了个人的问题，你的问题与别人相同，人多少忘了自己。跑马厅有大草地，阳光常常很好，空气亦尽够这些人呼吸，而且神经并不会紧张得使人疲倦，一个下午只跑大约十场，每半小时一场，每场约两分钟可以跑毕。余时供你考虑下注，买马买〔票〕与领钱。你用不着每场[都]赌，你可以挑你有把握的马才下注，你随时离场或进场亦不会减少兴趣，因为这不像赛球或看戏的有头有尾。我说我预备输二三十块钱，因为我觉得 the fun is worth the money。我常常不输，因为我

425

去看以前，先把各报的 tips 已经好好地研究了一番，胸有成竹之故也。上海于胜利之后把跑马禁掉，实是大不智。香港假如没有跑马，一般人的生活一定要更无聊、更烦躁，做更大的坏事，而且这两个钱亦在别的坏事上面花掉。去跑马的人都很乐意地把钱输掉，因为他们觉得这两个钟头过得还有意义。跑马所里人去〔的〕真不少，我习常立的那个地方上面的 box 里，孙科差不多每次 [都] 在嗑西瓜子。孙科的脸色灰黄，胖而无神。舞女到的亦很多。

香港的舞女生活情形并不佳。上海人在港办的一张小报叫《上海日报》的说："挥金之士日隳"，是真话。住在香港的人很少有暴利的机会，因此也不敢乱花钱。不像在抗战时，一个货车司机身上就麦克麦克，可以大胆狂嫖滥赌。香港人生活总算还有规矩。

前日看旧片《野风》，很满意。西席地密尔片的娱乐成分确浓厚异常，上半段平平，结局紧张得很，法庭场面（常常是一部电影的结束）之后还接着海底探险，使观众意料之外地满意。雷密伦演技不差，很像会得金像奖的。约翰·韦恩 [1] 那时年纪轻，脸上风霜痕迹不够，反显得丑陋而嫩。阳历新年看 *Red River*，亦大满意，约翰·韦恩演技已十分成熟，

---

1. 约翰·韦恩(John Wayne，原名 Marion Mitchell Morrison，又译尊荣，1907—1979)，美国电影演员、导演、制片人，一生共出演180余部电影，代表作品有《关山飞渡》(*Stagecoach*，1939)、《万世流芳》(*The Greatest Story Ever Told*，1965)、《红河》等，是好莱坞有史以来最伟大的影星之一。

气派能够像一个领导万牛〔里〕长征的人。约翰·韦恩最近得红，使得一辈自命老资格影迷的人都觉得奇怪。他的 *Three God Fathers* 与 *The Wake of [the] Red Witch*（共和高级出品）在港都已演过[2]，我未去看。小报《上海日报》评他说："尊荣（按广东人叫他作尊荣，范琼森译作云尊信）的演技可以说是'夜夜乎'得极了，但是凭他一只'哭出乎拉'的面孔，高个的身坯，俨然是'牛仔'（cowboy 的广东话译法）之王"云。你好久没有看见上海人的老气影评，可与最近 *Time* 上所讲的对照一下。Carol Reed[3] 的 *The Third Man*[4] 已看过，编导用了很大的功夫，但是 Morbid，虽然会得很多金像奖，我总不大服气。Graham Greene[5] 的小说总是不大通的瞎紧张，主角总是

2. *Three Godfathers*（3 Godfathers，《荒漠之雄》，又译《三教父》，1948），西部片，约翰·福特导演，约翰·韦恩、哈利·凯瑞（Harry Carey, Jr.）主演，米高梅公司发行。*The Wake of the Red Witch*（《宝岛妖舟》，1948），剧情片，据加兰德·罗克（Garland Roark）1946年同名小说改编。爱德华·路德维希（Edward Ludwig）导演，约翰·韦恩、盖·拉塞尔主演，共和影业（Republic Pictures）发行。

3. Carol Reed（卡罗尔·里德，1906—1976），英国电影导演，代表作为《虎胆忠魂》（*Odd Man Out*，1947）、《堕落的偶像》（*The Fallen Idol*，1948）、《黑狱亡魂》等。凭1968年拍摄的《奥利弗！》（*Oliver!*）获得奥斯卡最佳导演奖。

4. *The Third Man*（《黑狱亡魂》，又译《第三人》，1949），英国黑色电影，小说家格雷厄姆·格林（Graham Greene）先写剧本，后出同名小说。卡罗尔·里德导演，约瑟夫·科顿、阿莉达·瓦莉（Alida Valli）、奥逊·威尔斯主演，伦敦影业（London Films Productions）出品。

5. Graham Greene（格雷厄姆·格林，1904—1991），英国小说家，曾亲身经历第二次世界大战，战后出版大量间谍小说。代表作有《布莱登棒棒糖》（*Brighton Rock*，1938）、《权力与荣耀》（*The Power and the Glory*，1940）、《事物的核心》（*The Heart of the Matter*，1948）等。

1950

一个模糊个性的人在危险中生活，不能算是好作品。《小妇人》（*Little Women*，1949）还满意，Margaret O'Brien 发现 C.Aubrey Smith[6] 送钢琴一节，我哭的。Janet Leigh[7] 很合我前几年的美人标准，但是现在我不知道应该拥护谁。Elizabeth Taylor 在香港红得厉害，不但程绥楚一个人捧她而已。June Allyson[8] 我觉得不美，演技似不如当年赫本，但还可以。最近还看过一张老片 *Summer Storm*（《胭脂血》）[9]，联美 Angelus Pictures 出品（1944），乔治山德士[10]，林达黛妮儿，霍登[11] 合演。原根据柴霍甫[12] 小说，虽然亦是奇情心理谋杀片，但故事很

6. C. Aubrey Smith（Sir Charles Aubrey Smith，C.奥布雷·史密斯，1863—1948），英国演员，后在好莱坞发展，代表作有《罗宫秘史》（*The Prisoner of Zenda*，1937）、《血战保山河》（*Unconquered*，1947）、《小妇人》（*Little Women*，1949）等。

7. Janet Leigh（原名珍妮特·利，Jeanette Helen Morrison，1927—2004），美国女演员、作家。1960年因出演《惊魂记》（*Psycho*）获得金球奖最佳女配角奖并获得奥斯卡提名。

8. June Allyson（琼·阿利森，1917—2006），美国影视女演员、歌手。1951年因出演《彩凤瑶琴》（*Too Young to Kiss*，1951）获得金球奖最佳女演员奖。

9. *Summer Storm*（《夏日风暴》，又译《胭脂血》，1944），据契诃夫1884年小说《狩猎会》（*The Shooting Party*）改编。道格拉斯·塞克（Douglas Sirk）导演，琳达·达内尔、乔治·桑德斯、爱德华·艾沃瑞特·霍顿主演，联美公司发行。

10. 乔治·桑德斯（George Sanders，1906—1972），俄罗斯出生的英国影视演员、歌手、作家，代表影片有《蝴蝶梦》（*Rebecca*，1940）、《彗星美人》（*All about Eve*，1950）、《十字军龙虎斗》（*King Richard and the Crusaders*，1954）等。

11. 霍顿（爱德华·艾沃瑞特·霍顿，Edward Everett Horton，1886—1970），美国演员，长期与弗雷德·阿斯泰尔和金格尔·罗杰丝合作，代表影片有《随我婆娑》（*Shall We Dance*，1937）、《仙女下凡》（*Down to Earth*，1947）等。

12. 柴霍甫（Anton Chekhov，又译契诃夫，1860—1904），俄国短篇小说巨匠，一生创作了470多篇小说，代表作有《小公务员之死》（1883）、《变色龙》（1884）、《万卡》（一译《凡卡》，1886）、《第六病室》（1892）、《套中人》（1898）等等。

通，很动人，比近来那些都好。林达黛妮儿扮演一个不满足的 wicked 的小家碧玉尤物，充分发挥演技，远胜 *Forever Amber*。

我在香港生活，就是这么平平地过去。宋奇新开了一家小型旅馆"星都招待所"（Sanders Mansion），他的公司本来叫城大行。英文名称 S. D. Sanders & Co.，他自居 Vice-president。这个 S. D. Sanders 大约是 president，但并无其人，是他发明来骗人的。有一天假如真出来一个 S. D. Sanders 去看宋奇，倒是很合乎宋奇趣味的一部喜剧题材。再谈　即祝

冬安

兄 济安 顿首
一月廿二日

〔又及〕照片已经寄家中，二月十七日为阳历年初。

1950

429

97. 夏志清致夏济安

2月9日

济安哥：

上星期读你和父亲的来信，悉家中经济情形极坏，心中很有感触。我们二人责任渐大，不知你能不能在香港打定经济基础。去年五月父亲实应搬家到香港，不致有现在这样的困难。附上五十元一纸支票，请兑换港币后寄给家中。我经济情形还好，因为平日没有花钱的机会。来美国两年，虽然读了不少书，实在还是逃避现实，回国后还得重打炉灶。我在美国并没有变怪，待人接物还不错，就是无事不喜找人，所以交际不会太广。Nerbonne 的描写比较过分，那天晚上他来找我，我也觉得他奇怪，从纽约赶来，人很疲倦，头痛服 Aspirin，并且身边钱已用完。大约这 feeling 是 reciprocal[相互的]，第二天关系就正常很多。

这学期功课较忙，Old Norse、Chaucer 都有 term paper 要写。Chaucer 课 Kökeritz 教授法极差，没有 critical approach，所以不大引起兴趣。今年所选各课还是浪漫诗人最有兴趣，情愿放〔花〕功夫去研究，已开始读 Byron。我新出版的批评书买得不多，不过有四期 *Sewanee Review*、八期 *Kenyon Review*，不日当寄上，其中 Empson 的文章也有两三篇。

你在香港生活较有 variety，还算丰富，甚慰。你想抱独身主义，我总觉得是 self-assertion 不够的表现：你所佩服的事业上成就的 men of action，他们不会把结婚考虑得这样严重，可是他们都觉得结婚的需要。不用 Romantic 眼光看，娶妻和事业上向上爬，确是 acquisition instinct 的表演。我们这种 instinct 不够，所以 容易 drift 着过生活。所以我劝你不要把结婚的念头打消，有可能追的女人还是追，一方面满足 ego，一方面也可减少 human contact 的可怕。我的生活还是如旧，看了一张 *All the King's Men*，故事的结构和导演都很好，一张 Maugham 的 *Quartet*[1]，四短篇小说都很短，其中一个年轻女主角，小家碧玉的样子，都还可以，英国的美女不如我想象的缺乏。

父亲想有信来，不知有没有觅到新差使？父亲信上看到一般亲戚们一个个的更没有办法，prospect 相当 gloomy。谢

---

1. Maugham（William Somerset Maugham，毛姆，1874—1965），英国小说家、剧作家，代表作是《人生的枷锁》（*Of Human Bondage*，1915）、《月亮和六便士》（*The Moon and Sixpence*，1919）、《刀锋》（*The Razor's Edge*，1944）等。*Quartet*（《四重奏》，1948），是其短篇小说集，包括 *The Alien Corn*（1931）、*The Facts of life*（1939）、*The Colonel's Lady*（1946）、*The Kite*（1947）四篇，后由席瑞福（R. C. Sherriff）与毛姆合作改编成电影，由肯·安纳金（Ken Annakin）等四位导演合作搬上银幕，巴西尔·拉德福德（Basil Radford）、纳恩顿·韦恩（Naunton Wayne）等主演。

谢玉瑛的贺年片。即颂

　　年安

弟 志清 上
二月九日

　　给父亲的回信一时写不出来，请代问安，并嘱母亲不要多忧虑。

98. 夏济安致夏志清

2 月 20 日

志清弟：

多日未通讯，今日已是年初四。新年里还没有看过电影，马连良、张君秋合作唱戏，我又在帮忙，这回不是编说明书，而是在思豪酒店 45 代卖票。我们这房间常常很热闹，常来往的人成为一个小团体，程绥楚也是这团体中的一员。我的拜年也在这个团体里转。没有到别人家里去过。我们这房间是一个姓樊的和 Boss 汪合租的，这姓樊的亦很好客，他家里我亦常去。除我以外，还有几个别的 Protéqés。汤恩伯家的家庭教师即为樊太太所介绍（可惜汤家小孩进了学校，不继续了）。你想象中我应该和宋奇、吴新民他们混得熟，事实上同他们的关系还是同在上海时差不多，不算很熟。我现在的职业，最适当的名称该是"食客"。没有很多的事做，小有才干，亦还算受人尊敬，如此而已。我在这圈子里的第一绝技是"摄影"，大家都赞美。其次是 Bridge，常常赢（没有钱）。跑马猜得还算正确，做人和气，肯负责，交际还算广阔。庚寅新年我会帮忙替马连良、张君秋卖票，真是想不到的事！程绥楚自命内行，可是做

1950

433

了一点小事，不是替自己吹牛，就是怨没有钱，而且骨子里是看不起唱戏的，所以人家不愿求教他。这次票子主要负责人是马连良之子马浩中（名崇政，崇仁之弟），东吴法律科毕业，说话（上海话）、相貌、神气都有些像黄嘉音[1]。他的主要职业也是教书（中学），在内地混过，相当能干，绝对不像一个唱戏人之子。他不吃猪肉，但非猪肉的炒菜他也不管是否是猪油炒的了。我这样混下去，不一定有前途，但逃到香港的上海人本来没有多少人，我在其中也算是活跃的了。我主要的长处大约还是交际，这是父亲所想不到的。

父亲亿中已辞职，改与朋友组织糖行，规模不会大。家里经济情形平平，大约并不太坏，因为上海人一般的都穷了。从香港看来，解放区的工商业毫无前途，非但毫无利润而已也。广州、上海（经浙赣路）间有直达火车，香港沪人有回籍者，上海人亦有来香港者，听来的人讲起来，都怨声载道。希望常常来信，即祝

春安

兄 济安 顿首

二月廿日

---

1. 黄嘉音（1913—1961），翻译家、编辑家，福建晋江人，曾任《西风月刊》《西风副刊》《家》月刊等刊物的主编兼发行人，并兼任《申报·自由谈》编辑。1954年至1958年在上海文化出版社任编辑，1958年被划为"右派"，1961年病逝于宁夏固原黑城农校。主要译著有《大地的叹息》《得意书》《阿达诺之神》等。

99. 夏志清致夏济安

2 月 25 日

济安哥：

今天接到二月廿日来信，我二月九日发出一挂号信，内附五十元支票，补助家中，不知已收到否？上星期我寄出了四本 *Sewanee Review*，八本 *KR*，可看到些美国文坛动态及几篇批评文章。你在香港交际活跃，还算不错，New Haven 中国同学多北方人，虽然同他们敷衍，没有什么真情感。他们所关切的都是回国后 adapt 新环境的问题，讲些罗常培怎样在北方得势，冯友兰发表 Recantation[改变观点] 等，对我都不关痛痒。住在 New Haven 带家眷的有李抱忱[1]（算是中国的音乐家，不知你听过他否？）和柳无忌，柳苏州人，Yale Ph.D. 人很和气，应当和他多交际交际。年初一平平过去，年初二中国同学聚餐跳舞会，相当热闹：女孩子

---

1. 李抱忱(1907—1979)，著名音乐家，获美国哥伦比亚大学音乐教育博士学位，曾在耶鲁大学、美国国防语言学院教授中文。1972年定居台湾，1979年病逝于台北。代表音乐作品有《离别歌》《闻笛》等。出版有《李抱忱音乐论文集》等。

来了不少，New Haven 有五位，一位是金城银行总经理的女儿 Helen 全，读 nursing，另住本地 college 的四位，其中一位是徐堪较丑的大女儿（那位漂亮的现在 Boston），前年在李氏那里吃饭碰［到］过的。Hartford 来了两位读英文、法文的 seniors，长得还不错。在美国的中国女孩子，都是有钱人家出身，娇养已惯，我无钱无势，不会有〔同〕他们来往。我年龄已大，和你一样，觉得打电话，找女孩子 date 的无聊，假如对方没有兴趣，更是自讨没趣。向小女孩子讨好，觉得也损自己的尊严。我已没有情愿为了女人 abase 自己的精神，所以结婚的 prospect 反较 remote。二月十三日是前信提到过的 Ruth Stomne 生日，我送她半打手帕，对方道谢不止，美国女人有礼貌，使人很舒服。两年来读书太多，人变得 lethargic[暮气沉沉]，平日一无活动。英国文学只要把 Spenser[2]、Dryden[3]、Pope 好好研究一下，对于整个系统，可有相当概念，所以读书的 zeal 和好奇心也渐渐减少。最近读了不少 Byron，今天下午读了 *Beppo*、*Vision of Judgment*，讽刺和韵仄都令人很满意，两星期内要把 *Don*

---

2. Spenser（Edmund Spenser，埃德蒙·斯宾塞，1552—1599），16世纪英国诗人，主要作品有牧歌体《牧人月历》（*The Shepherds Calendar*，1579）、《仙后》（*The Faerie Queene*，1596），两者都是卷帙浩繁的长诗。

3. Dryden（John Dryden，约翰·德莱顿，1631—1700），17世纪英国诗人、剧作家、批评家，代表作有《论戏剧诗》（*An Essay of Dramatic Poesy*，1668）、《格拉纳达的征服》（*The Conquest of Granada*，1670）、《一切为了爱情》（*All for Love*，1677）等。

Juan 念完 [4]。Chaucer 的 *Minor Poetry* 和 *Troilus & Criseyde* 都已念完 [5]，昨天读 *Miller's Tale* 和 *Reeve's Tale* [6]，同中国旧式故事相仿，想不到很粗。

最近只看了一张电影：Samson & Delilah，不如理想的好。前半部很热闹，大闹结婚，和拿 jawbone of ass 打 Philistines，很有趣；下半部 Victor Mature 和 Hedy Lamarr 的爱情较冗长，两人虽以 sexy 出名，爱情起来很勉强，没有 passion，最后 temple 倾覆也远不能和《罗宫春色》[7] 最后 arena 场面可比。《罗宫春色》的 sadism 和 violence（和同时代的 *Scarface*）现在的银幕都看不到了。地密尔的影片，除了《红骑血战记》[8]

---

4. *Beppo*（*Beppo: A Venetian Story*，《贝珀：威尼斯故事》），拜伦1817年写于威尼斯。故事讲述威尼斯妇女劳拉（Laura）的丈夫贝珀（Giuseppe，缩写为 Beppo）消失于海中三年的故事。*Vision of Judgment*，1822年拜伦用意大利八行诗体（ottava rima）写作的讽刺诗。此诗是针对骚塞（Laureate Robert Southey）所作 *A Version of Judgement*（1821）而作的。骚塞在诗中描述国王乔治三世之灵进入天堂。*Don Juan*，讽刺诗，据唐璜传奇而作。诗作中唐璜不再是花花公子，而是被女人诱惑的人。1819年，此诗第一、二章出版，虽被批评者目为不合道德，但却受到极大的欢迎。

5. *Troilus & Criseyde*（《特洛伊罗斯和克瑞西达》），乔叟代表作。此诗重述特洛伊罗斯和克瑞西达的悲剧故事，可能完成于14世纪80年代中期。

6. *Miller's Tale* 和 *Reeve's Tale* 为乔叟《坎特伯雷故事集》的第二、第三个故事，分别由磨坊主罗宾（Robyn）、管家奥斯瓦德（Oswald）讲述。

7. 《罗宫春色》（*The Sign of the Cross*，1932），史诗电影，据威尔逊·巴雷特（Wilson Barrett）创作于1895年的剧本改编。塞西尔·B.戴米尔导演，弗雷德里克·马奇、爱丽莎·兰迪（Elissa Landi）主演，派拉蒙影业出品。

8. 《红骑血战记》（*North West Mounted Police*，一译《骑军血战史》，1940），冒险电影，据 R. C.费瑟斯通豪（R. C. Fetherstonhaugh）1938年小说《加拿大皇家骑警》（*The Royal Canadian Mounted Police*）改编。加里·库珀、玛德琳·卡罗尔（Madeleine Carroll）主演，派拉蒙影业出品。

外，都令人满意。纽约最近曾重映过 Hedy Lamarr 的 *Ecstasy*[9]，Howard Hughes 接管 RKO 后再度发行 *The Outlaw*，并在纽约一百家小戏院同时开映 *Stromboli*，做了一星期，不能维持就换片了。

最近李氏奖金那里又延长了半年，到一九五一[年]六月，假如一年中把论文写完，即可拿 Ph.D.，所以一年半内经济可很稳定。想不到李氏会供给我三年半。程民德得 Ph.D. 后已于今春去清华，孙祀诤想已返北大了。最近得 Kenyon School Bulletin，Empson 今夏仍要来教书，course: The World of Poetry:Studies in the English Tradition，不知此来后要不要再回北京。听说 I.A.Richards 要来〔去〕中国。半年来听过 Allen Tate、Lionel Trilling、Archibald MacLeish[10] 演讲。你同马连良等来往，也是很好的交际和 diversion。我的隔壁还是不断地学习余叔岩唱片。

家中情形不太坏，甚慰。父亲组织糖行，想可略有收入，也用不到〔着〕一天到晚办公辛苦。你在香港想好，两三年不在一起，实很想念。

---

9. *Ecstasy*（《欲焰》，1933），捷克浪漫剧情片，加斯塔夫·马哈蒂（Gustav Machatý）导演，海蒂·拉玛、阿里伯特·莫格（Aribert Mog）主演，阿尔伯特·迪恩（Albert Deane）发行。

10. Archibald MacLeish（麦克利什，1892—1982），美国诗人、作家，代表作有《诗选》（*Collected Poems*，1952）、诗剧《J. B.》（*J. B.*，1958）等，曾三次获得普利策奖。

美国人穿西装很讲究"家常"、"出客"，平日学生教授辈都穿 sport coat，不像中国人一天到晚穿整套 suit，不知[中国]香港怎么样？我中国的旧衣服还没有穿完，所以服饰还是照旧。即祝

　　春安

弟 志清 顿首
二月二十五日

100. 夏济安致夏志清

2 月 28 日

志清弟：

　　九日来信收到多日，款兑到港币，已于 22 日汇 300 元返家。上海米价甚贵，300 元不过买米三担而已。你只身在外，缺乏照应，亦该留些钱作缓急之需。最近家里经济情形如不好转，你可再隔两三个月寄钱。每月十几块钱，你想还负担得起。我在香港因有汪家可靠傍，没有钱亦没有什么大危险，可惜身边钱亦不多，有钱多余，当可随时寄返家中。你返回后的职业现在可不用担心，到香港来跟我在一起，一口苦饭总有得吃。汪很好客，照他的福分，养活几个食客不成问题。他称父亲为"夏老伯"，可以平等待我们，你返回时，可先到香港来看看情形，再决定行踪。今年下半年我有一个可能发展的机会。北大右派教授崔书琴[1]（政治系）等预备在印尼爪哇巴达维亚（现称 Jakarta）设立一大学，由华侨投资，若能成事，我或可前去。我不敢作奢望，但照我的八字上看来，似乎应该教书，在香港

---

1. 崔书琴（1906—1957），河北故城人。曾任北京大学、西南联大教授。1949 年后，任教于台湾大学、政治大学。

这种生活不过是暂时过渡而已。我做买卖，汪那里不记账，没有账簿。一年多没有学到什么东西，只学到一点教训，即"资本之重要"。古人云（好像是《易经》）："长袖善舞，多财善贾"，普通人常 quote 第一句，而忽略第二句。父亲做人一生热心，但终始只做"劳方"，没有做过"资方"——老板，故壮志难伸。要做生意，必先要有资本，否则成功的机会少极少极。上海人逃到香港来的，都带着几万块港币，但很快地用完了。上海人（如母亲之类）看不起开店，喜欢开写字间。在香港开写字间的多发觉无业可营，或无利可图，甚至大蚀其本。开一家小店的，倒是一家衣食有着落。小店变大店，就看资本如何积累了。父亲没有积蓄，无怪他不敢逃到香港来。香港顶一个像样的 flat，约两万港币，以后日常开支更不得了，而赚钱大不易。他有家庭要 support，还要维持他适合他社会地位的 appearances，将是很吃力的。香港确有大富豪（一场麻雀几十万港币输赢），而上海富豪多半空心（靠周转灵活，不靠资力雄厚），相形之下，自然吃瘪。上海最近连连 [遭] 轰炸，电力供给成问题。各家都摊派公债，闻将在三月底前征齐。与别家相较，我家还不算太坏。再谈，即祝

　　春安

兄 济安 顿首

二月廿八日

441

101. 夏志清致夏济安

3 月 10 日

济安哥：

　　二月廿八信已收到。有法律系同学托代转信至上海，航邮寄出，特附上。两星期来准备 paper 较忙碌，看了一张 1932 年的旧片 *One Hour with You*《红楼艳史》[1]，是希佛来、麦唐纳、刘别谦的作品，是来美后最满意影片之一。全片对白系 couplets，外加希佛来有时 monologue 向 audience 讲话，刘别谦手法实轻松异常。目下 Bob Hope 和 Jane Russell 在纽约 Paramount Theatre 表演两周，第一周已打破戏院以往一切纪录。家中想常有信来，甚念。学校里 fellowship 常〔尚〕未发表；我这次可拿到相当 fat 的 fellowship。今夏生活可稍微自由些了。马连良、张君秋想已登台，匆匆祝

　　好

弟 志清 顿首

三月十日

---

1. *One Hour with You*(《红楼艳史》，1932)，音乐喜剧电影，据洛塔尔·施密特（Lothar Schmidt）剧本《一场梦》(*Only a Dream*)改编。恩斯特·刘别谦导演，莫里斯·希佛莱、珍妮特·麦克唐纳等主演，派拉蒙影业出品。

102. 夏济安致夏志清

3 月 8 日

志清弟：

钱收到寄走，已有信报告。刚刚接到来信，知道李氏奖学金可延长至明年六月。中国乱糟糟，你能晚些回来，少吃些苦，很好。回来后的出路，看那时大局再说。假如时局复常，能做一个待遇好的教授也好。父亲最近来信说起，如上海谋生不易，可能也来香港。父亲为人太老实，太骄傲，绝不适宜于上海环境。虚伪的人必可混得下去，你还记得亿中的一个襄理叫做张和钧的吗？专门和〔胡〕调，说起话来老三老四的一个瘦削青年。他现在是亿中职工会的资方代表，加上一个职员做劳方代表，亿中大权在他们两人手中。总经理、经理等都形同虚设，徒负法律责任而已。朱光潜也已发表声明，自己打自己耳光。钱学熙能站在"时代的尖端"，教起政治学来了，确是适应新环境的好方法。他的 theorization 本事加上 apparent 的热情，必可成为红人。郑之骧在张家口教英文，我写信去劝他也改教政治学，尚未接到回信。我和解放区很少通信。金堤加入"南下工作团"后，现在汉口人民政府教

443

育局工作，曾来一信，我亦未回复之。像金堤这种浪漫派，不久必将大失望（或已经失望）。共产党提倡坦白，凡能假坦白者，必有办法。

　　承你寄来几本杂志，谢谢。我在香港买到一本 penguin 版的 *Selected Poems of T.S.Eliot*，时常翻阅。我现在认为，英国诗人中我最佩服 [的] 是莎翁，第二即 Eliot（徐璋生前虽似百无聊赖，现在想想，他对于 Eliot 也有真爱好）。我现在在写一首诗"香港"，希望下次信中附寄给你。内容是"白华"（避港之高等难民）的也算 dramatic 心理。技巧方面，我希望做到两点，利用旧诗技巧，以做到 compression，白话力求接近口语的 rhythm。这种都显得受 *Waste Land* 的影响。这几天天天在想作诗，生命反显得很有意义。我发现自己作诗，wit 有余，文字技巧还不够，文言诗差不多没有做过，找押韵的字很困难。还有一点，似乎做人的 passion 不够，容易走入"打油"。Eliot 有他的 solemnity、dignity，我当力求 restrain myself，再则在心底下把压制的感情翻出来。我的理想同 Eliot 的差不多，即 poetry should be as well written as prose，这虽是 truism，但中国新诗人从胡适到袁可嘉都不大理会到。吴兴华[1] 的诗，我也不觉得其 well-written 也。我很 shy，写诗当不求出版，但希望能常写（*Time* 的 Eliot 号，我也于昨日买到）。

---

1. 吴兴华（1921—1966），原籍浙江杭州，生于天津，诗人、学者、翻译家，代表作有《森林的沉默》（1937）等，译作有《神曲》《亨利四世》等。

马连良的《四进士》，为我离开北平〔北京〕后所见到的顶好的旧戏。昨天看电影 *White Heat*[2]，并不很紧张。Drama 还不够，老太婆被杀一幕，我认为也该拍出来。Cagney 的表情如常，depth 不够，Virginia Mayo[3] 演技倒不差，身段之苗条，我认为是好莱坞第一（别的健美的人，给人以粗壮之感）。Bob Hope 的 *The Great Lover*[4]，很满意。福斯的 *Mr. Belvedere Goes to College*[5]，大满意，唯一遗憾是秀兰邓波儿是多余的，好莱坞讽刺一切，却不敢讽刺大学男女生的恋爱。地密尔的 *The Unconquered* 也大满意，褒曼的 *Joan of Arc* 也好。再谈，即颂

旅安

兄 济安 顿首

三月八日

---

2. *White Heat*(《歼匪喋血战》，1949），据弗吉尼亚·凯洛格（Virginia Kellogg）的小说改编。拉乌尔·沃尔什导演，詹姆士·贾克奈、弗吉尼亚·梅奥、埃德蒙·奥布莱恩主演，华纳兄弟影业发行。

3. 弗吉尼亚·梅奥（Virginia Mayo，1920—2005），美国女演员、舞蹈演员，代表影片有《公主与海盗》（*The Princess and the Pirate*，1944）、《黄金时代》等。

4. *The Great Lover*(《风流傻侠》，1949），喜剧电影，亚历山大·霍尔导演，鲍伯·霍普、朗达·弗莱明、罗兰·扬（Roland Yong）主演，哥伦比亚影业发行。

5. *Mr. Belvedere Goes to College*(《妙人韵事》，又译《校园长春树》，1949），喜剧电影，伊里亚德·纽金特导演，克利夫顿·韦伯、秀兰·邓波儿、汤姆·德雷克主演，20世纪福克斯公司发行。

103. 夏志清致夏济安

4月4日

济安哥：

　　上次给我信还没有复，今晨接到三月廿八信，上海情形如此的坏的确令人痛心。家中想还好，父亲的糖生意有什么进展否？附上五十元美金，请寄家中；去年今日父亲还能寄我两百数十元，想不到今天会如此窘迫。不知父亲能搬来〔去〕香港否？我下半年经济情形将同现在差不多，英文系给我一个很高的 E. G. Selden Fellowship，有七百元，结果发表时被 Dean 扣成 $450。Dean 以为中国同学都有 ECA 资助，把在我份上的钱移给了别的学生。$450 只能当学费，本来今夏生活可多享受一下，现在只好把计划取消了。我仍将过每月一百五十元平稳的生活。

　　你写诗最近有无进展，我想你的诗一定能写得很好，你有 wit 有 moral indignation，加上文字可以有惊人效果。写好的诗，望抄一两首寄我。我创作欲不强。现在时间被写 paper 占据，更没有精力细读 Eliot。他的 impact 的确很深很大，我最近在准备 Shelley[1] 的 lecture，弄 *Epipsychidion*[2] 和 *The Triumph of Life*[3] 两首诗，觉得很难有独到的见解。Shelley 的诗非常 obscure，浪漫诗人中，除 Blake 外，可算他最难。他的风花雪月，对于现代人相当 remote，不易给他一个 just 的评判。

这星期算是春假，可是工作成绩并不显著，预备今晚明天把 Shelley 初稿写成。最近没有什么好电影，Jane Russell 的 *Outlaw* 很不入俗套，Russell 胸部很丰满，片内没有什么太 sexy 的镜头。这两天天气很好，New York 有 Renoir 和 Austrian exhibitions，都值得一看，可是我也不会去了。李赋宁不管论文写完与否今夏一定回清华，春假内去纽约同他未婚妻买金表。我对北方早失去联络，一向对北方无好感，所以绝不会去那里过教书的生活，这点你不用顾虑。你近况想好，不多写，即颂

春安

弟 志清 上

四月四日

---

1. Shelley(Percy Bysshe Shelley，雪莱，1792—1822)，英国浪漫主义诗人，代表作有《西风颂》(*Ode to the West Wind*，1819)、《解放了的普罗米修斯》(*Prometheus Unbound*，1820)、《云雀颂》(*To a Skylark*，1820)、《诗辩》(*A Defence of Poetry*，1821)等。
2. *Epipsychidion*(《心之灵》，1821)，雪莱的代表性长诗之一。*Epipsychidion* 是希腊文合成词。
3. *The Triumph of Life*(《生命的凯旋》，1822)，雪莱生前最后一首长诗，也是一部未竟之作。

104. 夏志清致夏济安

4 月 19 日

济安哥：

上次收到三月廿八来信后，曾寄出五十元汇款，想已收到。四天前接到父亲和玉瑛妹来信，是二月廿七日我生日那日发出的。玉瑛要看我的照片，我来美后没有好好拍过照，这次由同学代拍了一卷。照片上神气还不错，还可看到一点 Yale 的建筑和景物。兹一并附上，你留下一两张后，都可寄回家中。

春假已过，春假后在 Pottle 课上 gave 一 lecture, on 雪莱的 *Epipsychidion* 和 *The triumph of Life*，成绩同上次一样美满，Pottle 是 urge 把它出版。Pottle 在计划 prepare 一本关于 Shelley 的书，他 prepare 我同他合写，确是给我最大的 honor。我还没有答应，因为我对 Shelley 没有 passion，也没有特别要紧的话要说。今天看 Brooks，他也很愿意指导我做论文，研究十七世纪 *Macbeth*、*Hamlet* 之类。可是 Pottle 对我特别欣赏，一时难下决定。有一位同学放弃一个 fellowship，我明年名义上是 Grant Mitchell Fellow，算是系内最高的 fellow（更高的 Sterling Predoctoral Fellowship）。我在 Yale 功课虽然好，可是所选功课都比较容易，现在学校这样看重我，觉得受之有愧。我 Chaucer 和 Old Norse paper 都没有写完，这几星期要加紧努力。

家里情形想好，甚念。所派公债多少，不知已付出否？两星期前李赋宁已乘船返国。他来了四年，论文弄中世纪的 Mss[1]，方有头目〔绪〕，年内写不好，觉得清华 job 要紧，就匆匆回国了。中国同学替他饯行，吃了一顿好的中国饭。我送了他一本 *Eliot Family Union*，并给钱学熙一本批评 Eliot 的 *Selected Critique*，都是我书架上拿下来的，算留过〔个〕纪念。你近况如何？最近看了一张 Betty Grable 的 *Wabash Avenue*[2]，自从 *Down Argentine Way*[3] 后还没有看过她，她的肉体还很好；一张 *Cinderella*[4]，人物故事较《白雪公主》单调，音乐也不够悦耳。请把信寄家中，即祝

近好

弟 志清 顿首

四月十九日

---

1. Mss，即 Harley Manuscripts，是 Robert Harley（1661—1724）和 Edward Harley（1689—1741）父子及其家族收藏的大批珍贵的中世纪手稿，现珍藏于大英博物馆。李赋宁的博士论文 *The Political Poems in Harley Ms 2253*，即利用手稿研究用 13 世纪英国中西部方言写的政治抒情诗。

2. 《怀兹中学大道》（*Wabash Avenue*，1950），歌舞剧，亨利·科斯特（Henry Koster）导演，贝蒂·格拉布尔主演，20 世纪福克斯公司发行。

3. 《阿根廷之恋》（*Down Argentine Way*，1940），彩色音乐片，埃文·堪明斯（Irving Cummings）导演，贝蒂·格拉布尔、卡拉·米兰达（Carmen Miranda）主演，20 世纪福克斯公司发行。

4. *Cinderella*（《灰姑娘》，1950），音乐剧，克莱德·杰洛尼米（Clyde Geronimi）导演。据夏尔·佩罗同名小说改编。艾琳·伍兹（Ilene Woods）、埃莉诺·奥黛丽（Eleanor Audley）主演，迪斯尼出品，雷电华影业发行。

105. 夏济安致夏志清

4 月 21 日

志清弟：

奉上《三毛从军记》[1]两本。英文序言和画题是我所加的，你看看能不能合用？不妨请英文系教授同学们参加发表意见，要不要什么修改或增删？我们希望于最近期内运一万本到美国来销，书已印好，随时可以运出。能销多少先不管，先去接洽接洽有什么书店肯代卖？定价多少？如何拆账？你这方面若不熟，可找顾家杰帮忙。

顾家杰兄的信已收到。他想接家眷去美国，据我知道，"护照"还是要到台湾"外交部"去领。澳门有国民政府"外交部"特派员公署，只发侨民"护照"，不发普通"护照"，不知顾兄算不算华侨？香港没有办法，出生纸查得很严，查出罚得很重。此外如有什么消息当随时奉告。

1.《三毛从军记》，漫画家张乐平（1910—1992）的代表作品，1946年在上海《申报》发表，引起轰动。作者后来又创作了《三毛流浪记》等系列漫画。

家中很平安。余再告，即颂

旅安

兄 济安

4 月 21 日

451

106. 夏济安致夏志清

4 月 30 日

志清弟：

上星期寄上的《三毛》两本想已收到。你的来信都收到，钱亦早已寄回家。照片多张日内亦可寄归。你在 Yale 能确定地位，很好。写论文据我看以能出版者为上，看大势你毕业后总得设法在海外找工作，有本出版的书，as your credit，想可有不小的帮助。出书与真学问本领无关，但找工作非得去对付俗人不可。上海情形日坏，亿中关门后，政府方面的干涉还少，但一般职工（约100人）恐慌以后生活没有着落，变成暴民，向父亲及董汉槎等其他负责人，叫嚣吵闹，父亲痛苦不堪。我们亦爱莫能助。上海逃来香港之难民日多一日（五月一日起香港入口将有限制），这辈人在上海混不下去，在香港亦很可能变成瘪三。香港商业不景气，与我初来时大不同。大陆已成"死地"，不向香港来买东西。香港亦将渐成死港。市面萧条，影响繁荣，听说舞厅生意都清极。各业都不振，父亲既无资力，他的朋友的境况又都不好，无能为力，他来了一定亦一筹莫展。[若到] 香港来，香港阔人还很多，母亲所受打击将更大。香港房子顶费高，这笔钱就没法筹。应该去年把上海房子顶掉，搬到香港来，可惜父亲当时不听我 [的] 话。我的情形平平，维持一个人勉强，养一家人没有力量。国内有资格有本事的人齐集香港不少，如徐诚斌[1]向中大请假逃来香港，住在宋奇家里。他是牛津出身，应该在英国人方面较有办法，现在还是失业中。看看大局，令人悲观得很。将来或许有好日子，但还得要挨几年日甚一日之苦。"香港"诗一首奉上请详细批评。我大约对于中文的 genius 相当尊重，不像一般新诗人之卖弄欧化也。玉瑛妹信一封请代转。再谈，即颂

　　旅安

兄 济安 顿首

四月卅日

　　〔又及〕*Kenyon Review* 两套都收到，谢谢。

【附诗】香港

　　明年的太阳装饰着你的橱窗
　　浴衣美人偏抱着半瓶黑汤
　　北风带不来冬天

---

1. 徐诚斌（1920—1973），祖籍浙江宁波，生于上海。天主教香港教区第三任正权主教，也是天主教香港教区首任华人主教，为明代徐光启的后人。

满海是金钱

＊＊

白蚁到处为家
行人尽插罂粟花 [2]
人山人海的鳄鱼潭 [3]
我只好咽下这一口痰

＊＊

"不远千里而来，中年人，亦将……"
摸摸下巴，笑，不怀好意。
乌溜溜的眼睛，我知道不怀好意。
"请先走，请，不要客气。"
"走定了？好！吃马，将！"
（我还以为我们下的是围棋，
这许多黑棋围着我一颗白棋。）

＊＊

黄金地上采菽苗
肥肠进薄粥
愿以明珠十斛
换还我那两片壳

＊＊

---

2. 香港街头时有售纸花募捐者。
3. 香港大酒店之茶室，称"鳄鱼潭"。

坐台子的人说："对不起，

很对不起，请坐坐，

我转转台子就来。"

去转吧！我是预备坐下去。

＊＊

羊—猪—我带来 [4]，

统统丢了下去，

好像丢在豆腐里。

＊＊

电话上午刚拆掉，

何来铃响？

输了，输了。

再洗一个澡。

好在还有老命一条。

车呢？车呢？怎么，逃了？

妈妈！毛毛不理我了，毛毛

打人！妈妈，你看毛毛……

＊＊

百年黄白梦

碧海招幽魂

青眼—白眼—满地红

---

4. 见韩愈《祭鳄鱼文》。

这个人来了没有，老兄？

＊ ＊

宋王台前车如水[5]

荆棘呢？泥马呢？

铁蹄驰骋快活谷[6]

预备坐下去吗？

＊ ＊

黄昏时又是一架喷火机触山

隔海有人在哭妙根笃爷

—— 终 ——

---

5. "宋王台"，宋帝昺避元蹈海处，在九龙，遗迹不存。
6. "快活谷"乃赛马场。

107. 夏志清致夏济安

济安哥：

　　《三毛》两本收到已有两星期，前星期打了 50 页 Chaucer paper，一直没有空作复。《三毛》张乐平先生技巧幽默恐都不在《纽约客》漫画之下（《纽约客》漫画手脚较干净），但要得一个较大的美国 audience，恐不容易。美国要对一件新东西引起兴趣，必定要经过一番大量广告宣传，否则没有人会购买。我们不能 afford 把《三毛》登广告，所以即使找到书店经销，也很难有销路。中日战争一般美国人已忘掉，他们对日本人印象很好，对于中国有兴趣的是国共的内战，如有林语堂[1]辈写一篇序，《三毛》或可有销路。此外《三毛》两册纸张太坏，不够美国印刷标准，普通书籍没有用报纸印的。用报纸印的只有 comic strips（连环 画）、低级 love 故事杂志之类，此类观众，兴趣早有定型，不会对三毛发生兴趣。

---

1. 林语堂（1895—1976），福建漳州人，作家、学者，曾任北京大学英文系教授、厦门大学文学院院长、联合国教科文组织美术与文学主任、国际笔会副会长等职，代表作有《京华烟云》《吾国与吾民》等。

美国对卡通很有兴趣，Al Capp[2] 的 *Li'l Abner* 最近特别红，单印发售的很多，可是观众的培养，非一早〔朝〕一夕之事也。《三毛从军记》倒可吸引不少在美的华侨，他们平日缺乏消遣，要看闲书，所以可给纽约 China Town 等地方书店代发售。我这学期结束后，或可代往纽约接洽，不知汪先生纽约有无熟人，办理或较迅速妥当。其实《三毛》吸收中国读者不会太多，最好是带一点 "sex" 的旧小说或武侠小说之类，如能把《金瓶梅》运来美国，销路一定好。一般 China Town 的华侨，男多于女性，生活很苦闷，服务于饭店、laundry，生活也无意义。纽约中国报纸除国事外，就着重黄色性〔新〕闻及文言的 pornography、anecdotes 掌故之类。纽约出版的杂志还登着程小青[3] 的长篇小说，所以这一方面的书籍，能够接洽好，（在报上登广告后）销路一定好。一般讲来，华侨较国内的人民守旧得多。他们的生活习惯 taste 要比国内落后数十年。所以旧小说（如还珠楼主等）一定最受欢迎。这学期结束后我或可代你调查调查。

　　"香港" 一诗已读过，很 rich、compact，Eliot 的影响极大，下次当作详细批评。或者因最近多读浪漫诗的关系，我欢喜

---

2. Al Capp（阿尔·卡普，1909—1979），美国漫画家，以《莱尔·阿布纳》（*Li'l Abner*）系列漫画最为知名。

3. 程小青（1893—1976），原名程青心，祖籍安徽安庆，生于上海。作家、翻译家。他受福尔摩斯探案的影响，写成了中国第一部白话侦探小说《霍桑探案》系列等，并翻译了《福尔摩斯探案全集》。

你带文言，新旧 imagery 合一的 epigrams，胜过你 colloquial 对白。你的对白不够 inevitable，而且运用联想 technique，一般不易领悟。全诗名句很多，确在吴兴华、卞之琳之上。诗中"identical rime"较多，想是 intentional 的，假如"identical rimes"减少一些，诗可以更 rich。全诗是 ironic mode，在几个不同 scenes 内——茶室下棋、舞场、office、赛马场——引出白华对生活的感慨和 reflections，并且表现出这生活的 futility，结构上讲来，这方法很好。许多地方都很 subtle，如"宋王台前车如水／荆棘呢？泥马呢？"是表示暂时逃避共产党统治的生活，miracle 和 martyrdom 的不存在。有几个 points："好像丢在豆腐里"有无特别 reference？"车呢？车呢？怎么 逃了？"是否 refer back to 3rd stanza 的下棋？"预备坐下去吗？"想是回到 5th stanza 舞场的 scene，假如是回到第五 stanza，从第五 stanza 到第十 stanza，要不要 suppose 那白华一直坐在舞场里？假如那白华是坐在舞场里，"电话上午刚拆掉／何来铃响"是白华的回忆，或 actual shift of scene？这几点请指教。全诗旧诗用得极好，dialogue 又 catch *The Waste Land* 的真精神，如"输了，输了／再洗一个澡"，image allusions 都显真功力，你的确应当多写诗。下次当再详评。

下星期一考 Age of Wordsworth，写 Chaucer paper 忙了几个礼拜，此外还得写一篇 Old Norse paper，所以忙碌要到六月一日才可停止。钱学熙给我一封信，密密写了两页，表示他对马列的真信仰，谓"马列主义为瞎子的明眼丹，没有了解马列主义，真如瞎子相仿"。列举了六项马列信条。北大英文系组组长是卞之琳，钱是大一委员会主任，代潘家洵。袁可嘉在计划写一本 *Seven Types of Capitalist Decadence*。

Yale 教授内很有几个记忆同钱锺书一样的怪杰。比较文学的 René Wellek，法文系的 Henri Peyre[4]，德文系的 Reichardt[5] 都很厉害。Reichardt 讲他读原文 *Iliad*，两下午读 six books，读过即能背得出来。英文系的 Pottle 早年记忆亦好，Scott 等恶劣长诗读后都能记得。记忆力好亦是人生一大乐事，是做大 scholars 的条件。我们记忆实在不够标准：我三月的 Latin 差不多全忘了。

看了 Frank Capra 的 *Riding High*[6] 非常 enjoyable，好几年不看他的电影，他实在是大导演，手法与众不同。Bing Crosby 也好，女主角 Coleen Gray[7] 活泼天真，一无虚伪，很令人感动。*The Third Man* 我也看过，觉得导演摄影都很好，最后 Valli[8] 在 funeral 后的走路，很给我一种 sense of desolation。

---

4. Henri Peyre（昂利·拜尔，1901—1988），法裔美国学者、语言学家，耶鲁大学讲座教授，代表作有《当代法国小说》(*The Contemporary French Novel*，1955)、《文学与真诚》(*Literature and Sincerity*，1963)等。

5. Konstantin Reichardt（康斯坦丁·雷查特，1904—1976），耶鲁大学德文语文学教授，过目不忘，有神童之誉。

6. *Riding High*（《香城艳史》，1950），音乐喜剧片，弗兰克·卡普拉导演，由平·克劳斯贝、柯琳·格雷主演，派拉蒙影业发行。

7. 柯琳·格雷（Coleen Gray，1922—2015），美国女演员，代表作《玉面情魔》(*Nightmare Alley*，1947)、《红河》等。

8. 阿莉达·瓦莉（Alida Valli，1921—2006），意大利女演员，"二战"后曾前往美国拍戏发展，代表作有《第三人》等。

你近况想好，家中想也好，甚念。我不久前配了一种同"血压平"相仿的药，加上了 Rutin，平日服少量，身体神经都很健全。一年来，目力保养得不错，近视深度没有多少增加。即祝

　　春安

弟 志清 上
五月十五日

　　真立夫去年丧妻，今年同一个 Oberlin 的菲列〔律〕宾 grad 学生结婚，预备去菲列〔律〕宾教书。

　　上次漏掉一张照片，兹附上。

　　胡世桢今夏要北上，下半年去 Princeton Institute，很挂念你。

1950

108. 夏志清致夏济安

5 月 25 日

济安哥：

前天接到电报，心中甚为不安。《三毛》进行代销的事实在不知从何着手，给美国同学看了，他们也不太感兴趣。我没有给回电，因为我想上次发出的信大约这星期已到达了。我觉得《三毛》运美国是 ill advise，因为不会有多少读者。我把《三毛》两册给顾家杰、李田意等看了，他们都不大热心，所以不便麻烦他们。New Haven 没有大书店，附近几家小书铺即是〔使〕代销了，也不会有主顾。要美国读者"三毛"concerns，不是容易的事，装帧印刷字〔纸〕张较差，不容易吸引读者，我办事能力愈来愈差，心中很难过。汪先生那里印了一万本，一定等得很心焦，下星期把 Old Norse Paper 写好后当去纽约代为接洽，可是不一定有把握。这三星期来忙着写 paper 准备考试，没有余力分顾别的事情，所以搁得很久。上信提到的《金瓶梅》在华侨方面销路一定会好，在 China Town 书店接洽较易，再在纽约华文报纸上登广告后，很可畅销。有没有英文本的《三毛》？寄来后进行代销事或可顺利些。

这一月来，除出版事业外，不知做些什么买卖，甚念。家中有信来否？父亲有无新营业？我星期一考完 Age of Wordsworth 后功课已清，只有 Old Norse Paper 未写，这几天忙着看 *Sagas*[1]，预备快些把它写出来。卓别林[2]*City Lights* 重映，相当轰动。我讨厌 Chaplin，重看后觉得他艺术很高，手脚动作干净，有科班训练。程绥楚近况如何，代致候。

匆匆　即请

近安

弟 志清上

五月二十五日

---

1. *Sagas*，古代冰岛或挪威的叙事故事或英雄传说，以 Old Norse 语言写成。
2. 卓别林（Charles Chaplin，1889—1977），英国影视演员、导演、编剧，1918 年到美国发展。曾获得英国电影和电视艺术学院奖终身成就奖、威尼斯电影节终身成就金狮奖，以及多项奥斯卡奖提名，代表作品有《城市之光》(*City Lights*，1931)、《摩登时代》(*Modern Times*，1936)、《大独裁者》(*The Great Dictator*，1940)等。

109. 夏济安致夏志清

6 月 2 日

志清弟：

　　来信两封都已收到。"三毛"一电，非是我主动所发，害你不安，我亦不安。你主张销唐人街，比较容易进行，很好。假如方便，看看能不能在中文报纸上连续刊载？我们这里有全部版权，要怎么办都可以，并不急。能够把一万本书分装来〔运〕美国，我们的工作已做得差不多了。你所描写的美国华侨 taste，同香港的广东人差不多，香港很多报纸的大部分篇幅都是用在登载小说。

　　"香港"一诗，你的批评很对。中国白话诗的 colloquialism 的试验，大多失败，我至少还没有流入"油腔滑调"一路。identical rime 的用意是要暗示生活的单调：只要看第七行第八行的"潭"、"痰"便知。前六行表示香港给人的富丽印象，第七八行起开始有单调之感。白话诗押韵很难，行往往太长，韵脚落得太远，总使人有 lame 之感，假如不像"弹词""大鼓"那样的滑过去的话。第二行"浴衣美人偏抱着半瓶黑汤"，指的是"可口可乐"广告。写诗我大约能写得出头，因有特别的

sensibility，且对文字的技巧相当注意也。但很吃力，而不能卖钱。我现在决心写英文小说。现在有一篇短篇现实题材，希望能早日完工。我现在的生活，repression 很大，但是还是闲，灵感很多，可能写很多东西，只是写的劲太差——你恐怕又要劝我吃鹿茸精了。但是我知道写作需要鼓励，一个 fit audience 顶能提得起写作的兴趣，香港缺乏这样一个人。以前钱学熙、赵全章都是我的 audience，现在只好等东西完成了寄给你看。在写作中途便少人帮忙了（《香港》我没有给第三个人看过）。

钱学熙变成共产党，是他个性的必然发展。据郑之骧来信说，钱学熙在北大并不很红，因为他的国语太差，发挥马列主义，又不便加用英文，他的话人家都不大懂。再则他的"主义"，yoga 色彩还太浓，不合正统。前月《大公报》报告，北大全部教授踊跃地报名参加人民革命大学去学习，经校务会议核准六个人参加：钱学熙、楼邦彦、胡世华[1]（哲学系，弄数理逻辑的）、游国恩[2]（中文系，弄旧诗的），还有两个不认得。这六位都是比较善良之士，以前出风头嚣张的人，这次都没有选上。

电影看了不少，不胜枚举。到香港以后，有个发现：忽然对于亨弗莱鲍嘉大起爱好。他的个性在 *Casablanca* 中已定

---

1. 胡世华（1912—1998），字子华，浙江吴兴人，生于上海。数理逻辑与数学基础专家，中国科学院院士。
2. 游国恩（1899—1978），字泽承，江西临川人，《楚辞》研究专家、文学史家，北京大学教授，代表作有《楚辞概论》（1934）等。

型：melancholy、love-lorn、tough-guy。来港后［除］看过的 *Sierra Madre*、*Key Largo* 之外，又看了他的一张 *High Sierra*[3]，是 1941 年前的旧片，他追求 Joan Leslie 失败，结果放弃了爱他的 Ida Lupino[4]。在高山上与警察激战中［被］打死。华纳公司对于这个故事很爱好，新片 *Colorado Territory*[5] 故事全模仿上片，佐麦克利代替鲍嘉，V. Mayo 代替 Lupino，Dorothy Malone 代替 J. Leslie，但差劲得多，佐麦克利表演不出那种漂泊彷徨之感，导演恐同为 Raoul Walsh[6] 一人。新片 *Chain Lightning*[7]（with Eleanor Parker[8]，讲喷射机的）亦很好。你讲 *Third Man* 最后的 desolation 感觉，恐怕是最近好莱坞影片的一般作风，我最近看过这样一篇文章（从 René Clair[9] 的 *Flesh &*

---

3. *High Sierra*（《夜困魔天岭》，1941），黑色电影，据威廉·赖利·伯内特（W. R. Burnett）同名小说改编。拉乌尔·沃尔什导演，艾达·卢皮诺（Ida Lupino）、亨弗莱·鲍嘉主演，华纳兄弟影业发行。

4. Ida Lupino（艾达·卢皮诺，1918—1995），英裔美国女演员、导演，女性导演之先驱。

5. *Colorado Territory*（《虎盗蛮花》，1949），西部电影。据威廉·赖利·伯内特小说《夜困摩天岭》改编。拉乌尔·沃尔什导演，佐麦克利（即乔尔·麦克雷）、弗吉尼亚·梅奥、多萝西·马龙主演，华纳兄弟影业出品。

6. Raoul Walsh（拉乌尔·沃尔什，1887—1980），美国电影导演、演员，美国电影艺术与科学学院（Academy of Motion Picture Arts and Sciences）创办者之一。

7. *Chain Lightning*（《征空喷射机》，一译《喷射的爱情》1950），据莱斯特·科尔（Lester Cole）短篇小说改编。史都华·海斯勒导演，埃琳诺·帕克（Eleanor Parker）、鲍嘉主演，华纳兄弟影业发行。

8. Eleanor Parker（埃琳诺·帕克，1922—2013），美国女演员，以《音乐之声》（*The Sound of Music*，1965）最为知名。

9. René Clair（勒内·克莱尔，1898—1981），法国电影导演、作家，代表影片有《意大利草帽》（*Un chapeau de paille d'Italie*，1928）、《巴黎的屋檐下》（Sur les toits de Paris，1930）等。

Fantasy 讲起）。Carol Reed 还有一张 *The Fallen Idol*[10] 亦是精心之作，我亦看过，魄力似比 *Third Man* 差一点。Hitchcock[11] 的片子看过两张：*The Rope*[12] 很好，*Under Capricorn*[13] 不大好。米高梅的 *The Great Sinner*[14] 相当好，G. Peck[15] 演陀思妥耶夫斯基，亦〔也〕不像，但当他是一个普通青年作家看，很近人情。还看过一次真正 [的]opera:*Cavalleria Rusticana*[16] 很有兴趣，opera 中人物感情简单，表情亦简单（不如京戏），容易了解，其中 Intermezzo[间奏] 一段很出名。

---

10. *The Fallen Idol*(《堕落的偶像》，又译《妒花风雨》，1948），英国悬疑片，据格雷厄姆·格林短篇小说改编而成。卡罗尔·里德导演，拉尔夫·理查森、米歇尔·摩根(Michèle Morgan)主演，伦敦影业出品。

11. Hitchcock(Alfred Hitchcock，阿尔弗雷德·希区柯克，1899—1980），英国电影导演、出品人，被誉为"悬疑大师"，开拓了电影中的悬疑技巧及心理叙事手法。

12. *Rope*(《夺魂索》，1948），惊悚电影。据帕特里克·汉密尔顿(Patrick Hamilton)同名小说改编。希区柯克导演，詹姆斯·史都华、约翰·道尔(John Dall)、琼·钱德勒(Joan Chandler)主演，华纳兄弟影业发行。

13. *Under Capricorn*(《风流夜合花》，又译《历劫佳人》，1949），历史剧，据海伦·辛普森(Helen Simpson)同名小说改编。阿尔弗雷德·希区柯克导演，迈克·怀尔登(Michael Wilding)、英格丽·褒曼主演，华纳兄弟影业发行。

14. *The Great Sinner*(《绝代艳姬》，又译《赌徒》，1949），剧情片，据陀思妥耶夫斯基小说《克里斯多夫·依修伍德》(*Christopher Isherwood*)改编。罗伯特·西奥德梅克(Robert Siodmak)导演，格里高利·派克、艾娃·加德纳主演，米高梅公司发行。

15. G. Peck(Gregory Peck，格里高利·派克，1916—2003），美国演员，曾多次获奥斯卡奖提名，1962年获奥斯卡最佳男主角奖，还获得美国电影学院终身成就奖。代表影片有《罗马假日》《杀死一只知更鸟》(*To Kill a Mockingbird*，1962)、《君子协定》等。

16. *Cavalleria Rusticana*(《乡村骑士》），意大利作曲家、指挥家皮埃德罗·马斯卡尼(Pietro Mascagni，1863—1945)1890年创作的著名歌剧。

1950

父亲和玉瑛妹的信附上。家中情形坏得很，我们两人又只能寄小数目回家，只能贴补家用，无力还债。母亲总以为家业年年兴旺，想不到今年会如此衰败！再谈　即祝

近安

兄 济安 顿首

六月二日

110. 夏志清致夏济安

6 月 21 日

济安哥：

六月二日来信及附父亲玉瑛妹信都已收到，家中情形不好，我收入有限，不能多帮助，心中亦不好过。这次附上四十元，请转寄。另外一支票四十元是吴志谦在国外的存款，他在武大教英文翻译，生活苦得很，这次把所有存款提出以后更没有经济了，请将该款换人民券后寄武昌武汉大学外语系吴志谦教授。学期五月底结束，可是写 Old Norse paper，拖了很久，上星期才写完，看了本 sagas。一年来因为没有考试，Old Norse 还没有读通，此后 farewell to Germanic language and literature，不会再去碰它了。星期来还没有好好休息过，准备口试又得开始上进，本来打算到纽约好好去玩一次，现在把可省的钱寄家用，只好作罢。上星期 weekend 被邀到外国同学家住了一天多，在 Conn. 乡下，树木很多，可是在乡下没有什么可玩的节目，并不 afford 多少 relaxation。我朋友不多，中国同学走掉不少，这星期来很觉生活寂寞，影响精神。上星期读音乐的女同学 Ruth Stomne 离 [开]New Haven，下学期不再来了。我去看她告别时，最后不禁眼泪涌上来，出国后落泪还是第一次。我同 Ruth 除常在食堂里一起吃饭外，关系不深，这次涌泪实情感无寄托，生活空虚之故。一两年前我还将想在美国 sensual 一下，最近也觉得这无意思，反觉有好好交女友谈恋爱的需求。New Haven 小大学（undergraduates）内有个中国女孩子 Rose Liu，十天前在人家 party 碰到时觉得很可爱，很想追她。可是金钱时间不充裕，进行很难。如能真正有个女友，我的生活可以有意义很多，不要靠 will 支撑日夜读书了。

你生活怎么样，来信中已好久无女孩子出现，我觉得有可欢喜的女孩子，不要 repress，不要把自己的 ego 看重，好好地追一下。在这 secular world[世俗世界]内，男女爱情可算是最高的 value，最大的 intensity。来美后，愈觉得 Christianity 在美国生活上的无用和多余，一切靠耶教吃饭的人，不是虚伪，即多少带一点对自己不诚实。我的 world view 愈来愈 secular，不相信上帝的存在。能够创作当然好，但是最要紧还是追求自己的 happiness，好好生活一下。学期间我常同女孩子同桌吃饭，不觉得苦闷，暑期反是苦闷的开始。你的敏感与压制一定仍很尖锐，希望能把 passion 在生活上发现出来。我和你都没有享受过双方同意的爱情，实是一大 shame。你的创作欲一直比我强得多，你可写好的白话诗，希望多写。现实题材的英文小说，美国各杂志一定都愿意登载，寄来美国倒是生财之道，你写英文应该没有问题，一定很容易写，我的写英文除了学术性 paper 外，此外一无野心了。

　　Yale 今年中国同学有三个 Ph.D.，法科，工科博士两位，这种盛况以后不会有了。Yale 今年换校长，退任校长 Seymour 得 LL.D，此外得名誉博士的有小说家 Marquand，ECA 的 Hoffman。沪江 George Carver 的儿子今年得 B.A.，成绩特优（将去 Oxford），柯佐治很高兴，他自己在中学教书已没有希望了；Byrd、Coleman 等都仍在上海。我电影也常看，可是最近没有什么好片子，Huston[1] 的 *Asphalt Jungle*[2] 非常好，马克斯的 *Love Happy*[3] 还滑稽，Groucho[4] 没有戏，Vera-Ellen 所看过她的跳舞片，都使我对她很爱好。Betty Hutton: *Annie Get Your Gun*[5]，Irving Berlin 的歌曲非常 catchy 动听，Betty Hutton 做得很好，片子很长，有时滑稽不够。派拉蒙今年很危险，过去因为派戏院最多，每年赚钱也最多。今年 Theatre 同 Production 已分离

1. Huston（John Huston，约翰·休斯顿，1906—1987），美国导演、演员、剧作家，曾获得过15次奥斯卡提名，并两次获得奥斯卡奖。
2. *Asphalt Jungle*（《夜阑人未静》，一译《枭巢浴血战》，1950），黑色电影，约翰·休斯顿导演，斯特林·海登（Sterling Hayden）、路易斯·卡尔亨（Louis Calhern）主演，米高梅公司发行。
3. *Love Happy*（《快乐爱情》，一译《周身法宝》，1949），音乐喜剧，大卫·米勒（David Miller）导演，马克斯兄弟主演，联美公司发行。
4. Groucho（Groucho Marx，格劳乔·马克斯，1890—1977），美国喜剧演员，是著名的"马克斯三兄弟"之一。1974年获得奥斯卡金像奖终身成就奖。代表影片有《疯狂的动物》《马戏团的一天》（*At the Circus*, 1939）《卡萨布兰卡之夜》（*A Night in Casablanca*, 1946）等。
5. *Annie Get Your Gun*（《飞燕金枪》，1950），音乐喜剧片，乔治·西德尼导演，贝蒂·赫顿、霍华德·基尔（Howard Keel）主演，米高梅公司发行。

成两公司，派的出品销路大成问题，New York 的 Paramount Theatre 已有六七礼拜未做派的电影（一个月内纽约 Par 无头轮映出），反映 U-I，Col，RKO 的出品。Par 除了 Hope、Crosby、Ladd、Hutton 外已无特殊明星，每拍一片，必借明星，花时很多。每年发行 24 片只有 MGM 一半，除非提拔新星或向外家抢明星，Par 亦难追上 MGM，Fox 产量的丰富，华纳也很危险，Wallis 脱离后，留下唯一制片巨头 Jerry Wald[6] 已被 Howard Hughes 抢去。Selznick 把自己的明星全部卖出，要去欧洲拍片，也是大不智。

纽约我还没有去，《三毛》事还没有接洽，一无熟人，二来《三毛》的 appeal 对唐人街读者也不会大，不过日内一定去一次，向书店报馆询问一下。今年 Chaucer、Wordsworth 两课都是 honors，Old Norse 得 honors 想也没有问题。家中想好。父亲与玉瑛妹的信下次再写了。程绥楚近况如何？即祝

近安

弟 志清 上

六月二十一日

---

6. Jerry Wald（杰瑞·沃尔德，1911—1962），美国编剧、制片人。1949年获得欧文·G. 托尔伯格纪念奖（Irving G. Thalberg Memorial Award）。

111. 夏济安致夏志清

7月4日

志清弟：

　　来信并汇票两张，均已收到。款均已汇出，请勿念。忆中事已告一段落，家中情形略为安定，请释念。吴志谦曾有信来，劝我为家人前途着想，回去靠拢。我回信说：只要整个社会有前途，个人自有前途。数月来的 despondency，已为廓清。在香港至少还要住两三个月，这两三个月内希望父亲有些生意做，减少我的后顾之忧。台湾入境现在很困难，真有有力人士担保，仍旧可以有办法。我已经乐观得多。大战真的爆发的话，你在美国找工作亦将容易些。我比你更是一个"政治的动物"，我主要的 concern 是政治，而不是名利或女人也。

　　近来确甚"规矩"，与女人鲜往来，好久不跳舞。大家都穷了，用钱都得点点〔掂掂〕分量。程绥楚很安分地吃学校里一日三餐包饭，不大敢出来花钱，因为他的家亦需要他的接济了。汪胖子（boss）亦不大敢浪费。心境都很坏，提不起兴趣谈这个调调儿。我自信还保留不少的"朝气"，"初生

473

之犊不畏虎"的精神还没有完全丧失，还是敢闯，敢冒险，敢"置之死地而后生"。但是我亦怕碰钉子，问世以来已经碰了不少钉子。我知道我的精神不好算顶旺盛，意志不好算顶坚强，相反的，个性还是偏于 emotional 一方面。我怕多碰钉子会挫折我的锐气，使我衰老疲倦，而无余力从事未来更大的事业，变成一个"潄六"。因此我在香港十分谨慎，不敢作任何伟大的尝试。香港是商业社会，像我辈不近经商之人，很难出头，至多做一个寄生虫。我的志向是要"出人头地"，若不能，则亦颇乐于做寄生虫，不自命不凡，不发牢骚。因此有人批评过我，"没有大志"，这你将觉得好笑的。无经商之大志而已。今年下半年，你将看见我进行新的冒险，在"政"或"教"之间去打出路。台湾是多少封建的社会，适合我这种士大夫习气的人的发展。长期 prudence 蓄积的力量，会有一次爆发。我虽然觉得婚结不结无所谓，但事业顺利（又是"事业"！）的话，非不可能谈恋爱结婚也。

　　上两星期送朋友去台湾，在半岛酒店内的 BOAC 航空公司忽遇见燕卜生，他是那天早晨飞美国。他 absent minder，衣衫褴褛如昔，身上多了一个校徽，红色扁长方形，上有四个白色行书："北京大学"，似为毛泽东手笔。匆匆没有谈几句，他似乎对于北平〔北京〕现状还满意。我把你的地址写给了他，他说他会写信给你。

　　派拉蒙公司在香港亦久已无新片出演，*Samson* 还没有预告，唯有卡泼拉的 *Riding High* 稍微像样，但比一般水平亦低，仅片段尚佳耳。写小说无进展，寄了一张照片到"Popular Photograph"去竞选，入选可得奖颇大。我拍照颇有进步，且有 taste，竞选之照有 *Third Man* 作风。自从五彩片发明以后，黑白片取材偏重人生之"没有色彩"的一部分，因此人生显得特别 bare 与 grim（空虚和残忍）。这种作风与新诗亦颇接近。

宋奇去北平〔北京〕，到协和去检验体格，再则要视察一下在解放区是否能生活下去，三则整理一下他在解放区的财产。他在香港已感觉到白华的悲哀，家产在 dwindling［减少］，经商困难，不大有收入。家里的派头还很大，我到他家去打 bridge，招待得很好，但是汽车已经卖掉了。

附上剪报一则，请交给顾家杰，供他参考。《三毛》事请不必多费心，因为我们并不重视之也。再谈，祝

暑安

兄 济安 顿首

七月四日

475

112. 夏志清致夏济安

7 月 20 日

济安哥：

　　来信收到已多日，高丽〔朝鲜〕战争给你新兴奋，我也很高兴，台湾今后可很巩固安全。假若战事不扩大，还是暂时在香港观望一下。我极希望战态扩大，美俄打个明白，可是 Stalin 目下不会愿意大规模战争。我一月来生活除准备口试读书外，不〔没〕有什么可述（去年三门课，都拿 honors）。读了不少十八世纪[的文学]，Pope 的诗差不多全都读完，他的诗很感动人，对于人生的 statement 都感其真，所以很爱好他。Dryden 的诗比较起来就比较 remote 得多，没有 Pope 感动人的力量。此外读了些以前未读过的 classics，如 *Life of Johnson* 读了一大半，*Gulliver's Travels*[1]，*Emma*，*Middlemarch*[2]。Johnson 的 conversations 我

---

1. 《格列佛游记》(*Gulliver's Travels*)，英国作家乔纳森·斯威夫特(Jonathan Swift) 代表作，初版于1726年。
2. 《米德尔马契》(*Middlemarch*)，英国女作家乔治·艾略特(George Eliot)的长篇 小说，初版于1871—1872年。

觉得相当平凡，偏见很多，可是并无特别 striking 的地方，他的真见解、真功夫还在 *Life of Poets*。*Emma* 非常好，Jane Austen[3] 的 prose，英国文学上数得上前几名。你以前对 *Pride & Prejudice* 极 enthusiastic，假如有时间，我也想多读 Jane Austen。George Eliot 因为最近被 Leavis 大捧，只好把她的 *Middlemarch* 读完，*Middlemarch* 有一千两百页，确是一部 great novel，可是 prose 的 distinction 远比不上 Jane Austin，Geroge Eliot 有一种 solemnity，我不大爱好。全书男女人物极多，刻画得极好。George Eliot 极关心 how to live a good life，英国小说家中很少有她那种 preoccupation。霍桑的 *Scarlet Letter*，我同你一样不欢喜它。霍桑的 imagination 相当贫乏，我对他的 puritan morality 毫无同情。Huxley 的 *Ape & Essence*，描写第三次大战后的世界，每年人民集体大 orgy[狂欢] 两星期，平日则做工，领袖人才都是 castrated，全书极短，可以一读。上信提到的刘小姐，见过两次，她的确很美，可是已决定专攻化学，兴趣不同，不易追求。我的社交功夫太差，跳舞、bridge、拍照、开汽车一样也不会，对付普通女人，此种技能都极需要。我除电影知识特别丰富外，关于运动、政治、音乐等都没有 informed opinion，你这方面，就远胜于我。顾家杰专攻拍五彩相片，也是讨好女人的方法。他收入

---

3. Jane Austen(简·奥斯汀，1775—1817)，英国小说家，代表作有《理智与情感》(*Sense and Sensibility*，1811)、《傲慢与偏见》(*Pride and Prejudice*，1813)、《爱玛》(*Emma*，1815)等。

较丰，办公下来，时间空余极多。New Haven 几位中国太太都很欢喜他，他已决定今夏返国到北方去。

Empson，在未收到你信时，我给他一封信，他给我回信，劝我回国教书，不要做一个 permanent expatriate[永久的流亡者]。看来他对共产党相当热心，我还没有给他回信。他最近研究 complex words，不能引起别人的注意。他的 scholarship 一向不够 exact，如久居中国 [北京]，更影响他批评写作的前途。

你计划去台湾，不知有无确切面目？我想暂时还是留香港的好，免得家中不放心。你的事业的确在政教界，我交际不广，在 New Haven 生活相当寂寞，看小说，能 enter 别人的 lives，实较读 poetry 容易入胜。读小说总给我一种 respect for 别人 personalities（尤其是女人的），实生活上待人接物 sympathy 总是不够，所以小说的教育功用极大。家中情形怎样？甚念。玉瑛妹能好好学琴，培养真兴趣，也很好。最近没有好电影，Esther Williams 的 *Duchess of Idaho*[4] 较她过去的影片稍满意。派拉蒙的制片主任 Ginsburg[5] 已辞职，由 Y. F. Freeman[6] 代理。William Wyler 即将开拍 Dreiser 的 *Sister*

---

4. *Duchess of Idaho*（《碧水飞鸢》，1950），音乐浪漫喜剧，罗伯特·Z.伦纳德导演，埃丝特·威廉斯主演，米高梅公司发行。

5. Ginsberg（ Henry Ginsberg，亨利·金斯伯格，1897—1979），美国导演、制片人，代表影片有《巨人》（*Giant*，1956）等。

6. Y. F. Freeman（ Y. F. 弗里曼，1890—1969），20世纪50年代后期派拉蒙影业执行人。

Carrie，请到 Laurence Olivier[7]、Jennifer Jones 做男女主角，倒是值得注意的。近况想好？竞选的照片不知何时揭晓？我纽约最近一定想去一次。即请

　　暑安

弟 志清 顿首

七月二十日

　　附给父亲的信

1950

---

7. Laurence Olivier（劳伦斯·奥利弗，1907—1989），英国电影演员、导演和制片人，曾四次获得奥斯卡奖，代表影片有《呼啸山庄》(*Wuthering Heights*, 1939)、《巴西来的男孩》(*The Boy from Brazil*，一译《纳粹狂种》, 1978)等。

113. 夏济安致夏志清

8月13日

志清弟：

来信收到多日。我已决定去台湾，台大已聘我为讲师。我大约在香港再住一个月，到开学时去。我去台大，在事业上并不能说是一种发展，只能说是北大的延续而已。但台湾地方小，容易出头。我在北大时，不喜管闲事，此次预备替自己造就一点名气和地位。我不屑为小官，希望能安分守己地教书，以余力从事著作。

在香港所接触到的，都是苦闷和彷徨。像我这样别有发展，已很令一般人歆羡了。我在香港无法再住下去，人不能永远混日子的。程绥楚迷于洋场声色，流连不舍。其实他亦相当可怜，学校于膳宿之外，给他三四百元钱一月，他于添做西装之余，可以跑跑低级舞场，嫖嫖下等妓女。这两天大家都穿香港衫，他还穿了烫得笔挺的西装，领带上戴了洋金链条，到思豪来出出风头，似乎觉得很得意。他还算是有固定收入的，香港很多人都是吃一天过一天。他可惜上海话不会说，打不进上海人的圈子，他假如能打进《罗宾汉》小报（现在港复刊）这辈人的圈子里去，生活可以丰富得多。汪荣源是个怪杰，其人神通之广大、手段之圆滑、精神之百折不挠均非常人所及。我假如能把他写入小说，可以成功〔为〕另外一部 *All the King's Men*。但我的作品易流入 meditative 一路，描写他恐力不胜任。他这次去台湾已两三个月，我无公可办，但常常亦很紧张。因为他负债数十万元，我的主要工作是敷衍各方的讨债，他是个"虱多不痒，债多不愁"之人，好在碰到我这样一个有道家 detachment 精神的人，两人相处得很好，但是再共处下去恐怕没有什么意思了。

我下半年的命运的确将有点转变。这半年多来的绝对不近女色之后，最近忽然又有一个女人来 cross my path。我去年在钱穆所办的亚洲书院里教书时，有一个女生名秦佩瑾。我对她颇具好感，但没有同她说过一句话。这半年我不去教了，以为这事亦完了。上月上海逃来了一个摄影家名秦泰来的（专拍交际花的，是个糊涂善人），天天到我们写字间来玩，一天忽然问起我有没有在香港教过书，有没有一个学生名叫秦某某的。原来此人是他的堂妹，他现在就住在她家里。她暑假要找人补习英文，他很自然地介绍了我。这个 prospect 使我兴奋了两天，但等她真来上课了，我倒反平静下去。现在恐怕上了有两个星期课了，我还是维持我的师道尊严。我现在对于女人看得比以前平淡得多，态度反而亦大方得多。我要追求，现在有很好的环境，小请客经济亦不致成问题，但我想还是保持师生关系的好。我快要到台湾去了，何必在

1950

481

香港留些牵丝呢？我莫名其妙地还是要抱独身主义。她是个纯朴温柔善良的少女（今年十九），并不十分美，智慧亦是中等（读英文系），大约可以做个好太太。但是我的 mind 已经 poisoned，她不能了解我。我的 loneliness 不是交女朋友甚至结婚所能解决。她有时倒反关心我的私生活（如问"常看电影吗？"），我则壁垒森严以应付之。自己只有以 Hamlet 自况，可以稍觉安慰。我不知道将有什么发展，但是能有今日的地步，亦不是我的努力所促成，天再要拿我怎样摆布，就听天吧！

宋奇到北平〔北京〕去了一次，已返港。据谈钱锺书 cynical 如昔。我每星期在宋奇家打一次 Bridge，每次费时八小时以上，约廿几个 rubber。我近来的生活，感官方面的享受——很少，且不大在乎，不跳舞，吃饭什么菜都可以骗两碗饭下去；感情方面——一团糟，主要的情绪还是 gloomy despondency；理智方面——比较发达，对 Bridge 兴趣很浓，看书亦以批评为主，偶尔看看诗，小说不大看，看了小说不知怎么的心里总很难过。近读 Edith Batho[1] 的 *The Later Wordsworth*，此书对于晚年的华翁很捧场，以为华翁晚年的长处是 self-restrain 与 humility，这两种德性我亦很想具有，

---

1. Edith Batho（Edith Clara Batho，伊迪丝·巴索，1895—1986），英国学者，代表作有《晚期华兹华斯》(*The Later Wordsworth*，1933)、《维多利亚及其后世》(*The Victorians and After，1830—1914*，1938)、《华兹华斯选集》(*A Wordsworth Selection*，1962)等。

可惜没有他那种 robustness 耳。父亲近况尚佳，来信一封附
上。专颂

近安

兄 济安 顿首

八月十三日

〔又及〕杨宝森、张君秋在港演出，配角有姜妙香、王
泉奎²、刘斌昆³、魏莲芳⁴等，极一时之盛，但票价太贵（$18），
我只能在后台看白戏。

---

2. 王泉奎（1911—1987），京剧花脸演员，北京人，剧界净角行当著名的"净角三
   奎"之一。
3. 刘斌昆（1902—1990），京剧海派丑角演员，祖籍河北丰润县（今唐山市市辖
   区），生于上海，有"江南第一名丑"的美誉。
4. 魏连芳（1910—1998），京剧旦行演员，北京人，1924年拜师梅兰芳先生。

1950

114. 夏志清致夏济安

8 月 25 日

济安哥：

八月十三日来信已收到，你决定去台湾，我也很兴奋。希望去后多写作活动，造就你的名气和地位。台湾大学想没有什么特殊人才，〔比〕一般教授们都留在北平〔北京〕过着虚伪的生活，较容易出头。台湾人民，不知现在怎样，我在的时候，都很和气，容易接近。在那里生活可以很快活。秦佩瑾的事，并不很偶然，你对事业上 decisions 都很 firm，只对爱情方面，考虑太多，不够 reckless。假如她对你有兴趣，趁临别时间的短促追求一下很可促进到热恋的程度，虽然不一定要谈结婚，也可有几个很紧张、值得回忆的星期。在台大教书，一定有女生你会发生好感的，可是那时师生关系更严重，你更不会放决心去追求。临别时，向她 propose，也可实验一下自己的勇气。能够 commit 自己，不让命运安排，我觉得是一种 release，一种自由。今年暑假，我想女人时间较多，可是没有什么结果，开学后同洋女子同桌吃饭，生活反安定得多。读了很多的 Spencer，觉得他是最 wholesome 的 poet of love。他赞扬结婚，歌颂 Venus 在世上造化生殖的力量，都是不可多得。Billy Wilder 的 *Sunset Boulevard*[1] 已看过，预期太高，似不如一般批评所说的那样好，*Double Indemnity* 还是他最好的作品。去台湾想是乘飞机，顾家杰来港时，想看不到了。一路自己珍重，即祝

旅途平安

弟 志清 上

八月二十五日

---

1. *Sunset Boulevard*(《日落大道》, 1950)，黑色电影。比利·怀尔德导演，威廉·霍尔登、葛洛莉亚·斯旺森(Gloria Swanson)主演，派拉蒙影业发行。

115. 夏济安致夏志清

9月2日

志清弟：

八月十五日来信收到。上信提起秦佩瑾小姐的事，现在可以告诉你，进行得还算顺利。我们上课的时候，什么话都讲（除了爱情），我相信我给她的印象还不错。我在没有把握赢得芳心的时候，心里很难过，差点爆发。现在似乎有一点把握了，心中似乎很觉泰然。但有点糊里糊涂，似乎知道在渐渐接近危险。我现在修养比以前好得多，我们思豪45房里整天很多人，她又常来，竟没有人看出我有什么心思的（她自己我想应该知道了，就是她那糊涂堂兄秦泰来也不知道）。前两天改她作文有天堂等字样，我们因此谈起基督教来了（她是基督徒）。我说基督教的要义是信望爱，有了这三样东西，就是在天堂里，我是没有信望爱的，好像是在地狱里；天堂的情形我不知道，地狱我倒知道一二。这种话给年青〔轻〕而心地善良的小姐听了，大约是很可怖的。她显出很同情的样子，表示要同我一起去做做礼拜。这句话我没有接下去，至今我们两个人没有在一起走过路。

我讲起小时在桃坞中学做礼拜时，常把赞美诗撕毁。她小时的恶作剧竟胜过我：她把在家里折好的锡箔纸锭丢进礼拜堂的募捐箱里。从这一点上看来，她的智能不在我之下。

这件事如何发展，现在不得而知。但是假如她不到台湾去，我们会就此一别数年不见而各奔前程了。进台湾很难，她家里恐怕也不让她去，除非我对她家的身份已确定。我现在的态度是这样：谁有人来做媒，我一定愿意接受她做我的妻子。叫我主动来〔去〕追求，或托人说亲，我是没有这精神了。我的思想始终是儒家的：我不能在结婚的范畴以外想象男女关系。这种观念，加上性格上的 shyness，几乎使我不能做一个 suitor。现在能每天同一个可爱的女孩子面对 [面] 两个钟头，我已经觉得很满意。

你的道德观念是西方的，你有勇气交女朋友，从来信看来，这两个月来你的生活已较前活泼得多。浪漫的生活让你去过吧，我还是听凭命运来安排。

写到这里搁了两天，又接到八月廿五日来信。我同秦佩瑾的关系确是与日俱增，这两天她天天下午两点钟来，连上课闲谈，要坐四个钟头，到六点钟才走。我写字间里，Boss 汪尚未返，我没有什么事，有她来陪我，我觉得很幸福。但是她为升学问题烦恼着，她原在"亚洲"读书，但亚洲太不像样，香港几只洋学堂又不容易进去。她想回上海去读书，进 St. John's，我起初表示反对，现在也听她去了，可能她比我先离开香港。我相信在她决定离港之前，我们会一同出去

487

痛快地玩一下，更大的发展恐不可能了。这样我们将来的回忆可能是愉快的，这对于我也很需要。我以前不是为了行动乖谬，就是为了感情的 untimely outburst，以致没有一个女人可以引起我愉快的回忆。我希望秦佩瑾能够永远[给我]留一个甜蜜的印象。

台大事有波折。本来我的聘约事"行政会议"已通过，但我在系里没有熟人，系里借口不添人而拒绝。不知道结果怎么样。推荐我的人是北大政治系的教授崔书琴，为一忠厚长者，他现在是国民党改造委员，为当今红人，在台湾替我找任何一个工作都不成问题。我对于台大事并不十分关心，因为从秦佩瑾的事看来，上帝对我，似乎有一种对我并非不利的安排，我自己便毫无主张。进台大做讲师，对我不好算是一种发展，做别的事或许有更大的发展。

派拉蒙的 *The Heiress* 是我到香港来后所看到的最好的电影。对于人生的严肃态度与对于感情的描写的 realism，使得这部片子迥异流俗。它可能会引起我对于 Henry James 的爱好。杨宝森来港唱戏，我一直在后台看，不大痛快。那晚我自己买了票去看一次：杨宝森的《琼林宴闹府》，张君秋的后部《生死恨》（with 姜妙香），杨（with 王泉奎）的《捉放曹》。看后对杨宝森印象大好，杨的表情虽差，但还比张君秋好得多。《捉放曹》我是百看不厌的，陈宫的 rash decision 与以后的 disillusionment，都是有 good will 的想管闲事读书人的必然遭遇。像陈宫这种有良心而易犯失眼的敏感之人，实在不应该从事政治。

　　家里我最近寄了 HK＄500 回去（已好久没寄去），大约可以用两个月。父亲、玉瑛来信附上，可知最近家里情形。我大约要在九月底才离开香港。钮伯宏来信收到，回信日内写去。他把思豪酒店写成 No.34 Chater Road；又没写 Room 45，因此有一封信被退回去。Chater Road 的门牌写不写没有关系，写错了反 misleading。信封上如无"夏济安"三个中文，而又无房间号数的话，很容易遗失的。

　　我在离港之前，想还有几封信给你，再谈，即祝

秋安

兄 济安 顿首

九月二日

1950

116. 夏志清致夏济安

9月11日

济安哥：

九月二日来信附父亲玉瑛信已收到。读家信很是感动，经济节省的程度已胜过八一三初期的生活，这次汇上五十元想可暂时补助家用。我一百五十元月收，实在不多，只是不购衣服新书，可稍有余款，假如真正 date 女友，一定用出头。沈家的 Corinne 一月来差不多每星期见一次，她人好，加以受美国教育训练，待人和气，可使你不紧张，没有上海小姐一般的骄奢气。我对她没有 passion，当她作很 nice 的女友看待，也是一种新经验。后天（星期三）她要返纽约州 Buffalo 附近的 Hightown College 去读书（大四），要明年暑假再能多见面，我也可定心下来读三星期书，准备口试。Corinne 的妹妹 Joan 为人较有手段，不信耶教，男友想极多，时常一人 weekend 往纽约去，个性和其姐不同，我同她也无多大交情。你台大事有波折，可多有时间考虑去台湾之行，也好。李氏那里已去信，虽希望不大，也是一机会。秦小姐的事，发展得很快，她待你已有深情，我觉得你应当 declare 你的爱，定下结婚的基础。你说："谁有人来做媒，我一定愿意接受她。"
这也何苦？她同你的关系已远胜普通靠吃饭看电影维持友
谊、kill 时间的浮浅之交，两方有 understanding、sympathy，
何必再要别的媒介来推动这段关系的"正式"性？爱情光明
正大，你应当多 date 她，使她 的 cousin，45 房来往的人都
知道你们"正式"的关系。关于结婚事，我已不大着重（所
以程绥楚的信对我相当 jarring 而 vulgar）人的 soul，在上帝
观察下，都是微小可怜的，可是如有真正的 love、humility、
understanding 给予它，这 soul 是可爱的而值得爱的。她的
innocence，你的 ambition、经验、bitterness、counteract 已起
了火花，这样你和她已渐可领会到 John Donne 诗 *The Elegies*[1]
的境界。你自己 undervalue 对女孩子的 attention，其实你有
一种 Byronic mood，很易促起一半中大女学生的同情和爱
情，都是你 Byronic 个性的力量。我则对世界无 bitterness，
也无任何一种特别态度，对自己前途也不时常清楚 define 我
的 ambition，map out 我的计划，很难给女孩子一个 positive，
clear out 的 picture，一下子引起深爱，至多，多来往后觉得我
是个好人而已。你的不走 convention 俗套，一种 unconscious
theatricalism（如说 "地狱我倒知道一二"这话，我不会说，
因为对我没有 conviction），自我清楚的了解，都是你爱情场
中 positive assets。能够清清楚楚说明自己，引起对方的同情

---

1. 约翰·邓恩的作品，中文译为《挽歌》。

和爱慕，是爱情最快的步骤（Othello 对 Desdemona）。许多人不能赢得女子肯定的爱，因为他们没有"自己"可说明，须要解释，他们爱恶的 responses 都是从俗的，表现出内心的空虚和混乱。

写了一大段，希望你把你的爱情向对方说明，增加两方互相信任，去除一切不需要的紧张和 tension，而给你生命一种新的 release of energy。Blake 把真假爱情说得很明：

> Love seeketh not itself to please,
>
> Not for itself hath any care,
>
> But for another gives its ease,
>
> And builds a Heaven in Hell's despair.
>
> Love seeketh only self to please,
>
> To bind another to its delight,
>
> Joys in another's loss of ease,
>
> And builds a Hell in Heaven's despite.

后者是程绥楚式的肉欲享受；我希望你不管生活环境如何不利，靠爱情的力量"build a Heaven in Hell's despair"，所以希望劝秦小姐留在香港或同去台湾最好。

沈家的母亲 Clara Shen 是少有能干的女人。她结婚两次（她的两女儿不姓沈，姓汤），前夫已离婚，不便问人家，再嫁

科学家沈诗章 [2]，有六岁男孩一，一岁女孩一，家事很忙，没有佣人，煮饭育孩都一手照料，而有余力从事钢琴。曾在纽约 Town Hall 单独演过一次，上星期又在 Yale Sprague Hall 表演一次。此外杂事也很多，而能保持得年轻貌美，确是不容易的事。她的丈夫是江南人，在英国得博士 [学] 位，因战争绕道美国返国，适美日开战，留在美国成家立业，至今没有返国。Clara 亲戚都是华侨广东人，他一个江南人，家中都是英语会话，我看他生活一定不怎样快活。

我的道德观念并没有比你多"西方"化，对婚姻家庭的看法，都是孔教的看法。这暑假并无任何浪漫的生活可言，并且"浪漫"不是我的 ideal，我能有 reciprocal 爱情结婚，就满足了。至于"求乐"方面，我仍是过去的"一年政策"，能够有一年痛快性生活的 idyllic happiness，我就满足了。结婚后更不会有其他 adventure、conquests，所以我的 sex vitality 实在并不强。美国一般靠 dating 接吻揩油所用 routine，我没有经验，假如有机会，我一定会觉得 uneasy，假使对对方没有爱情，我不会有任何举动。我觉得酒馆招待，东方式妓女比美国 High School 式的 dating 文明得多。

Heiress 的导演 William Wyler 恐是目下好莱坞最细腻的导演，以前高尔温制片有虚名，其实他的好片子（ *Wuthering*

---

2. 沈诗章，生理学家，曾就读于燕京大学，1937 年赴英国剑桥大学生物化学实验室攻读博士学位。

Heights[3]；*The Best Years of Our Lives*，etc）全是 Wyler 导演的，最近三年来高尔温就没有一张可看的片子。此外好导演是 John Huston（*Treasure of M.Sierra, The Asphalt Jungle*）、Billy Wilder。Hal Wallis[4] 加入派拉蒙后，专攻 melodrama，虽然 technical 水平仍很高，但是出品都公式化，无形中是退步。"金奖"已几年没有他份了。

给家中信，不知如何安慰鼓励，只好下次再写，希望父亲早有办法，能够经济安定。母亲什么时候六十岁大寿？你台湾行如何，希望看定时局，有妥当决定。即祝

　　近好

　　　　　　　　　　　　　　　　　　　　　弟 志清 上

　　　　　　　　　　　　　　　　　　　　　九月十一日

附给程绥楚信

---

3. *Wuthering Heights*(《呼啸山庄》, 1939），黑白电影。据艾米莉·勃朗特（Emily Brontë）同名小说改编。威廉·惠勒导演，梅尔·奥勃朗（Merle Oberon）、劳伦斯·奥利弗主演，联美公司发行。
4. Hal B. Wallis（哈尔·B. 瓦利斯，1898—1986），美国电影制片人，代表影片有《北非谍影》等。

117. 夏济安致夏志清

志清弟：

九月一日来信收到。去美国固是好事，但此事太难，我不欲麻烦你或胡世桢。还是等我去了台湾，看看"政府"有什么办法帮我忙。请代向胡世桢谢谢，他的好意我是永远感激的。

台大事困难已解决，我仍准备于月底左右去台。关于台湾的前途，我以为美国决不让共产党占领它，美国在尽量避免与共产党武装冲突的原则下，且为向东方弱小民族表示并无侵略他国领土之企图起见，可能提议把台湾交联合国"托管"。但这个联合国是在美国操纵之下的，共产国家无权顾〔过〕问，正如苏联不能参与东京盟军总部的任何措施一样。台湾的"国民政府"可能有问题，但它将仍是反共的。在地理形势上，台湾比香港容易守，在经济上，它可能成一个自足的单位，不比缺米缺水的香港。

上次附在程绥楚信后的几句话，显得很消沉。其实我心境还好，给宋奇的文章已做成，题《一个没有色彩的世界》，是讨论几部电影的。分两节，第一节讲黑白片的艺术及其所代表的世界观，指出 *The Third Man* 中的世界是一个 Existentialist World。第二节论亨弗莱鲍嘉的悲剧及廿世纪对于流浪人的理想的反抗——鲍嘉是厌倦流浪，追寻归宿的。可发挥的地方很多，没有好好发挥，文字还能保持我一贯的流畅的水平。

秦小姐事进行如常。她为了下学期不能进一个好好的学校而发愁。你知道女孩子们的脾气，一点点小事可以闹得百般无聊，出外来还好，在家里听说"作"得很厉害。她同我都不是 passionate style，而都倾向于 melancholy 的，决不会闹出什么戏剧性的发展来。我或将劝她去台湾，假如她不去台湾，我们的事不会有什么结果。因为她的家同许多流亡〔落〕在香港的上海殷实商人之家一样，可能撤回上海，她想去考[上海]圣约翰、广州的岭南（周其勋在那里教）或北大清华之类。她要回解放区，我只表示过非常微弱的反对，因为在这种乱世，我以为一个女孩子还是跟着自己的父母顶安全。她回到了上海，而我在台湾，可能几年不见面，恐怕连通信都不容易。且看上帝如何安排吧。

家里情形还好，专颂

秋安

兄 济安 顿首

九月十日

118. 夏济安致夏志清

9 月 19 日

志清弟：

　　顾家杰明天到，船已到，但因入境证要复验，明天可下船，届时当去码头迎接。预备给他开一个便宜清静旅馆房间，思豪这里要住加一张帆布床亦可以，但吃饭成问题，我恐怕供应不起，只好请他自己替自己想法了。Boss 汪还没有消息，我大约十月初去台，台大事已无问题，唯入境证尚未寄下。留港还有十多天，在这十几天内，事情可能还有发展。我现在是无可无不可，不忧不惧，但双方渐渐厮混很熟，我们曾去山顶游玩一次，这是秦泰来发起的（照片下次寄上）。Chaperones[同伴]：她的哥哥与我找来的一位沈老先生（此人是黄埔军校前辈，很热心很有趣的），兴趣很浓。我亦陪她去做过一次礼拜，讲道人赵世光[1]牧师是上海来的，很有些江湖气，是个 mountebank，很能令人感动，我亦陪着她赞美他。她承认我们的兴趣很相投，她同家里人不知怎样都合不大来，

---

1. 赵世光（1908—1973），牧师，灵粮堂的创办者。

因此她说我的了解她胜过她的母亲。她说要算命，把她的生辰八字都告诉了我。你不要以为她已经全部相信我，她还有她的 maiden pride（我不大敢请她出去玩，怕她拒绝），而且她另外有一套替自己的打算，譬如读书求自立之类。在我这方面，我慢慢地 shed off 我的紧张，passion 不怎么强烈，但觉得她是我很理想的伴侣。她的脾气相当孤僻，而我偏最欣赏她这一点，她不喜欢交际，反对跳舞——在这样一个时代要找这样一个女子是大不容易的。照我这两天的情感强度看来，要爆发到 propose 的程度，恐怕还不容易。我们差不多已经无话不谈，我相信我有勇气面不改色心不跳地去 propose（这不是吹牛，我知道自己很清楚）。在走以前我为了要报答她的知己之恩，可能 propose。她家里经济情形不差，即使落难香港，还有我们在上海最盛时代的景况。她的父亲有一间漂亮的写字间（不是在旅馆里），她的母亲早晨起来念经，下午晚上打牌，常有一两百元钱输赢。她的父母我都没见过，我怕他们心目中的女婿（她是长女，下有一妹二弟），不知是怎么样一个人。我现在的战略是抛弃外围迂回，直捣芳心。秦泰来前我很少谈到她，你知道我的守口如瓶的本领。思豪里的人到现在当然渐渐知道 something is going on 了。且看这两个礼拜有什么奇迹吧。再谈 专颂

秋安

兄 济安

九月十九日

119. 夏济安致夏志清

10 月 5 日

志清弟：

长信并致程绥楚之信，均已收到（程绥楚对于我的近况，一点不知道，我怕他来胡搅）。50 元已汇出不误。顾家杰来港，我陪了他一个上午，然后送他跟一批左倾留学生一同上火车，接受反美的政府的招待去了。我去台湾，大约还要等好几天，学校方面已经没有问题，就是等入境证了。家中情形仍旧很坏，亿中事纠纷未已，现在已送法庭去解决。董汉槎、陈文贵都躲在香港，唐炳麟境况很坏，在香港的事业已经破产，所以没有人可以出头料理，只好听其自然。父亲一个人在上海所受的压力极重，又是穷，又是烦，境遇之坏，恐怕是他生平第一次。我很替家里担心事，但是有什么办法好想呢？美国同上海如可直接通信，希望你写信去（香港转信可托张世和，Mr.Chang Sze-ho，Room 407，China Building，Queen's Road Central）。信里没有什么话好讲，我劝父母亲不怨天不尤人，只有拿耶稣甘地的精神来应付。父亲似乎很恨董汉槎，但董汉槎在上海亦不能解决什么问题，我劝父亲"只有好人做到底了"。当初既然预备挺，只有挺下去了。

秦小姐的事，想亦在你挂念之中。发展情形大体还好，至少我 behave 得很好，绝无以前的乖谬言行，而我所显示出来的，是我人格的顶可爱顶高贵的一方面。我已经向她表示我的爱，你上次的信（她不认得 date 这一个字〔词〕）讨论 Blake 的天堂地狱等等亦给她看过。她的 response，分好几次表示出来的，有如下几点：（一）她承认我永远是她的先生，她说我非但教她英文，而且还鼓励她中文创作，她将继续往这方面发展下去。我到了台湾去以后，她还要寄作品来给我评阅。——这是说她不愿意同我断。（二）她说她年纪还轻，"只有十九岁呢"，"这种事将来回到上海去再谈吧"！（三）她说她不愿意自寻烦恼，升学问题已经够她烦恼了。——这一点我已经用暗讽方法把她驳斥。举耶稣十字架为例：如何极大的痛苦为更大的爱所战胜。（四）她说她的父亲不是专门为利的商人，很看得起读书人；她的母亲亦常说："夏先生英文好，中文亦好，他可惜要去台湾，否则你可以常跟他补习。"——这表示她家长可以批准我？（五）她很怕我的爱给别人知道，esp. 她的 cousin（你信中要我"正大光明"地公开），她叮嘱我不可以讲出去，我已经拿人格担保答应她。大约她是怕别人给她开玩笑。其 cousin 因习惯于同舞女交际花厮混，看不出我们的关系中有什么严重性在，他不能了解别人的灵魂。——上面种种大约显出她并没有拒绝我，但为了 modesty 及其他读书等等 worldly considerations，又不愿给我一个肯定的答复。她不敢正视现实，让问题拖下去，我亦由她去。我有了她这样一个异性的知己，已经很知足，我只要坚持下去地追求，她总有被感动的一天。

上面所讲的是她言语中的反应，行动上怎样呢？我们的补习于九月底截止，因为十月里我要预备动身，不能 systematic 的教她。她现在在一个教会学校的 school mistress 那里补习，据这位女先生说，她下学期可以帮她进她的学校 Diocesan Girls'School，我一直鼓励着她去的，她亦愿意去了。我教她，先是用选文，教些《阿〔爱〕丽斯漫游奇境记》、大小人国之类（那时我很维持着教师的尊严），后来我挑了一本小说 *Bridge of San Luis Rey*[1]，于九月卅日教毕。她大感兴趣，我亦充分发挥寂寞灵魂的痛苦，和人与人之间的不能了解，我们的情感恐怕在那本书上奠定基础。我的爱情自白亦于九月间表明。十月二日我们及其 photographer cousin 一起去沙田大埔玩了一天，她对我一点亦不紧张，虽然她似乎还不愿意同我合摄一影。我为做像 gentleman 起见，亦不敢提这种无理要求。那天算是 picnic，她及其 cousin 预备了吃的，带了三只同式的 plastic 旅行杯。我说要带一只回去，"将来在轮船上饮水方便一点"，她忽然表示她以后家里饮水亦要用这一只杯子了——这使我想起旧小说"雌雄剑""文武香球"

---

1. *Bridge of San Luis Rey*（《圣路易斯雷大桥》），美国作家桑顿·怀尔德（Thornton Wilder）的小说，初版于1927年。

等等的信物。我们坐汽车去的，坐火车回来，都是她同我坐在一起，她一点亦没有怕我的表示。她甚至敢在我们所租的小船船舱里仰天躺着（这种姿势在紧张的我是做不出来的），她有时亦娇声娇气地说话（像玉瑛有时所做出来的），这些显得她很快活。那天我很活泼（你知道我可能很活泼 witty 而健谈的），那一带地方我比他们熟，很像一个老资格的旅行家。有一个机会我可以同她 kiss（我们两个人同 cousin 走散了），但我极力避免。我想假如她真能嫁给我，这种机会以后多得很。除非她的头自动地倒进我的怀里来，我做这种事都只好算"揩油"，有损于我的人格，而无补于我们的爱情。我相信那天留给她很好的印象。昨天（四日）、今天（五日）香港都在飓风的威胁之下，昨天她本来要来的，结果怕风，打电话来说不出来了。我托其 cousin 带去今天的两张戏票（*Samson & Delilah*），一张给她，一张给她的一个 confidante 范小姐（据她自己说，这是她在香港唯一知己）。今天上午风很大，过海小轮停驶（Samson 电影《霸王妖姬》香港与九龙同映，我为凑她方便，买的九龙的票），我很怕我过不过去。结果很失望的，下午风小了，飓风的威胁已解除，小轮复航，我赶到她补习先生门口去接她下课（出她意料之外，因她没想到我把她补习先生的地址已记下来了），一同去看戏。我说"很失望的"，因为你讲过我有一种 theatricalism，今天假如风奇大，居然给我想出办法渡海，找她看电影，她一定对我更为佩服，给她的印象更深。风一小，我的精神便显不出怎样伟大了。戏散时，天仍旧有点风雨飘摇的样子，她不肯在外面吃晚饭，我陪她们坐公共汽车回去。她那一路公共汽车是去飞机场的，到她家那一站时，我不下去，我说要去飞机场兜兜圈子。漆黑的天，时时发作的密雨紧风，她看见我一个人去旷野瞎兜圈子，必定对我大生同情：这种行为不是一个天才，便是一个绝顶痛苦的人所做出来的。这亦好算是我的一种 theatricalism 吧。

她今天交给我一篇中文，是讲她学校生活回忆的。她以前做过两篇，一篇是描写几个太太打牌，中有一句十分精彩，她描写某太太到别人家去打牌，午睡方醒，"脸上还留着几条台湾席痕迹"，这显得她能观察，有描写的天才。我亦写了七八百字评她这一句，并替 [其] 改进一层："脸上"改作"左面颊"或"右面颊上"。还有一篇是《中秋杂感》，里面有几句话很可怕，我已经抄了下来：

"我爱在河边徘徊，我爱伫立在月下。那皓月清波的美景，使我流连忘返，但也给我影单形只的难受。在漫漫的长夜中，我溜达在街头。只有清脆的脚步声，传播在这万籁俱寂的黑夜中。偶尔远处传来一阵狗吠声，一下子又归于无形。荒寂的尘土，寂寞的夜，荡漾着这寂寞的灵魂。……我怕见那三五成群的高声谈笑而过的人们。而这好似故意地显给我看：'我们有伴侣，我们是多么地快乐。在这世界上，唯有你一人是孑然一身的，形影相吊的孤独者。'我受不起这一种嘲弄。我哭泣了。双手间埋下了我的脸。我愿意埋下我自己。……"

这篇文章我不敢改。我只说，"你已经把我所要说而说不出的话说出来了"，但等我正式表示我爱她的时候，她把那一套话统统收了回去，给了我如上所述的很 prosaic 的答复。（附上她的照片一张，你不得不承认她是一个很文静可爱的女孩子。）

我现在在读《红楼梦》，是她借给我的。她已经看了五遍，在我是第二遍。她本来来上课的时候，我老在看一部武侠小说《鹰爪王》[2]（很有趣的），于是她来借给我一部比较正当的读物了。去台前当再有信给你，专颂

秋安

兄 济安

十月五日

复信请寄：c/o Mr.F.K.Wang，

No.7 Yun Her Street，Taipei

台北大安区古花里云和街七号王丰谷先生转

2.《鹰爪王》，郑证因（1900—1960）旧派武侠小说的代表作。

120. 夏济安致夏志清

10 月 23 日

志清弟：

今日坐船去台湾，买的是头等舱。Boss 汪已返，我经济稍微宽裕，添购了些衣物，买了一只 Hermes Baby 打字机（信封即为新机所打），到台湾去还是相当阔的。昨日同秦小姐坐 Taxi 周游香港全岛（Fare：四十元），今天她还要来送。我们的关系很愉快（她亦承认），但她总想给我保持一个距离，我亦很尊重这点距离——这是使交情维持长久的保障。对我的求爱，她的答复总是过两年再谈，她现在读书要紧。现在我对她所表示的态度，亦是无求于她，只想成全她的志愿，帮她读书成功。看来这将是一个相当长的 courtship，但这总算是顶近 mutually agreed love 的一桩事件，我有此成绩，已很满足。本来两三个月的交情，就能发展到订婚，是很难的，除非对方是犯性的苦闷的。现在 Celia 所最关心的是她的升学问题，成日为了这个而愁，她即使 accept 我的为人，亦不肯就此放弃她的其他理想。我这次的所以相当成功，主要还是因为我的 passion 很少。我的态度是冷静的，witty 还带一点

ironical，不坚持任何主张，我相信我同她很少说错话，做错事。至于我的其他的attractions对她当亦不致没有作用。别的再谈，家中情形平常如旧，即颂

秋安

兄 济安 顿首

十月廿三日

台湾暂时通讯处：台北临沂街63巷五号

后　记

王德威

夏济安（1916—1965）与夏志清（1920—2013）先生是中国现代文学批评界的两大巨擘。志清先生 1961 年凭《中国现代小说史》（*A History of Modern Chinese Fiction*，1917—1957）英文专著，一举开下英语世界研究中国现代文学的先河。之后的《中国古典小说》（*The Classic Chinese Novel: A Critical Introduction*，1968）更将视野扩及中国古典叙事。他的批评方法一时海内外风行景从，谓之典范的树立，应非过誉。志清先生治学或论政都有择善固执的一面，也因此往往引起对立声音。但不论赞同或反对，我们都难以忽视他半个世纪以来巨大的影响。

与夏志清先生相比，夏济安先生的学术生涯似乎寂寞了些，争议性也较小。这或许与他的际遇以及英年早逝不无关系。他唯一的英文专书《黑暗的闸门》（*The Gate of Darkness: Studies on the Leftist Literary Movement in China*，1968）迟至身后三年方才出版。但任何阅读过此书的读者都会同意，济安先生的学问和洞见绝不亚于乃弟，而他文学评论的包容力甚至及于他所批判的对象。特别值得一提的是，夏济安20世纪50年代曾在台湾大学任教。不仅调教一批最优秀的学生如刘绍铭、白先勇、李欧梵等，也创办《文学杂志》，为日后台湾现代主义运动奠定基础。

夏氏兄弟在学术界享有大名，但他们早期的生涯我们所知不多。他们生长在充满战乱的20世纪三四十年代，日后迁徙海外，种种经历我们仅能从有限资料如济安先生的日记、志清先生的回忆文章等获知。志清先生在2013年底去世后，夏师母王洞女士整理先生文件，共得夏氏兄弟通信六百一十二封。这批信件在夏师母监督下，由苏州大学季进教授率领他的团队一一打字编注，并得联经出版公司支持，从2015年——夏济安先生逝世五十周年——开始陆续出版。

不论就内容或数量而言，这批信件的出版都是现代中国学术史料的重要事件。这六百一十二封信起自1947年秋夏志清赴美留学，终于夏济安1965年2月23日脑溢血过世前，时间横跨十八年，从未间断。这是中国现代史上最为动荡的时期，夏氏兄弟未能身免。但尽管动如参商，他们通讯不绝，而且相互珍藏对方来信。1965年夏济安骤逝，所有书信文稿由夏志清携回保存。五十年后，他们的信件重新按照原始发送日期编排出版，兄弟两人再次展开纸上对话，不由读者不为之感动。

这批信件的出版至少有三重意义。由于战乱关系，20世纪中期的信件保存殊为不易。夏氏兄弟1947年以后各奔前程，但不论身在何处，总记得互通有无，而且妥为留存。此中深情，不言可喻。他们信件的内容往往极为细密详尽，家庭琐事、感情起伏、研究课题、娱乐新闻无不娓娓道来。在这些看似无足轻重的叙述之外，却是大历史"惘惘的威胁"。

首卷出版的一百二十封信件自夏志清赴美起，至夏济安1950年准备自港赴台止，正是大陆易帜的关键时刻，也是夏氏兄弟离散经验的开始。1946年，夏志清追随兄长赴北大担任助教，一年以后获得李氏奖学金得以出国深造。夏志清赴美时，国共内战局势已经逆转，北京大学人心浮动。未几夏济安也感觉北京不稳，下一年离校回到上海另觅出路。但政局每况愈下，夏济安不得已转赴香港担任商职，从此再也没有回到上海。

1947年的夏氏兄弟正值英年。夏济安在北大任教，课余醉心电影京剧，但让他最魂牵梦萦的却是一桩又一桩的爱情冒险。从他信里的自白我们看出尽管在学问上自视甚高，他在感情上却腼腆缺乏自信。他渴望爱情，却每每无功而返。他最迷恋的对象竟只有十三四岁——几乎是洛丽塔（Lolita）情结！而刚到美国的夏志清一方面求学若渴，一方面难掩人在异乡的寂寞。两人在信中言无不尽，甚至不避讳私密欲望。那样真切的互动不仅洋溢兄弟之情，也有男性之间的信任，应是书信集最珍贵的部分。

读者或许以为既然国难当头，夏氏兄弟的通信必定充满忧患之情。事实不然。世局动荡固然是挥之不去的阴影，但两人谈学问，谈刚看过的好莱坞电影，追求女友的手法、新订做的西装……林林总总。夏济安即使逃难到了香港，生活捉襟见肘，但对日常生活的形形色色仍然怀抱兴味。而滞留美国的夏志清在奋斗他的英国文学课程的同时，也不忘到纽约调剂精神。

这也带出了他们书信来往的第二层意义。或有识者要指出，夏氏兄弟出身洋场背景，他们的小资情调、政治立场，无不与"时代"的召唤背道而驰。但这是历史的后见之明。夏氏兄弟所呈现的一代知识分子的生命切片，的确和我们所熟悉的主流"大叙事"有所不同。但唯其如此，他们信件的内容还原了 20 世纪中期平常人感性生活的片段，忠实呈现驳杂的历史面貌。

1947 年、1948 年政局不稳，但彼时的夏氏兄弟仍未经世变，他们直率地表达对政治的立场，也天真地以为战争局面过后一切总得回归常态。然而时局短短一两年间急转直下，再回首新政权已经建立，夏氏兄弟发现自己"回不去了"。

比起无数的逃难流亡或政治斗争的见证，夏家的经历毕竟是幸运的。从通信中我们得知 1949 年以后兄弟两人迁徙海外，仍与上海家人保持联络。但我们也看出他们心境的改变。他们的信里没有惊天动地的怀抱，有的是与时俱增的不安。他们关心父亲的事业、家庭的经济、妹妹的教育；汇款回家成为不断出现的话题，何况他们自己的生活也十分拮据。改朝换代是一回事，眼前的生计问题才更为恼人。到了 1950 年，夏济安准备离开香港到台湾去，逐渐承认流落的现实，夏志清也有了在美国长居的打算。他们何尝知道，离散的经验这才刚刚开始。

夏氏兄弟的通信还有第三层意义，那就是在乱世里他们如何看待自己的志业。国共内战期间知识分子不是心存观望，就是一头栽进革命的风潮中。两人信中时常提到的钱学熙就是个例子。但如果仅就夏氏兄弟信中对共产革命的态度就判定他们对政治的好恶，未免小看了他们。作为知识分子，他们的抉择也来自学术思想的浸润。

夏氏兄弟倾心西洋文学，并承袭了 20 世纪 30 年代以来上海、北京英美现代主义和人文主义的传统。这一传统到了 40 年代因为威廉·燕卜荪（William Empson）先后在西南联大和北大讲学而赓续不断。燕卜荪在共产革命前夕何去何从，也成为兄弟通信中一个重要的代号。夏志清出国以后，更有机会亲炙"新批评"（*New Criticism*）的大师如布鲁克斯（Cleanth Brooks）等。这样的传承使他们对任何煽情的事物，不论左派与右派，都有本能的保留。相对地，他们强调文学是文化与社会的精粹。经过语言形式的提炼，文学可以成为批评人生内容，改变社会气质的媒介。他们相信文化，而不是革命，才是改变中国的要项。

在红潮席卷中国的时分，夏氏兄弟的论调毋宁显得太不实际。他们出走海外，除了"避难"之外，也代表了一种知识（未必总是政治）立场的选择。尤其值得注意的是，他们所服膺的英美现代批评与其说是形式主义的操练，不如说是从文学中再现——与发现——充满扞格的生命情境的实验。文学与人生张力是他们念兹在兹的话题。

夏氏兄弟的通信风格多少反映了他们的文学信念。他们畅谈英美佳作大师之际，往往话锋一转，又跳到电影爱情家事国事；字里行间没有陈词高调，穿衣吃饭就是学问。文学形式的思考恰恰来自"作为方法"的现实生活。夏济安分析自己的情场得失犹如小说评论，夏志清对好莱坞电影认真的程度不亚于读书。这里有一种对生活本身的热切拥抱。唯其如此，日后夏济安在《黑暗的闸门》里，对左翼作家的幽暗面才会有如此心同此理的描述，而夏志清在《中国现代小说史》中发掘了张爱玲笔下日常生活的政治。

在滞留海外的岁月里，夏氏兄弟在薄薄的航空信纸上以蝇头小字写下生活点滴，欲望心事，还有种种文学话题。这对兄弟志同道合，也是难得的平生知己。我们不禁想到西晋的陆机（261—303）、陆云（262—303）兄弟具有文才；陆机更以《文赋》首开中国文论典范。陆氏兄弟尝以书信谈文论艺，至今仍有陆云《与兄平原书》三十多封书信传世，成为研究二陆与晋康文化的重要资源。千百年后，在另一个紊乱的历史时空里，夏氏兄弟以书信记录生命的吉光片羽，兼论文艺，竟然饶有魏晋风雅。我们的时代电邮与简讯泛滥，随起随灭。重读前人手札，天涯万里，尺素寸心，宁不令人发思古之幽情？